经济研究所专家学者文库

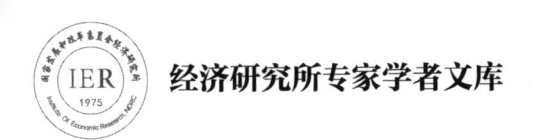

中国经济：
学术前沿问题研究

国家发展和改革委员会经济研究所 ◎编

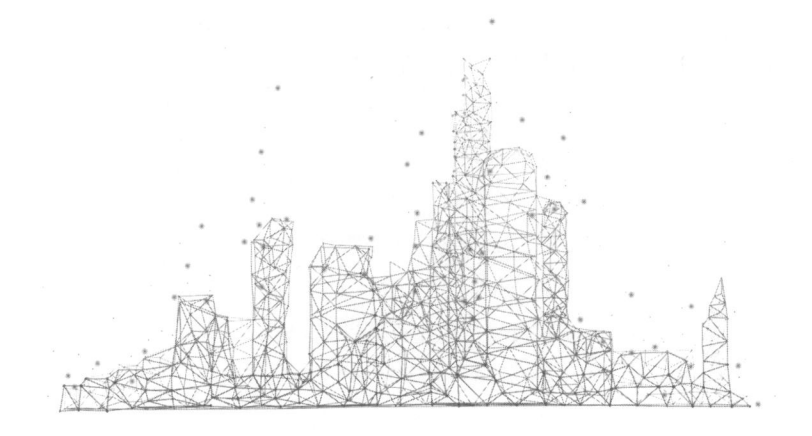

经济科学出版社
Economic Science Press
·北京·

图书在版编目（CIP）数据

中国经济.学术前沿问题研究／国家发展和改革委员会经济研究所编． -- 北京：经济科学出版社，2025.9. -- （经济研究所专家学者文库）． -- ISBN 978-7-5218-7233-0

Ⅰ.F12

中国国家版本馆 CIP 数据核字第 2025QK1571 号

责任编辑：宋艳波　段　钢
责任校对：郑淑艳
责任印制：邱　天

中国经济：学术前沿问题研究
ZHONGGUO JINGJI：XUESHU QIANYAN WENTI YANJIU
国家发展和改革委员会经济研究所　编
经济科学出版社出版、发行　新华书店经销
社址：北京市海淀区阜成路甲 28 号　邮编：100142
编辑部电话：010 - 88191469　发行部电话：010 - 88191522
网址：www.esp.com.cn
电子邮箱：esp@esp.com.cn
天猫网店：经济科学出版社旗舰店
网址：http：//jjkxcbs.tmall.com
固安华明印业有限公司印装
710×1000　16 开　23.75 印张　365000 字
2025 年 9 月第 1 版　2025 年 9 月第 1 次印刷
ISBN 978 - 7 - 5218 - 7233 - 0　定价：120.00 元
（图书出现印装问题，本社负责调换。电话：010 - 88191545）
（版权所有　侵权必究　打击盗版　举报热线：010 - 88191661
　QQ：2242791300　营销中心电话：010 - 88191537
　电子邮箱：dbts@esp.com.cn）

本书编委会

编委会主任：郭春丽

编委会副主任：蓝海涛　郭丽岩

编　　　委：安淑新　易　信　陆江源　李清彬

　　　　　　刘雪燕　张铭慎　杨　帆　盛雯雯

　　　　　　李世刚　刘国艳

总　序

国家发展和改革委员会经济研究所成立于 1975 年 9 月，是国家发展和改革委员会直属、宏观经济研究院管理的综合性研究机构，为正局级事业法人。经济研究所前身是邓小平同志 1973 年复出后进行全面整顿背景下成立的两个重要研究机构之一———国务院工资理论小组，是新中国成立的第一个国家级综合性经济研究所，伴随改革开放伟大历史进程不断发展壮大。

建所 50 年来，经济研究所紧紧围绕服务国家宏观经济决策和发展改革委中心工作，紧扣我国改革开放的时代脉搏，始终走在经济理论与政策研究的前列，是我国宏观经济形势分析的发源地、宏观经济政策研究的主力军、中长期发展战略研究的排头兵。目前研究涵盖发展战略与规划、宏观经济形势分析预测、财政政策与财税体制、货币政策与金融体制、收入分配与消费、资本市场与信用环境、企业改革发展、经济安全等领域。

建所 50 年来，经济研究所的一批批专家学者怀揣着报效祖国的理想，将个人发展融入强国建设、民族复兴的伟大事业中，为国家发展和社会进步奉献了青春，在不同历史时期都作出了贡献。著名经济学家于光远、薛暮桥、柳随年、桂世镛、王积业、周才裕、王永治、刘福垣、陈东琪、刘树杰、宋立、孙学工、郭春丽等先后担任所长。老一代著名经济学家许涤新、刘国光、董辅礽、孙尚清、罗元铮、徐禾、赵履宽、黄振奇等曾在经济研究所工作。专家们以

"学术报国"的奉献精神和科学严谨的治学态度，创造和见证了经济研究所辉煌历史，形成了不为名利、不随波逐流、矢志不渝"为祖国奉献、为国家服务"的光荣传统。

建所50年来，经济研究所产生了一批有决策支撑力、社会影响力的研究成果。第一任所长于光远带领大家与其他部门共同完成了按劳分配、计划与市场关系等重大理论问题研究，并组织领导了全国性的大讨论，为改革开放初期"拨乱反正"提供了重要理论支撑。第二任所长薛暮桥等完成的《中国社会主义经济问题》、第三任所长柳随年主持编写的新中国第一部经济发展史《中国社会主义经济简史》，在国内外引起了重大反响。中青年研究人员王建等提出的"国际大循环"战略思想，为我国实行对外开放提供了重要理论支持。第五任所长王积业提出的"国家调控市场 市场引导企业"理论，为党的十三大报告所采纳。第六任所长周才裕关于产业结构调整的深入研究为我国产业政策出台发挥了积极作用。第七任所长王永治主持完成的社会主义市场经济基本内涵和主要特征研究，第八任所长刘福垣提出的"以人为本、以中为重、全方位开放"的发展方略，第九任所长陈东琪等提出的财政货币"双稳健"宏观调控政策建议，第十任所长刘树杰、副所长宋立共同主持完成的面向2020年我国经济发展战略，第十一任所长宋立主持完成的"十三五"时期我国发展环境、发展趋势和战略思路，第十二任所长孙学工带领完成的供给侧结构性改革重大政策，第十三任所长郭春丽主持完成的全面建设社会主义现代化国家的目标愿景和战略思路研究，资深研究员常修泽提出的"广义产权论"和"人本经济学研究"，在不同时期为党和国家起草重要报告、作出重大决策提供了理论参考，为我国发展改革作出了重要贡献，并产生了良好的社会影响。

建所50年来，针对各个时期的热点、难点和重点问题，经济研究所完成的近400项研究成果获得党中央、国务院领导和部委领导重视，获国家级科技进步奖2项、部委级科技进步和优秀研究成果奖60余项，获孙冶方经济科学奖2项、薛暮桥价格研究奖8项，获第23届国际管理学界最高奖——国际管理科学弗朗兹·爱德曼奖1项。

近年来，经济研究所传承和发扬光荣传统，充分利用建所历史长、学科门类全、人才队伍强、科研氛围好、社会影响大的优势，持续深入开展重大理论和实践应用研究，在理论探讨、政策研究、宣传阐释等方面取得了丰硕成果。在建所50周年之际，我们集中出版一批学术研究成果，这既是对薪火相传学术历程的记录，也是对守正创新科研精神的传承，更是对与时俱进、再创辉煌的希冀。

本次出版的《经济研究所专家学者文库》系列丛书，共有五本。《全面建设社会主义现代化新阶段我国发展环境、发展趋势和战略思路研究》是国家社科基金重大项目研究成果，系统回答了未来30年外部环境、内部条件和经济社会发展趋势、目标愿景、战略任务等重大问题。《构建中国式现代化指标体系研究》是宏观经济研究院重点课题研究成果，深入研究了中国式现代化的理论基础、科学内涵、本质特征、评价指标体系。《中国经济：学术前沿问题研究》是近十年来经济研究所科研人员在重要核心期刊发表的论文合集，围绕发展战略、宏观经济、财税金融、改革创新等领域进行了学术探讨。《中国经济行稳致远的优势和潜力研究》收录了经济研究所科研人员近年来在"三报一刊"等刊物上发表的理论文章，回答了中国经济为什么能、为什么好。《中国经济：宏观经济治理与发展战略研究》是2024年青年研究人员完成的优秀研究成果合集，对一些重大理论和实践问题进行了初步探索。

新时代新征程上，作为国家高端智库，经济研究所责任更加重大、使命更加光荣。经济研究所将始终牢牢把握坚持和完善中国特色社会主义制度的大方向，把基础理论研究和政策应用研究结合起来，全面提升科研创新力、决策支撑力和社会影响力，更好服务支撑国家宏观决策和发展改革委中心工作，为强国建设、民族复兴作出新的更大贡献。

序

  加快构建中国特色哲学社会科学，归根结底是建构中国自主的知识体系。长期以来，经济研究所坚持为国家宏观经济决策和发展改革委中心工作服务，在做好政策研究服务的同时，也十分注重利用经济学前沿理论和现代工具加强对全局性、战略性、前瞻性问题的理论研究，为坚持和发展中国特色社会主义政治经济学贡献力量。

  本书收录了经济研究所科研人员自2016年以来在重要期刊上发表的高水平研究成果21篇，其中多篇文章被《新华文摘》《人大复印报刊资料》等转载，具有较大的理论创新性和学术影响力。这些文章既有团队协作完成的理论成果，也有科研人员个人撰写的学术文章，都集中反映了经济研究所紧密跟踪理论前沿、以理论研究支撑政策研究的学术风范。

  全书汇编为发展战略篇、宏观经济篇、财税金融篇、改革创新篇四部分，涵盖经济研究所主要研究领域。发展战略篇以推进中国式现代化为主线，涉及经济高质量发展、人口高质量发展、经济布局优化调整等中长期重大战略问题。宏观经济篇以畅通国民经济循环为主线，涵盖生产、分配、流通、消费等主要环节。财税金融篇以建设现代财税金融体制为主线，涵盖财政政策、货币政策、金融发展等领域。改革创新篇以释放改革红利激发发展动力为主线，深入研究了户籍、土地等领域重大改革举措的红利效应。

本书收录的文章立足中国实际、解决中国问题，积极推进知识创新、理论创新、方法创新，具有较强的理论价值和实践价值。我们愿以此为载体，加强与学术界同仁交流互鉴，共同为推进中国式现代化建设贡献智库力量。

目录 CONTENTS

▶ 发展战略篇 ◀

以高质量发展推进中国式现代化 ·················· 3
推动经济高质量发展研究 ························ 13
我国跨过高收入国家门槛预测及风险应对 ············ 34
以人口高质量发展支撑中国式现代化 ················ 49
现代化先行国家工业化历程、规律表征和经验启示 ······ 66
我国区域格局变动趋势及优化对策 ·················· 89

▶ 宏观经济篇 ◀

国内国际循环的特征规律研究 ···················· 105
我国产业结构转型动力分解研究 ·················· 122
从供需视角优化初次分配结构研究 ················ 143
我国国民收入分配格局研究 ······················ 160
新发展阶段扩大内需的现实逻辑、战略导向和实践重点 ··· 174
中国居民实际消费水平差距问题初探 ··············· 189
消费倾向国际比较与促进中国消费倾向稳步提升的建议 ··· 213

我国中长期固定资产投资变动趋势、问题及建议 ………… 234

▶ 财税金融篇 ◀

健全国家发展规划对财政政策的战略导向作用 ………… 255
中国基础货币投放的宏观经济效应变化 ………… 270
金融发展有利于中国生产技术效率的提升吗？ ………… 288

▶ 改革创新篇 ◀

户籍制度改革红利释放趋势和情景预测 ………… 315
土地制度改革红利释放趋势和情景预测 ………… 328
环境制度改革对经济增长的影响及政策建议 ………… 341
制度型开放引领高质量发展 ………… 353

发展战略篇

以高质量发展推进中国式现代化*

摘　要： 高质量发展既是实现社会主义现代化目标的必然要求，也彰显了中国式现代化的鲜明特色，面对百年未有之大变局，要立足新发展阶段，坚定不移走高质量发展之路。国际经济格局深刻演变、新一轮科技革命和产业变革深入发展、要素供给质量明显提高、超大规模市场优势和内需潜力为以高质量发展推进中国式现代化提供了战略机遇和优势条件。新征程上，要完整、准确、全面贯彻新发展理念，在加快以科技创新引领现代化产业体系建设、推动城乡融合和区域协调发展、深入推进绿色低碳发展、坚定不移实行高水平对外开放、切实保障和改善民生的同时，统筹发展和安全，构建高水平社会主义市场经济体制，持续挖掘超大规模市场优势和内需潜力，推动中国式现代化建设不断取得新突破新进展。

关键词： 高质量发展　中国式现代化　新发展阶段　新发展理念　新发展格局

习近平总书记指出，高质量发展，就是很好满足人民日益增长的美好生活需要的发展，是体现新发展理念的发展，是创新成为第一动力、协调成为内生特点、绿色成为普遍形态、开放成为必由之路、共享成为根本目的的发展。[①] 党的十九大报告作出我国经济已由高速增长阶段转向高质量发展阶段的重大判断。党的二十大报告指出，高质量发展是全面建设社会主义现代化国家的首要任务，并明确提出实现高质量发展是中国式现代化的九个本质要

---

* 作者郭春丽，本文原载于《当代世界》2024年第4期。
① 习近平在2017年中央经济工作会议上的讲话。

求之一，充分说明了高质量发展在中国式现代化中的全局意义和战略地位。在新时代新征程上，要以高质量发展推进中国式现代化，为全面建设社会主义现代化国家、全面推进中华民族伟大复兴作出应有贡献。

一、高质量发展是推进中国式现代化的首要任务

现代化是工业革命以来人类社会发生的深刻变革。中国式现代化，既有世界现代化的普遍规律和共同特征，也有中国的鲜明特色，现代化建设新阶段既要推动经济实现量的合理增长，夯实现代化建设的物质基础，更要重视质的有效提升，为现代化建设提供持久动力。实现高质量发展，是实现社会主义现代化目标的必然要求，也是彰显中国式现代化的必然选择。

（一）高质量发展是实现社会主义现代化目标的必然要求

高质量发展是实现全面建成社会主义现代化强国的基础。党的二十大报告提出到2035年基本实现社会主义现代化总体目标，包括人均国内生产总值迈上新的大台阶，达到中等发达国家水平；实现高水平科技自立自强，进入创新型国家前列；建成现代化经济体系，形成新发展格局；人民生活更加幸福美好，人的全面发展、全体人民共同富裕取得更为明显的实质性进展；碳排放达峰后稳中有降，生态环境根本好转等目标体系。

一方面，高质量发展是我国到2035年人均国内生产总值达到中等发达国家水平的有效路径。到2035年人均国内生产总值达到中等发达国家水平，是基本实现现代化的标志性指标和目标。实现这一目标，意味着2035年前我国经济需要保持年均4.73%的增长速度。然而，未来一个时期，我国增长条件将发生重大变化，对我国经济增长速度形成不利影响。按照联合国人口司的预测，我国65岁及以上老年人口占全社会人口比重将从2022年的14.9%提高到2035年的22.4%，同期劳动年龄人口大幅减少，劳动力对潜在经济增长速度的贡献呈下降趋势，对经济增长速度支撑作用明显减弱。人口老龄化背景下，我国总储蓄率已经从2010年的50.65%下降到2022年的46.75%，按照联合国人口司的预测，我国总人口抚养比将从2022年的44.9%升至2035年的50.2%。根据人口结构与储蓄率的经验规律，上述变化将带动2022～2035

年储蓄率降低 4.2 个百分点，进而带动资本形成率下降 3.2 个百分点，其结果是资本存量对潜在经济增长速度的贡献度也处于下降通道，对经济增长的支撑作用减弱。在劳动力、资本等增长要素条件发生重大变化的情况下，只有走高质量发展之路，着力提升全要素生产率，才能增强经济增长动能，推动经济实现质的有效提升和量的合理增长，努力实现人均 GDP 达到中等发达国家水平的目标，夯实中国式现代化建设的物质基础。

另一方面，实现 2035 年基本实现现代化的其他目标，也必须走高质量发展道路。只有推动高质量发展，把科技创新摆在现代化建设全局的核心地位，增强自主创新能力，实现关键核心技术自主可控，在加快建设科技强国中推进中国式现代化，才能实现高水平科技自立自强，努力实现 2035 年进入创新型国家前列的目标。只有推动高质量发展，加快打造以自主可控、安全可靠的产业链供应链为基础，形成"创新引领、协同发展"的产业体系、"统一开放、竞争有序"的市场体系、"体现效率、促进公平"的收入分配体系、"彰显优势、协调联动"的城乡区域发展体系、"资源节约、环境友好"的绿色发展体系和"多元平衡、安全高效"的全面开放体系，才能建成现代化经济体系，形成新发展格局。只有推动高质量发展，在发展中保障和改善民生，才能不断满足人民日益增长的美好生活需要，在全体人民共同富裕取得更为明显的实质性进展中推动中国式现代化。也只有推动高质量发展，着力推动绿色低碳转型，才能实现碳达峰后稳中有降、生态环境根本好转，在促进人与自然和谐共生中推进中国式现代化。

（二）高质量发展是彰显中国式现代化鲜明特色的必然选择

高质量发展本质上是体现新发展理念的发展，中国式现代化具有人口规模巨大、全体人民共同富裕、物质文明和精神文明相协调、人与自然和谐共生、走和平发展道路五方面中国特色，与创新、协调、绿色、开放、共享的新发展理念具有内在一致性。

人口规模巨大，既为现代化建设提供充足的人力资源，也要求充分回应人民在就业、分配、教育、医疗、住房、养老、托幼等方面的诉求。只有通过高质量发展创造出丰富的物质财富和精神财富，才能为人人享有公平机会、人人价值充分体现、人人分享发展成果创造充足条件，凝聚起14亿人投身现代化建设事业的磅礴伟力，在人人都能共享现代化建设福祉和荣光中推动中国式现代化。

实现全体人民共同富裕的现代化，要求坚持把实现人民对美好生活的向往作为现代化建设的出发点和落脚点，让现代化建设成果更多更公平惠及全体人民，着力维护和促进社会公平正义。只有通过高质量发展，提高现代化进程的平衡性协调性整体性，把"蛋糕"做大的同时分好"蛋糕"，才能着力提高城乡居民收入，加快解决地区差距、城乡差距、收入分配差距，实现全体人民共同富裕。

实现物质文明和精神文明相协调的现代化，要求物质文明和精神文明两手抓、两手硬。只有通过高质量发展，实现物质富足的同时，不断丰富人们的精神生活，才能促进物的全面丰富和人的全面发展，为全体人民团结奋斗提供物质基础和精神支撑。

实现人与自然和谐共生的现代化，要求坚定不移走生产发展、生活富裕、生态良好的文明发展道路，实现中华民族永续发展。只有通过推动实现高质量发展，牢固树立和践行"绿水青山就是金山银山"的理念，推进生态优先、节约集约、绿色低碳发展，健全绿色低碳循环发展经济体系，才能加快形成人与自然和谐发展现代化建设新格局，建设美丽中国。

实现走和平发展道路的现代化，要求在坚定维护世界和平与发展中谋求自身发展，又以自身发展更好维护世界和平与发展。只有通过推动实现高质量发展，发展更高层次的开放型经济，才能不断以中国新发展为世界提供新机遇，推动建设开放型世界经济，更好惠及各国人民，维护世界和平、促进共同发展。

二、以高质量发展推进中国式现代化的战略机遇和优势条件

我国是世界第二大经济体、第一大工业国、第一大货物贸易国、第一大外汇储备国，以高质量发展推进中国式现代化具有良好基础。当前和今后一个时期，百年未有之大变局加速演变，国内发展条件深刻变化，以高质量发展推进中国式现代化还迎来战略机遇和新的优势条件。

第一,国际经济格局深刻变化为我国以高质量发展推进中国式现代化营造比较稳定的国际环境。国际力量延续"东升西降""南升北降"态势,发展中国家和发达国家力量对比更趋均衡,根据国际货币基金组织数据,新兴市场国家和发展中国家经济规模占全球比重由2012年的38.1%提升到2022年的42.5%,同期我国占全球经济比重由11.3%提升到18%左右。以我国为代表的新兴市场国家和发展中国家的国际影响力和全球治理话语权不断增强,为推动国际秩序和全球治理体系朝着更加公正合理的方向发展提供了有力支撑。尤其是人类命运共同体理念深入人心,我国国际影响力、感召力、塑造力显著提升,有利于我国在加快中国式现代化建设的同时携手各国共谋发展。国际金融危机尤其是新冠疫情以来,全球创新链产业链供应链深度调整,与我国加快推动产业结构转型升级碰头,为加快建设现代化产业体系,构建起推动高质量发展和面向未来的现代化经济结构带来历史性机遇。

第二,新一轮科技革命和产业变革深入发展为我国以高质量发展推进中国式现代化带来难得的追赶机遇。全球科技创新进入空前密集活跃时期,人工智能大模型、互联网、大数据等技术加速迭代演进,全球资源要素加速重组整合,新产业、新业态蓬勃兴起,形成新一轮前沿科技、前沿产业发展热潮。新一轮科技革命和产业变革与我国实施创新驱动发展历史性交汇,为我国在技术创新领域实现赶超带来历史性机遇。我国科技实力不断跃上新台阶,人才、科技发展不断取得新成就,具备创新超越的条件,科技人力资源丰富,2022年高被引科学家人数占全球16.2%、位居世界第二,目前技能人才总量超过2亿人、占就业人员总量的26%以上,高技能人才超过6000万人、占技能人才的30%以上,2023年我国拥有24个全球百强科技集群,数量首次跃居世界第一,全球创业活力前40的城市中,我国上榜城市数量位居全球第二。我国不仅拥有世界上最完备的环环相扣、并肩升级的产业体系,可以为技术创新推广应用提供应用场景和配套服务,14亿多人口大国还可以为创新产品推广应用提供最大的市场空间,从而为降低研发成本和促进产品快速迭代升级提供有力支撑,有望在新一轮科技革命和产业变革中保障我国整体技术水平和产业走向前沿。

第三,要素供给质量明显提高为以高质量发展推进中国式现代化提供有力的基础支撑。我国源于劳动力数量充裕的人口红利逐渐式微，但劳动力素质不断提高带来的人力资源红利已经进入释放期。2023年，劳动年龄人口平均受教育年限达到11.05年，新增劳动力平均受教育年限达到14年，与美国、日本、德国等发达国家的差距大幅缩小。8.6亿多劳动年龄人口中具有大学文化程度人口超过2.5亿人，人力资源素质明显提高。2022年国民储蓄率45.6%，比其他主要经济体高20个百分点以上，这为资本积累及其有效配置提供了必要条件。科技研发能力大幅跃升，2023年研发投入强度2.64%，超过欧盟15国2.1%的平均水平，与经合组织平均水平相当；发明专利拥有量超过100万件，是世界上第三个国内发明专利拥有量突破百万件的国家，PCT专利申请量位居世界第一。当前科技创新在一些领域已经处于全球领跑，新质生产力蓄势待发。同时，新型生产要素快速积累和创新配置在不断拓展我国发展新空间，2022年数据产量达8.1ZB，占全球数据总量的10.5%，位居世界第二，对经济增长的贡献率不断上升。

第四，超大规模市场优势和内需潜力为以高质量发展推进中国式现代化提供强大的发展动力。作为世界上最大的发展中国家，我国正处于新型工业化、信息化、城镇化、农业现代化快速发展和城乡消费升级阶段，14亿多人口、4亿多中等收入群体释放出来的强大国内市场潜力和独特的内循环优势是我国以高质量发展推动中国式现代化的底气。未来一个时期，消费潜力巨大。一方面，消费升级蕴藏巨大消费潜能，2023年全国居民人均服务性消费占居民消费支出比重上升到45.2%，但与发达国家60%左右的平均水平相比，尚有可挖掘释放的巨大空间；千人汽车保有量约180辆，距离主要发达国家平均400~800辆的数量差距尚大，户均私人汽车拥有量约0.5辆，与人均GDP处于1万~2万美元国家0.8~1.5辆的水平相比差距也较大，扩量和置换推动下未来汽车消费需求还很大；刚需家电品类全面普及后，已经进入替换更新期。另一方面，社会结构变化蕴藏巨大消费潜能，到2035年中等收入群体有望超过7亿人，高品质消费需求进入大规模释放阶段。中长期看，投资增长潜力也很大。我国基础设施虽获得了长足发展，但相对于人口规模巨大的现代化建设需要而言，还存在较大差距。2019年我国人均资本在183个样本国家中排第95位，仅相当于全球平均水平的2/3，不及G7国家平均水平的30%，2020年人均高速公路里程仅为美国的1/3左右，2021年人均用电量仅为美国的1/6、日本的1/3，传统基础设施补短板，新型基础设施扩乘数，都还有很大投资空间。适应新型工业化城镇化深入推进和经济高质量发展的需要，大力发展新质生产力、促进技术创新和产业升级、推动城乡区域协调发展、实现绿色低碳发展，都蕴含着强劲的投资需求。着力解决当前供给领域中低端过剩、中高端不足等问题，满足人民群众日益增长的多层次、高品质、多样化消费需求，也对投资提出新要求。

三、以高质量发展推进中国式现代化的重点任务

新征程上，必须完整、准确、全面贯彻新发展理念，将崇尚创新、注重协调、倡导绿色、厚植开放、推进共享、确保安全的要求落实到经济社会发展全过程各领域，同时加快消除制约高质量发展的体制机制障碍，深入挖掘内需潜力，努力实现更高质量、更有效率、更加公平、更可持续、更为安全的发展，推动中国式现代化建设不断取得新突破新进展。

第一，以科技创新引领现代化产业体系建设。创新是高质量发展的第一动力，要把创新摆在现代化建设全局的核心地位。一方面，着眼国家战略需求和国际竞争前沿，围绕发展新质生产力，加快实现高水平科技自立自强，大力实施创新驱动发展战略，完善新型举国体制，打好关键核心技术攻坚战，重点加快新能源、人工智能、生物制造、绿色低碳、量子计算等前沿技术本土研发和推广应用。另一方面，牢牢抓住新兴产业发展先机，培育壮大战略性新兴产业，谋划布局未来产业，广泛应用数智技术、绿色技术改造传统产业，加快构建具有智能化、绿色化、融合化特征和符合完整性、先进性、安全性要求的现代化产业体系。

第二，推动城乡融合、区域协调发展。协调是高质量发展的内生特点，要在协调发展中拓宽发展空间，在加强薄弱领域中增强发展动力。把推进新型城镇化和乡村全面振兴有机结合起来，推动以县城为重要载体的新型城镇化建设，促进城乡要素平等交换、双向流动，增强农业农村发展活力，形成城乡融合发展新格局。积极应对南北区域分化，以京津冀、山东半岛、辽中南、哈长、中原、关中六大城市群为载体，聚焦优化提升中心城市引带能力、

增强大中城市支撑能力、提高中小城市配套能力，建立培育发展新质生产力、动能转换和改革开放高地，形成推动北方经济稳定增长的动力源。

第三，深入推进绿色低碳发展。绿色是高质量发展的普遍形态，要把促进经济社会发展全面绿色转型作为高质量发展的关键环节。供给端，在处理好排污减碳与产业转型、经济增长、产业安全关系的基础上，推动产业结构从高碳物质消耗型转向低碳节能型，稳妥降低高碳制造业比重，运用市场化手段推动高碳排放制造业脱碳化、减量化发展，同时加快发展新能源，培育壮大节能环保产业和再制造产业。需求端，以推广新能源汽车、推进低碳建筑规模化发展为重点推进消费绿色化，以加快消费结构升级、产业转型升级、新型基础设施、推广应用低碳技术、发展生态环保产业等领域投资为方向推动投资绿色化，在优化外贸结构中发展绿色贸易。

第四，坚定不移实行高水平对外开放。开放是高质量发展的必由之路，要在高水平对外开放中实现高质量发展。以更好支撑经济高质量发展为目标，持续深化商品、服务、资金、人才等要素流动型开放，稳步扩大规则、规制、管理、标准等制度型开放，加快引进全球高素质人才和智力资源为我所用，加强与全球生产网络和创新体系的紧密联系。用好扩大进口的杠杆，拓展中间品贸易、服务贸易、数字贸易、跨境电商出口，维护外部市场基本稳定，保持贸易收支基本平衡。坚持"引进来"和"走出去"并重，放宽电信、医疗等服务业市场准入，更大力度吸引和利用外资，大力支持企业"走出去"到海外发展。

第五，切实保障和改善民生。共享是高质量发展的根本目的，要在满足人民日益增长的美好生活需要中实现高质量发展。坚持在发展中保障和改善民生，在幼有所育、学有所教、劳有所得、病有所医、老有所养、住有所居、弱有所扶上持续用力，不断实现好、维护好、发展好最广大人民根本利益，增强人民群众的获得感、幸福感、安全感。将构筑橄榄型社会结构放在重要位置，加快形成占比更高、自我认同感更强的中等收入群体，一方面提升农村居民和新落户农民工的公共服务水平，将他们作为扩大中等收入群体的新来源；另一方面加快完善体现效率、促进公平的收入分配体系，进一步畅通纵向流动通道，不断增强中等收入群体自我认同感，发挥好支撑高质量发展中坚力量的作用。

第六，积极统筹发展和安全。国家安全是民族复兴的根基，社会稳定是国家强盛的前提，要以高水平安全保障高质量发展。完善粮食产购储加销体系，积极开展重要农产品国际合作，内外结合保障粮食安全。加强能源供应保障能力建设，规划建设新型能源体系，新旧结合保障能源安全。立足丰富应用场景和庞大市场需求加速重大新兴技术的产业化进程，推进自主创新产品、自主开源技术等国产化替代和迭代应用，增强产业链供应链韧性和产业技术的安全可控水平。积极稳妥化解房地产风险，因城施策用足用好政策工具，一视同仁满足不同所有制房企的合理融资需求，促进房地产市场平稳健康发展。坚持化存量、控增量并重，在统筹发展中化解地方债务风险。引导地方政府多渠道为中小金融机构补充资本金，严厉打击非法金融活动，坚决守住不发生系统性风险的底线。

第七，构建高水平社会主义市场经济体制。习近平总书记指出，"改革开放是决定当代中国命运的关键一招，也是决定实现'两个一百年'奋斗目标、实现中华民族伟大复兴的关键一招"。① 新征程上，围绕培育有效竞争的经营主体、完善统一开放的市场体系、健全法治高效的政府治理体系，在重点领域和关键环节取得重大实质性突破，为经济高质量发展提供制度保障。推动国资国企做强做优做大，促进民营经济做大做优做强，促进外资企业高质量发展，打造共同支撑高质量发展的微观主体。加快建设全国统一大市场，在产权保护、市场准入、公平竞争、社会信用等领域强化制度建设，深入推进劳动、资本、土地等生产要素市场化改革，持续提高资源配置效率。深化财税金融体制改革，不断提高政府治理效能，筑牢国家治理体系和治理能力现代化的基础。

第八，持续挖掘超大规模市场优势和内需潜力。挖掘超大规模市场优势和内需潜力是以更高效率促进经济循环、推动高质量发展的关键。深入实施扩大内需战略，激发有潜能的消费，扩大有效益的投资，形成消费和投资相互促进的良性循环。一方面，发挥消费对经济增长和高质量发展的基础作用，

---

① 2012年12月7~11日，习近平在广东考察工作时的讲话。

从消费升级中把握消费潜能，从社会结构变化中寻找消费潜能，从城乡区域消费梯次升级中释放消费潜能，从新技术和新模式中激发消费潜能，从消费理念变化中挖掘消费潜能；另一方面，发挥投资对优化供给和推动高质量发展的支撑作用，围绕居民消费升级、大力发展新质生产力、着力改变发展不平衡不充分格局确定投资的重点领域，发挥好政府投资的带动放大效应，优化投资结构和扩大投资空间，推动有效益的投资持续释放。

参考文献：

［1］王一鸣：《新形势下的科技创新战略和以科技创新引领现代化产业体系建设的路径》，《全球化》2024 年第 1 期。

［2］高培勇、隆国强等：《扎实推动高质量发展，加快中国式现代化建设——学习贯彻中央经济工作会议精神笔谈》，《经济研究》2024 年第 1 期。

［3］郑栅洁：《以高质量发展扎实推进中国式现代化建设》，《宏观经济管理》2023 年第 10 期。

［4］郭春丽、易信：《新发展阶段扩大内需的现实逻辑、战略导向和实践重点》，《经济纵横》2023 年第 7 期。

［5］刘伟、范欣：《以高质量发展实现中国式现代化 推进中华民族伟大复兴不可逆转的历史进程》，《管理世界》2023 年第 4 期。

［6］宁吉喆：《中国式现代化的方向路径和重点任务》，《管理世界》2023 年第 3 期。

［7］韩保江、李志斌：《中国式现代化：特征、挑战与路径》，《管理世界》2022 年第 11 期。

［8］高培勇、黄群慧：《中国式现代化的理论认识、经济前景与战略任务》，《管理世界》2022 年第 8 期。

［9］郭春丽、易信：《"十四五"时期我国跨过高收入国家门槛预测及风险应对》，《经济纵横》2020 年第 1 期。

推动经济高质量发展研究*

摘　要：高质量发展的核心内涵是供给体系质量高、效率高、稳定性高。经济发展质量变革、效率变革、动力变革是推动经济高质量发展的根本途径。我国经济发展质量、效率、动力和持续性均出现深刻变化，但与主要发达国家尚存较大差距。当前及今后一个时期，发展理念转变不到位、经济发展中的两难多难问题突出、科技创新瓶颈突破难度大、国际经济政治环境复杂多变、治理体系和治理能力不适应要求等对我国经济高质量发展构成挑战。推动经济高质量发展，应以贯彻新发展理念为基本遵循，以建设现代化经济体系为基本目标，以供给侧结构性改革为主线，以质量第一、效益优先为导向，以技术创新和制度创新为动力，加快推动三大变革，努力提高经济发展可持续性，同时顺应要求加快完善政府引导调控体系、顺势而为谋划国际经济关系新布局，为高质量发展创造良好的社会环境和国际环境。

关键词：高质量发展　创新　现代化经济体系

党的十九大报告指出，中国经济已由高速增长阶段转向高质量发展阶段。当前及今后一个时期，全球正在经历百年不遇的大变局，中国社会主要矛盾、经济社会发展条件和发展趋势都在发生深刻变化，推动经济高质量发展，既面临重大机遇，也面临诸多难题和困境。在复杂多变的国际环境和深刻变化

---

*　作者孙学工、郭春丽、李清彬、王蕴等，本文原载于《宏观经济研究》2019年第2期。本文为2018年中国宏观经济研究院重点课题主报告成果，课题组成员包括：孙学工、郭春丽、王蕴、孙长学、王元、许生、杜飞轮、刘雪燕、李世刚、安淑新、李清彬、易信、张铭慎、杜秦川、盛雯雯、姜雪、陆江源、何明洋、杨帆。

的国内环境中，如何更好地理解和推动经济高质量发展，是全面建成小康社会、加快建设富强民主文明和谐美丽的社会主义现代化强国和实现中华民族伟大复兴中国梦的关键。

一、经济高质量发展的理论内涵

经济高质量发展的核心是质量第一、效益优先，背后有深厚的理论渊源。结合我国实际情况理解，经济高质量发展就是**以高效率高效益生产方式为全社会持续而公平提供高质量产出的经济发展**。应主要从供给体系方面来理解其内涵。

一是供给体系的质量高。供给体系的质量高就是指要素投入、中间品投入和最终产出三个环节的质量都要高。**要素投入质量高**是指劳动力、资本、技术、能源资源以及大数据等新型要素的质量高；**中间品投入质量高**是指，生产过程中的中间产品，如零部件质量、精度等能够很好地满足生产需要；**最终产出的质量高**是高质量发展的核心内涵，就是要能够提供高质量的产品和服务。三个环节紧密相关，要素和中间品投入的质量直接影响到最终产出的质量，高质量产出是高质量要素投入和中间品投入的结果。

二是供给体系的效率高。从静态看，供给体系的效率高表现在技术效率高和经济效益好的统一。推动高质量发展必然要求高效、集约地发挥现有资源要素潜力，实现各类生产要素投入产出效率最大化，资本效率、土地效率、人力资源效率、资源效率等达到相当高的水平。还要求资源在不同用途之间合理配置，使各类要素边际生产率和边际报酬达到最高，参与经济活动的经营主体均获得较好收益。**从动态看，供给体系的效率高还要求经济发展具有持续强劲的动力来推动效率提升**。这突出表现在经济增长动力中全要素生产率的份额较大，从而有内生动力来保持高效率状态。因而，动力转换和效率提升是统一的。

三是供给体系的稳定性高。经济平稳运行在合理区间，没有重大失衡和风险引发的大起大落；产出的可持续性强，不会长期陷入"中等收入陷阱"等经济发展过程中的各类陷阱；经济体系与社会、环境相协调相和谐，经济发展不会导致出现重大社会与环境风险并反作用于经济发展。简而言之，稳定性高就是经济运行平稳、重大风险可控、资源环境可承载、发展成果包容共享。

需要强调的是,供给体系的质量、效率和稳定性高是经济高质量发展的根本特征,只有同时具备这些特征,彼此不相冲突,才是经济高质量发展。

二、推动经济高质量发展的基本路径和核心动力

从经济学基本理论和经验事实看,经济发展质量变革、效率变革、动力变革是推动经济高质量发展的根本途径。推动三大变革的核心是改善要素质量和提高全要素生产率,根本动力在于科技创新和体制改革。

(一) 从经济理论看,三大变革是实现高质量发展的基本路径

基于扩展型生产函数和效用函数,从供给和需求两个方面,分析经济发展阶段演进过程中,质量变革、效率变革、动力变革的一般性规律。

1. 从供给端看,必须推动三大变革、转换发展路径

将总产出质量引入生产函数,建立反映要素和产品质量的扩展型生产函数。

$$Y(Q_t, Q_l) = AF(K, L, R) \tag{1}$$

其中,$Y(Q_t, Q_l)$ 表示总产出,Q_t 为产出数量,Q_l 为产出质量,为总产出赋予了数量和质量两重属性。K、L、R 分别表示资本、劳动和资源能源等要素,同样包括数量和质量;F 表示将 K、L、R 组合起来的生产方式,主要是指配置和利用生产要素的方式;A 表示影响产出的其他因素,包括技术进步、体制和管理创新等,在增长核算中称为全要素生产率(TFP)。

在发展初期,由于生产要素相对丰裕,资源环境空间容量较大,经济增长主要依靠 K、L、R 等要素投入数量增加,这一时期经济处于低质量发展阶段。随着经济发展水平提高,依靠要素投入的增长模式难以为继,发展路径必须转换。从生产函数看,路径有三条:一是提升要素投入 K、L、R 的质量,提升中间投入品和最终产出 Y 的质量,即推动质量变革;二是改进生产要素配置和生产组织方式(F),即推动效率变革,提升技术效率和经济效益;三是推动科技进步、体制改革和管理创新(A 或称 TFP),即推动动力变

革，为效率提升提供持续动力。推动发展质量变革、效率变革和动力变革是长期过程和系统工程，随着三大转换逐步到位，经济进入高质量发展阶段。

2. 从需求端看，必须提升经济发展质量、满足社会需求变化

分析消费者或国民福利的基本出发点是效用函数，设定效用函数形式如下：

$$U = U\{Y(Q_t, Q_l), O\} \qquad (2)$$

其中，U 表示一个经济体的国民总效用，$Y(Q_t, Q_l)$ 即为生产函数中的总产出，相当于生产函数的左端，仍然包括数量和质量两种属性；O 代表生态环境、社会公平正义等方面需求。

经济发展水平较低时（低质量发展阶段），国民总效用 U 会随着产出数量（Q_t）的增大而不断上升，而对产出质量（Q_l）和其他方面需求（O）并不敏感。甚至产出质量（Q_l）、其他方面需求（O）会对数量指标和效用产生负向影响。经济发展到一定阶段后（转向高质量发展阶段和高质量发展阶段），产出数量（Q_t）的边际效用递减，且呈加速趋势，最终不再对效用有提升作用；产出质量（Q_l）和其他方面需求（O）对国民消费总效用的正向作用日渐明显，在一定阶段呈现效用提升特征，之后边际效应递减至平稳。

（二）以提高供给体系质量为主攻方向推动质量变革

提高供给体系质量，应从要素投入质量、中间品投入质量和最终产出质量三个环节着手推动质量变革。**一是提升要素投入质量。**要素投入质量很大程度上决定了产出的质量情况，是供给体系质量的出发点。劳动力、资本、技术以及数据等新型要素的投入质量对产出质量影响很大。**二是提升中间品投入质量。**每一链条的产品质量都会影响到最终产出的质量，关键环节的中间品投入甚至可以直接决定最终产出能否生产和产出质量。国内生产的关键零部件等在各方面质量标准上仍不过关，屡屡"卡脖子"，提升中间品投入质量是提升我国供给体系质量的关键。**三是提升最终产出质量。**从更好满足人民日益增长的美好生活需要出发，产品和服务质量高是供给体系质量高的核心和落脚点，产品和服务质量不高，供给体系质量就不能算高，必须加快提升我国产品和服务质量。

（三）以提高全要素生产率为核心推动效率变革

推动效率变革的重点是提高全要素生产率，要通过不断提升技术效率和提升要素配置效率来实现。**一是提升技术效率**。提升技术效率就是将生产可能性边界向外推进，推动技术效率提升，持续增大全要素生产率对经济增长的贡献。**二是提升要素配置效率**。要素配置效率影响的是实际产出与生产可能性边界的距离。在提升技术效率的同时，通过不断优化要素投入的结构，改进要素组合的技术、完善要素组合的方式来提升配置效率，使实际产出尽可能靠近生产可能性边界。

（四）以科技创新和体制改革为重点推动动力变革

要增强全要素生产率提升的动态可持续性，关键要靠科技创新和体制改革提供源源不断的内生动力。**一要依靠科技创新**。科技创新是提高全要素生产率和推动经济高质量发展的核心动力，要着力推进以科技创新为核心的全面创新。**二要依靠体制改革**。合理的产权制度、供求和价格制度安排，有效的市场竞争激励机制，科学的资源环境管理和生态文明制度，完善的对外经济体制，科学合理的收入分配制度等都是提高全要素生产率的重要动力。

三、我国经济发展质量变化趋势和国际比较

当前，我国在经济发展质量、效率、动力和可持续性上出现重大变化，初步具备了转向高质量发展的基础，但与主要发达国家相比，仍有较大提升空间。

（一）从发展趋势看我国经济转向高质量发展阶段

近年来，我国经济发展呈现出供给体系质量出现积极变化、供给体系效率开始改善、供给体系的稳定性逐步增强等系统性变革。

供给体系质量的积极变化集中体现在关键要素与中间投入的质量加快

提高，最终产出的质量在明显提升。2013年以来，中国逐渐步入劳动力数量减少而人力资本加快积累的新阶段，新增劳动力平均受教育年限超过13.3年。2017年国际论文引用次数排名跃居世界第二位，三方同族专利占全球比重由2010年的2.73%提升到2016年的6%。资本存量质量加快改善，2000~2016年中国ICT资本年均增长率达到21%，高于美国8.8个百分点。能源资源质量加快提高，化石能源消费比重从2011年的峰值91.6%降低到86.2%。产业结构不断优化升级，跨入以服务经济为主体的新时代，进入技术密集型零部件组装主导阶段，并将继续向知识信息密集型产业主导阶段迈进。

供给体系效率的改善体现在资源和要素的产出效率明显提高、要素配置效率提高和经济发展效率驱动的特征更加明显。全员劳动生产率从2000年的2.07万元提高到2017年的10.12万元，且近年来提高幅度明显扩大。经济发展已由依靠增加要素投入转向更多依靠提高全要素生产率。21世纪以来，全要素生产率对经济增长的贡献率从32.4%上升到40.7%，劳动和资本的贡献率则分别由11.7%、55.9%下降到6.1%和53.2%。中国即将进入从效率驱动发展向创新驱动发展的转型阶段，并将迈向创新驱动发展阶段。

供给体系的稳定性逐步增强集中体现在经济增长稳定且有较强韧性，经济、社会与环境协调发展程度在提高。2012年底以来，GDP增速稳定在6.5%左右的合理区间，CPI涨幅维持在1.4%~3%的温和通胀水平以内，城镇登记失业率持续稳定在4.5%~4.6%的警戒线水平以下。国际收支基本平衡，宏观杠杆率趋于稳定，债务风险总体可控。生态环境逐步改善，2017年单位国内生产总值能耗、用水量分别比2012年下降18.6%和26.7%。74个主要城市的细颗粒物浓度（PM2.5）从刚开始监测的2013年1月的130微克/立方米下降到2018年1月的67微克/立方米。居民生活水平持续提高，人口平均预期寿命持续提高，2017年达到76.7岁；收入差距有所缩小，2017年居民收入基尼系数为0.467，较峰值下降了0.024（见图1和图2）。

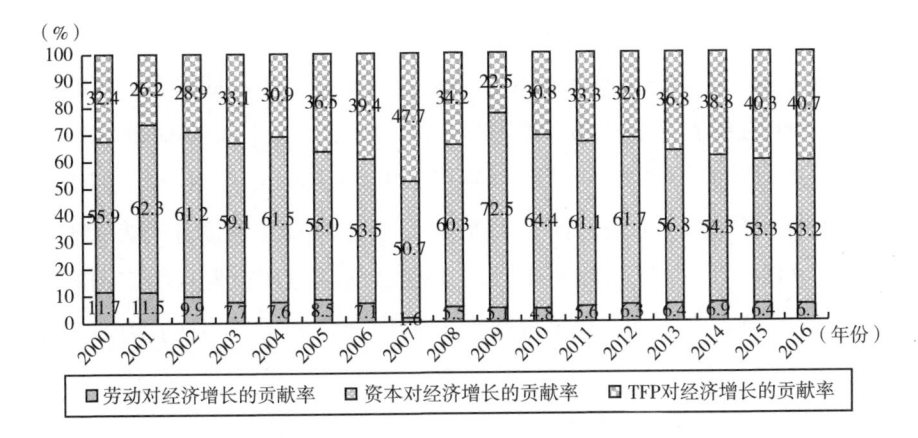

图1 经济增长的要素投入结构

资料来源：笔者测算。

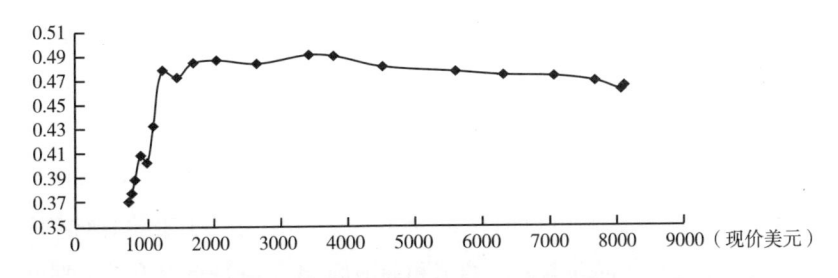

图2 中国基尼系数与人均GDP的变化

资料来源：笔者测算。

（二）从国际比较看中国经济发展质量尚存差距

选取美国、德国、英国、日本和韩国五个发达国家以及泰国、马来西亚两个新兴发展中国家作为比较对象，从供给体系质量、效率和稳定性等方面，分相似发展阶段①和当前发展阶段来进行比较。

---

① 这里对"相似发展阶段"的理解跳出以人均 GDP 水平作为主要依据的局限，考虑了各国所处外部发展环境的可比性、各国所面临的经济发展阶段转变的迫切性和必要性。我们将美国 20 世纪 80 年代左右（1975～1985 年）、德国 80 年代末 90 年代中（1985～1995年）、韩国 90 年代中后期（1995～2005 年）、英国 70 年代中后期左右（1975～1985 年）、日本 70 年代至 80 年代（1970～1980 年）作为与我国相似的发展阶段，同时对与我国处于相似发展阶段的新兴发展中国家——泰国和马来西亚（2006～2016 年）也进行比较。

1. 供给体系质量还存在明显差距

从要素投入质量看，现阶段我国劳动力素质还处于较低水平，仅略高于德国 1985 年的水平。2017 年，美国、英国、德国、日本和韩国 25 岁以上人口平均受教育年限均在 12 年以上，而中国仅为 8.72 年。2016 年中国每百万人口中研发人员为 1177 人，日本、韩国、德国、英国、美国分别为 5231 人、7087 人、4431 人、4471 人和 4232 人。科技成果质量相比发达国家仍有较大提升空间，2016 年中国三方同族专利①数量仍不及美国的 20%、日本的 17%。

从中间投入质量看，中国在一些重要领域存在不少受发达国家制约的"卡脖子"技术和部件。据有关资料，中国在 35 项关键核心技术方面与国际先进水平差距明显，包括光刻机、芯片、手机和个人电脑操作系统、触觉传感器、手机射频器件、核心工业软件、铣刀、高端轴承钢等，或根本不具备生产能力，或与发达国家存在 10 年以上的技术差距，导致部分领域的中间产品、材料和制造设备严重依赖进口。

从最终产出质量看，中国不少产业还处于全球分工的中低端，2015 年我国中高技术产品占制造业出口的比重为 58.8%，普遍低于美英日德韩等国，其中，比日本低 21 个百分点，比德国和韩国低 15 个百分点以上。根据欧盟统计，在 84 个制造业分行业中，欧盟、美国和日本质量敏感型产业增加值占制造业增加值比重分别达 42%、38% 和 35%，而中国不足 20%，高质量产品占比明显偏低。代表性产品的投诉情况也能从侧面反映产品质量。2017 年我国汽车行业自主品牌的投诉量高居首位，占总体投诉量的 48.3%，是排名第二位的美国约 2.5 倍，为德国和日本的 4.67 倍和 5.57 倍。从世界品牌 500 强企业数量看，2017 年中国增加到 37 家，已超过德国和日本，但比美国少 196 家。

2. 供给体系效率存在较大差距

在相似发展阶段，各国全员劳动生产率均呈不断提高态势，我国也符合该变化趋势，但绝对水平偏低，与德国、美国、韩国相似发展阶段的差距还

---

① 三方同族专利（triadic patent families）是 OECD 组织关于创新与技术指标中的重要统计指标，定义为来自欧洲专利局、日本专利局、美国专利与商标局保护同一发明的一组专利。

较大。2018年我国全员劳动生产率为1.3万美元，而韩国为5.1万美元，美国则高达11万美元。从全要素生产率看（按购买力平价计算），我国现阶段与相似阶段的各国水平差距不大，但与主要发达国家现阶段水平差距明显。以美国水平为1，我国仅为0.43，同时近年来我国全要素生产率增长率出现下滑趋势。从其他物质资本生产效率看，中国现阶段与主要发达国家有明显差距，英国、德国、日本单位能耗产生的GDP分别为中国的2.4倍、2.0倍和1.4倍。从要素配置效率看，我国僵尸企业仍较多且退出困难，企业间生产率差异明显大于美国等发达国家。

3. 供给体系的稳定性尚存忧

从经济体系自身的稳定性看，我国在高速增长期积累了一系列风险，当前开始"水落石出"，加之经济增长由高速转向中高速，局部风险频繁暴露，对高质量发展构成严峻挑战。**一是高杠杆问题突出**。尽管2015年国家相继出台了一系列降杠杆、债转股的政策措施，但稳妥有序化解杠杆率风险、优化杠杆结构、稳定杠杆过快上升难度仍然较大。金融风险点多面广，规范、整治过程面临一定的次生风险和交叉感染风险。**二是地方政府隐性债务风险不断增加**。地方政府投资冲动和平台公司的非理性扩张未得到有效抑制，此外，一些地方政府还通过投贷联动、名股实债、PPP、产业基金等渠道变相举债，隐性债务风险不断积累。**三是房地产市场风险仍在积累**。房价水平与基础价值明显背离，房地产金融化程度加深，且地方财政对土地出让收入的依赖程度仍然较强。在推进房地产供给结构调整的过程中，长租领域又出现了急速扩张、加杠杆等引发爆仓风险。房地产市场风险一旦爆发，将迅速向金融、地方财政等领域蔓延。

从环境资源可持续性看，中国生态环境质量逐步改善，但生态系统退化、环境污染严重的严峻形势没有根本转变，水环境污染令人担忧，大气污染依然比较严重。在相似发展阶段，相关国家单位GDP二氧化碳排放量显著低于我国，且一直处于下降趋势。当前，德国、英国和日本的单位GDP二氧化碳排放量仅为0.2千克左右，不足我国的1/6。一些关键资源对外依存度过高，2017年原油对外依存度已超过68%，天然气对外依存度超过38%，铀资源对外依存度更高，对经济安全构成很大挑战。

从社会发展可持续性看，近年来我国在工业化、城镇化快速推进过程中，收入和贫富差距持续扩大，社会纵向流动性减弱，引发一定的社会不满；社会领域改革相对滞后，"看病难""上学难""住房难"问题依然突出，陷入困境的个体实施报复社会过激行为的案件时有出现，都给社会稳定带来一定威胁。

总体看，中国供给体系质量、效率和稳定性逊于这些国家相似发展阶段，现阶段在主要领域仍与主要发达国家存在明显差距，但已经形成了差距持续甚至加快缩小的趋势。

四、推动经济高质量发展面临的难题与挑战

受经济社会发展客观条件变化、制度扭曲和国际环境复杂多变等多重因素制约，推动经济高质量发展还面临着诸多难题和严峻挑战。

（一）适应高质量发展的观念转变尚未到位

部分地区在发展理念转变方面存在两种不良倾向。一种是老化的传统发展观念仍深扎于各方面并形成惯性，突出表现在一些地方政府重 GDP 轻民生和以 GDP 论成败的政绩观没有根本改变，一些企业发展仍在盲目扩张追求规模的老路上，只追求对经济资源的占有和控制而不考虑经济效益，搞大而不能倒。另一种是不顾发展实情和客观条件，盲目追求高大上、急于求成，将高质量发展简单理解为发展高精尖产业，忽视当地要素禀赋结构、比较优势特征和产业发展基础，将传统产业一退了之，或搞运动式环保、方法简单粗暴"一刀切"。沿用老思维、老路子、老办法无法指导新的实践和有效解决高质量发展中遇到的新问题，对发展理念和观念矫枉过正也同样无助于高质量发展。

（二）处理好诸多两难多难问题的挑战较多

当前中国正处于向高质量发展的转换阶段，高质量发展的不同内涵间尚未形成协调互促关系甚至相互冲突，呈现出两难或多难问题。经济体系内，受学习曲线等规律的制约，大多数产业的升级是一个长期爬坡积累的过程，

需要精准把握除旧迎新的节奏和力度，否则可能"腾了笼来不了新鸟"，打乱经济正常循环。处置风险可能导致潜在、隐性风险演变成现实、显性风险，处置过程中可能衍生出更隐蔽更难监管的风险，处置不当还容易出现次生风险，都会影响经济社会稳定，对高质量发展构成严峻挑战。在环境领域，短期产业结构和能源结构难以发生重大变化，提升环境质量与短期经济平稳运行、保障就业与民生也存在矛盾。同时由于收入层次拉大，不同收入人群对环境和收入的需求偏好不同，使社会达成共识更加困难。在社会领域，更大力度的再分配和更高的税负水平将无可避免地提高企业经营成本、降低投资者收益，可能会影响产业持续发展和产业发展竞争力，从而影响做大"蛋糕"。

（三）科技创新的瓶颈突破面临较大困难和挑战

过去中国通过"以市场换技术"引进了一大批技术，但关键核心技术始终是换不来、买不到的。经济转向高质量发展，要求突破关键核心技术的瓶颈制约，要达到这一要求，还面临以下问题。**一是基础研究的体制保障不足、环境不佳，突破原始创新难度较大。**基础研究经费没有合理得到使用、评价体系不合理，专利资助制度不健全。科研人员的社会地位与实际贡献不相匹配。**二是科研机构与企业协同创新、科研成果转移转化机制不够顺畅。**科技成果转化中有效产权激励缺位问题仍未得到根本性解决，加上人才管理体制不灵活，科研经费管理方式陈旧，科研人员缺乏推动成果转化的动力。**三是产权特别是知识产权保护不力，企业加大研发投入的动力不足。**科技成果的产权界定不清晰、产权不完整或者产权主体模糊等问题仍未转变，影响科技研发和成果转化。对知识产权侵权案件处理程序耗时过长、惩罚力度小，部分受到地方保护主义的干扰，违法成本低，受害企业的追责成本高。**四是缺乏工匠精神，科技成果产业化存在制造环节的短板制约。**从政府到企业、社会层面，对工匠的培养重视都不够，职业教育体制缺乏活力与市场竞争力，高等教育人才培养和创新能力与经济社会发展需求脱节比较突出，不利于造就庞大高技能蓝领队伍。

（四）国际环境更趋复杂多变可能影响我国高质量发展进程

当前国际政治经济关系对抗加剧，局面复杂。一是国际政治多极格局在曲折中发展。中美矛盾持续上升，美对我国政策遏制方面持续强化，未来将综合运用政治经济手段打压我国发展。欧洲与美国的全球利益并不完全一致，欧洲与中国经贸合作关系不断深化，限制了在政治上追随遏制中国的政策。印度、非洲等国家和地区的崛起扩大了传统大国和集团对外政策竞争空间，对国际格局形成扰动。**二是国际经济格局面临短期风险积聚和规则体系重整情况。**短期看，周期不同步和政策不协调或引发经济动荡。美国与欧洲、日本之间的增长差异正在扩大，新兴市场国家的增长更加不平衡。国家之间政策调整不同步，周期政策不协调或加剧国际市场动荡。基于规则的多边贸易投资体制发展陷入停滞，双边自由贸易安排和区域一体化不断发展。**三是国际关系诸多领域将不断进行新的分化组合。**各国在安全、能源、贸易投资、环境气候、新技术、发展模式等领域的影响力将进行分化组合，形成政治经济交错、斗争合作并存、立场界限不断演化的复杂局面。

国际环境变化对中国高质量发展提出更多挑战。短期影响经济稳定增长及预期。美国的贸易保护政策在短期内对我国出口直接造成不利影响，还将使低技术含量、低质量控制要求、低集成度的外向型产业链加快向周边国家转移，造成产业资本外流。发达国家的双边和区域贸易投资安排，将造成显著的贸易替代和贸易转移效应。对我国实施的技术封锁也将制约局部产业的短期发展。**中长期对三大变革进程产生不利影响。**针对我国实施技术封锁和设置市场壁垒，既是经济竞争的手段，也是政治遏制的手段。中美矛盾的上升，一些美国政客叫嚣要使中美脱钩，将使封锁与反封锁、设置壁垒与跨越壁垒的博弈进入新的、更激烈的阶段。美国在我国高素质人才培养、高技术和科技领军人员回国服务、关键零部件供应、海外投资并购、技术转让、创新交流等方面势必设置更多障碍，延缓我国科技进步、结构更新和创造先进经济形态的进程，也限制新经济形态扩散的规模，对实现质量变革、效率变革和动力变革形成阻碍。

（五）治理体系和治理能力不适应高质量发展的要求

推进中国治理体系和治理能力现代化的各项改革虽已取得重要进展，但与高质量发展的要求相比，还有许多亟待攻坚克难的深层次问题。治理体系不适应和治理能力不足，对经济高质量发展形成明显制约。**一是社会信用体系尚不健全**。覆盖全社会的征信系统尚不健全，守信激励和失信惩戒机制尚不健全，信用服务市场不发达。社会诚信意识和信用水平较低，履约践诺、诚实守信的社会氛围尚未形成。这些问题增大了经济活动交易成本、降低了经济运行效率，严重影响我国经济向高质量发展状态迈进。**二是政府监管能力尚不适应经济高质量发展要求**。监管组织体系不完善，多头、分段等割裂式监管问题突出。监管理念和方式不能很好适应经济新模式、新业态发展需求。**三是政策设计和执行机制不健全**。部分政策存在缺乏科学性、操作性和一致性问题。一些政策因事前调查研究不充分，政策效果事与愿违而半途而废。一些政策的整体性和协调性不够，各自政策方向不一，衔接不够，规则标准不同，相互打架，使政策效应大打折扣。政策执行层面，运动式"一刀切"式的做法时有发生；政策执行缺乏必要的过渡与协调配合，导致出现政策共振；存在过多依赖督查督导等外部性约束、内在激励不足、容错机制不健全等问题，导致基层工作缺乏主动性创造性，以文件落实文件现象仍然存在。**四是政府调控经济能力有待进一步提高**。中国主要依赖松紧适度的财政货币政策组合并辅之以产业政策等实现调控目标。财政政策自动稳定器功能没有有效发挥，货币政策预期引导不顺、传导机制不畅，宏观调控中难以避免大水漫灌、过度干预、量能扩张等现象。选择性产业政策带来选择性干预与区别性对待，过度使用造成激励扭曲，导致部分产业发展与资源禀赋和市场需求严重脱节，导致各地产业发展同构和资源配置效率低下。现有统计体系缺乏对经济质量提高、效率和效益提升、民生保障和环境改善以及新经济新动能成长的相关统计，难以为摸清现状、判断形势、制定政策提供基础支撑。过去绩效评价和政绩考核比较单一和粗放，容易造成发展不平衡不充分问题。

五、推动经济高质量发展的思路和建议

习近平总书记在 2018 年中央经济工作会议上指出，高质量发展就是能够很好满足人民日益增长的美好生活需要的发展，是体现新发展理念的发展，是创新成为第一动力、协调成为内生特点、绿色成为普遍形态、开放成为必由之路、共享成为根本目的的发展。中国经济转向高质量发展既是当务之急，又是长远之计。现在转向高质量发展的基本条件已经具备，需要充分发挥市场的决定性作用，更好发挥政府作用，形成政府、企业及其他主体共同推动转向高质量发展的自觉行动。要以习近平新时代中国特色社会主义思想为指导，以贯彻新发展理念为基本遵循，以建设现代化经济体系为基本目标，以供给侧结构性改革为主线，以质量第一、效益优先为导向，以技术创新和制度创新为动力，加快推动经济发展质量变革、效率变革和动力变革，**建成创新引领、协同发展的产业体系，彰显优势、协调联动的城乡区域发展体系，资源节约、环境友好的绿色发展体系，多元平衡、安全高效的全面开放体系，体现效率、促进公平的收入分配体系，统一开放、竞争有序的市场体系，以及充分发挥市场作用、更好发挥政府作用的经济体制**，推动经济实现更高质量、更有效率、更加公平、更可持续的发展。

（一）推动经济高质量发展要把握好几大关系

一是处理好发展速度与发展质量的关系。 关键是要使经济增长保持在潜在增长水平上，既不过度刺激使经济增长超出潜在增长水平，也要采取必要的宏观政策避免经济增长明显低于潜在增长水平，特别是要防止出现经济危机打乱经济生活的正常循环，从而为发展质量提升创造良好的宏观环境。

二是发展新动能与传统动能升级改造的关系。 既要重视全新产业的产生和落后产能的退出，也要关注传统产业的升级改造。必须充分考虑新旧动能转换的速度和节奏，既避免旧动能退出过快、新动能不能及时接续而造成经济失速，也防止旧动能退出过慢、挤占新动能发展空间导致质量提升进程缓慢甚至停滞。

三是供给与需求的关系。 高质量发展从长期看更多是属于供给侧，但不

能忽视需求侧的作用和影响。推动经济高质量发展，应把改善供给体系质量作为主攻方向，加快科技进步、优化供给结构、提升供给效率，同时要保持总需求稳定，防止大起大落，并不断调整优化需求结构，推动经济实现由低水平供需平衡向高水平供需平衡跃升。

四是市场与政府的关系。推进高质量发展，必须发挥市场在资源配置中的决定性作用，通过构建激励机制等良好的市场机制来提高效率和效益。高质量发展是一个取得系统最优、获得动态比较优势的过程，需要政府在激发创新、推进重大经济结构调整和防范系统性风险中发挥引导作用。因而推动高质量发展，要坚持辩证法、两点论，要把"有效市场"和"有为政府"的作用都发挥好，构建市场机制有效、微观主体有活力、宏观调控有度的经济体制。

（二）推动经济高质量发展的政策措施建议

1. 引导各级政府和企业摆脱对传统发展方式的路径依赖

一是建立测度高质量发展的指标体系和适应高质量发展的统计体系。指标体系要突出产出质量、全要素生产率、高技术产业收入等反映质量、效率和效益的指标。加强对经济发展质量、效率和效益的相关统计，积极使用大数据、云计算等新技术，创新经济发展新动能、新业态的统计制度及方法。

二是建立推动高质量发展的绩效评价和政绩考核体系。从评价体制、评价主体、评价方法、结果反馈等方面谋划和设计科学的高质量发展绩效评价体系，更加注重综合运用投入产出、资源消耗、劳动分配等绩效标准。适度淡化总量增长指标，侧重考核质量效益类指标，增加对群众满意度等主观性指标的考核。

三是重视发挥龙头国有企业和民营企业在转变发展观念和创新驱动的带动作用。完善龙头企业与中小企业互动发展机制，支持龙头企业加强与中小企业的信息交流、协作配套。积极搭建企业交流平台，并增强中小企业对外部创新包括龙头企业创新知识的消化吸收能力。

2. 加快提高科技创新能力和水平

一是正确处理基础研究和应用研究的关系。在短期内基础研究比例不可能大幅提高的情况下,要理顺基础研究方面的科研管理体制,纠正普遍存在的"重硬件投入轻人力资本""重过程管理轻结果评估""重数量指标轻质量指标"的错误现象。引导龙头企业牵头行业重大前沿基础研究,支持行业龙头企业尤其是民营领军企业牵头组建行业重要前沿研究实体。优化应用开发支出结构,更大力度支持小试、中试等科技成果转化的中间环节,提升技术消化吸收经费与引进经费的比例,进一步出台促进企业技术改造投入的措施,扩大首台(套)政策的实施范围,完善首台(套)政策的保险补偿制度。

二是加快完善技术创新体系。推动科技发展由数量型向质量型转变。对基础研究加大长期稳定支持,构建多元化投入机制,引导更多创新资金流向企业。鼓励产学研用联合创新。健全技术转移与成果转化的收益分配制度。切实落实赋予科研机构和人员更大自主权、科研项目评价、科研人员激励等政策,破除不合理束缚。

三是培育创新型人力资本。加快推进教育现代化,完善人才发现、培养、使用机制,加强通用和专用人力资本积累,培养和凝聚一批国际水平的战略科技人才、科技领军人才和高水平创新团队,建设知识型、技能型、创新型劳动者大军。

四是营造良好的创新环境。更大力度保护知识产权。推动选择性、特惠式政策向功能性、普惠性和竞争性政策转变。培育多元化的风险投资主体和中介服务机构,为科技企业开拓融资渠道。大力弘扬科学家精神,鼓励科研人员潜心钻研。

3. 持续加强产业质量支撑体系建设

一是加快完善引领产业高质量发展的标准体系。加快建立"政府引导、协会牵头、企业主体"的产业标准制定模式,加快构建一二三产业发展标准动态修订机制。在经济、文化、社会、生态、城乡建设管理、政府服务等不同领域体现特定标准,支持参与国家、国际标准制定。支持地方整合行业协会、高等院校、龙头骨干企业等,探索组建优势产业标准联盟,推动相关领域标准化体系建设。

二是不断增强产业高质量发展的支撑能力。加快培育产业竞争新优势,推进创新链与产业链协同发展,鼓励发展新技术新模式新业态。瞄准新一轮科技革命和产业变革方向，加快发展先进制造业，推动互联网、大数据、人工智能和实体经济深度融合，加快建设制造强国。瞄准国际标准加快发展现代服务业，提高生产性服务业专业化水平，推动制造与服务协同发展。不断扩大服务业开放。深化农业供给侧结构性改革。加大细分行业龙头企业认定力度，支持挖掘更多优势企业重点培育，形成一批"行业单打冠军"和具有区域特色的"地标性"企业集团。

三是营造产业质量提升的良好政策环境。开展质量提升行动，实施中国精品培育工程，健全质量法制体系，完善质量管理机制。大力推进农产品标准化生产，完善覆盖全程的质量标准体系和检验检测体系，开展农产品品牌创建工程。加快完善服务业发展标准，促进生产性服务业向专业化和价值链高端延伸、生活性服务业向精细化和高品质转变。加快推动向以普惠性、重点支持关键领域的功能性政策和竞争性政策转变，政策重心向激励创新、培育市场转变。引导企业应用先进质量管理理念和质量管理方法，推动企业建立以产品质量为主体的管理体系。

4. 主动塑造推进经济高质量发展的国际环境

一是以更加平衡的进出口来消化经贸摩擦对我国经济增长的不利影响。应以贸易转移、内需消化、提质升级和自然淘汰等方式，消化保护政策的短期不利影响。推动外贸从量的扩张到质的提升，加快培育和巩固外贸综合竞争优势。实施"积极进口战略"，采取更积极主动、更具先发主导的进口政策。着力打造良性营商环境，加快扩大金融、健康养老、专业服务、信用评级等服务业开放范围。

二是积极构建多元化的双边及有限多边自由贸易安排。构建以我国为主的自由贸易制度安排框架。坚定稳妥推进"一带一路"倡议，积极促进欧亚大陆经济融合，加快与周边国家的经济货币一体化进程。提升部门间统筹协调力度，完善我国对外谈判策略，推动区域全面经济合作伙伴关系、中日韩自贸协定和中欧投资协定等早日达成。

三是积极参与国际力量分化组合，谋划对外关系新布局。积极利用国际力量的分化组合趋势，前瞻性布局与新兴国家和国家集团的政治经济合作。南亚、东南亚和非洲地区具有很强的经济增长潜力和广阔的发展空间，与我国经济发展的互补性较强。我国应重点布局与这些区域的合作，以经济金融合作为中心，政治合作、人文交流为辅助，基础设施投资为先导，输出先进产能和发展模式。

四是坚持自主创新和开放创新相结合。发挥好政府引导、企业和科研机构有效融合的创新机制作用，联合攻关关键核心技术。同时，全面融入和布局全球创新网络，积极引入高端创新要素，深度参与技术研发、国际标准制定、创新规则构建。深化数字经济领域合作，培育更多利益契合点和经济增长点。

5. 加快完善治理体系、提高治理能力

一是强化社会信用体系建设。进一步完善覆盖全社会各领域、各群体的征信系统。进一步健全守信激励和失信惩戒机制。加大培育信用服务机构，规范信用服务行为，不断增强服务机构公信力。构建并逐步完善信用信息主体权益保护机制。强化政务和司法领域信用体系建设，建立健全公共部门信用奖惩机制。加大信用体系建设工作宣传力度，不断增强社会诚信意识。

二是着力提高政府监管能力，为经济高质量发展提供有效监管保障。加快健全地方层面监管组织体系，加强一些重要产品和服务领域纵向质量监管，在食品药品领域建立严格的覆盖研制、生产、销售、使用等全过程的监管制度。将一些重要领域产品和服务的监管纳入基本公共安全服务范畴，对相关资源配置予以保障。拓展监管范围、创新监管方式，充分利用大数据等技术提升监管效率，探索建立"政府管平台、平台管资源"的监管模式。

三是完善政策制定和执行机制。牢固树立规范决策、科学决策、合法决策的理念，进一步加强对公共政策的全流程管理，用好公共咨询等政策制定的标准化工具，加快健全激励相容的权责分担机制。要深化对重大问题的研究论证，严格政策出台和规划编制的相关程序。要创新政策制定与规划设计的方式方法。要及时开展政策与规划的事后评估和调整，建立激励相容的权责分担机制。

四是调整完善经济政策体系。强化国家发展规划对宏观调控的战略导向作用，增强政策工具之间的关联配套和相互支撑作用，进一步加快国有企业、金融、财税、土地、要素等领域的改革，促进政策相互配合、协调推进，更

好地实现调控效果。以充分发挥市场作用为导向，加快形成以现代治理型财政政策和宏观审慎型货币政策为基础，功能型产业政策、均衡导向型区域政策、市场主导型投资政策和消费者优先型消费政策为支撑的宏观调控政策体系。

6. 密切防范和化解经济金融风险

一是防范财政风险。完善地方政府偿债能力与举债规模相匹配的发债机制；建立基础设施产权市场，完善地方政府投资项目的退出机制。加快推进财税体制改革，促进各级财政事权与支出责任相匹配，赋予地方财政来源稳定的主体税种。增强预算透明度，加强内外部监督，健全问责机制，抑制地方政府过度负债。

二是防范化解金融风险。采用市场化法治化方式积极稳妥去杠杆。完善宏观审慎管理框架和工具体系。完善金融监管体系，探索从机构监管向功能监管转变，加强监管协调。密切防范异常资本流动、资产泡沫、流动性紧张等伴生风险。

三是化解房地产市场风险。密切关注房地产价格泡沫风险和供给过剩风险，引导房地产行业调整实现"软着陆"。扭转地方政府依赖房地产业提振经济的发展模式。做好银行体系压力测试，储备处置房地产金融风险的针对性措施。

7. 促进经济与社会环境协调发展

一是加快推动绿色发展。构建国土空间开发保护制度，完善主体功能区配套政策。实施自然资源的资产化制度。发展节能和环保产业。健全和落实资源有偿使用制度、生态环境补偿机制和严格的环境保护目标责任制。加快改革资源税，完善环保税体系。建立健全促进绿色生产和绿色消费的财税、金融政策体系。

二是构建更有效更高水平保障改善民生的体制和政策体系。进一步完善基本公共服务均等化保障机制，适时适度扩大基本公共服务范围、提高基本公共服务标准。完善收入分配制度体系，促进各种要素按照市场价值参与分配，注意调节存量财富差距过大的问题，健全综合和分类相结合的个人所得税制度，完善房产税、遗产税，形成高收入有调节、中等收入有提升、低收入有保障的局面。

三是加大实施区域协调发展战略力度。破除地区之间利益藩篱和政策壁垒，加快形成区域协调发展新机制。建立完善统筹机制，推动重大区域战略间、发达与欠发达地区间、陆海之间融合发展。完善多元化横向生态补偿机制，构建粮食主产区与主销区之间、资源输出地与输入地之间的利益补偿机制。提升基本公共服务统筹层次。注重实行差别化的区域政策。

8. 紧紧围绕高质量发展全力推动改革攻坚

一是强化改革顶层设计的主导地位，改变通过部门间利益平衡来推进改革的方式。建立完善的改革决策、监督和执行机制，强化中央全面深化改革委员会在改革决策中的主导地位和最高决断力。建立健全突破利益藩篱的改革设计机制。建立健全上下联动的改革设计和推进机制，疏通"自上而下"和"自下而上"两条渠道。建立健全部门间职责协调机制。健全改革评估和考评机制，加快建立改革容错机制。

二是以要素市场化改革为取向，改善关键要素配置效率。加快建立城乡统一的建设用地市场。深化户籍制度改革，建立健全"人地财"挂钩机制。加快推动电力、石油、天然气市场化改革，完善能源价格市场形成机制。消除对要素市场的行政管制和不合理限制，打破地域歧视和市场分割。

三是创造公平竞争的市场环境，降低制度性成本，持续激发经营主体活力。全面实施市场公平竞争审查制度。加大对民营企业发展的支持力度，优化民营企业发展环境。应加快完善经营主体退出制度，发挥市场机制决定性作用和法治保驾护航作用；尊重和保障经营主体的自主经营权，监管部门依法有效保护各方合法权益；创新调控、监管和服务方式，简化注销登记的程序、缩短审批周期。

四是加快完善产权制度，实现产权有效激励。以公正平等为核心原则，依法保护各种所有制经济产权和合法利益。进一步完善平等保护产权的法律制度，完善物权、合同、知识产权相关法律制度，将平等保护作为规范财产关系的基本原则。加强对各类产权的司法保护，依法严肃查处各类侵权行为。

五是深入推进收入分配制度改革，健全适应高质量发展的激励机制。要完善按要素贡献的分配机制，实现"国家有税收、企业有利润、劳动者有收入"。通过基本公共服务均等化提升社会成员参与竞争的能力,稳步提高社会保障统筹层次和水平,加快解决为隐性收入"开正门"的问题,保障逐步行政事业单位工资制度收入合理增长。

参考文献:

[1] 郭春丽、王蕴、易信、张铭慎:《正确认识和有效推动高质量发展》,《宏观经济管理》2018年第4期。

[2] 金碚:《关于"高质量发展"的经济学研究》,《中国工业经济》2018年第4期。

[3] 林兆木:《关于我国经济高质量发展的几点认识》,《人民周刊》2018年第2期。

[4] 国务院发展研究中心课题组:《迈向高质量发展:战略与对策》,中国发展出版社2018年版。

[5] 刘世锦:《推动经济发展质量变革、效率变革、动力变革》,《中国发展观察》2017年第21期。

[6] 蔡昉:《中国经济增长如何转向全要素生产率驱动型》,《中国社会科学》2013年第1期。

[7] 蔡昉:《理解中国经济发展的过去、现在和将来——基于一个贯通的增长理论框架》,《经济研究》2013年第11期。

[8] 盖庆恩、朱喜、史清华:《劳动力市场扭曲、结构转变和中国劳动生产率》,《经济研究》2013年第5期。

[9] 中国社会科学院经济研究所课题组:《中国经济长期增长路径、效率与潜在增长水平》,《经济研究》2012年第11期。

我国跨过高收入国家门槛预测及风险应对*

摘　要： 从全球经济增长长周期考察，2025年高收入国家门槛将提高到人均GDP约14100美元。对2035年以前我国潜在经济增长率和人民币汇率升值的情景分析表明，"十四五"时期末我国进入高收入国家行列是大概率事件。但不容忽视的是，外部不稳定性不确定性因素错综复杂、我国人口老龄化程度加深和经济金融潜在风险可能反弹，将给"十四五"时期经济持续稳定增长带来风险和挑战。应主动创造于我国有利的发展环境，加快体制改革和技术创新，努力提高全要素生产率，充分挖掘经济增长潜力，积极防范化解经济金融风险，确保"十四五"时期顺利进入高收入国家行列。

关键词： 高收入国家门槛　经济增长　经济金融风险

跨过高收入国家门槛是未来我国经济发展的重大事件。判断"十四五"时期我国能否进入高收入国家行列，对于研究编制"十四五"规划意义重大。关于我国何时可以跨过高收入国家门槛，一些研究提出是"十四五"时期，一些研究提出是2030年之后，研究结论相差较大。究其原因，主要在于对高收入国家门槛值、汇率变化趋势和我国长期经济增长预测存在较大差异。本文结合全球经济长周期增长趋势，动态估算高收入国家门槛值，并结合我国资源要素中长期变化走势，分情景预测经济增长和人民币汇率变化趋势，据此判断"十四五"时期我国能否跨过高收入国家门槛，分析这一过程中存

---

* 作者郭春丽、易信，本文原载于《经济纵横》2020年第1期。

在的潜在风险并提出对策建议。

一、2025年高收入国家门槛值预判

世界银行每年采用图表集法，利用国际货币基金组织特别提款权缩减指数作为国际通胀率指标，并结合经通胀因素调整后的近三年汇率平均值，调整国家收入分组阈值。其中，国际通胀率采用美元、欧元、英镑、日元四大货币单位的经济体GDP缩减指数的加权平均值。该方法十分复杂，加之很难预测未来全球汇率和通胀水平，因此，主要被用来判断过去国家收入分组阈值[1]，极少被用于预测未来国家收入分组阈值。依据经验规律，国家收入分组阈值随全球经济增长而动态变化。而大量研究表明，全球经济增长存在向长周期均值收敛的规律。因此，为更好地把握中长期全球经济增长趋势，并以此为基础判断高收入国家门槛值变化趋势，需要从长周期角度进行分析。

从全球化、人口结构和技术革命看，第二次世界大战结束到21世纪中叶，世界经济增长大致可划分为1951~1985年、1986~2015年和2016~2050年三个阶段，分别大体对应着半全球化、全球化和全球化转型阶段，计算机革命初期、信息技术革命全球扩散和第四次工业革命波动式上升阶段，人口增长加速、人口增速平稳和人口增长减速阶段。以上三个阶段世界经济年均增速从4.3%下降到2.9%，同时参考OECD、HSBC等机构的研究，预计第三阶段经济增速与第二阶段大体相当，2016~2050年约为2.8%。按照联合国人口司的研究，全球人口增速将从1986~2015年的1.4%下降到2016~2050年的0.8%。据此，2016~2050年全球人均GDP年均增速约为2%。结合2030年前全球经济处于第五个周期下行阶段和人口变化趋势，2016~2025年全球人均GDP年均增速大约也为2%。

自1989年世界银行首次发布国家收入分组阈值以来，高收入国家门槛值已从1987年的人均GNI（与人均GDP接近）6000美元提高到2017年的12055美元，年均增长2.35%。这一增速低于同期全球经济2.9%的年均增速，高于全球人均GDP 1.5%的年均增速。不同于20世纪80年代至今全球

---

[1] 世界银行每年7月1日发布上一年度的国家收入分组阈值。

汇率和通胀率大幅波动，未来30年受新兴市场和发展中国家汇率制度趋于稳定、各国金融政策稳定性增强、经济发展对资源能源依赖度下降、大宗商品总体上供过于求等因素影响，全球汇率和通胀率相对稳定。因此，预计收入分组阈值调整速度低于其在1987~2015年的上升速度，也低于2016~2050年全球经济2.8%的年均增速，而大致与这一时期全球人均GDP年均增速（2%）保持一致。据此预测高收入国家人均GDP门槛值将从2017年的12055美元上升到2025年的14124美元、2035年的17218美元、2050年的23172美元（2017年不变价美元），如表1所示。

表1　高收入国家人均GDP门槛的分段预测（2017年不变价美元）

项目	2017年	2020年	2025年	2030年	2035年	2040年	2045年	2050年
门槛	12055	12793	14124	15594	17218	19010	20988	23172

资料来源：世界银行、笔者测算。

二、未来我国经济增长及2025年发展水平的情景分析

采用包含人力资本的"柯布-道格拉斯"生产函数模型，在预测劳动力、资本等要素趋势并对全要素生产率情景分析的基础上，测算中长期我国潜在经济增长速度，并分汇率稳定不变和汇率变化两种情况，综合判断"十四五"时期能否跨过高收入国家门槛。

（一）经济增长预测模型设计

目前，主要研究机构和学者测算中长期经济增长速度的方法主要有生产函数法、大型计量模型法、简单滤波法等计量分析方法，以及典型样本国家的经验分析或国际比较方法（见表2）。

表2　我国潜在经济增长速度代表性研究采用的预测方法及预测结果

文献	方法	时间段	年均增长速度（%）
世界银行、国务院发展研究中心课题组（2013）	CGE模型	2016~2020年	7
		2021~2025年	5.9
		2026~2030年	5

续表

文献	方法	时间段	年均增长速度（%）
中国社科院经济所课题组（2012）	生产函数法	2016~2020 年	5.7~6.6
		2021~2030 年	5.4~6.3
陆旸、蔡昉（2016）	生产函数法	2016~2020 年	6.65
		2021~2025 年	5.77
		2026~2030 年	5.17
Eichengreen et al.（2012）	国际比较法	2011~2020 年	6.1~7.0
		2021~2030 年	5.0~6.2
Pritchett & Summers（2014）	趋中律法	2013~2023 年	5.01
		2024~2033 年	3.28

资料来源：笔者根据相关文献整理。

考虑到生产函数法仍是国内外研究机构使用最多的测算方法，且更适合于经济转型特征较明显的经济体，并可综合考虑影响经济增长的多因素，我们采用生产函数法预测2035年前我国潜在经济增长速度。借鉴陆旸和蔡昉等的相关研究，构建如下包含人力资本的"柯布－道格拉斯"生产函数：

$$Y = AK^{\alpha}(hL)^{1-\alpha} \tag{1}$$

其中，Y 代表实际产出，A 代表全要素生产率（TFP），K 代表资本存量，L 代表劳动力数量，h 代表人力资本。将等式两边同时除以 hL，得到 Y/hL：

$$\frac{Y}{hL} = A\left(\frac{K}{hL}\right)^{\alpha} \tag{2}$$

此时，令 $y = \frac{Y}{hL}$，则是全要素生产率 A 和加入人力资本后的资本劳动比 K/hL 的函数，令 $k = \frac{K}{hL}$，则 $y = Ak^{\alpha}$。两边同时对时间 t 求导数，可以得到估计资本贡献因子 $\hat{\alpha}$，并可进一步估计得到劳动贡献因子（$1 - \hat{\alpha}$）。

$$\frac{\Delta y_t}{y_{t-1}} = \frac{\Delta A_t}{A_{t-1}} + \hat{\alpha}\frac{\Delta k_t}{k_{t-1}} + \varepsilon_t \tag{3}$$

将资本贡献因子的估计值 $\hat{\alpha}$、历年资本劳动比增长率 k 和历年平均劳动

生产率增长率 $\frac{\Delta y_t}{y_{t-1}}$ 代入式（3），可以得到：

$$\widehat{\frac{\Delta A_t}{A_{t-1}}} + \varepsilon_t = \frac{\Delta y_t}{y_{t-1}} - \hat{\alpha}\frac{\Delta k_t}{k_{t-1}} \tag{4}$$

这是包含残差项 ε_t 的全要素生产率（TFP）。为得到稳健的全要素生产率增长率，可以采用 HP 滤波方法剔除随机扰动因素 ε_t，最终估计出稳健的历年全要素生产率增长率 $\widehat{\frac{\Delta A_t}{A_{t-1}}}$。

就业数量 L^* 为：

$$L^* = \text{population}_{15 \sim 64} \times Tr_{15 \sim 64} \tag{5}$$

其中，$\text{population}_{15 \sim 64}$ 表示 15～64 岁的劳动年龄人口数量，$Tr_{15 \sim 64}$ 为劳动年龄人口的劳动参与率。因此，L^* 为 15～64 岁人口的潜在就业数量。将 hL^* 代入模型，则可计算出附加人力资本的平均潜在资本劳动比增长率 $\dot{k}^*$ 和附加人力资本的平均劳动生产率增长率 $\dot{y}^*$。此时有：

$$\frac{\Delta y_t^*}{y_{t-1}^*} = \widehat{\frac{\Delta A_t}{A_{t-1}}} + \hat{\alpha}\frac{\Delta k_t^*}{k_{t-1}^*} \tag{6}$$

其中，$k_t^* = \frac{K_t}{h_t L_t^*}$，$y_t^* = \frac{Y_t^*}{h_t L_t^*}$，$Y_t^*$ 即为潜在 GDP。因此，在已知 $\frac{\Delta y_t^*}{y_{t-1}^*}$ 和 $h_t L_t^*$ 的情况下，可以推导出潜在经济增长速度测算方程：

$$\frac{\Delta Y_t^*}{Y_{t-1}^*} = \left(\frac{\Delta y_t^*}{y_{t-1}^*} + 1\right) \times \left(\frac{h_t L_t^*}{h_{t-1} L_{t-1}^*} - 1\right) \tag{7}$$

其中，$\frac{\Delta Y_t^*}{Y_{t-1}^*}$ 就是第 t 年的潜在经济增长速度。从上述公式可以看到，潜在经济增长速度受到附加人力资本的资本劳动比增长率、就业增长率、人力资本增长率和全要素生产率增长率等因素影响。

（二）"十四五"时期各经济增长要素变化趋势预测

已有研究对我国中长期经济增长率测算结果存在差异，除了因为采用方法不同外，还与劳动力投入、资本存量等要素投入，以及全要素生产率和改革红利的估计不尽相同有关。我们对决定2035年前经济增速的劳动、资本等投入要素及全要素生产率等的判断如下。

一是新增劳动力数量减少且降速加快。劳动力数量由劳动年龄人口数量和劳动年龄人口就业参与率决定。21世纪尤其是2003年以来，我国人口自然增长率低于人口死亡率。随着人口出生率的持续走低和死亡人口的增加，我国劳动年龄人口增量不断降低，人口老龄化进程加快，劳动力供给增量减缓且降速趋于加快。按照联合国的预测，我国65岁及以上老年人口占全社会人口比重将从2018年的11.9%加快升至2025年的14.2%、2035年的20.9%。根据人口年龄移算法和教育年限提高的总体趋势，"两孩"政策对劳动力数量的影响在2035年后才能显现出来，在此之前劳动年龄人口总体呈下降趋势，年均增长速度约为-4.9‰。同时，考虑到机器人技术进步对就业的替代效应、居民收入水平提高对就业的挤出效应等，预计就业参与率将从2018年的79.2%下降到2035年的78%左右。

二是人力资本持续积累但提升速度减缓。人才是第一资源，教育是改善人力资本的主要因素。改革开放以来，我国劳动年龄人口的受教育水平持续提高，人力资本不断积累，劳动力质量不断改善。目前，全国9亿多劳动力中有1.7亿受过高等教育或有专业技能，劳动年龄人口平均受教育年限提高到10.5年，新增劳动力平均受教育年限已超过13.3年，与美国、日本等发达国家的差距大幅缩小。"十四五"时期，随着高等教育的进一步深化发展，受过高等教育的劳动年龄人口还会进一步增加，年均高校毕业人数将约在700万人，推动劳动年龄人口受教育年限进一步提高。根据最新的人口普查数据，我国初中以上教育程度的劳动年龄人口所占比重稳步上升，使初中以上教育程度的劳动人口所占比重不断提高；同时，大专以上教育程度的劳动年龄人口也保持了较快增长速度，中低水平劳动力的人力资本也在加快改善。不过，长期以来，我国人口整体人力资本水平的改善及劳动力质量的提升，主要依靠受教育程度更高的新成长劳动力的进入，因此，未来一段时期随着劳动年龄人口的负增长及新成长劳动力的负增长，人力资本改善速度会进一步放缓。

三是资本形成速度趋势性下滑但质量趋于改善。资本形成速度受投资增速和折旧率影响，而投资增速取决于储蓄率，储蓄率则与人口年龄结构密切相关。改革开放以来，我国基础设施的较快建设是资本存量加快积累的主要方面，尤其是以能源、交通为代表的传统基础设施建设的跨越式发展，将限制经济发展的"瓶颈"转化为促进经济发展的"加速器"。截至2018年底，我国高铁通车里程达2.9万公里以上，高速公路通车里程突破14万公里，均位居世界第一；非化石能源发电装机占比达40%，一次能源生产量已居世界第一位；电力装机居世界第二位，其中风电、太阳能、核能等新能源发展速度也居世界前列。然而，当前我国在科学、教育、文化、卫生等社会事业领域的投资仍显不足，铁路、高速公路、地铁系统、城际铁路、物流、港口等基础设施与发达国家相比还存在差距，"十四五"时期我国资本存量仍有提升空间。同时，随着新一轮科技革命和产业变革的孕育发展，我国经济的信息化、数字化和智能化发展需求进一步扩大，人工智能、工业互联网、物联网、5G等推动各领域的数字化、智能化转型，相关关键基础设施的投资将会大幅增加，并对经济增长的战略性支撑作用不断增强。尽管随着我国人口老龄化，储蓄率会有所下降，但仍然具备较好的支撑条件。按照联合国人口司的预测，我国总人口抚养比将从2018年的40.2%升至2035年的54.5%。根据人口结构与储蓄率的经验规律，上述变化将带动储蓄率降低10.3个百分点，到2035年储蓄率仍能保持在40%左右的水平。随着基础设施日益完善，投资中折旧率相对较低的建筑安装工程所占比重将进一步降低，而折旧率相对较高的设备工器具购置比重会上升，预计"十四五"时期乃至更长一个时期折旧率将会进一步提高。综合以上影响，预计资本存量年均增速将从近五年年均约8.9%下滑至2019~2035年的5.6%，其中2021~2025年为6.14%。

四是全要素生产率难以大幅提高，但面临多重可能情景。全要素生产率来源于科技进步、体制改革带来的资源配置效率改善等。改革开放以来，尤其是1995年党中央制定并实施科教兴国战略以来，通过引进吸收与加强自主创新，我国创新资源加速积累、创新效率不断提高。目前，我国已建成以国家重点实验室、国家工程实验室、国家工程（技术）研究中心为龙头，以省级创新中心为支撑的基础研发体系，创新生态不断改善，PCT专利、科研论文等创新成果位居国际前列。我国科研人力资源总量已位居世界第一，科学论文数位居世界第二，研发投入和发明专利授权量位居世界第二，国家创新体系建设取得重要进展。2018年，全社会研究与试验开发支出占GDP比重升至2.19%，超过欧盟15国2.1%的平均水平；科技进步对经济增长的贡献率超过58.5%，接近世界创新国家第一方阵；国家综合创新能力升至世界第17位；创新指数升至世界第22位，成为前25名中唯一非高收入经济体。然而，未来一段时期，我国科技创新面临的外部环境更趋复杂，内部制度全面深化改革任务更加艰巨，创新积累、体制创新仍然面临一些不确定性因素，全要素生产率的提升受到制约。2025年之前，一方面，在全球新一轮科技革命和产业变革能否取得实质性突破尚存不确定性的大背景下，各国全要素生产率仍将延续低速增长态势；另一方面，我国不少领域科技创新能力仍然不高、科技成果产业化转化不畅，加之美国转向全面遏制我国创新发展，一些重点领域和关键环节的深层次改革形成新的改革共识、突破既得利益障碍存在很大难度，技术创新红利和制度红利释放均受到影响，阻碍全要素生产率持续提升。2025年之后，随着新科技革命和产业变革逐步走向高潮，我国有望凭借良好的制度环境、积累的科教资源和广阔的国内市场，在人工智能、智能制造等新技术领域实现突破式创新，实现从跟跑转向并跑甚至实现领跑。结合全要素生产率变化趋势及其他权威机构研究结论（见表3），预计2021～2025年全要素生产率年均增速有1.5%、2%、2.5%三种情景，2026～2035年有2%、2.5%、3%三种情景（见表4）。

表3 代表性文献对未来我国全要素生产率的预计

代表性文献	预计时段	年均增速（%）
李善同（2010）	2008～2030年	2左右
陆旸、蔡昉（2016）	2011～2050年	2.37
谭海鸣等（2016）	2015～2050年	3.13
中国社会科学院经济研究所课题组（2012）	2016～2020年	2.0
	2021～2030年	2.5
OECD（2012）	2011～2060年	3.5
世界银行、国务院发展研究中心课题组（2013）	2016～2030年	2左右

资料来源：根据相关文献整理。

表4　未来我国全要素生产率分情景预测

情景状态	情景描述	全要素生产率增长率（%）	
		2021~2025年	2026~2035年
情景Ⅰ	改革没有出现重大突破，技术创新受中美经贸摩擦影响较大	1.5	2.0
情景Ⅱ	改革和技术创新延续近年趋势	2.0	2.5
情景Ⅲ	改革和技术创新出现较大突破	2.5	3.0

资料来源：笔者测算。

（三）2035年前我国经济发展水平预测

1. 人民币兑美元汇率大体稳定情况下我国的经济发展水平预测

首先假定人民币兑美元汇率维持大体稳定，采用生产函数测算2035年前不同情景下经济潜在增长率。结果表明，在第Ⅰ、Ⅱ、Ⅲ种情景下，2021~2025年潜在经济增速年均值将分别降至5.37%、5.87%和6.32%，2026~2030年进一步降至4.86%、5.36%和5.86%，2031~2035年再进一步降至4.1%、4.6%和5.1%。到2025年，人均GDP将分别升至13468美元、13921美元和14340美元；到2030年，进一步升至17043美元、18040美元和19029美元；到2035年，将进一步升至20994美元、22708美元和24530美元。从高收入国家门槛预测值看，第Ⅰ、Ⅱ、Ⅲ种情景下，我国将分别在2025年、2025年和2024年首次跨过高收入国家门槛，说明"十四五"末期可进入高收入国家行列（见图1）。

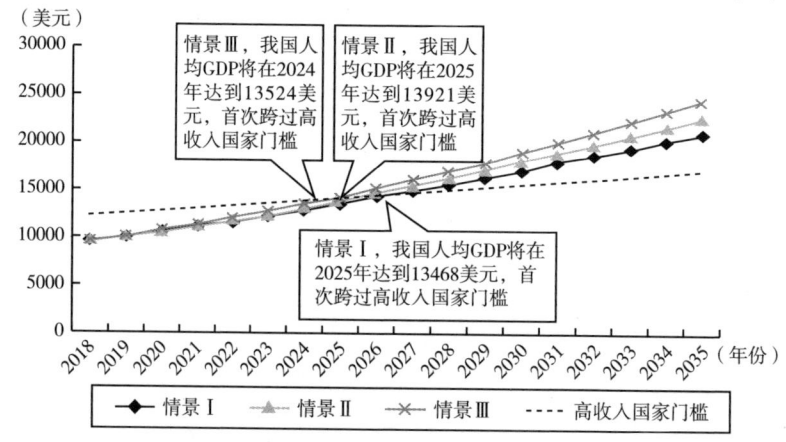

图1　2035年前不同情景下我国跨过高收入国家门槛时间的预测（2017年不变价美元）

资料来源：笔者测算。

2. 人民币兑美元汇率变化情况下我国的经济发展水平预测

考虑到中美经济力量对比变化、国际货币多元化等因素影响，在国际环境基本稳定情况下，人民币相对美元升值是基本趋势。结合2005年汇改以来人民币兑美元汇率变化趋势，设定人民币升值的不同情景。第一种情景，人民币较快升值，延续2005年以来趋势，人民币兑美元汇率年均降低1.5%，将从2018年的6.617降至2025年的6.03、2030年的5.59、2035年的5.18，则在第Ⅰ、Ⅱ、Ⅲ种经济增长情景下，我国将分别在2025年、2024年和2024年首次跨过高收入国家门槛。第二种情景，人民币较慢升值，人民币兑美元汇率年均降低1%，将降至2025年的6.21、2030年的5.91、2035年的5.62，则在第Ⅰ、Ⅱ、Ⅲ种经济增长情景下，我国将分别在2025年、2025年和2024年首次跨过高收入国家门槛。第三种情景，人民币大幅升值，人民币兑美元汇率年均降低2%，将降至2025年的5.85、2030年的5.28、2035年的4.78，则在第Ⅰ、Ⅱ、Ⅲ种经济增长情景下，我国将分别在2024年、2024年和2023年首次跨过高收入国家门槛。这表明，若考虑人民币升值因素，"十四五"时期我国进入高收入国家行列的概率更大（见图2和表5）。

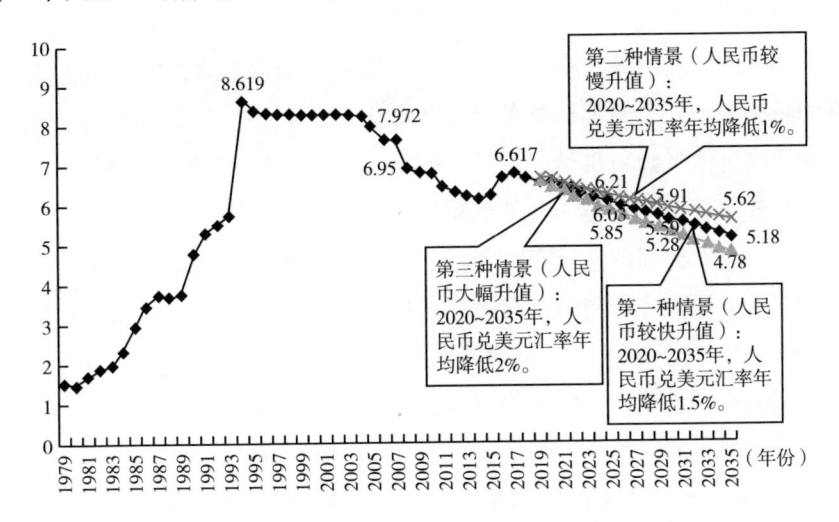

图2　2035年前不同情景下我国人民币兑美元汇率

资料来源：笔者测算。

表5　　　人民币不同升值情景下我国人均GDP（2017年不变价美元）

人民币升值情景	经济增长情景	2020年	2025年	2030年	2035年	首次跨过高收入国家门槛时的人均GDP及年份
第一种情景（人民币较快升值）	情景Ⅰ	10534	14610	19940	26428	14610（2025年）
	情景Ⅱ	10634	15102	21107	28653	14088（2024年）
	情景Ⅲ	10725	15557	22264	30953	14451（2024年）
第二种情景（人民币较慢升值）	情景Ⅰ	10481	14173	18859	24371	14173（2025年）
	情景Ⅱ	10581	14650	19964	26424	14650（2025年）
	情景Ⅲ	10671	15091	21058	28544	14089（2024年）
第三种情景（人民币大幅升值）	情景Ⅰ	10588	15063	21088	28670	14047（2024年）
	情景Ⅱ	10689	15570	22322	31084	14451（2024年）
	情景Ⅲ	10779	16039	23545	33579	13695（2023年）

资料来源：笔者测算。

三、未来经济增长可能面临的重大风险和挑战

尽管对经济增长和美元变化的分情景预测表明，无论是否考虑人民币升值，"十四五"时期末，我国跨过高收入国家门槛都是大概率事件。但不容忽视的是，未来一个时期，外部环境复杂多变，我国发展条件深刻变化，经济金融风险可能反弹，将给经济持续平稳增长带来重大风险和挑战。

一是外部环境不稳定性、不确定性增多，可能导致我国经济增长速度放缓。从长周期看，当前全球正处于始于20世纪80年代信息产业革命的第五个长周期的下行阶段，制约世界经济较快增长的一些深层次问题短期内难以有效解决，导致未来5~10年世界经济整体延续低速增长态势。以发达经济体内顾倾向为代表的逆全球化浪潮再次兴起，单边主义和贸易保护主义愈演愈烈。美国把我国描绘为"战略竞争对手"，对我国进行全方位遏制和打压，"十四五"时期将是中美围绕封锁与反封锁、设置壁垒与跨越壁垒展开博弈最激烈的时期。全球经济下行尤其是中美经贸摩擦升级，将抑制我国的技术创新，导致产业加速外迁，并恶化外部市场环境，可能导致我国经济增长速度较大幅度放缓。

二是人口老龄化程度加深，给我国经济持续稳定增长带来多重矛盾和压

力。我国人口结构正在并将继续发生不可逆转的重大变化，2018年65岁及以上老年人口与15～64岁人口之比（老年抚养比）已达17%。目前，"两孩"政策对于延缓人口老龄化趋势的作用表现有限，少子高龄化将是未来一个时期人口结构的基本特征。根据联合国人口司的数据，2025年、2030年我国65岁及以上人口将分别达到2.55亿、3.07亿。人口年龄结构变化导致劳动力供给减少，劳动力成本不断上升会影响经济潜在增长率。老龄化加剧还会拉低储蓄率，制约投资增长，并加大社会保障压力，从不同方面制约经济持续稳定增长。

三是经济金融潜在风险，将影响经济平稳运行。长期积累的财政金融风险隐忧在短期内根除难度较大。地方债务引发局部性、区域性风险的概率仍然存在，非金融企业部门杠杆率高企难下，家庭部门杠杆率上升，短期内影响政府投资、企业投资和居民消费，长期内影响经济持续稳定增长。未来，保持经济平稳发展需要宏观政策发挥更大作用，但如果宏观政策的方式、力度和节奏把握不当，可能带来经济金融风险反弹。此外，部分地区房价泡沫存在破裂风险，都可能对经济平稳运行产生一定影响。

四、保障进入高收入国家行列的对策建议

按照内外兼修的思路，一方面，应主动争取和创造有利的国际环境，努力减缓外来因素干扰；另一方面，保持发展的战略定力，努力化解制约因素，有效应对重大风险挑战，为顺利进入高收入国家行列夯实基础。

（一）主动营造对我国有利的发展环境

充分发挥日益富强的大国外交优势和潜力，积极推动构建人类命运共同体，构建新型国际关系。在参与协调全球宏观经济政策、完善国际贸易投资体制、推动国际货币基金组织和世界银行改革中更加积极有为，在维护国际公共安全、应对气候变化中更加务实地承担大国责任，推动全球治理更加合理、公平、有序发展。以高质量共建"一带一路"为载体，与世界各国共享发展经验和机遇，为各国提供更广阔的市场、更充足的资本、更丰富的产品、更宝贵的合作契机，共商、共创、共建、共享开放红利。坚持自主创新和开

放创新相结合,在全球产业体系中打造核心优势,形成可置信威胁能力,努力避免贸易、技术和经济脱钩。

(二)充分挖掘经济增长潜力

一是充分挖掘劳动力供给潜力。从"全面二孩"转向"全面鼓励生育"。出台渐进式的延迟退休年龄政策,逐步放松退休公务员等参与经济活动的限制,提升老年人力资源开发利用水平。针对不同人群制定差异化的就业促进政策,推动建设知识型、技术型、创新型劳动者大军,使更多劳动力适应新科技产业革命的要求,努力提高劳动参与率。改革完善国外优秀人才移民制度,研究探索"出国人才回流+移民吸收人才"相结合的国际化人才强国战略,加快研究制定《移民法》,利用好全球人力资源。按照先大城市后中小城市、先发达地区后欠发达地区的顺序,逐步放宽绿卡申请门槛,健全绿卡持有人的国民待遇。

二是努力促进有效资本形成。推进金融供给侧结构性改革,引导更多资金服务于实体经济。推动基准利率向市场利率并轨,提升银行体系、债券市场的利率传导效率,提高资金配置效率。持续加大中高端制造业、现代服务业、环境治理等短板领域和薄弱环节投资,超前谋划和实施适应新科技产业革命发展需要的网络化、数字化、智能化新型基础设施投资。在促进合理消费的同时,积极鼓励储蓄和投资,避免储蓄率和投资增速大幅下滑。进一步营造稳定公平透明、可预期的营商环境,建立"统一规范、管理科学、平台开放"的外商投资服务框架,更好地利用外资。

三是持续提高全要素生产率。结合新科技产业革命和经济社会发展需要,推进以破除国企垄断、健全产权制度、促进要素市场化、完善政府管理等为主要内容的新一轮大改革、大开放,持续释放制度红利。深入实施创新驱动发展战略,推进面向国内外、多元化、多层次的开放式协同创新,努力提升原始创新能力,促进科技成果有效转化,提高科技进步对经济增长的贡献率,释放更多技术创新红利。加快推进教育现代化,促进高等教育普惠化、普遍化、普及化发展,职业教育多元化、高质化发展,努力开发人力资本红利。加快构建与新科技产业革命相适应的管理体制、监管框架、行业标准和知识产权保护制度，利用好产业组织网络化、产业集群虚拟化、组织结构扁平化带来的生产效率和组织效率改善效应，培植全要素生产率新源泉。

（三）密切防范和化解经济金融风险

积极防范地方政府隐性债务风险，规范发展地方政府债券市场，建立基础设施产权市场，完善地方政府投资项目的退出机制。采用市场化、法治化方式，积极稳妥推进以国有企业为重点的"去杠杆"工作，完善不良资产处置市场机制，及时化解实体企业债务风险。严格控制房地产投机性需求和投资性需求，重点关注商业银行风险压力变化趋势，适时提高银行业资本充足率和拨备覆盖率，构建透明化和市场化的坏账处理方式，做好银行业风险防范预案。加强宏观政策力度、节奏与方式的论证和预判，防止引发新的经济金融风险。加快金融监管从机构监管向功能监管转变，防范数字货币、区块链技术、大数据、人工智能等在金融业广泛应用可能引发的新风险。密切关注中美经贸摩擦对资本市场的影响，防范可能发生的异常资本流动、股市大幅波动等风险。密切关注房地产价格泡沫风险和供给过剩风险，引导房地产行业调整并实现"软着陆"。

参考文献：

[1] 谭海鸣、姚余栋、郭树强等：《老龄化、人口迁移、金融杠杆与经济长周期》，《经济研究》2016年第2期。

[2] 陆旸、蔡昉：《从人口红利到改革红利：基于中国潜在增长率的模拟》，《世界经济》2016年第1期。

[3] 世界银行：《国务院发展研究中心.2030年的中国：建设现代化和谐有创造力的社会》，中国财政经济出版社2013年版。

[4] 中国社会科学院经济研究所课题组：《中国经济长期增长路径、效率与潜在增长水平》，《经济研究》2012年第12期。

[5] 李善同：《"十二五"时期至2030年我国经济增长前景展望》，《经济研究参考》2010年第43期。

[6] PWC. The Long View How will the Global Economic Order Change by

2050? 2017.

[7] Pritchett L, Summers H L. Asiaphoria Meets Regression to the Mean. NBER Working Paper, 2014, No. 20573.

[8] OECD. Looking to 2060: Long-term Global Growth Prospects. OECD Economic Policy Papers, No. 3, 2012.

[9] Eichengreen B, Donghyun P, Shin K. When Fast-Growing Economies Slow Down: International Evidence and Implications for China, Asian Economic Papers. MIT Press, 2012, pp. 42 - 87.

[10] HSBC. The World in 2050: Quantifying the Shift in the Global Economy, 2011.

以人口高质量发展支撑中国式现代化 *

摘　要：人口高质量发展是满足经济社会发展需要和人的自由发展要求的状态，是人口总量充裕、人口结构优化和人口素质优良三大核心要素的辩证统一。作为高质量发展的内在组成，人口高质量发展还通过需求端扩大需求总量和优化需求结构，以及供给端增加要素数量、提升要素质量、促进技术进步等机理推动高质量发展，对现代化建设形成有力支撑。当前我国已基本完成人口转变过程，呈现低生育水平、少子化老龄化以及人口素质提升、区域人口增减分化趋势，对现代化建设带来新的现实要求。建议坚持以系统观念谋划、以改革创新推动，优化人口发展理念和战略思维，构建全生命周期、一体化政策体系，推动人口高质量发展，更好支撑中国式现代化。

关键词：人口高质量　中国式现代化　理论逻辑　现实要求

习近平总书记在2023年5月5日召开的二十届中央财经委员会第一次会议上强调，人口发展是关系中华民族伟大复兴的大事，必须着力提高人口整体素质，以人口高质量发展支撑中国式现代化。人口是经济社会运行的基础变量，人口高质量发展是高质量发展的内在组成、重要基石和基本支撑，推进中国式现代化要求人口高质量发展。人口发展具有很强的时代特征和内在演变规律，以人口高质量发展支撑中国式现代化，需要科学认识人口高质量发展的理论内涵，准确把握人口发展趋势，坚持系统观念、创新理念完善新时代人口发展战略，不断创造支撑中国式现代化的人口总量势能、结构红利

---

* 作者易信，本文原载于《经济纵横》2024年第9期。

和素质资本，为全面建设社会主义现代化国家提供坚实基础、持久动力。

一、以人口高质量发展支撑中国式现代化的理论逻辑

二十届中央财经委员会第一次会议指出，加快塑造素质优良、总量充裕、结构优化、分布合理的现代化人力资源，以人口高质量发展支撑中国式现代化。人口是经济社会活动的主体，也是经济社会发展的重要支撑要素，人口规模及其增减变化、结构特征及素质高低内在影响着经济社会发展和现代化建设。

（一）人口高质量发展的理论内涵

作为新时代人口发展战略的核心导向，人口高质量发展蕴含着人口既是发展动力又是发展目标，体现了人口工具论和人口目的论的统一，展现了新的人口发展理念和价值取向。理论上，人口高质量发展是满足经济社会发展需要和人的自由发展要求的状态，是数量和质量、阶段性和长期性、主观要求与客观规律的统一，是人口总量充裕、人口结构优化和人口素质优良三大核心要素的辩证统一。

一是人口总量充裕是人口高质量发展的基本前提。人口过剩或人口不足都不利于经济社会发展和人口自身发展，与经济社会发展需求相适应、与资源环境相协调的适度人口总量是人口高质量发展的基本前提，人口总量充裕是人口安全发展的底座。在经济发展早期阶段，人口过快增长会导致经济体陷入低发展水平的"马尔萨斯陷阱"，而经济发展到一定阶段后，庞大的劳动年龄人口又会转化为促进经济社会发展的人口红利。根据马尔萨斯人口学理论，技术进步可以带来人均收入的短期增长，但收入的增长很快就会导致人口过快增加和农业生产效率下降，使得物质资料无法满足人口增长的需要，最终形成人口过剩与资源环境之间的激烈矛盾，需要通过降低生育率来抑制人口过快增长。随着农业比重下降、工业和服务业比重不断提高，加之全球人口低生育率和人口老龄化问题日益凸显，人口过快增长对资源环境的压力已不再成为经济社会发展的突出问题；相反，人口不足造成的需求增长乏力、创新创业不足等却成为新的更为重要的发展问题。现代适度人口学理论表明，存在与社会生产能力、家庭收入、社会保障等相适应的人口规模，而且，适

合本地实际情况和资源环境承载能力的人口数量也更有利于社会和谐稳定和经济社会持续健康发展。

二是人口结构优化是人口高质量发展的基本要求。人口结构优化主要包括人口年龄结构优化和区域分布合理。人口年龄结构是人口自然演进的结果，而根据生命周期理论，不同年龄段人口的生产和消费行为存在显著差异，合理的人口年龄结构是经济社会持续健康发展的必要条件，并构成人口高质量发展的基本要求。根据人口转变理论，由于人口生育率的下降与死亡率相比存在一个滞后，会出现总人口中劳动年龄人口比重高，以及少儿、老年人口抚养比低的人口年龄结构状态。从人口结构角度看，这有利于经济增长，"人口机会窗口"开启，若再有充足的资源供给、合适的政策支持和自由的对外贸易环境，就会产生"人口红利"。相反，老年人口比重过大或者人口老龄化过度则不利于经济增长，尤其是老龄化还会加重社会负担并导致整个社会的创业精神和创新活力减弱。例如，20 世纪 90 年代以来，日本的人口老龄化急速加剧，创业精神和创新能力急剧下降，导致过去 20 多年出现经济长期衰退。此外，根据区域经济理论，人口合理分布才能实现与经济、社会、资源环境相协调，实现人口集聚效应与拥堵效应的最佳平衡，满足经济社会发展需要。

三是人口素质优良是人口高质量发展的本质要求。人口素质凝结着劳动者的知识、经验、技能、健康素质，以及思想道德、价值观、意识形态等精神层面素质，是有形素质和无形素质的综合统一。提高人口素质既是人口自由发展的内在要求，也是经济社会持续健康发展的重要基础，尤其是推动经济高质高效发展的重要基础，优质的人口素质构成人口高质量发展的本质要求。以舒尔茨为代表的现代人力资本理论认为，资本并不一直都是有形的和物质的，资本也完全可以体现在劳动者身上，进而形成"人力资本"并增加一个国家的资本存量，而且人力资本投资相比物质资本投资对经济增长的贡献要大得多。马克思、恩格斯等经典理论家曾指出，"劳动创造了人本身""劳动是创造一切财富的源泉"，劳动力因而人才是价值的唯一创造者。内生增长理论认为，人力资本投资和知识积累是经济持续发展的内生因素，而且人力资本积累的提升还表现出较强的外部性，对其他生产要素的形成和使用效率提升等方面有着积极的促进作用，是经济增长的主要动力来源。

（二）人口高质量发展支撑中国式现代化的理论机理

现代化的本质是人的现代化，高质量发展是全面建设社会主义现代化国家的首要任务和本质要求。人口高质量发展既通过需求端的扩大需求总量和优化需求结构，还通过供给端的增加要素数量、提升要素质量、促进技术进步等理论机理影响经济发展，还通过人的自身发展，对中国式现代化建设形成有力支撑。

一是充裕的人口总量是支撑中国式现代化的重要基础。人口既是生产者，也是消费者，适度的人口总量既可以从需求端，也可以从供给端为高质量发展奠定基础。从需求端来看，适度的人口总量能带来较大的潜在市场需求，畅通国民经济循环，是消费需求稳定增长和消费结构持续升级的前提条件，有利于促进经济发展从投资驱动型向消费拉动型转变，实现经济结构优化。而且，适度的人口总量形成的生产生活需求，既是工农业规模化专业化生产的前提条件，也是公共投资具有经济效益的前提条件，进而可以通过规模经济促进技术进步，有利于提升经济发展效率，实现经济增长动力转换。从供给端来看，充裕的人口总量意味着能提供充足的人力资源，可直接提高全社会的生产能力，促进物质财富和精神财富的积累，推动经济高质量发展。

二是优化的人口结构是支撑中国式现代化的有利条件。人口结构包括人口年龄结构和人口区域分布。人口年龄结构主要通过劳动力供给、储蓄和技术进步等渠道直接或间接影响经济发展，优化的人口年龄结构能为高质量发展提供有利的发展条件。从需求端来看，不同年龄段人口的消费习惯显著不同，合理的人口年龄结构有助于消费需求增长和消费结构升级，有助于形成消费拉动型经济，促进经济发展动力转换。从供给端来看，劳动年龄人口占总人口比重较大时，总人口中可以供给的劳动力人口较多，能够不断满足劳动力市场需求，为经济分工的规模效应和总产出持续增长创造条件。而且，劳动年龄人口占总人口比重较大时，社会总抚养比较低，社会的经济负担较轻，有利于社会储蓄率提高，有助于高投资和高增长的实现。同时，合理的人口年龄结构，还有助于科技创新能力提升，推动技术进步；反之，人口老龄化则会导致吸收新知识、新观念的速度降低，导致创新能力下降，不利于技术进步，制约经济发展效率提高。此外，合理的人口区域分布有助于更好发挥资源要素和市场集聚效应，提高区域经济发展效率。

三是优良的人口素质是支撑中国式现代化的根本保证。高水平人口素质或人力资本是人才红利的根源，能通过促进管理创新、技术创新、劳动生产率提高等推动经济高质量发展，促进全要素生产率提升。一方面，人力资本是经济发展的直接投入要素，能通过增加高质量劳动力要素供给直接促进经济发展，同时也能通过提升劳动者受教育程度、职业技能、技术熟练程度，提高劳动生产率和经济发展效率，带动全要素生产率提升。另一方面，人力资本是促进技术进步的间接投入要素，能通过外部性激发创新、加速技术的吸收与扩散，推动技术进步，有助于规模经济和集聚经济发展，提高社会劳动生产率和发展效率。此外，人力资本结构是产业结构调整与升级的重要基础，人力资本结构与产业结构相匹配，或者说人力资本的有效供给可提升产业结构调整速度，推动经济发展动力转换。

二、以人口高质量发展支撑中国式现代化的现实要求

中国式现代化是人口规模巨大的现代化，巨大的人口规模为推进中国式现代化提供了充足人力资源和市场规模，但要整体迈入现代化，这在人类历史上是空前的，必然要付出更大的努力、克服更多的困难。当前，我国人口发展已进入人口负增长时代，对现代化建设带来新的现实要求，亟须着力提高人口整体素质。

（一）人口负增长后我国人口发展的主要变化趋势

按照人口转变理论，随着经济社会发展带来生活水平、医疗条件以及生育观念变化，人口再生产模式将由"高出生、高死亡、低增长"传统再生产模式向"低出生、低死亡、低增长"现代再生产模式转变，进而引发人口发展出现系统性变化。从国际经验来看，任何一个国家一旦完成人口转变，人口出生率和死亡率都将在低位徘徊，人口增长率也将稳定在较低水平，不可避免地出现人口负增长，但并非不可逆转。人口负增长是人类历史中经常出现的现象，不同于历史上主要由人口死亡率高导致，当今人口负增长主要是

生育率下降所致。20世纪90年代末到21世纪初，我国人口死亡率和出生率都稳定在较低水平，基本完成人口转变过程，2022年开始进入人口负增长通道。而且，持续的低生育水平与不断提高的人均预期寿命叠加，还形成少子化和老龄化稳定趋势，同时区域人口增减分化、人口素质的持续提升。

一是生育率呈现下滑势头。20世纪60年代以来，我国生育率出现持续下降趋势，特别是2017年以来出现下滑。1963年以来，总和生育率经历了三轮阶梯式下滑，当前正处于2017年以来的第三轮持续快速下滑中，不同于往次多是人口政策调整导致的限制性下滑，本轮更多是自主性、自愿性下滑。20世纪70年代我国实施计划生育政策，总和生育率出现新中国成立以来的首次大幅下降。80年代我国生育率保持了相对稳定，但90年代初期受独生子女政策影响，总和生育率再次出现了较大幅度下滑。2016年我国开始实施"全面二孩"政策、2021年开始实施"三孩"政策，绝大多数家庭生育意愿不再受政策抑制，但2017年以来总和生育率仍出现持续下降，从2017年的1.81降至2022年的1.09。从国际比较来看，生育率下降是全球现象，与发展水平、发展阶段没有必然联系，但在生育率极低水平下持续较快速度下滑则是我国独有特征。从全球13个人口总量超过1亿的人口大国，以及其他主要发达国家来看，20世纪80年代以来，无论是发达国家还是发展中国家，总和生育率均出现持续下滑，但其他国家都是以渐进式缓慢下滑为主。例如，美国总和生育率从1960年的3.65降至2021年的1.66，61年的总降幅54.5%，年均降幅只有1.2%。日本总和生育率从1967年的峰值2.23降至2021年的1.3，54年的总降幅41.7%，年均降幅仅1%。而我国2017年以来，5年总降幅就达39.9%，年均降幅达9.6%。而且，我国总和生育率已经远低于1.5的国际警戒线，进入超低甚至极低生育率区间，当前除了高于韩国外，普遍低于这些人口大国及主要发达国家，要防止跌入"低生育率陷阱"。受生育率下降影响，2022年我国总人口比上年末减少85万人，这是自1962年以来首次出现负增长，开始进入人口负增长通道。根据联合国人口署预测，到2035年我国人口将下降至13.99亿人，到2050年将进一步下降至13.12亿人，这意味着现在到2050年的近30年间我国人口总量将减少约1亿人（见图1和图2）。

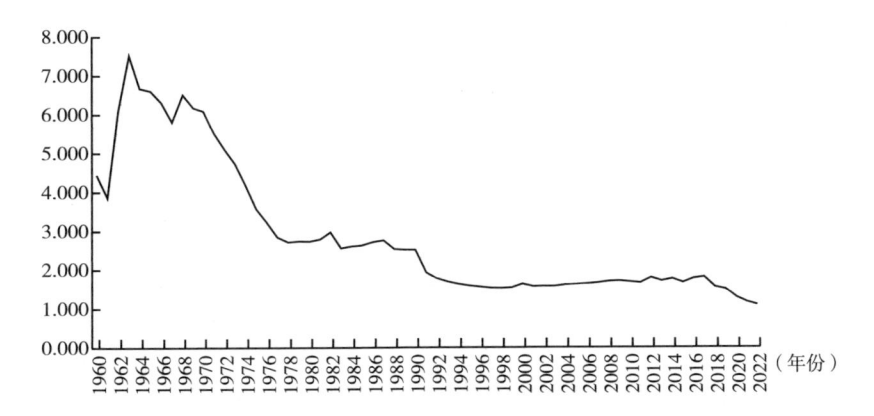

图 1　1960～2022 年中国总和生育率变化趋势

资料来源：世界银行 WDI 数据库。

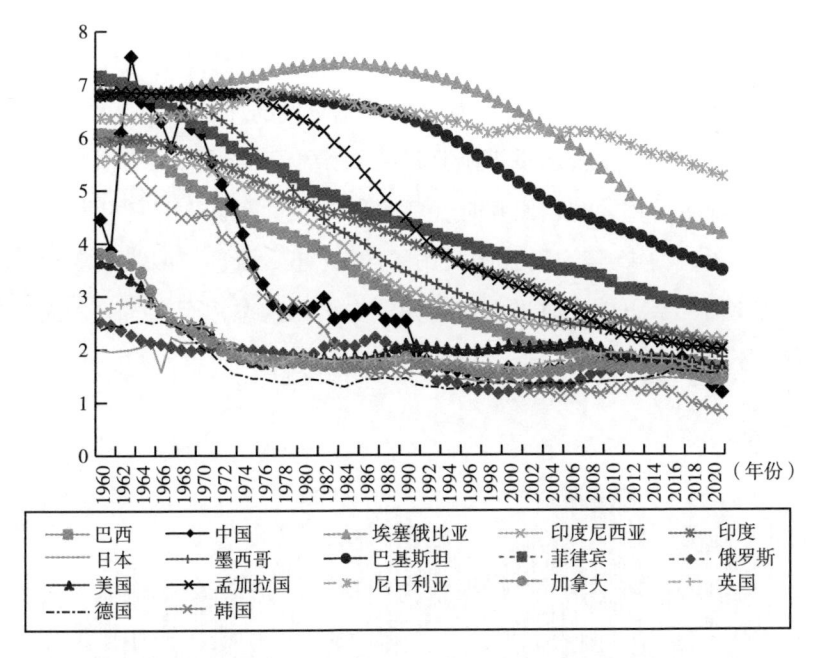

图 2　1960～2020 年人口大国及其他主要发达国家总和生育率变化趋势

资料来源：世界银行 WDI 数据库。

二是少子化趋势特征突出。20世纪60年代以来，随着我国总和生育率持续下降，特别是90年代以来长期低于2.1的人口更替水平并持续下降，出生人口数总体呈现波动下降态势。2023年出生人口数已经降至902万人，比

2016年时的峰值1786万人减少了884万人,生育堆积效应已经消退,人口出生数出现自2017年开始连续7年下降。同时,0~14岁人口占总人口比重呈下降态势,从1982年的33.6%降至2006年的19.8%,首次低于20%,开始进入初始人口少子化状态。2023年我国0~14岁人口占总人口比重进一步降至16.4%,处于15%~18%区间,这是2010年首次降至18%以内,连续13年进入严重少子化状态。我国人口生育水平、少儿人口比重虽因生育政策多次调整而在短时期内出现了一定程度提升,但人口少子化状态并未发生实质性变化,还将在较长时期内维持。从国际比较来看,人口少子化是全球各国人口发展的总趋势,尽管我国进入人口少子化状态的时间相对较早,但人口少子化程度并非全球最严重。根据世界银行数据,当前全球超过80%的国家少儿人口比重要高于我国,但日本、韩国、德国、意大利、英国等近40个国家低于我国,而且其中的日本、德国、意大利等国家已降至15%以下,进入超少子化状态。不过,我国进入人口少子化阶段的速度偏快、"未富先少"特征明显。例如,从生育水平下降到进入初始少子化状态,英国、德国、瑞士、瑞典、荷兰、匈牙利、比利时、意大利、丹麦等欧洲国家用了100~160年,日本用了大约45年,而我国只用了约35年。而且,多数国家是在人均GDP达到1万至2万美元时进入初始人口少子化状态,而我国进入人口少子化状态时不足这个水平的一半(见图3)。

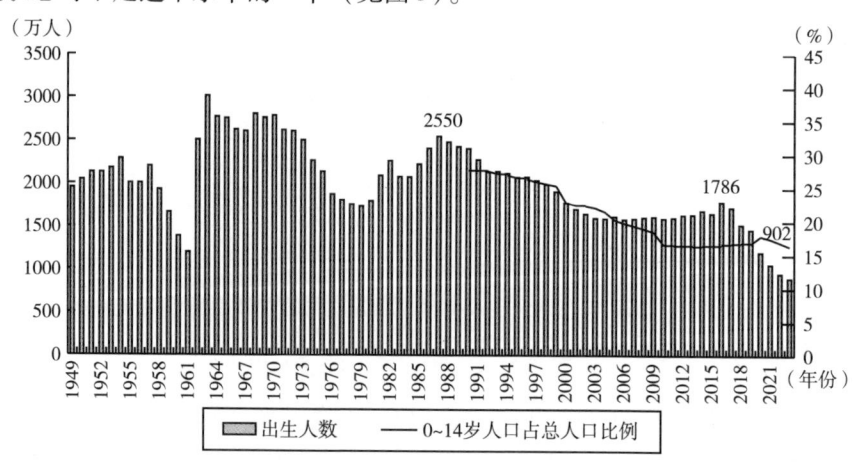

图3 1949~2023年我国出生人数及少儿人口比重变化趋势

资料来源:国家统计局网站。

三是人口老龄化趋势加快。随着20世纪50年代和60年代生育高峰期出生人口从2010年开始陆续进入老年阶段，加上人均预期寿命的不断增长，我国已经进入老年人口迅速增长时期，人口老龄化加速发展。1982~2010年，我国65岁及以上的老年人口比重年均提高0.14个百分点，而到了2011~2023年，年均提高幅度增加到0.5个百分点，人口老龄化加速的趋势明显。相应地，我国人口抚养比在经历了长达30多年的下降后，在2010年达到最低点34.2%后出现持续上升，2023年已经提高到43.8%。我国在2000年步入老龄化社会后，到2023年，65岁及以上老年人口占比达到15.4%，步入中度老龄化社会；到2035年左右，65岁及以上老年人口将突破3亿人，老年人口在整个人口中占比将超过20%，步入重度老龄化社会。老龄化的本质是人类社会的增龄现象，我国人口年龄结构已经不可逆转地向老龄化方向发展，人口老龄化将成为未来我国经济社会发展面临的常态。从国际比较来看，人口老龄化也是全球各国人口发展的趋势，但我国进入人口老龄化状态的时间相对较早。大多数国家在进入老龄化社会时经济发展已经处于较高水平，而我国在2000年进入老龄社会时还是中低等收入国家，这是典型的"未富先老"特征。而且，与其他已进入中度老龄化社会时国家的发展水平相比，我国经济发展水平仍然很低。例如，进入中度老龄化社会的德国（1972年）、日本（1995年）、韩国（2018年）、法国（1990年）、美国（2014年）等，人均GDP分别达到2.1万美元、4万美元、2.8万美元、3.3万美元、5.1万美元，均远超高收入国家门槛下限，是我国步入中度老龄社会时人均GDP的两倍以上（见图4）。

四是区域人口增减分化或将持续。人口区域流动是经济区域结构调整的结果。随着限制人口流动的户籍、就业、社保等经济和非经济因素逐渐消除，以及区域经济结构加快调整、综合交通运输体系加快完善，在人民日益增长的美好生活需要与区域发展不平衡不充分矛盾推动下，人口流动愈加活跃。2021年我国流动人口规模达到3.85亿人，比2010年时的2.21亿人多出了1.64亿人。特别是，大量农村劳动力受城镇更多发展机会、更高收入驱动，进城务工。2023年全国农民工总量达到2.98亿人，比2010年时的2.42亿人，增加了0.56亿人。而且，人口流动呈现出一些新特征，特别是随着城乡区域发展更加协调、城市群都市圈日渐成为城镇化主要形态，长距离、跨省流动人口比重开始下降，省内流动人口比重不断提升，城市间人口流动显著增加，形成以北京、上海、深圳等大城市为核心的流动网络。随着人口流动愈加活跃，人口区域分布格局演变的趋势性特征更加明晰。经济发达的东部地区对人口的吸引力仍然较强，就业机会多、公共服务完善，对劳动力需求旺盛，吸引了大量中西部地区的人口和劳动力流入，而东北和中西部的部分地区则出现劳动力持续流失、人口收缩现象。大城市常住人口普遍出现快速增长，2022年我国城区人口超过1000万的超大城市增长到10个，而在有数据可查的全国2700余个县区中，常住人口减少的有近1500个。城市群和都市圈中心城市将聚集更多人口，长三角、珠三角、成渝等主要城市群和以省会为主的都市圈中心城市的人口增长迅速，在人口负增长阶段以人口存量调整为主背景下这个特征更为突出。

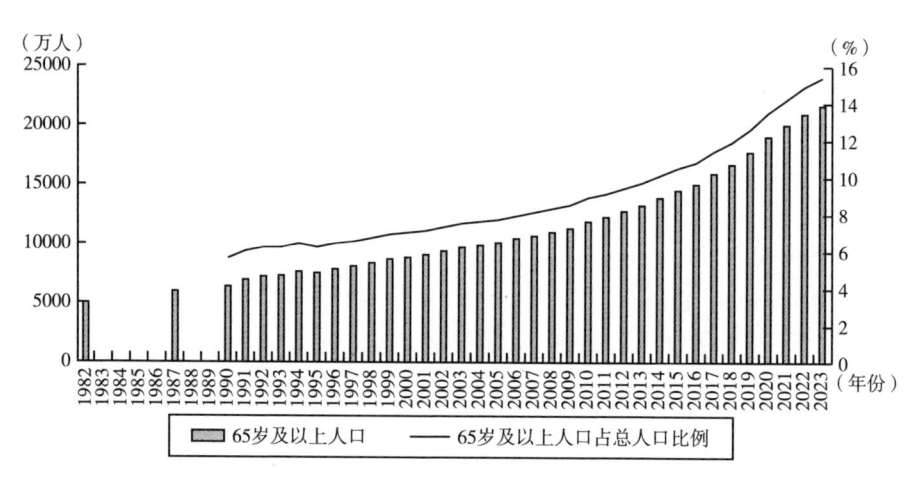

图4　1982~2023年我国老年人口及其比重变化趋势

资料来源：国家统计局网站。

五是人口素质持续提高但也存在心理素质下降问题。我国人口素质在教育与健康等方面都取得显著进步，但随着经济社会发展压力增大，存在心理素质降低压力增大等新挑战。首先，教育素质大幅提升。新中国成立初期，我国教育水平低下，全国80%以上人口是文盲，学龄儿童入学率只有20%左右。改革开放特别是党的十八大以来，我国高度重视教育、科技、人才在现代化国家建设中的基础性作用，大力实施科教兴国战略、人才强国战略、创新驱动发展战略，推动人力资源质量持续改善。2012年以来我国普通高校招生数累计超过1亿人，到2023年，8.6亿多劳动年龄人口中具有大学文化程度人口超过2.5亿人，劳动年龄人口平均受教育年限达到11.05年，新增劳动力平均受教育年限达到14年，与美国、日本、德国等发达国家差距逐步缩小。其次，身体素质大幅改善，但也出现健康预期寿命延长速度赶不上预期寿命延长速度现象。随着我国医疗卫生水平提升，人口身体健康素质大幅提高。人均预期寿命从2000年的71.33岁提高到2010年的74.92岁，2020年达到77.93岁，首次超过美国（77岁）。受疫情影响，我国人均预期寿命有所下降，2022年降至77.4岁。未来随着医疗卫生等持续改善，到2025年我国人均预期寿命将在2020年基础上继续提高到78.93岁，到2035年达到80岁以上。从国际经验来看，当预期寿命提高到一定限度后，健康预期寿命延长速度便会赶不上预期寿命延长速度，出现所谓"胜利的失败"。我国健康预期寿命从2000年的63.42岁提高到2010年的66.58岁，2019年达到68.53岁，已略低于人均预期寿命。但与此同时，心理素质下降压力加剧人口素质上升脆弱性。我国处于社会快速转型期，随着生活和工作节奏加快、竞争加剧，人们心理压力大大增加，心理健康问题日益凸显。根据《中国国民心理健康发展报告（2021~2022）》，2021~2022年我国成人抑郁风险检出率达到10.6%，焦虑风险检出率15.8%，仅有36%的国民认为自己心理健康良好。人口教育素质、身体素质上升情况下，心理素质赶不上或可能导致人口素质上升脆弱性风险累积。

（二）人口变化对经济社会发展带来的主要潜在约束性影响

过去较长时期，我国人口与经济社会发展实现了良性循环，进入人口负增长后，生育率持续下降与人口少子化老龄化趋势加速、区域人口增减分化明显以及人口素质持续提高等人口长期变化趋势相互交织、相互影响，既有支撑经济高质量发展、降低资源环境承载压力、促进绿色低碳发展等重大积极影响，同时也会有一些需要关注的潜在约束性影响。

一是影响国民经济循环和经济内生增长动力。我国总和生育率持续下滑，使得新出生人口从2016年的1883万人降至2023年的902万人，净增人口数从906万人降至2021年的48万人，2022年首次出现负增长，2023年进一步下降。人口减少并不必然导致经济增速下降，短期内人口变化对经济发展的影响更多体现在需求端，直接导致居民消费需求收缩，在一定程度上加剧国民经济循环不畅。同时，需要注意的是，我国人口整体素质的改善，主要依靠受教育程度更高的新成长劳动力的进入，随着总和生育率持续下降，劳动年龄人口及新成长劳动力负增长，将可能导致人力资本改善速度持续放缓，使得长期经济增长潜力提升支撑受损。而且，生育率持续快速下降使得人口老龄化加速，将可能导致全社会的创业精神和创新活力出现减弱，进一步削弱经济社会发展的潜力和内生动力。

二是导致公共资源错配和加重经济社会负担。随着总和生育率持续下滑，义务教育适龄人口规模在2024年左右达峰后持续下降，到2035年，义务教育在校生人数将相比2020年的1.4亿人减少约3000万人。这将导致幼儿园、小学、初中、高中生源依次减少，乡村学校、职业院校等将面临校舍、教师等人员和资源重新配置甚至闲置难题。尤其是会进一步推动区域人口增减分化，加剧部分人口收缩地区的公共资源配置矛盾。从长期来看，总和生育率持续下降导致的人口少子化、老龄化加速，还将使得人口抚养比持续抬升，加重全社会负担并最终转化为年轻人的负担，甚至还将进一步引发"社会负担加重—生育意愿降低—社会负担加重"的恶性循环。近年来这种问题也已显现，1.8亿多独生子女家庭身陷育儿、养老等多重压力挑战，"421"结构家庭代际矛盾更为突出，部分地区城镇职工基本养老保险基金缺口不断扩大并激化各级地方财政风险。随着总和生育率下降，人口老龄化加剧，这些矛盾还将可能进一步显现。

三是降低社会承压能力和加剧社会治理矛盾。随着总和生育率持续下滑，家庭少子化带动家庭小型化趋势，根据人口普查数据，2010年到2020年平均家庭户规模降至2.62人，降低了0.48人，收缩速度快于上一个十年，同时独居家庭数量快速增长、趋势明显，2020年的占比达到25.4%、比2010年提高11个百分点，家庭的养老、抚幼等功能不断弱化。特别是随着我国总和生育率持续降低，未来一个时期家庭少子化和小型化还将进一步加快，风险家庭、空巢家庭、独居家庭和脆弱家庭增多，家庭支持脆弱化上升、稳定社会功能下降，将在一定程度上导致社会风险承受度降低。而且，总和生育率持续降低，还可能引发社会结构重构，冲击社会价值观和认同感，甚至由此可能诱发不稳定因素，对基层治理体系和治理能力带来新的压力。人口素质与经济社会发展需求匹配性失衡，在一定程度上加大青年失业等矛盾，近年来青年失业率不断走高、一度超过20%，并进一步冲击年轻人的社会价值观和认同感，给社会治理带来更大压力。

三、以人口高质量发展支撑中国式现代化的政策建议

锚定人口高质量发展理论内涵，顺应人口发展趋势性变化，针对制约人口高质量发展的突出难题，坚持以系统观念谋划、以改革创新推动，优化人口发展理念和战略思维，构建全方位、一体化政策体系，全方面促进人口高质量发展，更好支撑和服务中国式现代化建设。

（一）将提高生育率作为人口高质量发展的基础

人口总量充裕是人口高质量发展的科学内涵之一，人口素质优良也需要适度人口规模的支撑。但生育率的调整具有长期性、系统性，而对生育鼓励和支持政策的反应又具有一定滞后性，需要及时实施组合式生育支持政策，整合资源、重点突破、久久为功，在尽快减缓当前生育率持续快速下滑势头基础上，努力推动生育率稳步提升到人口更替水平。一是将总和生育率纳入现代化建设指标体系。根据我国人口发展新形势新要求，为更好前瞻引导人口高质量发展，支撑中国式现代化建设，可以考虑将总和生育率指标纳入现代化建设规划或中长期国民经济社会发展规划指标体系，并结合人口中长期发展战略规划，设置合适目标值。二是一体化加强结婚、生育、养育等配套政策支持。加快完善婚介服务体系，支持工会、妇联、共青团等组织建立公立婚介组织。围绕孕前、孕期、分娩、产后和儿童保健等生育全过程，加强中央财政支持力度，逐步提高生育服务标准，提供高质量生育全程免费服务。建立健全婴幼儿照护休假制度，支持社会力量举办托育托幼服务机构，支持在社区层面发展一定数量的公共托幼机构和儿童课外看护服务机构，推动普惠性学前教育向普惠性托幼延伸。建立健全急危重症孕产妇、新生儿救治与

转诊网络，加快推进母婴设施建设和规范管理。三是破除妨碍生育的体制机制障碍。进一步完善生育补助、生育假期、生育惠民等组合式生育支持制度，加快建立健全生育友好型社会制度体系。在总结地区实践经验基础上，推广取消生育登记的结婚限制、推进非婚生子女户口登记同标准同程序等，在法律和法规上消除对非婚生育的限制。对生育子女两个及以上的家庭，在购房、购车等指标上予以更大力度优先支持、贷款利率上给予政策性折扣，在个人所得税上进一步提高起征点、加大抚幼和子女教育扣除额度。进一步延长产假时间、推进产假期间用工成本企业税收优惠机制，加快出台全国性的产假、育儿假等法规，依法保障女性平等就业权利。

（二）将提升人口素质作为人口高质量发展的重点

人口素质关系国家和民族未来，是人口高质量发展的重点。影响人口素质的因素包括道德水准、文明素养、科学文化素质、身体健康素质等多方面因素，要结合我国教育、健康领域存在的突出问题，完善对人自由发展的政策支持和体制机制改革，加快推动人口素质全面持续提升。一是持续提高人口受教育水平。要把建设教育强国作为推动人口高质量发展的战略工程。加强对0~3岁儿童早期干预，努力纳入义务教育体系，建设婴幼儿早期教育公共服务体系。优化高等院校专业设置、学科建设，加快建设一流大学和一流学科，实现高等教育内涵式发展，打造创新人才培育基地。适应重大产业结构变化趋势和国家发展战略需要，优化高等教育专业人才培养方案，有序提高本科招生中的工学占比、高职专科招生中制造专业占比。加快深化城乡教育体制改革，在硬件设施、师资经费等方面，积极推动城乡义务教育一体化发展。二是建立终身职业技能培训教育体系。加快建立从劳动预备到创业就业转岗升职全过程的终身培训体系，配套建立覆盖全生命周期的人力资本投资和公共服务保障机制。完善职业教育和培训体系，深化产教融合、校企合作，共同优化创新型、复合型、应用型和技术技能型人才培养机制。探索推进职业教育、学历教育并轨，畅通职业教育与学历教育转换渠道，研究发展职业本科教育。三是着力提高人口身体健康和心理健康水平。要深入实施妇幼健康促进行动，扩展服务内容、提升服务质量，保障儿童健康成长。将疾病防控纳入城市规划建设和城市更新体系，推进疾控体系高质量发展。深入开展健康中国行动，全方位全周期保障人民身体健康，全面夯实人口素质提升基础。全面推进心理健康教育和心理健康治疗体系建设，全面提高人口心理健康水平。

（三）将应对人口老龄化作为人口高质量发展的保障

人口老龄化是不可逆转的趋势，做好老年服务保障是关键。要顺应人口老龄化加速趋势，实施积极应对人口老龄化国家战略，推进基本养老服务体系建设，大力发展银发经济，加快发展多层次、多支柱养老保险体系。一是全面加强养老服务体系建设。养老服务是基本公共服务和市场化服务相结合的服务体系，要加快研究制定市场化养老服务供给清单，重点支持养老资源向社区和群众身边聚集，构建公共服务和市场服务相补充的养老服务体系。加快推进社会保障制度城乡居民全覆盖同标准，大幅提高农村居民基础养老金水平，全面推行长期护理保险制度。继续划转部分国有资本充实社保基金，提高部分垄断行业划转比例。加快发展多层次多支柱养老保险体系，扩大年金制度覆盖范围，推行个人养老金制度。尽快启动基本养老服务立法，依法保障老年人享受基本养老服务。二是积极发掘老年人力资本。研究实施渐进式延迟法定退休年龄政策，探索根据预期寿命动态调整退休年龄制度，逐步完善职工退休年龄政策，有效挖掘开发老年人力资源。鼓励专业技术领域人才延长工作年限，积极发挥其在科学研究、学术交流和咨询服务等方面的作用。大力发展老年教育培训与就业服务，积极创造有利于大龄劳动者稳定就业、二次就业的就业机会，进一步挖掘现有人口素质潜力。三是大力培育银发经济。我国人口规模巨大的老龄化将形成全球最大的银发经济与银发市场，要加快推动人工智能、大数据等新技术与养老相结合，大力发展智慧养老等银发经济新技术、新业态、新模式。完善税收、信贷、金融、土地、行业监管等支持政策，营造有利于创新创业创造的环境，推动老年康复器具、老年用药、居家服务等领域产品和服务开发，不断满足老年人多样化、多层次以及高品质的养老服务需求。将适老化改造融入各类发展规划和空间规划，加快推进各行各业和基础设施适老化改造，更好满足人口老龄化需求。

（四）将优化资源空间布局作为人口高质量发展的支撑

空间资源是支持人口高质量发展的重要资源和稀缺资源。要结合区域战略实施，优化区域经济布局和国土空间体系，完善公共资源区域配置，加强对内对外开放水平，更好统筹人口与经济社会、资源环境的关系。一是建立与人口收缩相适应的城市减量发展机制。根据人口变动趋势，设定合并行政区、撤街设镇并村的人口阈值，及时调整行政区划。根据人口变化及时优化基础设施和公共服务供应，提升人口收缩城市公共服务水平和基础设施利用率。研究设立人口收缩城市转型和高质量发展基金，更好应对人口减量冲击。二是建立与人口变化挂钩的公共资源动态配置机制。完善人员编制、土地供应、财政转移、公共服务与人口增减挂钩的协调机制，实行差别化城市建设用地、用能、环境容量、碳排放等指标管理。根据人口变化及时调整公共资源领域重大工程规划，合理压缩人口收缩城市基本建设支出和"三公"经费。三是建立与人口便利化流动相适应的体制机制。深化户籍制度改革，完善相关领域体制机制，消除影响人口流动的户籍、编制、行业、年龄等隐性壁垒，推动相关公共服务随人走，提升人口自由有序流动便捷性。完善吸收高技能人才移民制度，便利各类国际人才跨境流动，减少就业等有关限制，积极引进、利用好全球人力资源。

参考文献：

[1] 国务院发展研究中心课题组：《推动中国人口高质量发展的政策建议》，《发展研究》2024 年第 2 期。

[2] 乔晓春：《中国人口老龄化的过去、现在和未来》，《社会政策研究》2024 年第 1 期。

[3] 梁建章：《人口战略》，中信出版社 2023 年版。

[4] 王晓峰、刘华伟：《理解人口高质量发展：理论意蕴、支撑要素与实践路径》，《人口研究》2023 年第 5 期。

[5] 刘世锦、蔡颖、王子豪：《人口密度视角下的中国潜在增长》，《经济纵横》2023 年第 1 期。

[6] 蔡昉：《人口负增长时代》，中信出版社 2023 年版。

[7] 宋健：《不忧不惧，理性面对中国人口发展新形势》，《人民论坛》2023 年第 15 期。

[8] 国务院发展研究中心课题组：《认识人口基本演变规律 促进我国人口长期均衡发展》，《管理世界》2022 年第 1 期。

现代化先行国家工业化历程、规律表征和经验启示*

摘　要：本文以部分已完成工业化的国家和少量新兴工业国为样本，梳理了其工业化历程中所呈现出的阶段特征律、协同互促律、创新驱动律和社会进步律，以更好为中国推进工业化进程提供参考。在此基础上，选择具有决定性且会发生变化的经济因素、科技因素、社会因素和安全因素进行重点分析，并探讨了未来工业化的总体趋势和表征变化，提出未来工业化具有数字化、绿色化、融合化、韧性化等新的内涵。根据中国现实需要，提出加强战略性产业保护、完善社会主义市场经济体制、形成新型生产组织形式和优质劳动力、协同推进新型工业化与新型城镇化等建议。

关键词：中国式现代化　新型工业化　高质量融合发展

一、引言

工业化是指近代工业或现代工业的建立和推广并对一国社会经济发生有利作用的过程（厉以宁，2010）。从经济学理论看，工业化是"经济发展"的同义语。它不是单纯的产业问题，而是经济发展的问题，甚至发展经济学的主要内涵就是工业化问题。从世界经济史看，工业革命是工业化的标志性事件。工业革命带来新技术的应用和分工的深化，使劳动生产率提升的速度超过了人口增速，推动全球人均产出持续提高。从现代化先行国家来看，各国工业化的外部环境和初始禀赋存在显著差异，工业化与城镇化、农业现代

---

* 作者张铭慎、张斯琪，本文原载于《宏观经济研究》2025年第2期。

化、信息化的内在关联和同步关系也不尽相同，工业化在不断推进的过程中呈现新趋势新特征。当前，中国开启了全面建设社会主义现代化国家的新征程。一方面，要立足新发展阶段推进新型工业化，这既是为中国式现代化构筑强大物质技术基础的客观需要，又是统筹经济质的有效提升和量的合理增长的必然选择。另一方面，中国现代化具有典型的追赶特征，不可能完全按照已有工业化国家的路径串联式地推进城镇化、工业化、农业现代化、信息化，而要争取新型工业化、信息化、城镇化、农业现代化同步发展。在纷繁复杂的国际国内形势、新一轮科技革命和产业变革的背景下，审视现代化先行国家推进工业化的规律和趋势，汲取其协调推进工业化、信息化、城镇化和农业现代化的经验教训，对中国更好推进新型工业化具有重要意义。

目前，关于现代化先行国家工业化规律和趋势的研究大体包括三类。一是国别经济史研究，比如结合西欧经济史讨论工业化与制度调整的内在关系（厉以宁，2010），分析韩国在工业化进程中推进产业升级的转型经验（Eichengreen, Perkins and Shin, 2012），揭示汉密尔顿式务实经济政策对美国工业化进程的深远影响（Cohen and Delong, 2015）。二是一般规律研究，比如分析工业化进程中重大结构变化及其宏观影响（Chenery and Syrquin, 1975; Chenery, Robinson and Syrquin, 1986；张斌，2021），去工业化的经济效应（王展祥、谢绍棋和王秋石，2023；王希元和杨先明，2023）和再工业化的外部影响（李大元、王昶和姚海琳，2011；王展祥，2019；刘戒骄等，2022），发展中国家和落后国家工业化进程的规律（陈健和郭冠清，2018；黄少安，2023），后发工业国家实现赶超的初始条件和核心机制（张倩雨，2023），赶超后期的产业发展模式（黄群慧和贺俊，2023）。三是针对中国工业化的讨论，既包括数字化（张平，2023；任保平，2023）、低碳化（史丹，2018）等新因素对中国工业化进程的影响分析，也涉及中国新型工业化的内涵和路径（李晓华和沈继楼，2021；史丹和邓洲，2023）。本文尝试在如下两个方面扩展已有研究。一是分析现代化先行国家工业化与城镇化、农业现代化、信息化之间的内在关联和同步关系，得出对中国在"新四化"同步要求下继续推进工业化的启示。二是基于现代化先行国家工业化的影响因素分析工业化的未来发展趋势，为中国推进新型工业化提供参考方向。

二、现代化先行国家推进工业化的历史规律

在工业化进程视角下,全球国家可分为三类:第一类是已完成工业化的国家,通常包括北美国家(如美国和加拿大)、西欧国家(如德国、法国、英国等)、日本、澳大利亚、新西兰、韩国、新加坡等,它们相对较早完成了工业化过程,目前已经是高收入国家,进入了后工业化阶段。第二类是新兴工业国,通常包括中国、巴西、印度、南非等,它们在20世纪后半叶或21世纪初期经历了快速的工业化过程,目前在全球经济中扮演着重要角色。还有一些国家面临"中等收入陷阱"的严峻挑战,工业化进程已经或可能长期停滞,如阿根廷、波兰、土耳其、墨西哥、马来西亚等。第三类是一些仍处于工业化初期或前工业化阶段的国家,它们多数是高度依赖农业的欠发达国家。我们以第一类国家为主,分析其推进工业化的历史规律。

(一)阶段特征律:在工业化不同阶段呈现快追赶、渐转型、促重振等共性特征

工业化发展具有阶段性特征。一般认为,工业化包括前工业化、工业化(又分为初期、中期和后期)和后工业化阶段。表1根据重要历史节点和关键事件,并参考钱纳里、罗宾逊和塞尔昆(Chenery, Robinson and Syrquin, 1986)及陈佳贵、黄群慧和钟宏武等(2006)提供的划分依据,归纳部分现代化先行国家的工业化进程,发现尽管时间分布不同,但具有阶段性共性特征。[①]

表1　　　　　　部分现代化先行国家工业化进程

阶段		英国	美国	德国	日本	韩国
工业化初期	时间	1760~1830年	1815~1860年	1830~1870年	1868~1900年	1950~1960年
	典型事件或特征	第一次工业革命,纺纱机、蒸汽机	建立全美第一家水力纺织厂,蒸汽动力	建立铁路网络,发展煤炭、钢铁产业	明治维新,发展纺织业、造船业和军工产业	朝鲜战争结束,实施出口导向型工业化策略

---

① 文献中关于现代化先行国家工业化后期、后工业化社会的时间判断并非完全一致,这反映出工业化进程的复杂性和渐进性。本文根据重大事件和主要指标进行定性与定量相结合的分析判断。

续表

阶段		英国	美国	德国	日本	韩国
工业化中期	时间	1830~1890年	1860~1920年	1870~1918年	1900~1945年	1970~1980年
	典型事件或特征	世界上第一条载客铁路，电力、化工发展，成为全球最大工业强国	铁路网络建设，西部开发，钢铁生产，电力、电报、电话应用和大规模生产	德意志统一，化工、电气、机械、汽车制造快速发展	大量生产钢铁、化学品和机械产品，同时也发展了汽车和电气设备产业，战后快速恢复	大力发展重工业和化学工业，如钢铁、造船、汽车和电子产业
工业化后期	时间	1890~1970年	1920~1990年	1945~1990年	1945年至20世纪末	1980年至21世纪初
	典型事件或特征	战争冲击，实施社会福利计划，金融业发展	互联网创新，服务业主导，产业外包	战后重建，快速恢复	战后重建，美国支持下快速恢复，遭遇石油危机	加强科技研发和教育投资，促进了半导体、电信、汽车和消费电子等高科技产业的发展
后工业化期	时间	1970年至今	1990年至今	1990年至今	21世纪初至今	21世纪初至今
	典型事件或特征	新自由主义政策，产业空心化，再工业化	再工业化，金融放松管制，虚拟经济	东西德统一，服务业主导，知识经济，俄乌冲突	服务业发展，老龄化，产业转移，再工业化	信息通信、金融和文化创意产业崛起，老龄化、低生育率
工业化总时长		200年左右	180年左右	150年左右	120年左右	50年左右

工业化早中期多以"快追赶"为主，实施保护性开发性政策推进工业化（厉以宁，2010）。在早期工业化中，表1中的国家都曾不同程度地运用了保护性开发性政策。例如，亨利七世时期，英国通过实施进口替代政策，有效地保护了国内的毛纺织业。美国不顾英国反对，1816年将关税税率上调至25%，接近进口制造品价值的35%（Bairoch，1993），这一税率在之后更一度达到60%。除了运用关税手段，美德法还禁止本国的技术人员外流，漠视别国知识产权将技术拿来"为我所用"。韩国在工业化初期采取了出口导向的工业化政策，对幼稚和新兴产业提供了各种保护和扶持。对英美德而言，最重要的开发性政策是支持铁路网络建设。例如，英国在议会批准下于1830年开通了世界上第一条载客铁路——利物浦和曼彻斯特铁路。美国在19世

末铺设完成了长达20万英里的铁轨，虽然全部由私人拥有和运营，但政府提供包括以沿线公共土地作为建设铁路补偿在内的各种资助。德国通过直接投资、立法支持、公私合作、战略规划、政府采购等方式对铁路投资进行支持，使普鲁士于1852年建成了世界上第一条跨境铁路。铁路不仅极大地促进了人员、原材料和商品的流动，还使钢铁、机械生产有了需求牵引，加快了重工业进程。此外，政府采购、军需牵引等开发性政策也发挥了重要作用。

工业化中后期多以"渐转型"为主，通过鼓励创新、强化竞争推进工业化。当工业水平发展到一定程度后，工业化进程与市场化水平密不可分。随着工业化进入中后期推进，现代化先行国家为了适应经济增长方式变化，均采用了市场经济体制，更加突出放松管制、投资研发、促进竞争，应对传统重工业陆续达峰、服务业快速崛起、互联网普及带来的机遇和挑战。例如，美国在1862年通过了《莫里尔法案》以增加教育经费，建立了高等教育制度。20世纪中叶，美国通过军事需求和政府引领的方式开辟科学的无尽前沿，不仅通过军转民、国家实验室等方式衍生新企业、溢出新知识，更让私营企业在核能、飞机、互联网、新能源等领域大量涌现。韩国在承接产业转移的过程中，十分重视提升教育水平，加强人力资本开发，并积极培育本土产业链。通过非核心业务的剥离和外包，充分发展生产性服务业，占据价值链的高端环节。

后工业化时期多以"促重振"为主，以产业政策直接干预推进再工业化。随着服务经济、知识生产对产出的贡献越来越大，不少国家都进入了后工业化社会，过早过快去工业化衍生的产业空心化问题愈发突出。例如，英国制造业增加值占GDP的比重从1990年的16.5%左右下降到2020年的8.7%左右。韩国制造业在GDP和就业中所占的份额分别在1988年和1989年后达峰，随后其就业份额急剧下降。在大多数国家，制造业的就业份额达到30%前就已开始下降。虽然德国的去工业化进程总体较慢，但也因近期的地缘政治动荡持续出现了企业外迁加速的趋势。德勤和德国工业联合会在2023年秋季的一次调查表明，超过2/3的受访德国企业已经进行搬迁，虽然搬迁仅限于零部件生产，但在未来两三年内，多达2/3的零部件生产以及近一半的预组装、仓储和一般生产都将迁往国外。为此，现代化先行国家普遍出台了再工业化政策。例如，美国通过《美国救援计划》《基础设施投资与就业法案》《芯片与科学法案》《通胀削减法案》，在扩大基建投资的同时，重点支持半导体、清洁能源等高端制造领域回流。英国在2013年将公司税从24%降至23%，该税率不仅远低于其他欧盟国家30%左右的平均水平，甚至不及法国、意大利的一半。德国在《国家工业战略2030》中提出到2030年工业增加值占GDP的比重提高至25%的目标。

（二）协同互促律：工业化与城市化、农业农村发展相互促进、互为支撑

尽管工业化有阶段性特征，但与城市化、农业发展之间的互促关系却贯穿始终，体现出一定的规律性。由于早期工业化并未在数字经济时代进行，因此信息化与工业化之间的融合渗透主要发生在21世纪，功能和形态仍在不断演变。

推动工业化与城市化相伴而行、互为牵引。在前工业化时期，城市化为工业化提供了必要的前提。例如，在工业化以前，西欧国家的城市已有一定的发展，为工业化提供了技术、资本和市场等必要基础。在工业化早中期，主要是工业化牵引城市化。例如，采矿、钢铁、铁路的快速发展，使英国涌现出更多的工矿城市和港口城市，进入城市的移民也越来越多。19世纪中期，美国在铁路网络快速铺设的同时，顺势廉价出售中西部广阔土地，加快了城市化进程。在工业化中后期，体现出城镇化城郊化牵引工业化的特点。例如，美国于1933年和1934年分别成立房产主贷款公司和联邦住房管理局，致力于为"每个家庭拥有一套独立住房"，并将军费开支的重点由东北部和中西部转向南部和西南部，有力推进了郊区化和南部开发。这不仅带动了郊区高速公路网的建设，还提升了居民收入，促进了工业品消费。有研究表明，在第二次世界大战后的一段时期，美国经济增长的80%来自郊区（Jackson，1985）。

推动工业化与农业农村发展互为支撑。不少现代化先行国家的工业化是依靠农村小手工业的资本积累、农村劳动力和农业剩余的转移而开启的。例如，明治维新开启了日本工业化进程，1970年提出减轻农民税收负担，以农

业发展来支持工业化（王德祥，2008）。中国在较短时间内就建立起比较完整的工业体系，也是通过提取农业剩余来支持工业的发展。但这种客观上的"支持"不应视为长期性和全局性的透支农业农村来支持工业化进程。现代化先行国家的发展表明，工业化水平越高，农业现代化水平也越高，各国也更加重视农业农村发展。一方面，工业化带来的技术创新和传播、资本投入和机械更新、富余劳动力转移，大幅提升了农业生产率。数据显示，法国、联邦德国和意大利的农业机械化程度在1950~1970年短短20年间提升了8~10倍（Cipolla，1988）。另一方面，20世纪后期，现代化先行国家普遍汲取第二次世界大战前的经验教训，普遍把改造农村、支持农民增收作为重要任务。例如，美国大力支持农村社区发展，西欧国家陆续建立了包括农民在内的社会保障制度，日本更是从加强耕地确权和流转、推进农协制度和就地城镇化、放宽公司法人进入农业的准入限制、引进户别所得补偿制度、发展环保和有机农业等方面接续推进乡村振兴。

（三）创新驱动律：必须用好科技和产业革命窗口期并通过体制转型重塑比较优势

全球工业化的历史也是后发国家利用科技和产业革命赶超先行国家的历史，它充分说明重塑比较优势比发挥比较优势更加重要，揭示了科技创新和制度创新是推动工业化并赢得竞争的关键这一内在规律。

抢抓科技创新推动工业化进程。每一轮工业化都有相应占主导地位的通用目的技术，在特定阶段异军突起的国家往往在主导性通用目的技术上创新领先。一方面，它依赖于强大的基础研发能力、中试转化能力和良好的创新创业生态。19世纪后30年，德国科学研究水平不断提升，大量科学家和科学研究成果涌现，催生出有机化学、电力电气等新兴产业，最终引发了第二次工业革命。另一方面，它不仅要求在科学进步和技术发明上领先，更要努力实现创新获利、赢得市场竞争。20世纪90年代，半导体、钢铁、家电等许多行业都存在"美国发明、日本获利"现象，助推日本工业化加快推进，成为日美贸易摩擦的诱因之一。以上两方面经验教训，如果说前者为先行国家赢得主动奠定了基础，后者则为后发国家获得优势提供了机会。

实施制度创新赢得工业化竞争。历史表明，虽然传统比较优势或保护支持政策可以帮助国家在竞争中一时占优，但其作用的发挥仍有边界约束，要持续赢得工业化竞争必须通过制度创新重塑比较优势。美国、日本和德国的工业化历程并没有完全遵照传统比较优势发展，而是通过较高的关税政策、有力的政府主导对新兴产业进行支持和保护。但三国还是在有限的时间内果断中止或快速弱化了以往的政策惯性，通过降低关税、放松管制以及发展科教、金融等方式，为提升产业竞争力和转变经济发展方式创造了条件。韩国的工业化进程虽然在相当长的时间内按照比较优势发展，通过承接产业转移和出口导向战略积累资本、提升技术，但也在创新能力提升上实现了质的转变。21世纪初，韩国教育支出占 GDP 的比重高达 7% 以上，在经济合作与发展组织（OECD）国家一度位列第三，三星、LG、浦项钢铁、海力士半导体等也成长为世界一流企业。与之相比，阿根廷等拉美国家，虽然很早就开始了工业化进程，但没有很好地运用比较优势，不仅投资形成的产业不具有竞争力难以为继，而且造成劳动密集型产业发育不足。更重要的是，由于没有形成有利于人力资本提升和与激励知识生产相匹配的创新体制，导致工业化成果得而复失，与现代化先行国家的收入水平和技术水平也在停滞后重新拉大。

（四）社会进步律：工业化在促进社会流动和中等收入群体扩大的过程中也受益于社会进步

尽管工业化也带来过乡村凋敝、差距扩大、环境污染并引发社会问题，但绝大部分是暂时性和局部性的，工业化在改善社会收入结构、促进社会公平正义上发挥了重要作用。

不断提升工业化进程中的社会流动性。现代化先行国家在工业化进程中还致力于通过法律形式消除社会流动中的种族、宗教和性别歧视，消除居民在城乡、地区和城市之间的迁移制度障碍，打造更加统一和专业的劳动力市场和职业资格评价体系，通过拨款建设公共住宅或低息贷款等方式解决住房问题，扩大农村土地的流转范围，建立证券市场拓宽投资收益渠道等。例如，在第二次世界大战以来的几十年内，法国、德国、瑞典和瑞士的非农人口有 23%~31% 的人口流动，而英国、意大利、丹麦的城乡合并计算也有 16%~

31%。人口流动性的提升不仅使得人力资本的作用得以发挥，而且还形成了"激励人力资本积累—促进知识生产消费—提高人力资本回报—进一步强化人力资本积累"的强化闭环。

推动工业化进程扩大中等收入群体规模。中产阶级的扩大本身就是社会流动性提升的一个重要结果。但一直到工业化初期，现代化先行国家多以金字塔形社会为主，中产阶级的规模总体较小。进入工业化中后期，伴随着技术创新需要、自主创业选择丰富，居民工资性收入和财产性收入不断增多，以及教育公平化和城市郊区化带来的人口素质和生活品质提升，中等收入群体规模加速扩大。例如，德法等西欧国家通过高薪引进人才等方式获取英国技术，促进了跨国的社会垂直流动。美国进入工业化后期，全社会收入的中位数持续增长，甚至收入在中位数以下的群体都认为他们迈入了更好的中等收入群体，在1929年被认为只有上流社会专属的住房、汽车、家电和名校，到1970年时已被或正被大多数成员所拥有（Cohenh and DeLong，2015）。随着对美国南部的军费持续投入，南部地区的人均国民收入占全国平均水平的比重也从1950年的63%跃升至1970年的74%（Bernat，2001）。

三、影响工业化的因素及其变化趋势

尽管现代化先行国家的工业化存在共同特征并遵循一般规律，但影响不同国家工业化的因素仍千差万别。本文着眼于分析工业化的未来趋势，选择若干具有决定性且会发生变化的因素进行重点分析。

（一）经济因素：全球化进入低潮期，现代化先行国家再工业化加速，大国博弈更趋白热化

经济因素对工业化的触发、路径、节奏乃至最终效果，都具有决定性影响。从现代化先行国家的历史看，禀赋条件、供给能力、社会需求、收入水平、空间结构以及外部环境等都是影响工业化的经济因素。

着眼未来，经济因素可能出现三方面变化。一是全球化进入低潮期，全球增长和总需求可能保持低位徘徊，放慢全球工业化的总体进程。历史上工业化进程较快的时期往往具有全球化加速和需求旺盛的特征，前者促进了产

业转移和分工深化，后者提供了广阔的市场空间。国际货币基金组织（IMF）和联合国预测，复苏过于缓慢或复苏不及预期是"十四五"末全球经济大概率必须面对的严酷事实。根据IMF预测，全球经济增速将从2021~2024年的4.1%降至2025~2029年的3.1%左右，2030年前后全球经济增长率将进一步走低。二是现代化先行国家再工业化可能加速，这对新兴工业国将产生不利影响。任何一个国家的工业化都不是孤立进行的，或多或少受到其他国家工业化的影响。从历史上看，新兴工业国的工业化进程不可能离开发达国家的"支持"——例如，知识溢出、产业转移、生产外包、直接投资等。这种依存性决定了新兴工业国的工业化进程势必受到发达国家再工业化的负面冲击。三是以中美为代表的大国博弈将更加激烈，给全球工业化进程增添不确定性。未来五年东升西降的大趋势仍将持续发展，中美力量对比可能出现历史性重大变化。按汇率计算，到2030年末，中国经济总量可能与美国大体相当，未来五年对全球经济增长的贡献率仍将达到30%以上。鉴于"十五五"时期是中国经济在总量上赶超美国的关键阶段，美国必将对中国采取强度最高、力度最大的打压和遏制措施。同时，特朗普政府或将对华采取大幅提高关税等"极限施压"措施，并从全球收缩力量对华集中出击。届时，美国极有可能通过加大对头部企业的全面绞杀力度、打造排华的全球产业链供应链体系、进一步加征高额关税和强化出口管制等方式维系自身的代际优势。考虑到中美的全球经济影响力，博弈加剧将波及各个国家。

（二）科技因素：新一轮科技革命和产业变革加速成熟，人才和创新的重要性增强

工业化高度依赖科技创新。从历史进程看，在工业化早中期，现代化先行国家的知识溢出和科技传播应用对他国的工业化进程至关重要。到了工业化中后期，能占据科技创新主导地位的国家往往会引领产业变革，在当时的工业化竞争中占据有利地位。

着眼未来，科技因素可能出现三方面变化。一是数字化和智能化将成为未来工业化的核心驱动力，工业化可能迎来基于新一代人工智能的全新升级。与已有的通用目的技术相比，IT技术对经济增长的贡献度明显更高（见表

2)。这些技术能够提高生产效率，减少浪费，提升产品质量，同时实现个性化定制生产。随着数字技术、人工智能（AI）、物联网（IoT）、大数据和机器学习等技术的应用将进一步推动工业数字化和智能化，并对生产、分配、流通、消费等环节产生新的影响（见表3）。二是未来各国将更加注重发展战略性新兴产业和未来产业，工业化的新赛道将持续涌现，如生物技术、新能源、新材料、信息技术、航空航天、量子计算、深海深空、合成生物等。这些行业不仅能够带来更高的经济效益，也是国家竞争力的体现。三是人才和创新的重要性增强，工业化的增长范式可能加速转变。在未来的工业化进程中，人才和创新能力将成为关键因素。教育、科研和创新体系的建设和完善，将对国家的工业化水平和国际竞争力产生决定性的影响。各国将更加注重培养高素质的科技人才和创新团队。更重要的是，工业化的传统增长范式可能从出口导向、进口替代等转向人力资本积累。

表2　　　　　通用目的技术对英美经济增长的贡献度　　　单位：个百分点/年

通用目的技术（国家）	时期	资本深化	生产方面技术进步	应用方面技术进步	总计
蒸汽机（英国）	1780~1860年	0.19	—	0.32	0.51
铁路（英国）	1840~1870年	0.13	0.10	—	0.23
	1870~1890年	0.14	0.09	—	0.23
铁路（美国）	1839~1870年	0.12	0.09	—	0.21
	1870~1890年	0.32	0.24	—	0.56
电力（美国）	1899~1919年	0.34	0.07	—	0.41
	1919~1929年	0.23	0.05	0.70	0.98
IT（美国）	1974~1990年	0.52	0.17	—	0.69
	1991~1995年	0.55	0.24	—	0.79
	1996~2000年	1.36	0.50	—	1.86

资料来源：根据Crafts（2003）整理得到。

表3　　　　　数字化转型不同阶段在不同维度的差异

阶段	数字化	网络化	智能化
技术应用	初步的信息技术应用，如ERP、CRM等	广泛应用互联网和移动互联网技术，实现信息实时传递和共享	应用人工智能、大数据、云计算等先进技术，实现自动化和智能化决策

续表

阶段	数字化	网络化	智能化
数字设施	基本IT设施建设，如服务器、网络设备等	高级IT设施，如云计算平台、数据中心等，实现信息互通	超算智算中心，5G、6G通信，万卡集群支持大模型训练和人机交互等
业务模式	传统业务模式为主，部分业务实现数字化	线上线下融合，数字化业务与传统业务深度融合	更高级别个性化、智能化定制，实时服务等
生产	实现生产过程的数字化记录和监控，提高生产效率和质量控制能力	通过互联网和物联网技术连接生产设备和系统，实现生产过程的透明化和协同	利用人工智能、大数据等先进技术优化生产流程和资源配置
流通	数据辅助流通，提高便利化水平	数据优化流通，提高精细化水平	数据驱动流通，流通效率大幅提升
分配	劳动份额占比较高，所有权分配主导，数据要素价值开始显现	劳动份额占比下降，所有权分配弱化，数据要素价值部分实现	劳动份额占比较低，使用权分配主导，数据要素价值充分实现
消费	更好地服务需求，为顾客提供便利	精确适应需求，满足个性化消费	预测需求和创造需求，比客户更了解客户

（三）社会因素：绿色低碳和可持续发展理念更深入人心，社会治理面临更多挑战

社会因素与现代化进程息息相关。现代化先行国家的历史表明，社会包容共享、安定进步是工业化进程得以持续推进的重要前提。除了传统的收入分配、社会结构等因素外，社会因素中也开始包括绿色低碳、社会责任、社会治理等内容。

着眼未来，社会因素可能出现两方面变化。一是随着全球对气候变化和环境保护意识的增强，未来的工业化将更加绿色、更加低碳。在工业生产过程中减少对环境的破坏、减少碳排放、提高资源利用效率将成为一种趋势。这包括采用清洁能源、循环经济模式，利用绿色技术、绿色金融、绿色供应链管理等工具。更为重要的是围绕"碳达峰碳中和"展开的碳定价和碳减排，将对工业化进程带来实质性重塑。作为碳定价的两种安排，碳市场和碳关税已经在全球广泛开展。其中，按照计划，欧盟碳边境调节机制过渡期至

2025年底，将于2026年正式起征碳关税，并在2034年之前全面实施。这一机制的目标虽然是防止碳泄漏，但客观上会产生反产业迁移和反高碳产业两种效应，前者是削弱产业外流，即防止欧盟的碳密集型生产企业为利用外部更宽松的气候政策而迁移到其他国家和地区，后者是打击碳倾销，即避免高碳进口产品挤占低碳欧盟产品的市场份额。在此情形下，未来工业化必须是低碳工业化。二是对可持续发展和社会责任更加重视，环境、社会、治理（ESG）议题将会在工业化进程中更加突出。一方面，未来的工业化将更加注重可持续发展，企业和政府将面临来自社会各界对环境保护、社会责任的更高要求。这意味着在追求经济增长的同时，也要考虑到社会福祉和环境保护。另一方面，新技术、新产业必定带来更多社会伦理、技术治理等问题，解决这些问题往往没有成熟监管模式，但又对新技术应用和新产业发展至关重要。

（四）安全因素：地缘冲突易发频发，热战风险上升，传统和非传统安全相互交织

安全因素关系工业化进程是否会中断或倒退。现代化先行国家的历史表明，战争对工业化进程的影响是破坏性甚至是颠覆性的。日本和德国的工业化进程就曾遭遇第二次世界大战的倒退，英美在两次世界大战中也遭遇重创，使工业化进程出现了延缓和短期停滞。

着眼未来，安全因素可能出现两方面变化。一是热战的风险上升，全球工业化进程受战争冲击的可能性加大。未来一段时期，除了俄乌和巴以冲突，还有多个地区可能出现新的地缘军事冲突。尤其是传统安全和非传统安全交织，使冲突不仅更加频发骤发，而且扩散性更强，冲突升级更快。二是疫情和国际政治局势的变化暴露了全球供应链的脆弱性，这将大幅增加工业化的成本。未来，各国可能会更加注重供应链的安全性和稳定性，推动供应链的重构和本地化。这可能导致生产更多地回归本地或区域，以减少对远距离供应链的依赖。

四、现代化先行国家推进工业化的内涵演进和表征变化

由于影响工业化的经济因素、科技因素、社会因素、安全因素出现了新

变化，现代化先行国家在推进工业化的过程中在继承的基础上赋予了新内涵，并在一定程度上通过一些具体指标体现出来。

（一）现代化先行国家推进工业化的内涵演进

从产业结构、通用目的技术和目标三个角度，可以对现代化先行国家的工业化内涵进行梳理，进而展现其内涵不断递进和丰富的过程。

工业化1.0：以英国的工业化为代表。其主要内涵是实现主导产业的更替，即工业逐步取代农业在经济产出和就业贡献中占据更大比重。其对应的通用目的技术是以机械化生产为标志，主要是通过引入蒸汽动力和水力来驱动纺织机等机械设备，实现了从手工作坊向机械化生产的转变，促进了生产效率的大幅提升，催生了工厂制度，加速了城市化进程，但同时也导致了劳动条件恶化、环境污染加剧等问题。

工业化2.0：以美国、德国、日本的工业化为代表，是典型的政府主导型[①]追赶型工业化。其主要内涵在1.0版本基础上，增加了产业的信息化、高端化、全球化等内容。其对应的通用目的技术包括第二次和第三次工业革命所涵盖的主导技术，即以电力的广泛应用和大规模生产（流水线生产方式）为标志，实现了生产效率的进一步提升和生产成本的大幅降低，以及以信息技术和自动化生产为核心，标志着从机械电子技术向数字技术的转变。电子设备和计算机的应用极大地提高了生产效率和灵活性，实现了生产过程的自动化和信息化。工业化2.0不仅加速了工业化和城市化进程，还促进了全球贸易和资本流动，优化了社会结构，催生了大量的技术创新和新兴产业。

工业化3.0：工业化的未来发展趋势。其主要内涵在2.0版本的基础上，增加了智能化、融合化、绿色化、韧性化等内容。其对应的通用目的技术以智能制造和网络化生产为核心，强调物理系统、数字技术与生物技术的融合和创新。通过物联网、大数据、云计算、人工智能、机器学习等技术，实现了生产系统与工厂的智能化、互联互通，促进了新的商业模式和就业形态的出现，同时对劳动力市场、教育体系和社会治理提出了新的挑战。

---

① 此处指的是汉密尔顿、罗斯福和艾森豪威尔时期政府对美国经济的强有力干预和重塑。

总体来看，工业化的核心内涵不断丰富。未来各国在推进工业化的过程中，将展现出更加绿色、智能、可持续和人本的特点，这些趋势将引领全球经济向更加高效、环保和公平的方向发展。

（二）现代化先行国家推进工业化的表征变化

在发展经济学中，钱纳里、罗宾逊和塞尔昆（1986）根据工业部门产出和就业比重变化，将工业化分为准工业化阶段、工业化阶段和后工业化阶段，认为随着总需求和要素结构的变化，工业部门比重会呈现倒"U"型曲线变动。但随着工业化的内涵不断丰富，衡量工业化的指标也在不断扩充。总体来看，有如下一些指标可以充分表征现代化先行国家的工业化进程。

1. 总体指标

——发展水平。常用指标为人均GDP。随着工业化的推进，体现发展水平的人均GDP也不断提升。按照钱纳里、罗宾逊和塞尔昆（1986）的标准，工业化初期、中期、成熟期和发达期的人均收入分别为280～560美元、560～1120美元、1120～2100美元和2100～3360美元（均为1970年美元价格）。按照陈佳贵、黄群慧和钟宏武等（2006）的标准，工业化初期、中期和成熟期的人均GDP分别为1654～3308美元、3308～6615美元和6615～12398美元（均为2010年美元价格）。按照美国年度CPI同比数据计算，若设定1970年价格指数为100，2010年价格指数为561。那么，钱纳里、罗宾逊和塞尔昆（1986）的工业化初期门槛值为1570～3141美元。因此，考虑美国年度通胀水平，上述两种划分大体接近。

2. 结构指标

——产业结构。常用指标包括工业部门增加值占GDP的比重、工业部门就业占总就业的比重、制造业增加值占GDP的比重等。大多数发达国家都经历了工业部门比重从低到高再从高到低的发展过程。然而，工业部门比重的下降，并不代表工业作为经济增长引擎作用的减弱。工业特别是制造业不仅是技术创新的主要来源，而且是技术创新的重要使用者和传播者。从现代化先行国家在不同阶段的经验值看，工业化初期农业产业增加值往往大于20%且就业人员占比高达50%以上，但占GDP的比重低于工业；工业化中期农业产业增加值往往低于20%且就业人员占比下降至40%左右，工业增加值占比超过服务业；工业化后期农业增加值和就业占比均大幅下降，工业增加值占比低于服务业。从国际经验看，制造业增加值占GDP的比重随经济发展水平提高而呈轻微倒"U"型曲线关系。跨国数据表明，倒"U"型曲线的拐点发生在人均GDP约14000美元，制造业增加值比重峰值的均值在20%左右；在人均GDP处于14000美元至45000美元时，多数国家制造业增加值比重峰值处于15%~25%；在人均GDP超过45000美元时，多数国家处于10%~20%。与此指标类似的还包括高技术产业增加值占GDP的比重、战略性新兴产业增加值占GDP的比重、知识密集型产业增加值占GDP的比重、服务型制造增加值占GDP的比重、农业机械化率等。

——空间结构。常用指标包括城市化率、城市化率和工业化率（即工业部门增加值占GDP比重）之比。城市化率与工业化率之比可以在一定程度上表征"工业化与城市化协同的程度"。随着工业化的推进，城市化率处于线性上升通道。同时，城市化率和工业化率之比也会出现明显的快速上升。从现代化先行国家的经验值来看，工业化初期城市化率为30%~50%，到工业化中期会超过50%，到工业化后期会超过60%。进入后工业化社会，城市化率会达到75%以上。具体来看，多数国家都存在工业化与城市化交替主导、共同上升的趋势，使得城市化率大幅提升。到1970年，部分欧洲国家的城市化率分别为：英国80.7%、法国67.1%、意大利53%、西班牙60.9%、丹麦80.0%、瑞典79.6%。在城市化与工业化相伴的过程中，对房地产的依赖也是美日等现代化先行国家的共同特征，虽然房地产业增加值占GDP的比重和税收中来自房地产的比重较高，但经过不断调整和发展，其房价收入比和租售比相对合理。此指标也可以作为工业化与城市化协同发展水平的度量。

——社会结构。常用指标包括中等收入群体比重。中等收入群体是处于社会阶层的中间层次、收入处于中等及以上水平的群体。划分中等收入群体一般以中位收入的75%~200%来计算。在一个国家从中等收入国家走向高收入国家并进而成为发达国家的过程中，形成"橄榄型"的社会结构是该国基本实现现代化的标志之一。在"橄榄型"社会结构中，中等收入群体占总人口的多数。在第二次世界大战之前，基本上没有任何一个国家的中等收入群体占到人口多数。20世纪70年代后，美国的中等收入群体就逐渐占到50%左右，显现出"橄榄型"社会结构。当前，多数发达国家中等收入群体占人口比重已经过半。据经济合作与发展组织统计，近年来以发达国家为主的经济合作与发展组织成员国中等收入群体占总人口比重平均为61%。

3. 能力指标

——创新能力。常用的指标包括研发经费投入强度、基础研究经费占研究与试验发展经费的比重等。从国际规律看，研发投入强度与经济发展水平高度正相关，并且创新大国的研发投入强度往往比小规模国家相对更低。图1显示，当人均GDP达到2万~3万美元时（均为现价美元），研发投入强度将达到2%左右。从国际经验看，不同国家虽然所处的发展阶段和基础研究经费占研究与试验发展经费的比重均存在差异，但二者之间总体上呈现正相关关系。人均GDP达到10000美元时，基础研究经费占研究与试验发展经费的比重应该在10%左右；当人均GDP达到40000美元时，基础研究经费占研究与试验发展经费的比重应该达到15%以上。以欧美发达国家为例，其基础研究经费占研究与试验发展经费的比重基本稳定在12%以上，美国和法国分别高达17%和25%。与之相关的指标还包括三方同族专利数量占全球的比重、每万人高价值专利等。

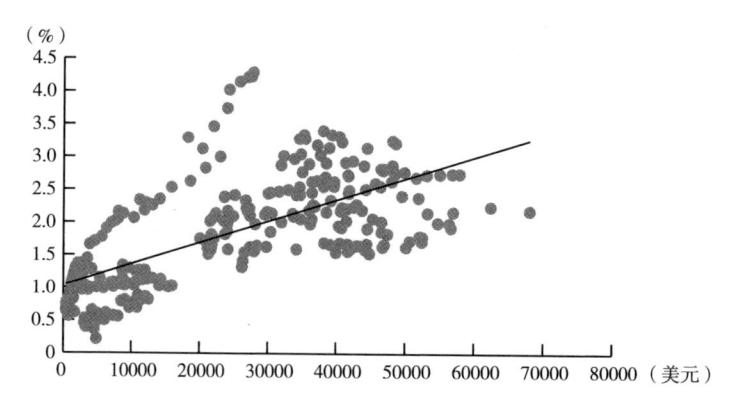

图1 研发经费投入强度与人均GDP关系散点图

注：散点图包含国家为美国、日本、德国、中国、韩国、法国、英国、加拿大、澳大利亚、印度、俄罗斯、新加坡、巴西、马来西亚、土耳其。
资料来源：世界银行。

——信息化能力。常用的指标包括数字经济占GDP的比重等。从国际经验看,各国的数字经济核算方式有较大差异,且开展数字经济统计的国家数量较少。各种统计口径显示,中国数字经济占GDP比重与主要发达国家仍有显著差距,中国数字经济占GDP的比重仅为美国的2/3,表明中国数字经济的主导作用仍待加强。按美国国家经济分析局的统计口径估算,中国和美国数字经济占GDP的比重大约为7%和9%,数字经济规模相差不到1万亿美元。按中国国家统计局的统计口径试算,中国和美国数字经济占GDP的比重大约为15%和25%,数字经济规模大约相差3万亿美元。按中国信通院的测算,2022年中国数字经济占GDP的比重为41.5%,而德国、英国、美国数字经济占GDP比重均超过65%,其中中美数字经济规模大约相差9.7万亿美元。可用的其他指标还包括互联网渗透率、工业互联网发展水平、企业信息化普及率、关键工序数控化率等。

——绿色发展能力。常用的指标包括单位GDP二氧化碳排放量等。从历史经验看,随着经济发展阶段从工业化向服务业化阶段转变,各国政府、企业、居民更加注重空气环保质量,不断提高空气治理技术水平,推动单位GDP二氧化碳排放量持续下降。从2019年世界主要国家单位GDP产生的碳排放量的数据来看,世界发达国家的单位GDP碳排放量普遍在0.1~0.3千克/美元。其他常用指标包括单位工业增加值能耗、工业固体废物综合利用率等。

五、现代化先行国家工业化对我国推进新型工业化的启示

(一)早期需要对具有战略意义的幼稚或新兴产业予以扶持并加快形成产业竞争力

现代化先行国家的工业化历程表明,对国内新兴产业进行保护是必要的。不仅美国,欧洲大陆国家在追赶阶段同样大量采用保护主义经济政策。事实上,19世纪美国政府在经济中的作用远比同时期的西欧国家政府要显著得多。直到20世纪中叶,西欧各国政府在其经济中发挥的作用才开始与19世纪的美国政府相媲美。在这些实践的背后,是汉密尔顿、李斯特关于经济发

展的理论思考在主导，不仅仅塑造了美国经济，而且影响了德国、日本、韩国的工业化进程。这种扶持政策既可以是保护性的，也可以是开发性的。例如，美国就通过开通运河、修建铁路、军事牵引、开发西部，有意识地重塑比较优势。但需要注意的是，这种扶持性政策在时间和力度上是有限度的，必须加快形成产业竞争力。在全球都在以"新华盛顿共识"大量运用产业政策投资国内、扶持产业的同时，中国不能放弃"选择性产业政策"，而应把"选择性产业政策"与"功能性产业政策"结合起来，对于具有战略意义的幼稚或新兴产业予以大力扶持。

（二）应加快建立和完善市场经济体制并更多运用市场机制和规则标准达到特定性目标

加快建立和完善市场经济体制，以及更多运用市场机制和规则标准来达到特定性目标，是许多国家从工业化早中期向中后期过渡的重要抉择。这一过程涉及一系列的政策调整、制度创新和管理改革，旨在提高经济效率、促进可持续发展，并增强国际竞争力。应深化市场化改革，进一步减少政府对经济活动的直接干预，将更多的决策权和经营自主权交给经营主体，明晰和保护各类经营主体的产权，包括知识产权保护，为经营主体提供稳定的预期。建立现代市场体系，完善股票、债券和衍生品市场，提高直接融资比重。促进商品和服务市场的全面开放和竞争，提高市场的效率和活力。发展要素市场，实现要素价格的市场化，提高资源配置效率。加强市场监管和公平竞争，建立健全反垄断和反不正当竞争法律体系，防止市场垄断和不正当竞争，保护消费者权益和公平竞争。强化对经营主体的监管，确保市场秩序，打击非法经营活动。积极参与全球经济治理和区域经济合作，降低贸易壁垒，吸引外资，推动国内产业升级。参与国际规则和标准的制定，提升国内企业的国际竞争力。

（三）应破除劳动力要素流动障碍并培育形成新型生产组织形式和优质劳动力要素

破除劳动力要素流动障碍在现代化先行国家的工业化历程中扮演了关键

角色。一方面，促进了社会垂直流动，为中等收入群体的扩大创造了有利条件，是提升社会共享水平和公平正义的重要基础。另一方面，还带动了城市化和自主创业，并衍生出大量新的就业机会。需要进一步破除不合理的劳动力要素流动障碍。同时，培育一批优质劳动力要素是现代化先行国家工业化的重要成果。目前中国制造业的竞争优势仍然体现在劳动密集型产业方面，简单的加工装配工作对劳动力素质要求不高，劳动力的主体是低学历、低技能的农村打工者。然而工业强国的产业主体将转向更高技术水平和创新驱动的产业和价值链环节，对劳动力素质提出了更高要求。工业强国目标的实现根本上还是要依赖人的素质和创造力的提高，因而必须调整和完善人力资源政策，培养工业强国所需的不同层次的人才。一方面要推动地方院校转变为职业学院，加大对职业教育的投入，培养更多的高级技工人才；另一方面要加大在职教育投入，通过政府购买服务的方式发挥市场机制的作用，调动各方的积极性，由"企业出清单，学校出项目，学生选课程，政府来买单"。

（四）应全面推动新型工业化和新型城镇化高质量融合发展实现二者在更高水平上互动

工业化与城镇化的协同发展是许多国家成功转型的关键策略之一，这种协同发展不仅促进了经济增长，而且改善了居民的生活质量，提高了社会整体的发展水平。从主要方式来看，包括基础设施建设、产业布局和规划、人才政策和教育培训及完善投资和融资机制、促进环境保护和可持续发展、健全社会保障和服务。在数字经济时代，城市还成为工业化与信息化融合的主要场景和重要平台。为此，应全面推动新型工业化与新型城镇化高质量融合发展。例如，以城市数字化转型为依托，促进数字经济与实体经济深度融合，稳步提升工业智能化、绿色化发展水平。从"大都市圈""城市区域"视野出发，顺应城市区域经济发展的趋势和规律，强化不同城市之间的产业分工和合作，主动打破行政区划对产业协同发展的刚性约束作用，共同破解统一大市场建设的堵点、卡点，有效破解"行政壁垒""信息孤岛"等制度性掣肘及低效率协同和同质化竞争问题，全方位、多层次重塑跨省市产业链供应链协同治理体系，共同构筑创新资源合理配置、开放共享、高效利用、协同联动的全球新型产业集群新版图。

参考文献：

[1] 德勤、德国工业联合会：《2023年秋季供应链监测》，2023年。

[2] 黄少安：《发展中国家现代化过程中的一般经济规律》，《求索》2023年第5期。

[3] 李鹏、蒋美琴：《中国新型工业化进展、区域差异及推进策略》，《当代财经》2023年第12期。

[4] 任保平：《以产业数字化和数字产业化协同发展推进新型工业化》，《改革》2023年第11期。

[5] 张平：《数据生产要素性质、知识生产和中国式现代化》，《社会科学战线》2023年第11期。

[6] 周文：《数字财富的创造、分配与共同富裕》，《中国社会科学》2023年第10期。

[7] 黄群慧、贺俊：《赶超后期的产业发展模式与产业政策范式》，《经济学动态》2023年第8期。

[8] 王展祥、谢绍棋、王秋石：《发展中大国去工业化经济风险：识别、评价与预测》，《南昌大学学报（人文社会科学版）》2023年第4期。

[9] 史丹、李晓华、邓洲、渠慎宁：《新型工业化内涵特征、体系构建与实施路径》，《中国工业经济》2023年第3期。

[10] 李德轩、许召元、柯俊强：《新阶段我国新型工业化发展的若干思考》，《理论探索》2023年第1期。

[11] 师博、方嘉辉：《数字经济赋能中国式新型工业化的理论内涵、实践取向与政策体系》，《人文杂志》2023年第1期。

[12] 王希元、杨先明：《去工业化的结构性减速效应与效率补偿路径研究》，《亚太经济》2023年第1期。

[13] 张倩雨：《劳动力流动性、生产组织变革与后发工业赶超——对19世纪中叶至20世纪初美国、德国和俄国的比较研究》，《世界经济与政治》2023年第1期。

[14] 史丹、邓洲：《新型工业化，为什么？是什么？》，《学习时报》2023年10月25日。

[15] 刘戒骄、王文娜、王德华、严锦梅：《美国复兴制造业政策有效性及中国的应对策略》，《中国软科学》2022年第7期。

[16] 李晓华、沈继楼：《中国共产党领导下的百年工业化：历程、经验与展望》，《当代财经》2021年第12期。

[17] 张斌：《从制造到服务：结构转型期的宏观经济学》，中信出版集团2021年版。

[18] 王雷：《新时期中国特色新型工业化的内涵及推进路径》，《中国发展观察》2020年第24期。

[19] 王展祥：《美国再工业化问题前沿研究评述》，《学习与探索》2019年第11期。

[20] 徐远：《从工业化到城市化：未来30年经济增长的可行路径》，中信出版集团2019年版。

[21] 陈健、郭冠清：《社会主义市场化改革模式的比较》，《经济纵横》2018年第11期。

[22] 史丹：《绿色发展与全球工业化的新阶段：中国的进展与比较》，《中国工业经济》2018年第10期。

[23] 贾根良：《美国学派与美国19世纪内需主导型工业化道路研究》，中国人民大学出版社2017年版。

[24] 李大元、王昶、姚海琳：《发达国家再工业化及对我国转变经济发展方式的启示》，《现代经济探讨》2011年第8期。

[25] 厉以宁：《工业化和制度调整：西欧经济史研究》，商务印书馆2010年版。

[26] 王德祥：《明治维新以来日本的农业和农村政策及其启示》，《现代日本经济》2008年第3期。

[27] 陈佳贵、黄群慧、钟宏武：《中国地区工业化进程的综合评价和特征分析》，《经济研究》2006年第6期。

[28] 格伦斯基：《社会分层》，华夏出版社2005年版。

[29] 奇波拉:《欧洲经济史》,商务印书馆 1988 年版。

[30] Irwin D. U. S. Trade Policy in Historical Perspective. NBER Working Paper, No. 26256, 2019.

[31] Cohen S, DeLong B. *Concrete Economics: The Hamilton Approach To Economic Growth and Policy.* Havard Business Review Press, 2015.

[32] Eichengreen B, Perkins D, Shin K. From Miracle to Maturity: The Growth of the Korean Economy. Harvard University Asia Center, 2012.

[33] Crafts N. Quantifying the Contribution of Technological Change to Economic Growth in Different Eras: A Review of the Evidence. London School of Economic History Department Working Paper, No. 79, 2003.

[34] Bernat A. Convergence in State Per Capita Personal Income, 1950 – 1999. *Survey of Current Business*, Vol. 81, No. 6, 2001.

[35] Bairoch P. *Economics and World History: Myths and Paradoxes.* University of Chicago Press, 1993.

[36] Chenery H, Robinson S, Syrquin M. *Industrialization and Growth: A Comparative Study.* Oxford University Press, 1986.

[37] Jackson K. *Crabgrass Frontier: The Suburbanization of America.* Oxford University Press, 1985.

[38] Chenery H, Syrquin M. *Patterns of Development* 1950 – 1970. Oxford University Press for the World Bank, 1975.

[39] Imlah A. *Economic Elements in the Pax Britannica.* Harvard University Press, 1958.

我国区域格局变动趋势及优化对策*

摘　要：构建高质量发展的区域格局是推动我国实现高质量发展的内在要求和战略任务，研究指出我国区域格局面临深度分化、动力极化、组织链化、约束转化和机制强化五大趋势，并提出深入实施区域协调发展战略、健全高质量发展动力系统、构建双循环新发展格局、打破要素跨区流动障碍、建立现代区域治理体系等针对性对策建议。

关键词：区域格局　趋势　对策

当前，我国加快推动高质量发展、开启社会主义现代化建设新征程，国际国内形势复杂严峻，不稳定不确定性因素增多，经济转型深度调整，影响区域经济格局的因素复杂多变，我国区域格局必将迎来深刻变化。加快构建高质量发展的区域经济布局，不仅成为推动高质量发展的内在需要，也成为构建以国内大循环为主体、国内国际双循环相互促进的新发展格局的战略需要，准确把握区域经济格局变动趋势，对于构建优势互补高质量发展经济布局意义重大。

我国区域格局相关研究，主要聚焦区域政策及空间治理方面，大致从目标导向、问题导向和战略需求角度出发的逻辑，研提区域政策措施和建议。但不应忽视的是，区域格局发展趋势研判属于前瞻性和预测性研究，由于区域格局变化受宏观环境、科技革命、经济转型、政策导向等多重因素影响，仅仅从目标导向和问题导向出发研判是不够的，充分把握区域演化内在规律

---

* 作者王利伟，本文原载于《宏观经济研究》2021年第9期。

和演化趋势对于区域格局研判更为重要。研究将在界定影响我国区域格局变动影响因素的基础上，充分研判区域格局演化的趋势性特征，在此基础上，提出构建我国高质量区域格局的对策建议。

一、我国区域格局变动的影响因素

区域格局变动的影响因素分析是把握区域格局变动趋势的前置要件。区域格局是经济、社会、文化、生态、制度等多要素的空间映射结果，区域格局变动的影响因素众多且相互作用，一般认为区域格局变动的影响因素包括区位条件、资源禀赋、产业基础等。面向高质量发展的战略要求，区域格局变化的影响因素也将出现新的变化，国际格局、科技革命、消费升级和环境伦理等将通过影响区域发展速度、增长质量和布局结构而影响区域格局变化。

（一）国际环境不确定性增强对区域格局的影响

我国产业链价值链已深刻嵌入全球分工格局，然而不同区域融入全球化程度不同，所受影响也不同。国际政治格局发生深刻变化，贸易保护主义和单边主义抬头，我国面临的国际环境日趋复杂，不稳定不确定性明显增强，对我国参与国际分工和调整国内生产体系产生影响，并将影响区域格局。具体来看，一方面，中美从合作与竞争走向战略僵持阶段，美国不断拉拢盟国对华发起贸易摩擦、科技争端，对外向型经济地区带来持续冲击。另一方面，人工智能、大数据、区块链等新一轮科技革命和产业变革加快推进，对于率先布局和具有明显比较优势的地区产生极大促进作用。此外，非洲、东南亚等劳动力比较优势明显国家，对我国劳动密集型产业的承接效应持续，尤其是外资背景劳动密集型产业向外转移趋势明显，对我国劳动密集型产业地区带来深远影响。

（二）国内新旧动能转换快慢对区域格局的影响

我国区域格局变动与经济发展导向密切相关，我国经济发展的主旋律是高质量发展，核心是通过新旧动能转换建立现代产业体系，转型发展早、适应速度快的地区往往更容易快速实现新旧动能转换，重新获得发展优势，进而在区域格局变动中取得领先地位,而改革创新意识不强、新旧动能转换不畅的地区则往往在区域格局变动中成为滞后地区。党的十八大以来的区域格局变动趋势已经证明新旧动能转换快慢对区域格局变动的重要影响,南方地区营商环境好、改革意识强,科技创新与转换配套完善,以高新技术产业和现代服务业为代表的新动能成长较快,新旧动能转换相对顺畅,在全国区域大局中的比重不断攀升。而北方地区资源型产业多、产业结构偏重、终端下游产品少,改革意识不强、营商环境不优,受去产能政策的影响,经济下滑趋势明显,虽然新动能成长也较快,但无法对冲传统产能过快下滑的趋势,在全国区域格局中的占比连续下滑。可以预见,新旧动能转换进程快慢仍将是影响区域格局变动的重要因素,转型快适应强的地区有望在复杂多变的区域格局中率先实现突围。

(三) 国家要素投入导向变化对区域格局的影响

我国区域格局变动一直受要素投入导向变化影响,国家通过重大工程、重大项目、重大政策对区域要素投入产生重要影响,进而影响区域格局变动。党的十八大以来,我国为了完成全面建成小康社会的第一个百年奋斗目标,基础设施投资、公共服务投资等优先向贫困地区倾斜、向农村地区倾斜,实现了打赢脱贫攻坚战的宏伟目标。我国开启迈向第二个百年奋斗目标的伟大征程,加快构建与高质量发展相适应的区域格局,国家要素投入导向将顺应人口迁移规律,将资源配置到更加高效、更可持续的地区。习近平总书记在2019年中央财经委第五次会议中明确指出,新形势下促进区域协调发展,要增强中心城市和城市群等经济发展优势区域的经济和人口承载能力,促进各类要素合理流动和高效集聚。因此,国家要素投入的导向变化将会进一步强化优势领先地区的要素配置,人口净流入明显的中心城市和城市群引领作用将更加突出。

(四) 不同区域发展阶段差异对区域格局的影响

区域格局变动有其内在演化规律,与区域所处发展阶段紧密相关。我国不同地区所处的发展阶段不同,其演化趋势必然不同。从东部地区看,大多步入城镇化工业化中后期,"三二一"型产业结构更加突出,产业类型高新化和服务化倾向明显,重点任务是优化结构和保持先进竞争力,核心驱动力将演变为创新驱动,区域发展呈现速降质升的态势。从西部地区看,大多处于城镇化工业化中期阶段,"二三一"型产业结构明显,区域竞争力更多体现在产业链配套能力和要素价格比较优势,区域发展呈现速稳质升态势。从东北地区看,大多步入城镇化工业化中后期阶段,整体呈现"三二一"产业结构,产业结构重型化依然突出,人才、资金等优质要素流出趋势短期难以扭转,区域发展重点任务是实现新旧动能转换和衰退地区振兴,在全国区域格局中地位可能呈现缓慢下滑趋势。

(五)国家区域重大战略实施对区域格局的影响

国家区域重大战略是我国实施区域调控的政策工具,将通过顶层规划、产业布局、生态建设和基础设施等影响区域协作分工和区域格局变化。党的十八大以来,我国先后谋划实施了京津冀协同发展、长江经济带、粤港澳大湾区、长三角一体化、黄河流域生态保护和高质量发展等国家重大区域战略,打破了以往以四大板块为主的区域调控体系,基本完成了"四梁八柱"顶层设计和重点任务布局阶段。国家区域重大战略将进入深度实施阶段,将通过一系列重大工程、重大政策、重大项目的实施,加快培育引领我国高质量发展的增长极、动力源,推动区域之间、流域之间深度协作分工,加快构建支撑我国高质量发展的增长极、增长带,筑牢高质量发展的绿色生态屏障,缩小区域发展差距。

二、我国区域格局变动的五大趋势

通过综合研判区域演化基本规律、国内外环境趋势变化和不同区域发展基础条件,从区域结构、空间布局、协作分工、发展支撑和调控机制等方面研判,我国区域格局变化将呈现深度分化、动力极化、组织链化、约束转化、机制优化的"五化"变动趋势。

(一)深度分化:横向分化与纵向分化复杂交织

在我国经济步入由高速增长转向高质量发展的过程中,区域发展不再

"齐步走"，而呈现更多的区域分化现象。区域格局将呈现更加明显的深度分化态势，从横向看，南北分化仍将是板块之间分化突出特征，在市场化进展和新旧动能转换快慢差异、改革开放力度大小差异等因素深刻影响下，南北分化态势仍需要得到重点关注。此外，板块内部分化将更加明显，以贵州、四川、重庆、云南和西藏为主的西南板块与以青海、甘肃、新疆、宁夏和内蒙古为主的西北板块之间分化凸显，西南板块无论从经济增速、发展活力等方面都将表现出更强的态势，各省区内部也逐步分化。从纵向看，城市之间分化更加突出，高层级城市人口呈现持续净流入态势，低层级城市、欠发达地区城市、资源枯竭型城市等将呈现人口流入放缓或人口净流出状态，呈现一定程度的"城市收缩"现象。此外，以县城为载体的就地城镇化趋势凸显，在我国城镇化率步入60%~70%区间后，公共服务导向型的城镇化趋势更加明显，县城作为城"尾"乡"头"的独特地位，成为县域子女就学、老人养老和年轻人居住的共同选择，将成为新型城镇化的重点战略区域。

（二）动力极化：中心城市及都市圈动力源功能愈发突出

在我国城镇化率达到67%之后，人口由乡村向城镇的流动逐渐放缓，城镇之间的流动增多。我国人口和要素向中心城市及都市圈加速集聚的态势将会更加明显，以国家中心城市、重点省会城市及其为核心的都市圈极化效应更加突出，带动辐射周边地区的动力源功能更加彰显。北京、上海、广州等国家中心城市国内生产总值（GDP）占比提升，人口向少数核心城市及都市圈集聚态势更加明显，哈尔滨、长春、乌鲁木齐都市圈和三、四线城市人口整体呈现净流出状态。随着我国产业结构服务化转型和新型城镇化战略的进一步实施，中心城市及都市圈对优质生产要素和人口吸纳能力将进一步增强，区域格局的极化效应将更加明显。

（三）组织链化：垂直协作取代横向竞争成为主基调

改革开放以来，我国采取的低成本工业化路径导致不同行政区形成以低地价和低劳动力价格为主的低成本竞争格局，不同行政区之间呈现竞争多于协作的关系。但近年来，随着区域和城市分化加快，发达地区、中心城市纷纷实施"腾笼换鸟"计划，一般制造业、物流专业市场等业态向周边地区甚至全国其他地区疏解进程加快，科技研发、金融服务、高端制造等功能逐步强化，中心城市与外围地区之间、发达地区与欠发达地区之间基于产业链的垂直化协作关系愈发明显。随着我国区域协调发展战略实施，城市群和都市圈成为重要的区域功能组织形态，城市之间，尤其是中心城市与外围城市之间的垂直化链条式协作态势将更加突出，区域和城市之间的竞争主要收缩到同能级、同类型区域和城市的竞争，区域竞争也由低成本竞争转变为综合环境配套的竞争。

（四）约束转化：硬件设施障碍转向软性制度约束

建立支撑高质量发展的现代区域格局，内在要求区域之间加强高效协作分工。以往影响区域分工协作的因素不仅有软性制度约束，更多的是硬件设施障碍，尤其是区域之间的快速交通连接存在较大短板。但可以看到，党的十八大以来，我国交通设施改善明显，高速铁路基本覆盖城区常住人口 100 万以上的城市，铁路、高速公路、民航运输机场基本覆盖城区常住人口 20 万以上的城市，内河高等级航道网基本建成，城市群核心城市间、核心城市与周边节点城市之间，逐步形成高效一体化交通网络。随着城际铁路、通用机场等重大交通设施布局进一步完善，我国区域之间协作分工的硬件设施障碍将进一步降低，而要素自由流动制度障碍、松散区域间协作机制、不公平区域竞争政策等软性制度约束将成为制约我国区域格局进一步优化的重要因素。

（五）机制强化：政府与市场协调共治能力持续提升

我国区域格局的调控与治理是在计划经济向市场经济转型的背景下开展的，政府与市场交互作用是其显著特征。政府通过重大项目投资、重大设施建设和重大政策支持，贯彻落实区域格局调控政策目标，无论是东部率先发展、西部大开发、中部崛起、东北振兴，还是京津冀协同发展、长江经济带、粤港澳大湾区、长三角一体化、黄河流域生态保护和高质量发展等新时期区域重大战略实施，均反映了一定时期政府推动区域格局调整的战略意图。但毫无疑问，市场化在区域格局优化中正发挥越来越大的作用，区域政策更加强调按照市场组织逻辑展开，我国将加快推动治理体系和治理能力现代化，搭建符合市场化组织的现代区域治理体系是必然趋势，政府与市场协调共治能力将进一步提升。

三、我国构建高质量区域格局的对策建议

我国优化区域格局要坚持问题导向、目标导向和结果导向相结合，尊重规律、系统谋划，决不能头疼医头、脚疼医脚，深入实施区域协调发展战略，健全高质量发展动力系统，构建双循环新发展格局，打破要素跨区流动障碍，建立现代区域治理体系，构建面向新时代需求的高质量区域格局。

（一）以分化促优化，深入实施区域协调发展战略

客观冷静看待区域分化趋势，深入实施区域协调发展战略，分区分类创造性地实施区域政策，高水平实施国家重大区域战略，分类推进特殊地区振兴发展，提升区域协调发展能力和水平。

1. 高水平实施"4321"国家重大区域战略

（1）创新推进"四大板块"发展。东部率先发展战略聚焦创新引领，重点发展粤港澳大湾区、环渤海湾区、杭州湾区等湾区经济，加快培育世界级先进制造业集群，加快融入新发展格局，提升衔接国内外市场的能力。中部崛起战略聚焦高质量发展，加快壮大长江中游城市群和中原城市群，积极构建以先进制造业为支撑的现代产业体系，加快构建高水平内陆开放新体制，实现绿色崛起。新一轮西部大开发战略聚焦抓重点、补短板、强弱项，促进西部地区经济发展与人口、资源、环境相协调，形成大保护、大开放、高质量发展的新格局。（2）深入实施"沿海三大战略"。京津冀协同发展聚焦新一轮非首都功能疏解，加快推进雄安新区和北京城市副中心建设两大集中承载地建设，高水平推进冬奥场馆和设施建设，推动建设世界级城市群。粤港澳大湾区聚焦粤港澳互利合作，进一步建立互利共赢的区域合作关系，建设富有活力和国际竞争力的一流湾区和世界级城市群，打造高质量发展的典范。长三角一体化聚焦一体化发展主线，统筹产业、生态、交通、公共服务、开放等一体化推进，加快建设长三角生态绿色一体化发展示范区和中国（上

海）自由贸易试验区新片区，持续提升全球资源配置能力。（3）统筹推进"两大流域"战略。长江经济带聚焦共抓大保护、不搞大开发，协同推动生态环境保护和经济发展，持续推进生态环境突出问题整改，构建绿色产业体系，打造人与自然和谐共生的美丽中国样板。黄河流域生态保护和高质量发展聚焦共同抓好大保护、协调推进大治理，统筹推进上游生态保护和修复、中游水土保持、下游滩区治理和湿地保护，强化环境污染治理，重点发展中心城市和城市群，打造具有国际影响力的黄河文化旅游带。（4）加快建设海南改革开放新高地。聚焦海南自由贸易港建设，对标世界最高水平的开放形态，建立与高水平自由贸易港相适应的具有国际竞争力的特殊税收制度，建设高标准国际化营商环境，初步建立中国特色自由贸易港政策和制度体系。

2. 分类推进五大特殊类型区振兴发展

（1）省际交界地区。该类地区一般是行政分割、市场壁垒和交通断点的关键地区，是推动区域协调发展的重点地区。要强化省际交界地区协作，打破行政分割，消除行政壁垒，促进相邻区域的交通一体化、公共服务一体化、市场一体化，逐步缩小省际交界地区与中心城市的差距，打通影响区域格局优化的"门阀"区域。（2）边境交界地区。该类地区是我国卫国戍边和对外开放的"窗口区域"，也是推动区域协调发展的"短板"区域。要加强边境地区基础设施和公共服务设施建设，因地制宜发展民族旅游、边境贸易、物流配送、出口加工等产业，积极培育边境城市、边境特色镇、边境小康村，严格限制边境地区的撤村并点活动，在有条件的边境口岸地区进一步扩大开放力度，建成我国对外开放的桥头堡，打造新时代稳边富边兴边的发展新格局。（3）资源枯竭地区。该类地区主要是矿产资源开采步入后期的地区，是推动区域协调发展的"问题"区域。要重点发展具有比较优势的接续产业，加强尾矿治理与生态修复，妥善处理涉矿企业历史遗留问题，加强与发达地区和中心城市协作，重塑资源枯竭地区新活力。（4）生态敏感地区。该类地区生态安全地位突出，是推动区域协调发展的"敏感"区域。要实施最严格的生态环境保护制度，严守生态保护红线，建立符合生态导向的考核评价机制，建立健全生态补偿机制，积极构建绿色产业体系，架通"绿水青山"向"金山银山"转化途径，构建绿色高质量发展新格局。（5）连片脱贫地区。

该类地区主要指集中连片脱贫区域,是推动区域协调发展的"难点"区域,要以建立防止返贫机制、提升内生动力为重点,加大基础设施建设力度,加快培育地域特色产业体系,持续提高居民收入水平,建立健全稳定脱贫的长效机制,增强连片脱贫地区的可持续发展能力。

(二)以极化强重点,健全高质量发展动力系统

顺应新时期人口流动趋势和动力极化的区域演化趋势,以中心城市和城市群等经济发展优势区域为重点,因地制宜布局建设不同区域尺度的磁力中心,打造成为支撑我国高质量发展动力系统。

1. 全面强化国家动力源

以京津冀、长三角、粤港澳大湾区为重点,建设世界级科技中心、全球资源配置中心和世界级城市群,提升创新策源能力和全球资源配置能力,加快打造引领高质量发展的第一梯队,不断提升北京、上海、深圳、广州等中心城市与其他地区的多元化协作水平,建设成为国家参与世界竞争和辐射带动国内其他地区的动力源。

2. 积极建设省会动力源

以增强省会城市竞争力为核心,加快以省会城市为核心的省会都市圈建设,重点推动省会城市及周边城市之间的联动发展,引导建设用地资源、重点投资项目、优质公共服务设施向省会都市圈区域倾斜,全面放宽省会都市圈的落户限制,促进人口、产业向省会都市圈区域集聚,建成人口经济高度密集区和新旧动能转换引领区,打造成为省域高质量发展的动力源。

3. 加快提升县城承载能力

以增强县城承载能力和提升现代治理能力为目标,重点推进以县城为主体的新型城镇化建设,坚持靶向发力和分类施策,加快提升县城教育、医疗、养老等公共服务设施和环境、市政等基础设施建设,强化县城特色产业支撑,强化重点产业园区、返乡农民工创业园、特色小镇等功能区建设,健全多元化投入机制,建成承载县域新型城镇化主阵地和辐射带动乡村发展的动力源。

(三)以链化助协调,构建双循环新发展格局

发挥区域垂直化链式协作增强优势,以扩大内需为战略基点,推动外向

型地区加快开拓国内市场,提升内陆型地区开放水平,突出强化节点城市串联功能,协同构建新发展格局。

1. 鼓励外向型地区"双向加码"

发挥东部沿海、沿边地区和开放型城市等外向型地区衔接国内市场和国外市场的独特优势,坚定融入国内大循环,积极应对国内消费升级,大力开拓国内市场,提升融入国际大循环能力,努力参与和引领国际贸易规则、标准等制定,推动国内国际双循环相互嵌入、相互促进,打造成为引领国家新发展格局的先锋地区。

2. 推动内陆型地区开放融入

聚焦内陆型中心城市及城市群地区的优势领域,依托"一带一路"六大通道,强化自贸试验区、综合保税区和国家级新区等重大战略平台建设。一方面要加强与沿海发达地区协作,构建梯度协作的世界级产业链群;另一方面要加快打造市场化法治化国际化营商环境,增强对外开放能力和水平,提升开放融入发展水平。

3. 提升节点城市纽带功能

围绕支撑新发展格局的核心城市,加快建设一批特色突出、潜力巨大和竞争力强的节点城市,衔接国际和国内市场,建设成为国内外产业链价值链传导中枢节点,形成串联国内国际双循环主动脉的特色节点,确保产业链供应链既高效开放,又安全稳定。

(四) 以转化推改革,打破要素跨区流动障碍

充分发挥市场在资源配置中的决定性作用,更好发挥政府作用,加快破除制约要素自由高效流动的制度性障碍,构建有利于要素高效自由流动的制度环境。

1. 推动要素市场化改革

聚焦土地、劳动力、资本、技术、数据等要素,树立大流通、大市场观念,加快建立统一开放要素市场,加快实施全国统一的市场准入负面清单制度,消除歧视性、隐蔽性的市场壁垒,打破地区封闭和保护,健全区域市场体系,促进要素自由高效流动,加快形成全国统一开放、竞争有序的商品和

要素市场。

2. 深化跨区域协作机制

坚持市场化方向，促进四大板块之间、城市群之间、流域上下游之间、省际之间区域协作，建立健全制度化的生态补偿机制和区域互助机制，建立粮食主产区与主销区之间利益补偿机制，健全资源输出地与输入地之间利益补偿机制，创新对口支援、对口协作模式，推动形成互利共赢协作格局。

3. 健全要素流动保障体系

强化国家顶层设计，坚持先破后立、改革推动，聚焦养老保险全国统筹、土地跨省交易、碳排放权交易等重点领域，加强省际要素流动政策接驳，健全要素跨省流动的顺畅衔接迁移机制，引导要素向优势地区高效集聚，加快构建有利于要素流动的制度保障。

（五）以强化促治理，建立现代区域治理体系

以推动区域治理现代化为目标，推动投资、财政、货币、产业等宏观调控政策与区域政策协调搭配，完善区域空间规划、动态监测和多元治理体系，提升现代区域治理能力和水平。

1. 推动宏观调控政策与区域政策协调搭配

优化区域政策组合，推动投资、财政、货币、产业等宏观调控政策与国家区域重大战略协调搭配，提升对国家区域重大战略的支持水平，推动区域经济整体运行在合理区间，确保不发生大的区域性风险，提升宏观调控政策的精准性和有效性。

2. 建立区域战略统筹机制

推动国家区域重大战略融合发展、统筹发达地区和欠发达地区发展、推动陆海统筹发展以及加强海洋经济发展顶层设计，完善规划体系和管理机制，研究制定陆海统筹政策措施，推动建设一批海洋经济示范区，提高区域战略行动的一致性和协调性。

3. 构建现代化区域规划体系

强化国民经济和社会发展五年规划的统领作用，明确国土空间规划的基础作用，强化重大专项空间规划的支撑作用，加强不同层级和不同尺度区域

规划之间的衔接互动，构建符合现代化治理方向的区域规划体系，提高区域规划的协同治理能力和水平。

4. 建立区域动态监测预警机制

加强对债务风险较高地区、环境污染风险较大地区、经济下滑趋势较强地区、对外依存度较高地区等动态监测预警，强化区域监管合作和风险联防联控，有效防范和化解区域性风险，提高对区域性重大突发事件的应急预警和处置能力，提升区域管治能力。

5. 建立多主体参与治理体系

建立多部门、多主体参与的区域协同治理制度，加强区域重大战略和区域政策的磋商协调，增强区域治理的协同性。推进区域治理的信息化进程，重大区域规划、重大区域政策、重大区域工程项目及时向社会公众征求意见、及时公开，提升协同治理水平。

参考文献：

[1] 孙久文、蒋治：《"十四五"时期中国区域经济发展格局展望》，《中共中央党校（国家行政学院）学报》2021年第2期。

[2] 邓仲良、张可云：《"十四五"时期中国区域发展格局变化趋势及政策展望》，《中共中央党校（国家行政学院）学报》2021年第2期。

[3] 马庆斌：《构建有韧性的区域经济格局》，《经济日报》2020年10月8日。

[4] 樊杰：《我国"十四五"时期高质量发展的国土空间治理与区域经济布局》，《中国科学院院刊》2020年第7期。

[5] 魏后凯、年猛、李玏：《"十四五"时期中国区域发展战略与政策》，《中国工业经济》2020年第5期。

[6] 肖金成：《"十四五"时期区域经济高质量发展的若干建议》，《区域经济评论》2019年第6期。

[7] 黄征学：《新阶段推进区域协调发展的新思路》，《今日国土》2019年第6期。

[8] 习近平：《推动形成优势互补高质量发展的区域经济布局》，《求

是》2019 年第 24 期。

［9］《中共中央　国务院关于建立更加有效的区域协调发展新机制的意见》，新华社，2018 年 11 月 18 日。

［10］豆建民、张可：《中国区域经济格局与城市网络体系的演化趋势》，《城市问题》2015 年第 7 期。

［11］刘应杰：《我国区域发展战略与区域经济新格局》，《区域经济评论》2013 年第 1 期。

宏观经济篇

国内国际循环的特征规律研究*

摘　要：处于不同发展阶段的经济体具有不同的国内国际循环特征。本文以国内国际循环关系演进为主线，通过研究主要大型经济体在价值循环、金融循环、空间循环等循环维度中内外循环关系的历史轨迹和特征，分析归纳出国内国际循环关系演进的一般规律。研究认为，循环的主导性体现在比例结构、功能水平、稳健性、控制力等不同层次，国内国际循环关系演进具有阶段性、动态性、时代性的规律，国内国际循环这一对关系运动的总目标却从单纯利己向促进互利共赢、最终实现合作多赢转变，呈现着从低级向高级跃迁的趋势。我国应提升国内循环的主导地位，强化科技创新与城市化两大动力，优化国际循环的赋能作用，突出"一带一路"建设和制度型开放以延长我国产业生命周期。

关键词：国内国际循环关系　价值循环　金融循环　空间循环　演进规律

一、引言

形成以国内大循环为主体、国内国际双循环相互促进的新发展格局，需要在准确把握循环内涵的基础上，深刻认识国内国际循环关系演进的历史逻

---

*　作者张铭慎、陆江源，本文原载于《经济学家》2022年第8期。
中国宏观经济研究院2021年重点课题"国内国际大循环的历史轨迹、国际经验和相关政策研究"成果。课题组成员：张铭慎、陆江源、刘国艳、李世刚、刘雪燕、曹玉瑾、盛雯雯、申现杰、宋立义、何明洋、侯燕磊、郭文波。

辑、理论逻辑和现实逻辑。已有研究从国民经济核算、价值创造实现、宏观经济运行等角度，将国内国际循环分别看作内外需、国内外最终需求中的国内价值创造、国家经济运行状态而非增长结构或动力，凸显了价值循环作为循环内涵核心的基本事实。尽管由于发展阶段、资源禀赋、外部环境不同，不同经济体国内国际循环的历史路径存在显著差异，但大规模经济体可以通过"大国综合优势""双引擎增长模式"等获得内部可循环的优势。在国内外市场规模有限、比较优势带来分工深化、外部变量对大国经济内生等原因的共同作用下，大国在不同发展阶段必然要对国内国际循环作出适应性调整，使全球价值链与国内价值链更具互补性。因此，新发展格局是"力促改变外向型经济主导的发展格局"，具有"内循环为主、外循环赋能""独立自主、高水平开放"等特征。

  本文进一步做了三方面拓展。一是在重视价值循环的基础上加入对金融循环和空间循环的考察，丰富了对循环内涵的分析。早期提出的以国际大循环战略发展劳动密集型产业换取外汇支持国内资本密集型产业发展，以国内经济大循环战略破解美元霸权和应对外向型经济发展模式危机，均已凸显金融循环既相伴于价值循环又作用于价值循环的特征。近年来，全球价值链加快形成北美、欧洲、东亚三大生产中心格局，许多经济体重塑国内经济地理格局促进经济增长，表明空间循环既扩充了价值循环的外部边界又释放了其内在潜能。二是用定量定性相结合的方式考察国内国际循环的结构变动、作用变迁和成效变化，为梳理和评估政策提供了更为立体的参照。国内国际循环是全球化浪潮下的普遍现象，关键是如何看待两者主导作用变迁及其成效。与现有研究相比，本文将国内国际循环关系作为逻辑主线，在已有研究基础上对我国和主要经济体的结构比例变动进行了测算和拓展，并从稳健性、控制力等层面分析了国内国际循环的主导关系。三是考察了国内国际循环关系的演进规律。在已有研究基础上，进一步论证国内国际循环的主导性、互补性与合意性不仅取决于一国经济动力机制、竞争优势和环境条件，也与国际循环呈现的从低级化向高级化跃迁的时代特征有关，并受到数字化变革和低碳化发展的显著影响，为更深入理解国内国际循环的未来演进方向提供了线索。

二、国内国际大循环的分析框架

本文构建了"一个逻辑主线、三个循环维度"的国内国际循环分析框架。其中,逻辑主线是两个循环关系的演进,即哪一个循环占主导。但主导性涉及比例结构、功能水平、稳健性、控制力等不同层次。其中,比例结构是分析国内国际循环关系的重要基础,重点看两者在国民经济中的占比。功能水平体现的是国内国际循环的运行效率,循环总是要从低端、低附加值、高消耗向高端、高附加值、低消耗升级,效率更高的循环必然牵引着另一个循环。稳健性是体现主导性的更高层次,如果缺乏创新能力、产业韧性、市场规模带来的有力支撑,即便国内或国际循环拥有较高比例或水平,也难以在循环关系中稳定地处于主导地位。控制力是主导性的最高层次,如果一国对标准规则、国际治理和先进技术有足够话语权,那么国内循环将从根本上拥有更强的主导性。

理论上循环存在三大维度。

一是基于产业创新的价值循环,主要借助投入产出表和国民经济核算等工具分析。一方面,通过国内国际的生产、分配、流通、消费环节以及价值链贸易,形成在全球范围内的社会扩大再生产。另一方面,企业家不断创造性地打破旧的市场均衡,在反复触发新一轮动态竞争的过程中实现经济结构变迁。只要能构建起政府、市场、社会三者之间的均衡关系,就可以做到激励创新的同时将"创造性破坏"带来的负面冲击抑制在可控范围,实现循环的不断跃升。

二是基于货币资金的金融循环,主要基于国际收支、资产负债、现金流量等视角考察。金融循环始终伴随着价值循环的各个环节。马克思意识到信用制度可能影响价值循环,信用回流可能代替价值回流从而掩盖供需矛盾。有研究进一步认为,资本在虚拟形式中的循环会逐步取代产业资本循环。这与现实中金融循环与价值循环呈反向回流,甚至可能短期脱离价值循环而独立运转的现象高度吻合。在国际金融市场和国际货币体系的现有格局下,一国通过债务、投资渠道等国际收支形成金融循环,左右着国内国际循环的关系演进。

三是基于地理空间的区域循环，主要通过全球价值链地理分布变化、国内区域协调发展情况予以观察。区域循环不仅是价值循环和金融循环在空间层面的投射，更是地区间、城乡间经济依存关系的反映。由于市场规模、贸易成本、产业区位等原因，不同区域具有禀赋异质性和发展非平衡性，在参与国际循环和支撑国内循环方面存在差异，成为影响国内国际循环关系的重要因素。

三、主要经济体国内国际循环的轨迹特征

根据上述分析框架，分析归纳中美欧日及部分较大规模新兴经济体的国内国际循环路径和轨迹特征。

（一）中国：借助国际循环牵引迈向强大的国内国际双循环

我国国内国际循环的关系经历了"低水平准封闭式国内循环主导—逐步融入国际循环—国际循环主导并牵引国内循环—国内循环重要性再次上升—国内循环成为主体带动国内国际循环相互促进"的演变过程。其中，实施改革开放、加入WTO和国际金融危机是推动国内外循环关系转变的重要事件。

在价值循环层面，根据WIOD历史数据（1965~2000年）、WIOD数据（1995~2014年）和ADB数据（2007~2020年）等国际投入产出表计算（见图1），1965~1978年我国国内循环增加值占GDP比重的平均值基本维持在96%左右，1978~2000年这一比例从95.0%下降至81.5%，2007年进一步下降至72.5%。金融危机的爆发叠加复杂多变的国际环境使国际循环扩张受限，国内循环增加值比重在2020年回升至85%的水平。尽管比例呈现"U"型变化，但国内国际循环的水平都是大幅上升的。利用ADB投入产出表计算，我国中技术到高技术制造业出口中的国内增加值占比从2007年的70.8%上升至2020年的83.3%，使用增加值计算的显示比较优势指数长期处于1.2~1.4的水平，甚至在有些年份超过发达经济体，这说明我国全球价值链位势和循环的稳健性都是逐步提升的。与2018年相比，由于中美经贸摩擦和新冠疫情的冲击，2020年我国农林牧渔业、食品加工、纺织业、皮革业等

面向最终生活消费的行业国际循环大幅提升，纺织业国际循环比例更是大幅提高了7.8%。同时，化工、橡胶等资本密集型产业和电子产品等技术密集型产业的国际循环比例大幅下降、国内循环比例大幅上升，尤其是电子产品的国内循环比例提高了5.4%（见图2）。

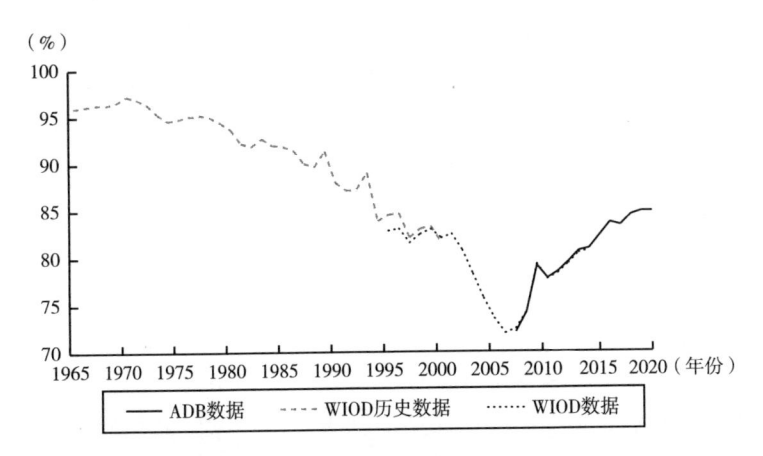

图1　按增加值计算的我国历年GDP国内循环的比例

资料来源：笔者计算。

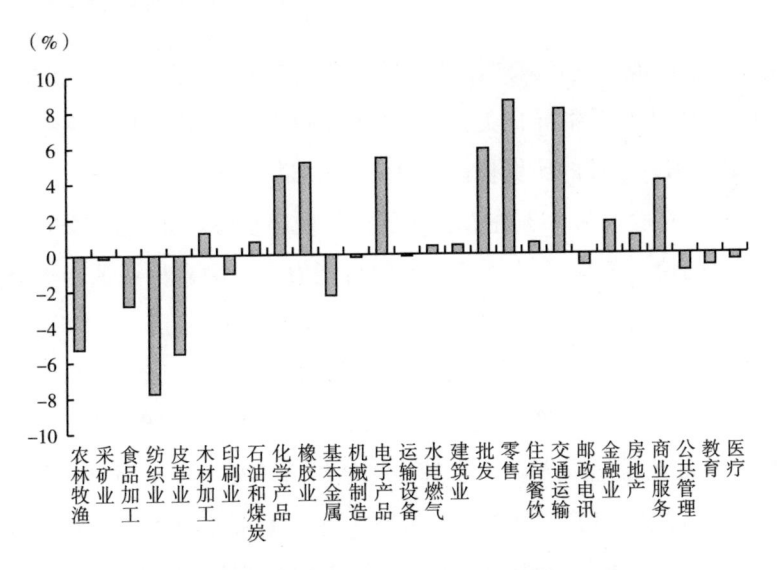

图2　2020年和2018年相比各行业国内循环的变化

注：正增长表示国内循环增加、国际循环下降，反之表示国内循环下降、国际循环上升。

资料来源：笔者计算。

在金融循环层面，通过资金流量表可以发现，我国住户部门长期处于资金净流出状态，非金融企业、国外部门处于资金净流入状态，但从2002年开始资金的"房地产循环""资金嵌套循环""政府债循环"等问题开始凸显，挤压了流向非金融企业的资金规模。由于资本项目管制较多，海外投资者参与我国金融市场程度较低，我国金融市场参与全球程度也偏低，剔除储备资产中对外国国债的债权，2019年我国对外股权、债券投资占GDP比重皆不足3%，而英国、日本占比常年保持在两位数。此外，我国虽是以贸易顺差购买美债作为主要投资的净资产国，但海外资产净收入除个别年份外常年为负，发达国家不仅享受来自发展中国家的低成本商品，而且拥有较高的海外资产投资回报率。

在空间循环层面，随着城镇化率从1949年的10.64%提升至60%以上的水平，过去严格分离的城乡循环被逐步打破。我国不仅在国内层面优化区域协调发展，使城市群和都市圈在区域循环中的作用不断凸显，也主动参与国际循环的空间布局，与"一带一路"共建国家的经济互动不断提高。

（二）美国：创新、美元、消费支撑的强大国内国际循环

美国一直以来都具有国内循环主导特征，在19世纪和20世纪初的现代化进程中一直以内需主导，美国GDP国内循环比例在1970年高达95%，2020年GDP国内循环的比例仍高达91.2%，最终消费率始终维持在81.8%左右，外贸依存度仅为18%左右。尽管国际循环很难对如此庞大体量的经济体产生明显的拉动效应，但美国基于创新能力、金融霸权和消费潜能优势，在全球具有超强的资源配置能力。

在价值循环层面，强大原始创新能力使得美国即便已经将生产环节转移到了国外，但仍能牢牢把控全球创新链和产业链主动权。2019年，美国R&D投入占GDP的比重达到3.07%，较OECD经济体平均水平高出0.59个百分点，基础研究占R&D投入比重更是高达17%，比日本高5%，是中国的近3倍。此外，美国服务业与制造业创新联系紧密，制造业创新和服务业高级化进一步推动了国内消费结构的升级。在金融循环层面，美国依靠繁荣的资本市场集聚全球金融资源，参与全球资源配置，在维持巨额贸易赤字满足国内

需求的同时，又依靠金融投资流入维持国际收支平衡，形成美元的回流机制。美国金融投资顺差与GDP之比在2007年一度高达5.5%，近年来常年维持正值。2001~2019年，美国吸引国际证券投资存量与GDP之比从21.77%提高到61.24%，对外证券投资存量与GDP之比从29.35%提高到76.89%，参与全球金融分配的实力明显增强。在空间循环层面，美国通过建立北美自由贸易区，在促进自身循环的基础上，打通同墨、加两国之间的区域循环，同时，在三者发展水平提升的基础上，进一步加强北美自贸区这一整体同其他国家、地区的外循环。

但美国模式也导致了收入分配不断极化，2019年美国最高的1%人群收入份额为20.52%，最低的50%人群收入份额仅为12.67%，收入极化程度已经达到1929年大萧条前时期的水平，新冠疫情的肆虐更是助推了美国的社会矛盾激化，导致美国国内经济循环不畅，进一步削弱了参与国际大循环的能力。美国政府不得不采取美元超发和政府加杠杆的方式为困难的经济循环注入流动性，但这种"饮鸩止渴"的办法只能将危机延后，一旦刺激政策退出，将暴露更多的经济问题。

（三）欧盟：高技术制造能力+欧盟内部循环+低碳循环引领者

欧盟国家强调区域自循环，欧盟一体化进程极大地降低了各国国内循环比例，提高了区域性的国际循环比例，欧盟各国出口中有六成以上属于欧盟内部贸易。而更重要的是，欧盟积极推动绿色低碳实践，试图摆脱对能源资源的过度对外依赖，并积极输出贸易投资规则，具有较强的国际循环规则控制力。

在价值循环方面，西欧大国从20世纪80年代开始积极与美国、日本开展技术竞争，成为欧盟经济自立的重要支撑，2019年德国研发强度达到3.18%，法国虽然只有2.19%，但基础研究占R&D投入比重却高达22.7%，远远超过美国和日本的水平。目前，德国、法国、意大利等成员国对欧盟参与全球价值链的贡献值最大，德国占欧盟区域内贸易额的两成五左右。在空间循环方面，以德国、法国、意大利为代表的西欧经济体大量投资到东欧国家，促进了欧盟内部的产业阶梯分工，2000~2019年，德国对外净投资占

GDP比重年均为4.70%，同期海外净收入占GDP的比重年均为2.36%。庞大净出口换取的外汇不断投资海外产业，实际上构筑起了以德、法、意等国为中心的欧洲经济产业循环体系。

但由于欧盟过分强调区域内自我循环，其产业政策往往具有较强的贸易保护主义色彩，导致欧盟的产业参与国际大循环的程度明显不足，产业国际竞争力发展缓慢，欧盟在全球经济中发挥的作用也在不断下降。

（四）日本：从贸易立国、技术立国到投资立国和创新立国

20世纪七八十年代开始，日本也经历了从国际循环主导转向国内循环主导的过程，GDP国内循环比例从1980年的83%逐渐提高到2000年的89%，2020年为86.8%，外贸依存度从1970~1985年的年均21.88%下降至1986~2000年的年均15.64%，近年来由于亚洲区域循环增强又提升到了25.26%。国内国际循环关系的调整，背后是日美经贸摩擦和日本经济结构性矛盾激化导致的艰难战略转型。

在价值循环层面，1980年，日本正式提出"技术立国"战略口号，研发强度从1980年的2.16%提高到2019年的3.24%。大企业主导的科技创新更加重视试验发展，使日本在技术商业化方面获得比较优势，出现美国最早发明但日本获益更多的现象。通过自主创新，日本逐渐改变了"技术依赖＋出口导向"外循环牵引内循环的局面，实现了"技术输出＋海外收益"的内外循环互促格局。在金融循环层面，日本经济近年来的内需扩张过度依赖政府加杠杆，政府杠杆率从1997年的90.1%上升到2019年的215.4%，同期政府消费占GDP比重从15.3%迅速提高到19.8%，2020年更是达到了21.1%，内需出现明显的病态。在空间循环层面，日本在国内产业成本上升的背景下，不断对海外进行雁阵式的产业转移，尤其是重点投资亚洲地区，2019年日本对外直接投资净额占GDP的比重达到了4.2%，同时日本海外收入占GDP的比重也在每年稳定增长，2019年海外净收入占GDP之比已经达到3.8%，形成了一个"海外日本"。

经过数十年的努力，日本从贸易立国转向了更加自主可靠的创新和投资立国，但产业的空心化和需求不足导致日本经济循环长期不畅，不得不依靠

政府持续加杠杆刺激内需，同时尽管日本通过稳定的对外投资形成了一个"海外日本"，但却没有构建起像欧盟那样的区域经济循环体系，只实现了产业体系的对外输出，没有完成规则的输出，并不具有影响区域甚至全球经济循环的控制力。

（五）发展中经济体促进国内大循环主导的代表性做法

巴西是拉美第一大经济体和最大的消费市场。尽管外贸依存度不高，历史上先后遭遇恶性通胀、巨额外债、货币贬值和经济停滞，依然凭借城镇化和中产阶级扩张等提升了国内循环主导性。20世纪40年代，巴西城市化率只有31.3%。60年代末，巴西的城市化率已经跃过50%。从1970年到1980年左右，城市化年增长率约为1.2个百分点，个别年份超过2个百分点。到1991年，该国居民中有75.5%居住在城市。同时，通过一系列社会政策，巴西培育了一大批新兴中产阶级。2012年，巴西政府发布报告，将人均月收入在291~1019雷亚尔（约合144美元至504美元）区间内的家庭视为中产阶级家庭，按此统计，有1.04亿人口为中产阶级，约占全国人口的53%，较10年前提高15个百分点左右。数据显示，1995~2020年，私人消费占GDP的比重大都维持在60%以上，最高接近66%。

作为东盟总量最大经济体，印度尼西亚外贸依存度在东盟国家处于较低水平。通过制造业提升、区域协调发展和提振消费信心，实现了债务与通胀"双下降"下的稳定增长。20世纪80年代末以来，工业增加值占GDP的比重呈倒"U"型走势，政府及时出台振兴制造业规划，带动制造业国内增加值占比有所提升。政府大力推进城市化和六大经济走廊规划，城市化率从1980年的22.1%上升至2000年的42.0%，2020年达到56.6%，在国内主要岛屿上建立经济和商业中心群，推动万隆和棉兰等大量中型或中型城市的增长速度快于首都雅加达。20世纪70年代以来，15~64岁人口占总人口的比重从53%左右持续上升，到2020年已经达到67.8%。低通货膨胀、可支配收入增长、社会保障改善等因素有力提振了居民消费信心（见表1）。

表1　　　　代表性经济体推动国内国际大循环的典型措施

产业链创新链循环	金融资金循环	区域空间循环
• 建立现代科研院所制度 • 强化科技成果转化 • 运用政府采购支持创新产品、服务 • 支持链主企业开放式创新 • 建立新型研发机构 • 大力支持中小企业发展 • 以政治联盟、产业治理和标准引领确保循环安全 • 发展产教融合型的特色职业教育 • 加强制造业服务业融合 • 推动金融与科技深度融合 • 实施再工业化	• 实施利息平衡税 • 实施自愿信贷限制计划 • 允许美元汇率浮动 • 允许银行设立海外账户 • 允许非居民开设账户 • 实现经常账户自由兑换 • "黑字环流"计划启动 • 放开3000万日元以下对外直接投资（无须备案） • 宣布"大爆炸"金融市场改革 • 颁布新的《外汇及对外贸易管理法》，实现资本项目可兑换	• 大力推动城市化 • 推动要素跨区域流动，构建国内统一市场 • 完善跨区域交通基础设施 • 完善区域发展协调机制，创新区域合作模式 • 谋划布局新的区域增长极

资料来源：笔者整理。

四、国内国际循环演进的一般规律和趋势

（一）循环关系演进的阶段性

不同发展阶段的经济体拥有不同的经济增长动力机制、竞争优势和经济结构，为国内国际循环关系的演变提供了相应的物质基础。如果经济体按照钱纳里和罗斯托相关的发展阶段"线性"成长，那么其国内国际循环也大体存在着"国内循环主导—国际循环主导—国内循环再次主导"的一般规律①。但也需要看到，国内国际循环关系很难由一国单独决定，往往是多国协作形成的系统性结果。

从国内循环看，大国具有以强大国民经济体系实现国内循环主导的可行性和必然性。一方面，大国经济的特征决定了其在国内循环主导上的先天优

---

① 当然，现实中部分国家的发展阶段并非依次递进，因此其国内国际循环演进也可能出现相应跳跃。一个典型例子是，19世纪末20世纪初，英国没有对棉纺、煤炭、钢铁和造船等劳动密集型工业进行及时调整，最终被德国和美国依靠新兴工业所超越，导致国际循环的主导作用大幅削弱。但总体来看，国际循环主导作用上升是这一阶段的大势。

势。国内国际循环演进总体符合阶段性规律，但也因具有市场规模大、内需为主导、内部可循环的典型特征，有足够的韧性抵御外部冲击，可以吸引更多国外要素、商品和服务为国内市场服务。一国的国内市场规模与国内循环比例正相关（见图3），这表明大国在实现国内循环主导上更有优势。另一方面，大国经济走向以国内循环为主导有其必然性。随着大国经济发展水平提升，国际循环牵引拉动国内循环的边际效应递减，大国必须依托强大国民经济体系培育国内循环"引力场"，形成参与国际循环的新优势。

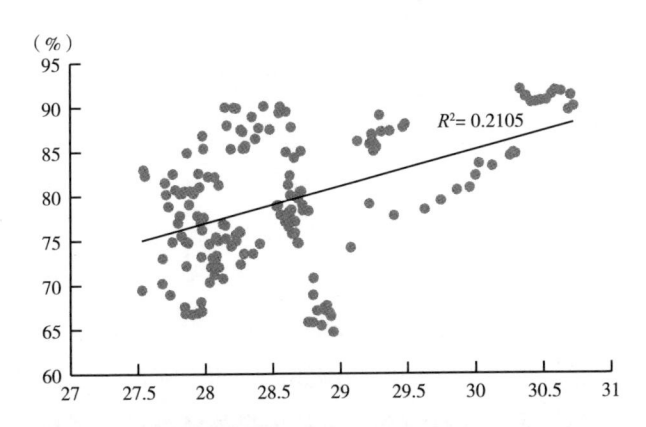

图3　部分大国经济国内循环占比与国内市场规模的关系

说明：参考已有研究，国内市场规模为现价美元GDP减去出口加上进口。横轴为国内市场规模的对数，纵轴为国内循环占比。

资料来源：世界银行，笔者计算。

从国际循环看，大国国际循环往往从辐射周边起步并逐步升级参与方式。从辐射范围看，由于地理距离节约成本、与周边的市场合作具有互补性等原因，"周边"往往是大国国际循环的切入点或关键点。比如，北美区域价值链主要依靠美国及《北美自贸协定》驱动，欧洲区域价值链主要依靠德法等国及欧洲一体化驱动，亚洲区域价值链主要依靠日本通过"雁行"方式向亚洲一些国家和地区进行次序阶梯转移，中国通过承接产业转移和发展加工贸易迅速融入国际循环。从参与方式看，大国以原料输出、商品输出、资本输出、技术输出和标准输出的递进方式参与国际循环。其中，原料输出基本由自然禀赋决定，往往是参与国际循环的初级阶段。商品输出则呈现"先出口劳动密集型产品，后升级出口资本或劳动密集型产品"的规律，形成了赶超型经济体出口劳动密集型产品、发达经济体出口资本或技术密集型产品的分工格局。发达国家不仅通过技术和标准优势挤压发展中国家，还通过资本输出获取更大收益。从循环关联看，技术和资本密集型产业的强竞争力和高脆弱性往往并存。例如，日本、韩国、美国的半导体产业强势，但其脆弱度排名第一的产业也是电子—电气产业①。同时，英国、法国、德国、意大利的机械制造业比较强，其脆弱度也明显过高。

（二）循环关系演进的动态性

经济发展质量的提升需要两个循环关系相互促进、螺旋上升，但国内国际循环的相互促进并不是自然实现的。从理论层面来看，国内国际循环关系的演进可能存在多个稳态解，不同稳态对应的循环水平差距较大。偏离稳态后，有些国内国际循环可以相互赋能，跃升至下一个高水平循环稳态点，达到更高的发展水平；有些国内国际循环可能互相掣肘，最终坠入低水平循环稳态点，跌落至更低的发展水平。从现实层面来看，不是所有国内国际循环都能形成相互赋能、螺旋上升局面。例如，巴西、阿根廷盲目发展资本密集型重工业，进口替代战略没有成功，只能依靠外债维持本国福利，最后长期陷入"中等收入陷阱"；墨西哥被美国用北美自由贸易协定牢牢地压制在整个供应链价值链低端环节。再如，俄罗斯、印度等工业畸形发展，导致国内循环只能维持在一个相对低的水平，参与国际大循环能力有限。从已有实践看，要让两个循环互相促进，需要良好的国际经济环境、稳健的国民经济体系、强大的发展战略定力、明确的战略升级目标、公平的收入分配体系。其中，提升科技创新能力、扩大中等收入群体、推动城市化和区域协调是提升国内循环水平的有效方式，也有利于优化国际循环。

（三）循环关系演进的时代性

尽管国内国际循环的关系、方式和路径可能因经济体的所处阶段、主要

---

① 如果只有少数国家能出口，那么该产品出口中心度较高。产品出口中心度越高，在进口中的脆弱度也越高。反之，一个国家出口高中心度的脆弱产品越多，该国在国际循环中就越有话语权和影响力。

矛盾和体制机制有所差异，但国内国际循环这一对关系运动的总目标却从单纯利己向促进互利共赢、最终实现合作多赢转变，呈现着从低级向高级跃迁的趋势，具有鲜明的时代特色。低级阶段，国内国际循环具有强烈的"单边性"和重商主义色彩，对应的是资本主义国家早期的殖民扩张与对外侵略。中级阶段，国内国际循环开始具有"双边性"和合作双赢色彩，对应的是全球价值链的形成。各国基于技术进步和比较优势开展贸易，深度融入全球生产网络。尽管根据所处环节的不同得到的增加值有较大的差异，一些国家的发展甚至因无力或无法工业化而被"低端锁定"，但与准封闭情形相比较，它仍增进了贸易各方的福利。按照国内国际循环的跃迁趋势，未来的高级阶段，国内国际循环应该具有"多边性"和人类命运共同体色彩，对应的是经济高质量发展和互利共赢的全球化新格局。未来，国内国际循环将着力解决更多人类共同面临的全球性问题，增进全人类的福祉可能成为诸多全球合作的出发点和落脚点。展望我国第二个百年奋斗目标，中国式现代化路径必须在国内国际双循环的高级阶段中实现，实现基于更大规模人口的共同富裕发展、合作共赢发展、绿色低碳发展与人的全面发展。

（四）数字化低碳化对循环影响深远

数字化将大幅提升国内循环效率，也将重塑比较优势，倒逼后发经济体升级国际循环方式。从供给侧看，2020年我国工业互联网带动工业增加值规模为1.82万亿元，名义增速为9.97%[①]。从需求侧看，2021年，实物商品网上零售额占社会消费品零售总额的比重为24.5%，较2015年提高了13.7个百分点。数字技术和数据要素加速畅通经济循环，有利于大规模经济体实现国内循环主导。在国际循环方面，数字化将降低贸易中的劳动力成本权重，推动传统不可贸易品可贸易化，衍生数字治理等全球治理新议题。这可能削弱后发经济体的成本比较优势，凸显其服务贸易、数字规则的比较劣势，不利于其扩大和深化国际循环。只有升级国际循环方式，实现从组装生产向服务输出、技术输出和规则输出转变，后发经济体才能借助国际循环不断赋能

---

① 资料来自工业和信息化部中国工业互联网研究院《中国工业互联网产业经济发展白皮书（2021年）》。

和优化国内循环。

低碳化将推动需求结构深度调整，也使得加工贸易转型升级更加迫切，进一步凸显区域国际循环的重要性。根据2017年投入产出表计算，消费、投资、出口导致的碳排放占比分别为30.83%、49.96%、19.21%，而最终需求中消费、投资、出口占比分别为45.48%、37.21%、17.31%，投资和出口的碳排放强度远大于消费需求。因此，在碳达峰碳中和目标下内需结构将从投资主导型向消费主导型转变。在出口中，现代服务的单位出口含碳量仅为制造业的一半，加上碳足迹的引入将客观上倒逼全球价值链长度的缩短，尤其是欧盟通过建立碳市场、构建碳足迹核查机制等推动区域内低碳循环可能在全球起到示范作用，进一步凸显加工贸易转型和区域国际循环的重要性。

五、优化我国国内国际循环关系的启示与建议

新的发展格局需要新的国内国际循环关系。着眼完整准确全面贯彻新发展理念，破除国内国际循环不畅的关键堵点，有力抵御外部冲击带来的严峻挑战，应把强化国内循环主导、优化国际循环赋能作为优化国内国际循环关系的主线。

以加速自立自强、提高供给韧性、健全内需体系、促进区域协调、优化要素配置、强化激励机制和安全体系建设为重点，推动政策体系从投资和出口导向型向消费促进型、绿色低碳型、人力资本要素报酬主导型转变，提高国内循环的通畅性、稳健性和控制力，塑造参与国际经济合作和竞争新优势。一是加快科技自立自强，大国必须具备强大原始创新能力，拥有可以与其他大国进行互相制衡的威慑均势。健全国家实验室体系，布局建设基础学科研究中心，优先支持部分行业领军企业牵头基础研究项目。控制好国产替代的范围和节奏，避免泛化和行政化倾向。二是提高产业供给韧性，坚持"培育新兴、提升传统、强化配套"，打造结构合理、安全可靠、优势明显的现代化产业体系。加快培育一批创新水平高、供应能力强的配套企业，引导供应链龙头企业优先选择在国内转移。三是培育健全内需体系，推动需求从物质消耗型向服务品质型转变，以强大内需体系形成对全球要素的强大引力场。四是优化区域布局和联动支撑，推动形成"全球城市—都市圈—城市群—多

区域"多层次空间协调发展格局。五是提高要素市场化配置水平，建立城镇教育、就业、医疗卫生等基本公共服务与常住人口挂钩机制，推动集体经营性建设用地入市，积极培育数据交易市场。六是强化激励机制和安全体系建设，针对能源、粮食、科技、信息等国家安全关键领域，加强储备体系建设、话语权掌控。

主动适应全球化向区域化、联盟化演变甚至是局部本地化蜕化的新趋势，倡导非意识形态和公共产品性质的区域合作。重点构建以共建"一带一路"为核心，以 RCEP、CPTPP 和 DEPA 等双边、多边和区域合作协议协定为抓手的国际循环赋能国内循环新形态。拉紧国内国际产业链的相互依存关系，形成较强的议价博弈能力与战略威慑均势。通过延长我国产业生命周期、对接高标准规则深化改革、参与国际贸易投资"干中学"、更好满足人民美好生活需要等机制，在深度融入国际循环中提升国内循环水平。一是把打造区域循环作为优先任务，依托共建"一带一路"，形成以我为主的区域循环体系，形成人民币回流的区域金融循环。积极主导 RCEP 地区产业链重塑，将我国市场规模优势转化为产业链供应链整合能力。二是巩固提升中美和中欧循环基本盘，重点防范全球经济"联盟化"下我国"被边缘""被排除"风险。拉紧产业链供应链相互依存关系，分化欧美经济联盟。稳步推进高标准政府采购、改善市场准入、国企补贴、劳工标准方面等议题磋商，更好统筹 G20、APEC 等多边框架下的结构性改革议程。三是从参与国际商品循环向参与国际要素循环迈进，推动技术、数字和金融要素更深度融入国际循环。以加入 DEPA、共建全球数据安全港、构建区域数据合作圈为主抓手，抢抓以国际贸易数字化优化国际循环赋能的机遇。以金融双向开放优化要素全球配置，进一步完善跨境投资制度，推动各金融市场在岸和离岸协调发展。

参考文献：

[1] 陆江源、相伟、谷宇辰：《"双循环"理论综合及其在我国的应用实践》，《财贸经济》2022 年第 2 期。

[2] 杨盼盼、崔晓敏：《"双循环"新发展格局的国际比较与启示》，《开放导报》2021 年第 2 期。

[3] 余永定：《双循环和中国经济增长模式的调整》，《新金融》2021年第1期。

[4] 黄群慧：《"双循环"新发展格局：深刻内涵、时代背景与形成建议》，《北京工业大学学报（社会科学版）》2021年第1期。

[5] 江小涓、孟丽君：《内循环为主、外循环赋能与更高水平双循环——国际经验与中国实践》，《管理世界》2021年第1期。

[6] 菲利普·阿吉翁等：《创造性破坏的力量》，中信出版社2021年版。

[7] 徐奇渊等：《全球产业链重构与中国应对》，2021年曲江报告，中国金融四十人论坛。

[8] 夏斌：《关于构建双循环新发展格局的十条建议与三大底线》，《新金融》2020年第10期。

[9] 盛斌、苏丹妮、邵朝对：《全球价值链、国内价值链与经济增长：替代还是互补》，《世界经济》2020年第4期。

[10] 陆江源：《从价值创造角度理解"双循环"新发展格局》，《当代经济管理》2020年第10期。

[11] 徐奇渊：《双循环新发展格局：如何理解和构建》，《金融论坛》2020年第9期。

[12] 刘遵义：《试论双循环》，《比较》2020年第5期。

[13] 大卫·哈维：《新帝国主义》，中国人民大学出版社2019年版。

[14] 江小涓：《大国双引擎增长模式——中国经济增长中的内需和外需》，《管理世界》2010年第6期。

[15] 欧阳峣：《"大国综合优势"的提出及研究思路》，《经济学动态》2009年第6期。

[16] 陈雨露：《"双循环"新发展格局与金融改革发展》，《中国金融》2020年第1期。

[17] 易先忠、欧阳峣、傅晓岚：《国内市场规模与出口产品结构多元化：制度环境的门槛效应》，《经济研究》2014年第6期。

[18] 贾根良：《化危为机，中国外向型经济需作战略大转型》，《广东商学院学报》2009年第5期。

［19］王建：《什么是国际经济大循环》，《四川建材学院学报》1988 年第 3 期。

［20］马克思、恩格斯：《马克思恩格斯全集（第 25 卷）》，人民出版社 1974 年版。

我国产业结构转型动力分解研究*

摘　要：本文通过构建包含农业、工业和服务业的三部门非平衡增长理论模型，定量分析了恩格尔效应、鲍莫尔效应和资本深化效应对我国产业结构转型的影响。数值模拟分析表明，改革开放以来，资本深化效应对我国农业比重下降的贡献率达69.5%，恩格尔效应对服务业比重上升的贡献率达66.3%，而鲍莫尔效应对产业结构转型的贡献很小。同时，随着我国经济社会发展改革的演进，恩格尔效应对产业结构转型的贡献率不断下降，鲍莫尔效应的贡献率先升后降并在20世纪90年代达到峰值，资本深化效应的贡献率呈上升趋势。这意味着短期内我国仍需依靠投资促进资本深化调整结构，而中期和长期内则需分别通过促进居民收入平稳增长及技术创新等推动产业结构转型。

关键词：产业结构　结构转型动力　定量分析

改革开放以来，我国农业比重不断下降，越来越多的资源流向了工业和服务业，完成了许多先行发达国家上百年才能完成的结构转型。产业结构转型过程中，劳动力从生产效率低的部门流向生产效率高的部门，贡献了我国全要素生产率增长的38%左右，贡献了我国经济增长的25.37%（严成樑，2016），为我国年均9.8%的高速经济增长注入了强劲动力。那么，在过去30多年的发展改革过程中，我国产业结构转型的动力机制是什么？各转型动力在我国产业结构转型中的相对贡献是多大？我国还可如何进一步挖掘结构转

---

* 作者易信，本文原载于《宏观经济研究》2017年第10期。

型动力？科学回答这些问题，对于更好设计我国结构转型政策促进产业结构转型升级，推动我国顺利跨越中等收入阶段、实现"两个一百年"奋斗目标均具有重要现实意义。

一、我国产业结构转型动力的特征事实

改革开放以来，我国产业结构加快转型。农业增加值比重不断下降并在近年来趋于基本稳定，从1978年的27.7%下降到2015年的8.9%。同期，服务业比重不断上升，从24.6%上升到50.2%，并在2012年后超过工业比重，逐渐与工业并驾驱动经济增长，成为推动我国经济增长的重要支柱。同时，我国产业结构也面临有效供给不足、无效供给过多，居民多样化、个性化、高端化需求难以满足，钢铁、煤炭等部分产业出现产能过剩，且受体制障碍制约而无法有效调整，存在供需结构错配、新旧动能转换困难的结构性矛盾和问题（见图1）。

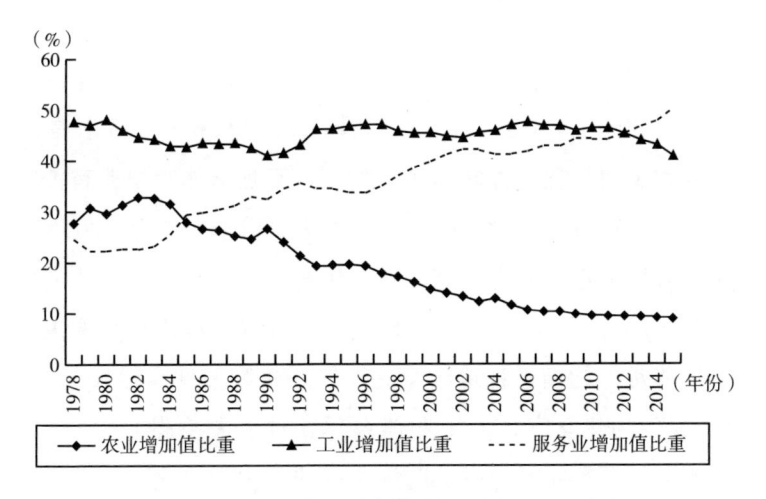

图1 我国三次产业结构转型（1978~2015年）

资料来源：《中国统计年鉴》。

从发展实践来看，我国产业结构转型是发展战略、发展阶段、资源禀赋、全球化乃至体制机制扭曲共同作用的结果。**一是受到发展阶段的影响。**伴随我国经济发展水平上升、发展阶段转变，人们收入水平不断提高，居民消费结构升级带动了产业结构调整。**二是受到城镇化的影响。**改革开放以来，尤

其是21世纪以来，我国快速推进的城镇化带动了固定资产投资较快增长，加速了资本深化进程，拉动了钢铁、水泥等相关重化工业的加速增长。同时，在房地产投资带动下，我国服务业中的房地产行业蓬勃发展，促进了住房贷款等相关金融服务业的发展。快速推进的城镇化也带动了大量农村人口进入城市，为服务业发展创造了更多需求空间。当然，前期城镇化快速增长引致的重化工业快速增长惯性，在住房市场饱和与房地产政策调整情况下没有及时有效调整，使得相关重化工产业出现周期性产能过剩（刘凤良等，2013）。**三是受到资源禀赋结构的影响**。改革开放以来，由于我国的劳动要素相对资本丰富，使得在20世纪八九十年代以来的国际产业大转移过程中，大量劳动密集型产业向我国转移，使得我国成为"世界工厂"，推高了我国工业比重。农业比重较高，则与我国农林资源比较丰富，是传统农业大国有关。**四是受到全球化的影响**。在对外开放战略下，我国凭借劳动成本低、市场规模大、制度政策活等比较优势积极参与全球分工合作，承接了美国、西欧、日本、新加坡、韩国等国家以及中国台湾地区等经济体向外转移的低附加值劳动密集型产业的生产和加工环节，成为20世纪80年代以来国际产业转移的最大流入地，加速了我国工业化进程。也因我国在全球价值链当中长期处于低附加值环节，导致工业呈现"大而不强"特征。**五是与体制扭曲有关**。在计划经济向市场经济转轨过程中，我国采取了渐进式改革和级差式发展路径，经济体制改革在各局部进行，有先有后、有快有慢、有浅有深，并常配合有各种特殊政策和优惠待遇，相应地就出现了各局部的发展进程高度级差化，各产业的获利性非常不均衡、各地区产业发展的政策条件有很大差异（金碚，2013）。尤其是，为建立完善的工业体系尽快摆脱贫穷落后，我国的土地、劳动力、资本和能源等要素价格长期偏向有利于优先重化工业发展。这种体制机制扭曲在加速我国规模扩张式工业化的同时，也造成了产业低端化、产品差异小、产能过剩、创新能力弱等结构性非平衡特征。

不过，从理论机制来看，我国产业结构转型动力主要有需求方的恩格尔效应以及供给方的鲍莫尔效应和资本深化效应，而发展战略、发展阶段、资源禀赋、全球化等因素则是形成我国特定供需动力的深层次原因。

一是恩格尔效应。伴随经济增长带来的人均收入水平提高，具有低收入弹性的食品支出在居民消费支出中的比重就会降低，从而引起居民消费结构发生变化，拉动产业结构转型（孔萨穆特、雷贝洛和谢丹阳，2001）。改革开放以来，我国城乡家庭恩格尔系数逐步下降，城镇家庭恩格尔系数从1978年的57.5%下降到2014年的30.0%，农村家庭的恩格尔系数从1978年的67.7%下降到2014年的33.6%。随着食品支出比重的下降，居民能将收入更多地用于其他消费支出，追求更高层次的物质与精神享受，如汽车、住房、文化娱乐、教育等工业和服务产品，由此拉动了相关产业供给变化，推动产业结构转型。这一方面使得农业产业比重不断下降，另一方面也使得汽车、住房、文化娱乐等工业和服务业产业比重不断上升。

二是鲍莫尔效应。不同产业部门技术进步水平不同，将引起不同产业产品间相对价格发生变化，并通过价格调整的收入效应和替代效应引起居民消费结构的变动，进而推动产业结构转型（李娜·黄和皮萨里德斯，2007）。一般而言，如果产品间的替代弹性小于1，也即各产品呈互补性，则技术进步较快产业部门的劳动力将被释放出来，转移到技术进步较慢的产业部门。反之也成立。改革开放以来，我国不仅三次产业的技术水平（或TFP水平）有很大差异，而且增长率也很不相同。据相关研究的测算，1978年以来，我国农业、工业和服务业的技术进步增长率分别为5.38%、5.08%和2.71%（霍尔茨，2006；布兰特、谢长泰和朱小东，2008；安东等，2015）。农业技术进步增长率最快、工业次之而服务业最小，从而导致我国农业比重持续下降、工业和服务业比重持续上升，以及工业比重相对服务业比重的下降。

三是资本深化效应。不同产业资本要素密集使用程度不相同，资本深化将导致各产业产品间的相对价格发生变化，并通过价格调整的收入效应和替代效应引起居民消费结构的变动，进而推动产业结构转型（阿西莫格鲁和盖里耶里，2008）。一般而言，如果产品间的替代弹性小于1，也即各产品呈互补性，则随着资本深化，资本密集使用程度较高的产业部门增长将能更快，并将劳动力释放到劳动密集使用程度较高的产业部门。反之也成立。改革开放以来，我国三次产业资本密集使用程度存在较大差异。据测算，1978~2011年，我国农业、工业和服务业的资本份额均值分别为0.1302、0.5072和0.4732（霍尔茨，2006）。农业资本份额最低、工业最高、服务业居中，从而导致劳动力从资本要素密集使用程度较高的工业部门流向劳动密集使用程度较高的服务业部门。同时，美国的发展经验还表明，工业资本份额与农业和非农业的相对比重存在显著的负向关系（索科洛夫，1986），这还说明资本深化过程中具有资本密集使用特征的非农业所占比重将上升，而农业比重将不断下降。

综上可见，恩格尔效应、鲍莫尔效应与资本深化效应均可能是我国产业结构转型的重要推动力。然而，却不能由此判断他们之间的因果关系与数量关系，因而还需进一步的理论与定量分析。笔者将借鉴丹尼斯和伊斯坎（2009），赫伦多夫、罗杰森和瓦伦蒂尼（2013）等研究，构建三部门非平衡增长理论模型探讨结构转型的理论机制，并在校准模型参数基础上，定量分析恩格尔效应、鲍莫尔效应和资本深化效应在我国结构转型当中的相对作用。

二、我国产业结构转型动力的分解模型

丹尼斯和伊斯坎（2009）通过构建包含农业部门与非农业部门的两部门增长模型，分析了近两百年来美国从农业向工业的结构转型动力机制及各动力的相对贡献。赫伦多夫、罗杰森和瓦伦蒂尼（2013）则在回顾产业结构转型的主要文献基础上，总结了产业结构转型的标准理论模型与产业结构转型的关键作用机制。拓展他们的研究，本文构建了一个三部门非平衡增长理论模型，包括农业部门、工业部门和服务业部门。假设各部门市场完全竞争、厂商同质，各部门代表性生产厂商在外生技术条件下以劳动和资本作为投入品生产最终产品。假设农业部门产品只能作为消费品，工业部门产品既可作为消费品还可作为各部门的投资品，服务业部门产品也只能作为消费品。经济中存在无数同质家庭，代表性家庭通过向劳动力市场无弹性提供劳动获得工资收入，通过向厂商提供资本获得租金收入，并将所得收入用于消费农产品、工业产品和服务业产品，以及投资于投资品。理论模型满足福利经济学第一定理，分散经济的均衡结果与计划者经济的均衡结果相一致。

（一）厂商行为

沿袭丹尼斯和伊斯坎（2009），德克莱和范登布鲁克（2012），赫伦多

夫、罗杰森和瓦伦蒂尼（2013）等，笔者将农业部门、工业部门与服务业部门的代表性生产厂商的生产函数均设定为柯布－道格拉斯函数形式。各部门厂商生产的基本投入品为资本和劳动力，产出则为部门最终产品。

$$Y_{it} = A_{it}K_{it}^{\theta_i}L_{it}^{1-\theta_i}; i \in \{a,m,s\}, 0 < \theta_i < 1 \tag{1}$$

其中，a 表示农业部门，m 表示工业部门，s 表示服务业部门。Y_{it} 表示部门 i 在时期 t 的最终产出。$K_{it} \geq 0$ 是部门 i 在时期 t 的资本投入量；$L_{it} \geq 0$ 是部门 i 在时期 t 的劳动投入量。$A_{it} > 0$ 是部门 i 在时期 t 的技术进步水平，并由外生决定。$0 < \theta_i < 1$ 表示部门 i 的资本回报份额，反映了要素密集使用程度。不同部门的技术进步率和资本要素密集使用程度不相同，分别是形成鲍莫尔效应和资本深化效应的关键。

各部门代表性厂商的目标是利润最大化或成本最小化。为了实现利润最大化或成本最小化，各部门代表性厂商在资本要素和劳动要素的选取上都必须满足要素的边际产品价值等于生产要素名义价格。

一是部门 i 在时期 t 的资本要素的边际产品价值等于名义利率。

$$MP_{K_{it}} \times P_{it} = \frac{\partial Y_{it}}{\partial K_{it}} \times P_{it} = \theta_i A_{it} K_{it}^{\theta_i-1} L_{it}^{1-\theta_i} \times P_{it} = R_t \tag{2}$$

二是劳动要素的边际产品价值等于名义工资。

$$MP_{L_{it}} \times P_{it} = \frac{\partial Y_{it}}{\partial L_{it}} \times P_{it} = (1-\theta_i) A_{it} K_{it}^{\theta_i} L_{it}^{-\theta_i} \times P_{it} = W_t \tag{3}$$

联合上述两式，可得各部门厂商最优化生产行为所需满足的效率条件：要素的边际技术替代率等于要素价格之比。进一步简化，可得到要素使用比与要素价格比之间的关系。

$$\frac{W_t}{R_t} = \frac{MP_{L_{it}}}{MP_{K_{it}}}; i \in \{a,m,s\} \tag{4}$$

也即：

$$\frac{W_t}{R_t} = \left(\frac{1-\theta_i}{\theta_i}\right)\left(\frac{K_{it}}{L_{it}}\right); i \in \{a,m,s\} \tag{5}$$

综合各部门的要素使用的最优化条件，可以发现，由于要素市场完全竞争，且要素可在部门间自由流动，因此各部门厂商最优化行为将使得各部门的边际技术替代率相等且都等于要素价格之比。

$$\left(\frac{1-\theta_a}{\theta_a}\right)\left(\frac{K_{at}}{L_{at}}\right) = \left(\frac{1-\theta_m}{\theta_m}\right)\left(\frac{K_{mt}}{L_{mt}}\right) = \left(\frac{1-\theta_s}{\theta_s}\right)\left(\frac{K_{st}}{L_{st}}\right) = \frac{W_t}{R_t} \quad (6)$$

由于劳动力市场完全竞争，因而劳动在部门间的自由流动将导致各部门名义工资或劳动的边际产品价值相等①。

$$P_{at} \times MP_{L_{at}} = P_{mt} \times MP_{L_{mt}} = P_{st} \times MP_{L_{st}} = W_t \quad (7)$$

由此，可以得到各部门产品的相对价格之间的关系。实际上，这也就是部门间产品的边际转换率。

$$\frac{P_{at}}{P_{mt}} = \frac{MP_{L_{mt}}}{MP_{L_{at}}} \quad (8)$$

$$\frac{P_{st}}{P_{mt}} = \frac{MP_{L_{mt}}}{MP_{L_{st}}} \quad (9)$$

假设工业产品为计价产品，因而可以将其价格标准化为 1，也即 $P_{mt} \equiv 1$。式（8）与式（9）可以化简为如下形式：

$$P_{at} = \frac{MP_{L_{mt}}}{MP_{L_{at}}} \quad (10)$$

$$P_{st} = \frac{MP_{L_{mt}}}{MP_{L_{st}}} \quad (11)$$

进一步，将各部门劳动要素边际产品表达式代入，可以得到农业部门价格水平 P_{at} 与服务业部门价格水平 P_{st} 的表达式。

$$P_{at} = \frac{1-\theta_m}{1-\theta_a} \frac{A_{mt}}{A_{at}} \frac{(K_{mt}/L_{mt})^{\theta_m}}{(K_{at}/L_{at})^{\theta_a}} \quad (12)$$

$$P_{st} = \frac{1-\theta_m}{1-\theta_s} \frac{A_{mt}}{A_{st}} \frac{(K_{mt}/L_{mt})^{\theta_m}}{(K_{st}/L_{st})^{\theta_s}} \quad (13)$$

---

① 若考虑资本要素，也可以得到相同的结论。

（二）家庭偏好

模型经济中存在无数同质家庭，代表性家庭通过向各部门厂商无弹性提供劳动力与资本品来获得收入，并将所得收入用于消费农业产品、工业产品与服务业产品，以及投资于工业产品。在家庭效用函数的设定上，为刻画随收入水平提高而形成的恩格尔效应，需要保证各消费品的需求收入弹性不尽相同。借鉴孔萨穆特、雷贝洛和谢丹阳（2001），赫伦多夫、罗杰森和瓦伦蒂尼（2013）等研究，笔者将家庭的效用函数设定为 Stone-Geary 形式，并具有时间可分性。

$$U(C_{at}, C_{mt}, C_{st}) = \sum_{t=0}^{\infty} \beta^t \log(C_t) \tag{14}$$

$$C_t = \left[\omega_a^{\frac{1}{\varepsilon}} (C_{at} - \overline{C}_a)^{\frac{\varepsilon-1}{\varepsilon}} + \omega_m^{\frac{1}{\varepsilon}} (C_{mt})^{\frac{\varepsilon-1}{\varepsilon}} + \omega_s^{\frac{1}{\varepsilon}} (C_{st} + \overline{C}_s)^{\frac{\varepsilon-1}{\varepsilon}} \right]^{\frac{\varepsilon}{\varepsilon-1}} \tag{15}$$

其中，β 为时间贴现因子；ε 为农业产品、工业产品与服务业产品间的替代弹性；ω_a、ω_m 和 ω_s 分别为农业产品、工业产品和服务业产品在家庭效用当中所占权重，其表示了各产品对家庭的重要性。$\overline{C}_a$ 为家庭最低农产品消费量，可以理解为维持基本生存必须消费的农产品量；$\overline{C}_s$ 为家庭最低服务业产品消费量，可以理解为用于家务劳动的服务品量。

家庭的目标是效用最大化，其行为控制变量则为消费和投资。在分散经济中，可以通过求解预算约束下效用函数最大化来实现。因此，消费者最优化问题可以表述为如下形式：

$$\max_{\{C_{at}; C_{mt}; C_{st}; K_{t+1}\}} \sum_{t=0}^{\infty} \beta^t \log \left[\omega_a^{\frac{1}{\varepsilon}} (C_{at} - \overline{C}_a)^{\frac{\varepsilon-1}{\varepsilon}} + \omega_m^{\frac{1}{\varepsilon}} (C_{mt})^{\frac{\varepsilon-1}{\varepsilon}} + \omega_s^{\frac{1}{\varepsilon}} (C_{st} + \overline{C}_s)^{\frac{\varepsilon-1}{\varepsilon}} \right]^{\frac{\varepsilon}{\varepsilon-1}}$$

$$\text{s.t.} \quad P_{at} C_{at} + C_{mt} + P_{st} C_{st} + K_{t+1} - (1-\delta) K_t = R_t K_t + W_t \tag{16}$$

其中，δ 为折旧率，这种设定方式表明各部门折旧率相同，且不随时间变化。构建拉格朗日方程，可以很容易求解消费者行为最优化问题。

$$H = \sum_{t=0}^{\infty} \beta^t \left\{ \log \left[\omega_a^{\frac{1}{\varepsilon}} (C_{at} - \overline{C}_a)^{\frac{\varepsilon-1}{\varepsilon}} + \omega_m^{\frac{1}{\varepsilon}} (C_{mt})^{\frac{\varepsilon-1}{\varepsilon}} + \omega_s^{\frac{1}{\varepsilon}} (C_{st} + \overline{C}_s)^{\frac{\varepsilon-1}{\varepsilon}} \right]^{\frac{\varepsilon}{\varepsilon-1}} \right.$$

$$+ \lambda_t [R_t K_t + W_t - P_{at}C_{at} - C_{mt} - P_{st}C_{st} - K_{t+1} + (1-\delta)K_t] \quad (17)$$

通过对控制变量 C_{at}、C_{mt}、C_{st} 与 K_{t+1} 分别求偏导数,可以得到家庭行为最优化需要满足的一阶条件:

$$\frac{\partial H}{\partial C_{at}} = (C_t)^{\frac{\varepsilon-1}{\varepsilon}-2} \omega_a^{\frac{1}{\varepsilon}} (C_{at} - \overline{C_a})^{\frac{\varepsilon-1}{\varepsilon}-1} - \lambda_t P_{at} = 0 \quad (18)$$

$$\frac{\partial H}{\partial C_{mt}} = (C_t)^{\frac{\varepsilon-1}{\varepsilon}-2} \omega_m^{\frac{1}{\varepsilon}} (C_{mt})^{\frac{\varepsilon-1}{\varepsilon}-1} - \lambda_t = 0 \quad (19)$$

$$\frac{\partial H}{\partial C_{st}} = (C_t)^{\frac{\varepsilon-1}{\varepsilon}-2} \omega_s^{\frac{1}{\varepsilon}} (C_{st} + \overline{C_s})^{\frac{\varepsilon-1}{\varepsilon}-1} - \lambda_t P_{st} = 0 \quad (20)$$

$$\frac{\partial H}{\partial K_{t+1}} = -\lambda_t + \beta \lambda_{t+1} R_{t+1} = 0 \quad (21)$$

进一步,基于上述一阶条件,可得到消费者效用最大化需要满足的条件:产品间的边际替代率等于产品价格之比。

$$P_{at} = \left(\frac{\omega_a}{\omega_m}\right)^{\frac{1}{\varepsilon}} \left(\frac{C_{mt}}{C_{at} - \overline{C_a}}\right)^{\frac{1}{\varepsilon}} \quad (22)$$

$$P_{st} = \left(\frac{\omega_s}{\omega_m}\right)^{\frac{1}{\varepsilon}} \left(\frac{C_{mt}}{C_{st} + \overline{C_s}}\right)^{\frac{1}{\varepsilon}} \quad (23)$$

(三) 市场出清

要素市场和产品市场同时出清或达到均衡。一是要素市场出清。也即各部门所需的资本量和劳动量等于家庭能提供的资本量和劳动量,满足如下条件:

$$K_{at} + K_{mt} + K_{st} = K_t \quad (24)$$

$$L_{at} + L_{mt} + L_{st} = L_t \equiv 1 \quad (25)$$

其中,K_{at}、K_{mt}、K_{st} 分别为农业部门、工业部门和服务业部门的资本要素需求量,L_{at}、L_{mt}、L_{st} 分别为农业部门、工业部门和服务业部门的劳动要素需求量。K_t 表示家庭的资本供给量,L_t 表示家庭的劳动供给量并将其正规化为 1。

二是产品市场出清。也即各部门生产的产品等于家庭所需消费品量,满足如下条件：

$$Y_{at} = C_{at} \tag{26}$$

$$Y_{mt} = C_{mt} + I_t \tag{27}$$

$$Y_{st} = C_{st} \tag{28}$$

其中，Y_{at} 为农产品供给量，Y_{mt} 为工业产品供给量，Y_{st} 为服务业产品供给量。C_{at} 表示家庭的农业品需求量；C_{mt} 表示家庭的工业产品需求量；I_t 表示用于投资的工业产品量，且 $I_t = K_{t+1} - (1-\delta)K_t$；$C_{st}$ 表示家庭的服务业产品需求量。

（四）产业结构转型

从各经济体的长期发展来看，就业结构与产出结构基本一致（Herrendorf, Rogerson and Valentinyi, 2013），从而理论模型当中可直接采用就业或产出结构来度量产业结构转型。笔者以就业结构度量产业结构转型，并基于前面设计的理论模型，求解产业结构转型的表达式。就供给方面而言，由于要素市场完全竞争，因而均衡时，各产业部门的边际技术替代率相等且均等于要素价格之比；就需求方面而言，由于产品市场完全竞争，因而均衡时，产业部门产品的边际替代率等于部门产品价格之比。由此，笔者进一步结合本文前面的厂商和家庭的最优化行为条件与市场均衡条件，推导得到经济均衡时的就业结构表达式。

$$\frac{L_{mt}}{L_{at}} = \left(\frac{1-\theta_m}{1-\theta_a}\right)^{\varepsilon} \left(\frac{A_{mt}}{A_{at}}\right)^{\varepsilon-1} \left[\frac{(K_{mt}/L_{mt})^{\theta_m}}{(K_{at}/L_{at})^{\theta_a}}\right]^{\varepsilon-1} \left(\frac{\omega_m}{\omega_a}\right) \frac{1-\frac{\overline{C_a}}{Y_{at}}}{1-\frac{I_t}{Y_{mt}}} \tag{29}$$

$$\frac{L_{mt}}{L_{st}} = \left(\frac{1-\theta_m}{1-\theta_s}\right)^{\varepsilon} \left(\frac{A_{mt}}{A_{st}}\right)^{\varepsilon-1} \left[\frac{(K_{mt}/L_{mt})^{\theta_m}}{(K_{st}/L_{st})^{\theta_s}}\right]^{\varepsilon-1} \left(\frac{\omega_m}{\omega_s}\right) \frac{1+\frac{\overline{C_s}}{Y_{st}}}{1-\frac{I_t}{Y_{mt}}} \tag{30}$$

进一步，为了简化分析，笔者作如下设定：

$$z_{1t} = \frac{A_{mt}}{A_{at}}, \ y_{at} = \frac{Y_{at}}{L_{at}}, \ k_{at} = \frac{K_{at}}{L_{at}}, \ k_{mt} = \frac{K_{mt}}{L_{mt}};$$

$$z_{2t} = \frac{A_{mt}}{A_{st}}, \quad y_{st} = \frac{Y_{st}}{L_{st}}, \quad k_{st} = \frac{K_{st}}{L_{st}} \circ$$

将式（29）和式（30）联立成方程组，笔者求解得到工业部门和服务业部门的劳动份额表达式：

$$L_{mt} = \frac{1 - s_{at} + s_{st}}{1 + [p(z_{1t}) \cdot s_k(k_{at}, k_{mt}) + p(z_{2t}) \cdot s_k(k_{st}, k_{mt})] \cdot (1 - s_{mt})} \quad (31)$$

$$L_{st} = \frac{p(z_{2t}) \cdot s_k(k_{st}, k_{mt}) \cdot (1 - s_{mt}) \cdot (1 - s_{at}) - p(z_{1t}) \cdot s_k(k_{at}, k_{mt}) \cdot s_{st} \cdot (1 - s_{mt}) - s_{st}}{1 + [p(z_{1t}) \cdot s_k(k_{at}, k_{mt}) + p(z_{2t}) \cdot s_k(k_{st}, k_{mt})] \cdot (1 - s_{mt})} \quad (32)$$

根据丹尼斯和伊斯坎（2009）的研究，很容易分解得到推动产业结构转型的鲍莫尔效应、恩格尔效应、资本深化效应及资本积累效应。

第一，鲍莫尔效应。

$$p(z_{1t}) = \frac{\omega_a}{\omega_m} \cdot (z_{1t})^{1-\varepsilon} \quad (33)$$

$$p(z_{2t}) = \frac{\omega_s}{\omega_m} \cdot (z_{2t})^{1-\varepsilon} \quad (34)$$

结构转型的"鲍莫尔效应"最早起源于鲍莫尔（Baumol，1967）对技术进步部门和技术停滞部门的结构转型规律的研究。他发现，当产品需求收入弹性大而价格无弹性时，消费者对技术停滞部门的产品需求将随收入和价格上升而增加，为满足需求，技术停滞部门将吸收更多的劳动力来扩大生产。当产品需求收入弹性小而价格富有弹性时，劳动力向技术进步部门转移，技术停滞部门将消失。"鲍莫尔效应"反映了不同部门技术进步差异对产业结构转型的影响，在理论模型当中，通过 $p(z_{1t}) = \frac{\omega_a}{\omega_m} \cdot (z_{1t})^{1-\varepsilon}$ 与 $p(z_{2t}) = \frac{\omega_s}{\omega_m} \cdot (z_{2t})^{1-\varepsilon}$ 刻画（其中 z_{1t} 与 z_{2t} 是部门技术进步差异）。

第二，恩格尔效应。

$$s_{at} = \frac{\overline{C}_a}{y_{at}} \quad (35)$$

$$s_{st} = \frac{\overline{C}_s}{y_{st}} \quad (36)$$

结构转型的"恩格尔效应"可以追溯到19世纪德国统计学家恩格尔根据统计资料分析居民消费结构的变化规律时总结得到的"恩格尔定律"。他发现一个家庭的收入越少,家庭收入中(或总支出中)用来购买食物的支出所占的比例就越大;并且,随着家庭收入的增加,家庭收入中(或总支出中)用来购买食物的支出则会下降。为了研究结构转型现象,很多学者将"恩格尔定律"从单一食品等农业部门产品推广到多部门产品情形,形成了"广义恩格尔定律"(Kongsamut, Rebelo and Xie, 2001)。虽然"广义恩格尔定律"具有更为宽广的产品集,不仅包括农产品,还包括服务品,但是其核心含义仍未发生变化,仍然表述随收入水平提高,人们的消费结构会发生变化的基本含义。在本文的理论模型当中,随收入变化而出现的消费支出比重变化,通过 $s_{at} = \dfrac{\overline{C}_a}{y_{at}}$ 与 $s_{st} = \dfrac{\overline{C}_s}{y_{st}}$ 刻画。

第三,资本深化效应。

$$s_k(k_{at}, k_{mt}) = \left(\frac{1-\theta_a}{1-\theta_m}\right)^{\varepsilon} \left(\frac{(k_{mt})^{\theta_m}}{(k_{at})^{\theta_a}}\right)^{1-\varepsilon} \tag{37}$$

$$s_k(k_{st}, k_{mt}) = \left(\frac{1-\theta_s}{1-\theta_m}\right)^{\varepsilon} \left(\frac{(k_{mt})^{\theta_m}}{(k_{st})^{\theta_s}}\right)^{1-\varepsilon} \tag{38}$$

结构转型的"资本深化效应"及其模型化最早出现在阿西莫格鲁和圭列里(Acemoglu and Guerrieri, 2006, 2008)的研究中。他们的研究表明,由于各部门间的资本密集使用程度不同,也即 $\theta_a \neq \theta_m \neq \theta_s$,因而随着资本不断积累,各部门的资本边际产出存在差异,从而影响各部门的相对价格,最终形成产业结构转型现象。

第四,资本积累效应。

$$s_{mt} = \frac{I_t}{Y_{mt}} \tag{39}$$

结构转型的"资本积累效应"通过投资支出占工业部门产出比重变化影响产业结构转型。由于只有工业部门才能够生产投资品,并将投资品用于各部门资本积累,因而投资品在工业部门产出中的所占比重 $\dfrac{I_t}{Y_{mt}}$ 也即经济的资本积累与部门分布将直接影响各部门的劳动力边际产出变化,并进一步引起劳动力资源在部门间的重新分配,从而对结构转型形成影响。

事实上,式(31)和式(32)类似于索洛增长核算方法中的增长分解式,这个式子将非农就业比重与人均农产品消费量、投资—制造业产出比及不同部门的资本存量联系起来。将相关数据和参数代入这个算式,可以很容易测算得到工业就业比重和服务业就业比重。

三、校准和数值模拟

(一) 数据及参数校准

核算分析我国产业结构转型动力机制,还依赖于大量数据和参数。表1对主要变量或参数进行了描述,并给出了相关数据来源和参数校准情况。本文的模型数据和参数主要来自霍尔茨(2006),布兰特、谢长泰和朱小东(2008),安东等(2015),剩余数据主要来源于《中国统计年鉴》等公开数据库。当然,在数据和参数处理过程中,笔者还面临很多其他数据和参数约束,包括不同来源数据的选择、不同参数校准方法的选取等。

表1 主要变量或参数描述及数据来源

变量或参数	描述	数据来源
Y_{at}, Y_{mt}, Y_{st}	分别为农业、工业和服务业的增加值,均已调整为2000年价格水平*	《中国统计年鉴》
K_{at}, K_{mt}, K_{st}	分别为农业、工业和服务业的资本存量,均已调整为2000年价格水平	Holz(2006),《中国统计年鉴》,《中国固定资产投资统计年鉴》
L_{at}, L_{mt}, L_{st}	分别为农业、工业和服务业的就业人数,均已分别调整为就业份额(占总就业人数比重)	Holz(2006),《中国统计年鉴》
s_{mt}	固定资本投资与GDP的比值	Holz(2006),《中国统计年鉴》
$\theta_{at}, \theta_{mt}, \theta_{st}$	分别是农业、工业和服务业的资本份额	Holz(2006),《中国统计年鉴》
A_{at}, A_{mt}, A_{st}	分别是农业、工业和服务业的技术进步,将其增长率 γ_{at}、γ_{mt}、γ_{st} 分别校准为5.38%、5.08%和2.71%	Holz(2006); Brandt, Hsieh and Zhu(2008); Anton et al.(2015)

注:*采用三次产业数据近似校准理论模型中农业部门、工业部门与服务业部门的相关参数。

(二) 数值模拟

本文采用模型模拟值（或反事实情景）表示核算分析框架中减少相关产业结构转型动力机制可模拟的农业就业比重 L_{at}。模型模拟值 L_{at} 和实际值（或基准情景）之间的差距，类似于增长核算分析中的索罗余量，表示该动力机制贡献的结构转型。下文将重点分析恩格尔效应、鲍莫尔效应和资本深化效应对我国产业结构转型的贡献。

1. 恩格尔效应

首先考虑恩格尔效应、鲍莫尔效应和资本深化效应共同推动产业结构转型的基准情景。为了核算产业结构转型，还需校准3个偏好参数，笔者分别将农产品、工业品和服务业品之间的替代弹性 ε 校准为0.8（农产品、工业品和服务业品间是互补的），将农产品、工业品和服务业品在消费中的比重 ω_a、ω_m 和 ω_s 分别校准为0.25、0.35和0.4（长期来看各产品消费所占比重），将恩格尔效应参数 $\overline{C}_a$ 和 $\overline{C}_s$ 分别校准为280元和4400元（家庭维持生存的最低农产品消费量，以及家庭用于家务服务的支出额）。图2表明，基准情景下，模型可以模拟33个百分点的农业就业比重下降、22.6个百分点的服务业就业比重的上升，与实际农业就业比重下降35.7个百分点、服务业就业比重上升23.5个百分点相比，表明模型仅低估了2.7个百分点的农业就业比重下降、0.9个百分点的服务业就业比重上升。

为核算分析恩格尔效应在我国产业结构转型中的相对作用，笔者重新校准了相关参数，包括将反映恩格尔效应的参数 $\overline{C}_a$ 和 $\overline{C}_s$ 均设定为0，将偏好参数 ω_a、ω_m 和 ω_s 分别重新校准为0.306、0.466和0.228。图2表明，反事实情景可以模拟1978~2011年农业就业比重下降的27.5个百分点、服务业就业比重上升的7.6个百分点，与基准情景下的33.0个百分点、22.6个百分点相比，表明恩格尔效应贡献了我国农业就业比重下降的16.6%、服务业就业比重上升的66.3%。这说明恩格尔效应贡献了服务业就业比重上升的很大一部分，而对农业就业比重的下降贡献不大，意味着还有很大部分农业就业比重下降不能由恩格尔效应解释。在下文中，笔者将鲍莫尔效应和资本深化效应纳入核算分析框架中，逐步量化分析鲍莫尔效应和资本深化效应对产业结构转型的影响。

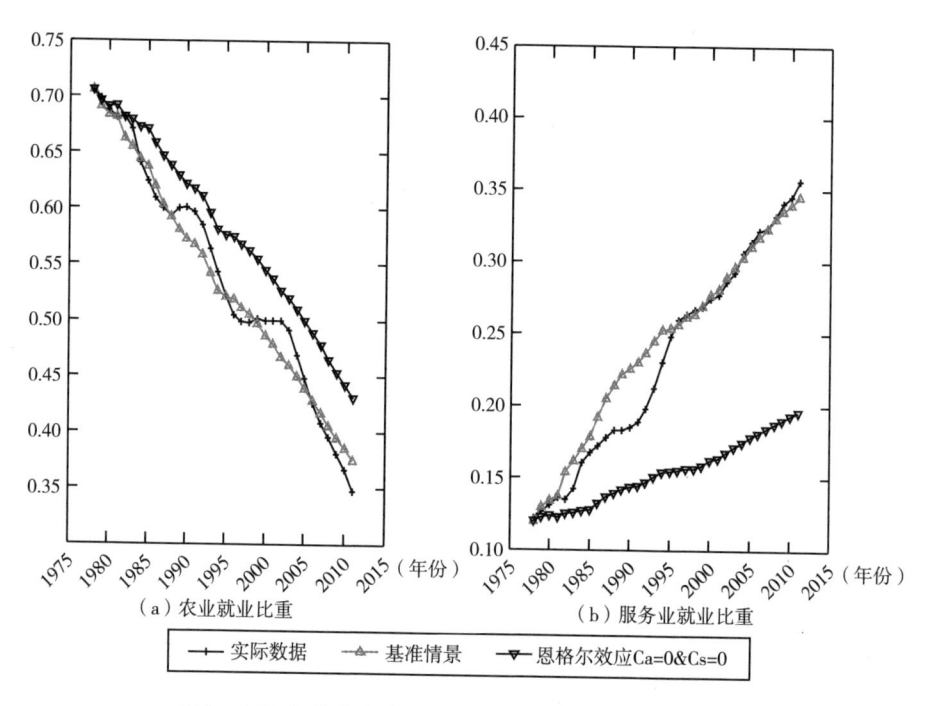

图 2　恩格尔效应和我国产业结构转型（1978～2011 年）

2. 鲍莫尔效应

为核算分析鲍莫尔效应在我国产业结构转型中的相对作用，笔者重新校准了相关参数，包括将反映鲍莫尔效应的各部门技术进步增长率 γ_{at}、γ_{mt} 和 γ_{st} 均校准为 5.32%，将偏好参数 ω_a、ω_m 和 ω_s 分别重新校准为 0.23、0.30 和 0.47。图 3 表明，反事实情景可以模拟 1978～2011 年农业就业比重下降的 31.0 个百分点、服务业就业比重上升的 19.0 个百分点，与基准情景下的 33.0 个百分点、22.6 个百分点相比，表明鲍莫尔效应贡献了农业就业比重下降的 6.2%、服务业就业比重上升的 16.0%。这说明鲍莫尔效应对农业就业比重的下降和服务业就业比重的上升均贡献很小，意味着还有很大部分农业就业比重下降和服务业就业比重上升均不能由鲍莫尔效应解释。在下文中，笔者将资本深化效应纳入核算分析框架中，量化分析资本深化效应对产业结构转型的影响。

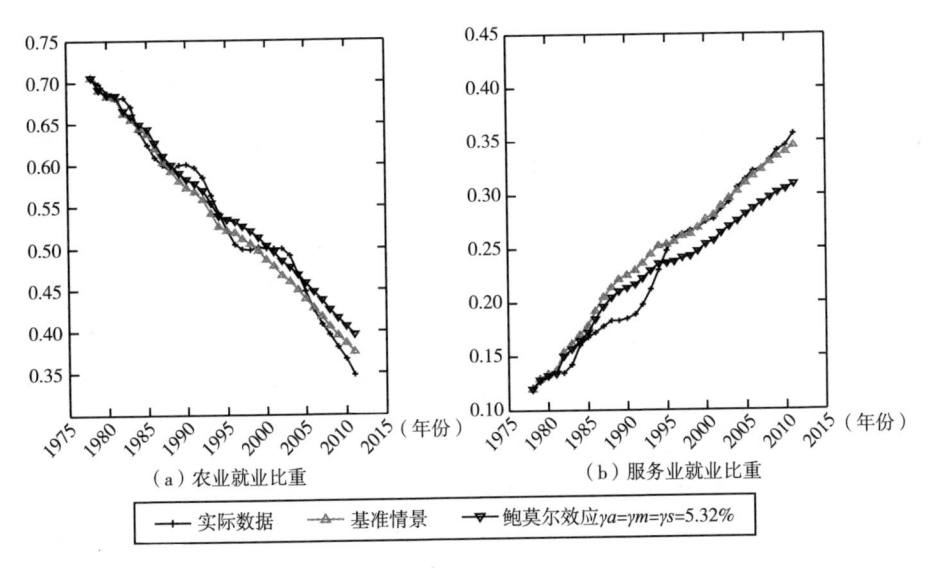

我国产业结构转型动力分解研究

（a）农业就业比重　　（b）服务业就业比重

—+— 实际数据　—△— 基准情景　—▽— 鲍莫尔效应 $\gamma a=\gamma m=\gamma s=5.32\%$

图3　鲍莫尔效应和我国产业结构转型（1978～2011年）

3. 资本深化效应

为核算资本深化效应在我国产业结构转型中的相对作用，笔者重新校准了相关参数，包括将反映资本深化效应的各部门资本份额 θ_{at}、θ_{mt} 和 θ_{st} 均校准为经济的总体资本份额，将偏好参数 ω_a、ω_m 和 ω_s 分别重新校准为 0.577、0.16 和 0.263。图4 表明，反事实情景可以模拟 1978～2011 年农业就业比重

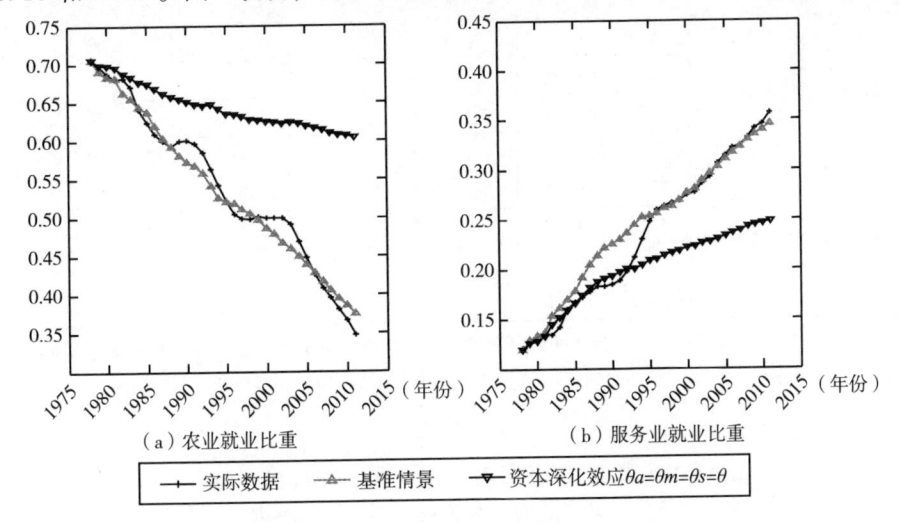

（a）农业就业比重　　（b）服务业就业比重

—+— 实际数据　—△— 基准情景　—▽— 资本深化效应 $\theta a=\theta m=\theta s=\theta$

图4　资本深化效应和我国产业结构转型（1978～2011年）

下降的 10.1 个百分点、服务业就业比重上升的 12.8 个百分点，与基准情景下的 33.0 个百分点、22.6 个百分点相比，表明资本深化效应贡献了农业就业比重下降的 69.3%、服务业就业比重上升的 43.2%。这意味着资本深化效应对农业就业比重下降和服务业就业比重上升的贡献均很大。

4. 量化分析结果汇总

表 2 报告了 1978～1992 年、1993～2001 年和 2002～2011 年①等主要时间段内恩格尔效应、鲍莫尔效应和资本深化效应对产业结构转型的影响。量化分析结果表明，改革开放以来，我国农业就业比重下降主要受资本深化效应推动，而服务业就业比重上升则主要受恩格尔效应拉动，且这两项转型动力对相应产业结构转型的贡献率均超过 60%。对于各主要时间段，恩格尔效应对结构转型的贡献率在不断下降，其中对农业就业比重下降的贡献率从 35.4% 下降到 -3.9%、对服务业就业比重上升的贡献率从 77.2% 下降到 49.5%。鲍莫尔效应对结构转型的贡献率先升后降，并在 20 世纪 90 年代取得最大贡献率。资本深化效应对结构转型的贡献率呈上升趋势，其中对农业就业比重下降的贡献率从 59.5% 上升到 80.7%、对服务业就业比重上升的贡献率从 30.6% 提高到 61.6%。

表 2　不同时间段三大动力对我国产业结构转型的贡献率

单位：%

项目	时间段	恩格尔效应	鲍莫尔效应	资本深化效应
农业就业比重下降	1978～2011 年	16.6	6.2	69.3
	1978～1992 年	35.4	7.6	59.5
	1993～2001 年	7.1	7.9	63.2
	2002～2011 年	-3.9	3.1	80.7
服务业就业比重上升	1978～2011 年	66.3	16.0	43.2
	1978～1992 年	77.2	12.3	30.6
	1993～2001 年	64.3	23.6	37.6
	2002～2011 年	49.5	19.6	61.6

注：各产业结构转型动力的贡献率相加不等于 100%，原因是本文的分解过程不能完全剔除交互影响。这可能会削弱定量分析的精确度，但不会影响对结构转型动力相对重要性的判断。

---

① 根据我国市场化改革进程确定各时间段的划分，包括 1978 年及其之后的农村改革、1992 年邓小平南方谈话及其之后的国有企业改革、2001 年加入世贸组织及其之后的市场深化改革等。

总体来看，我国的产业结构转型主要由恩格尔效应和资本深化效应推动，鲍莫尔效应对产业结构转型的作用相对较小。这反映了 1978 年以来我国居民收入快速上升带动的消费结构转型升级，同时也反映出我国长期倚重资本积累而技术创新不足的经济发展模式特征。分时间段来看，恩格尔效应对产业结构转型的影响逐渐减弱，而资本深化效应对结构转型的影响不断增强，则反映了居民收入增长对居民消费结构升级的拉动作用在减弱，而投资对产业结构转型的推动作用在增强，这深刻反映了我国投资驱动型经济发展模式愈加强化。鲍莫尔效应对产业结构转型的影响经历了 20 世纪 90 年代的高峰期后大幅下滑，则反映了 80 年代和 90 年代我国快速推进的城乡体制改革有力地促进了农业和工业技术进步，而 21 世纪以来城乡体制改革进入了相对缓慢期，对工农业技术进步的影响相应减弱，因而对结构转型的推动作用也相应降低。这意味着短期内我国还需继续依靠投资促进资本深化调结构，而中期和长期内则需通过实施收入分配相关体制改革促进居民收入平稳增长，以及深化经济体制改革、深入实施创新驱动发展战略等促进技术进步来推动结构转型。

四、结论和政策建议

产业结构转型是需求方的恩格尔效应以及供给方的鲍莫尔效应和资本深化效应两方面动力共同作用的结果，而决定我国产业结构转型特征的发展战略、发展阶段、资源禀赋、全球化等具体因素则是形成我国特定供需动力的深层次原因。本文通过构建包含农业、工业和服务业的三部门非平衡增长理论模型，并基于我国 1978～2011 年的数据校准模型参数，定量分析了恩格尔效应、鲍莫尔效应和资本深化效应对我国产业结构转型的影响。研究表明，改革开放以来，恩格尔效应、鲍莫尔效应和资本深化效应对我国产业结构转型的影响存在显著差异，其中，农业比重下降主要受资本深化效应推动、服务业比重上升主要受恩格尔效应拉动。具体来看，恩格尔效应对农业比重下降的贡献率为 16.6%、对服务业比重上升的贡献率为 66.3%；资本深化效应对农业比重下降的贡献率为 69.3%、对服务业比重上升的贡献率为 43.2%；而鲍莫尔效应对农业比重下降的贡献率仅为 6.2%、对服务业比重上升的贡献率仅为 16.0%。同时，恩格尔效应、鲍莫尔效应和资本深化效应对我国产业结构转型的影响，还随我国发展改革进程而出现显著的趋势性特征，其中，恩格尔效应对结构转型的贡献率不断下降，鲍莫尔效应对结构转型的贡献率先升后降并在 20 世纪 90 年代达到峰值，资本深化效应对结构转型的贡献率呈上升趋势。

本文的研究说明，短期内我国还需依靠投资促转型，而中期和长期内则需分别通过促进居民收入平稳增长和技术创新等推动结构转型。

短期内，通过深化投融资体制改革、促进民间投资等，进一步优化投资结构、提升投资效率，尤其是通过供给侧结构性改革补齐经济社会发展的短板，发挥资本深化效应对结构转型的推动作用。我国在科学、教育、文化、卫生等社会事业领域的投资仍显不足，铁路运营里程、高速公路、地铁系统、互联网等基础设施与发达国家相比还存在较大差距，这些均是短期内可通过加快投资促进资本深化的短板领域。

中期内，通过破除制约居民收入平稳增长、消费潜力释放与消费结构升级的体制机制障碍，稳固恩格尔对产业结构转型的拉动作用。这包括通过持续深化收入分配制度改革、完善社会保障体系，全面落实扩内需、促消费战略，促进居民收入平稳增长，并形成传统消费提质升级、新兴消费蓬勃兴起的良好局面，释放居民消费潜力与提升消费结构升级的内在动力。

长期内，通过持续深化体制机制改革、主动破除阻碍创新的体制机制障碍，促进技术创新，强化鲍莫尔效应对产业结构转型的推动作用。这包括持续深化科技体制改革、要素市场化改革等，深入实施创新驱动发展战略，形成大众创业、万众创新的良好氛围与局面，发挥技术创新在产业结构优化升级中的引领作用。此外，也需加强产业间融合发展与协调发展，提高服务业对农业的服务能力，提升服务业和工业的融合发展层次，尤其是提高现代生产性服务业对高端制造业的服务与带动能力。

参考文献：

[1] 严成樑：《产业结构变迁、经济增长与区域发展差距》，《经济社会体制比较》2016 年第 4 期。

［2］金碚：《现阶段我国推进产业结构调整的战略方向》，《求是》2013年第4期。

［3］刘凤良、阎衍、于泽、易信：《中国产业结构调整的新取向：市场驱动与激励相容》，《改革》2013 年第 10 期。

［4］Anton C, Golosov M, Guriev S, Tsyvinski A. The economy of the People's Republic of China from 1953. NBER Working Paper, No. 21397, 2015.

［5］Herrendorf B, Rogerson R, Valentinyi A. Growth and structural transformation. NBER Working Paper, No. 18996, 2013.

［6］Dekle R, Vandenbroucke G. A quantitative analysis of China's structural transformation. *Journal of Economic Dynamics & Control*, Vol. 36, No. 1, 2012.

［7］Dennis B N, İşcan T B. Engel versus Baumol: Accounting for structural change using two centuries of US data. *Explorations In Economic History*, Vol. 46, No. 2, 2009.

［8］Acemoglu D, Guerrieri V. Capital deepening and non-balanced economic growth. *Journal of Political Economy*, Vol. 116, No. 3, 2008.

［9］Brandt L, Hsieh C, Zhu X. China's structural transformation. In Brandt L, Rawski T (eds.), *China's Great Economic Transformation*. Cambridge: Cambridge University Press, 2008.

［10］Ngai L R, Pissarides C A. Structural change in a multi-sector model of growth. *American Economic Review*, Vol. 97, No. 1, 2007.

［11］Acemoglu D, Guerrieri V. Capital Deepening and Non-Balanced Economic Growth. NBER Working Paper, No. 12475, 2006.

［12］Holz C. Measuring Chinese productivity growth: 1952–2005. Social Science Division Working Paper, Hong Kong University of Science & Technology, 2006.

［13］Kongsamut P, Rebelo S, Xie D. Beyond balanced growth. *Review of Economic Studies*, Vol. 68, No. 4, 2001.

［14］Sokoloff K L. Productivity growth in manufacturing during early industrialization: Evidence from the American northeast, 1820~1860. In Engerman S L, Gallman R E. (Eds.), *Long-term Factors in American Economic Growth*, Studies in Income and Wealth, Chicago: University of Chicago Press, 1986.

［15］ Baumol W J. Macroeconomics of unbalanced growth: Theanatomy of urban crisis. *American Economic Review*, Vol. 57, No. 3, 1967.

从供需视角优化初次分配结构研究*

摘　要：优化初次分配结构、推进共同富裕必须运用系统思维，注重供需联动、协同发力。本文利用投入产出模型分析产业结构和需求结构对初次分配结构的影响。研究发现，从产业结构看，服务业成为劳动者报酬的主要来源，但技能服务业占比仍有较大提升空间。从需求结构看，三大需求拉动的劳动者报酬都呈现上升趋势，单位消费拉动的劳动者报酬最高。进一步研究发现，我国初次分配结构中存在部分行业劳动者报酬被挤压、劳动者报酬的部门填补缺位、部门收入错配等问题。为此，要优化产业结构和需求结构，发挥需求结构优化对供给结构的牵引作用、产业结构升级对需求的支撑作用和对就业的吸纳作用，形成以供需结构更高水平动态均衡来促进初次分配结构改善的格局。

关键词：初次分配结构　结构演进　供需联动　共同富裕

一、引言

共同富裕是中国特色社会主义的本质要求。调整收入分配结构是实现共同富裕的关键。要"发挥分配的功能和作用，要处理好效率和公平关系，构建初次分配、再分配、三次分配协调配套的基础性制度安排"。初次分配、再分配和三次分配协调配套，共同推动收入分配结构优化，其中生产要素在市场上根据贡献取得报酬的初次分配，是收入分配的基础，对优化收入分配格局具有决定性作用。根据国家统计局的资金流量表，2019年我国劳动者报

---

* 作者郭春丽、陆江源，本文原载于《经济学家》2023年第3期。

酬占国民收入初次分配52.3%，尽管扭转了20世纪90年代中期以来下降趋势，但与英美等发达国家70%的比例相比，与以日韩为代表的新兴工业化国家在工业化进程中劳动收入份额上升趋势相比，仍然存在差距。提高劳动报酬占比，是缓解居民收入差距、实现共同富裕的关键。我们以劳动报酬占比为主线，分析我国要素参与初次分配的特点。

优化初次分配结构，需要从供给和需求协同的角度予以考察。马克思主义政治经济学强调，生产、分配、流通、消费构成相互影响的环节，生产决定分配，生产结构决定分配结构，分配又反作用于生产。产业结构是劳动者报酬的决定性因素，改善初次收入分配结构，需要深入分析劳动者报酬的行业来源变化，从调整优化产业结构入手。由于资源稀缺程度不同，决定了初次分配中劳动、资本等生产要素参与分配的主导权和议价能力不同，加之不同国家、同一国家不同时期财税制度和财税政策不同，劳动者、资本所有者和政府在初次分配中获取的份额不同。需求结构通过对产业结构的影响，间接影响分配结构，随着需求结构中的服务消费占比提高，将使得劳动报酬占比较高的服务业的比重也得到提升，进而改善初次分配结构。事实上，收入分配结构受产业结构和需求结构的影响，反过来也影响产业结构和需求结构，优化初次分配结构必须供需联动、协同发力。

关于国民收入初次分配结构的现有实证研究，根据数据来源一般分为两类，一类是根据资金流量表研究初次分配的居民、企业、政府的部门结构，一类是根据投入产出表研究初次分配的产业结构，两类研究由于使用数据的特点，各有利弊。资金流量表是年度数据，可以分析初次分配的部门结构，但缺乏行业数据支撑。投入产出表既有行业分类又有要素收入分类，但发布年度的间隔较长，无法形成年度序列。投入产出模型把最终需求与生产过程联系起来，是分析需求结构、产业结构和收入分配结构关系的重要工具，可以清晰地揭示要素参与初次分配的事实特征和演进规律，本文利用投入产出模型分析产业结构和需求结构对初次分配结构的影响。

二、供需协同促进初次分配的理论分析

马克思主义分配理论强调生产决定分配，分配又反作用于生产。一是在

生产和分配的关系上，生产决定分配，生产结构决定分配结构，"分配本身是生产的产物，不仅就对象说是如此，而且就形式说也是如此。就对象说，能分配的只是生产的成果，就形式说，参与生产的一定方式决定分配的特殊形式，决定参与分配的形式。"在生产、分配、流通和消费构成的社会大系统中，产业结构直接决定分配结构，并通过流通（开放经济中的流通还体现为进口和出口）和消费影响需求结构。反过来，由流通和消费决定的需求结构反作用于生产系统，也对产业结构和收入分配结构产生影响。二是深刻揭示了资本主义生产条件下的分配规则。劳动价值论确定了分配的实体是劳动创造的价值，剩余价值理论揭开了剩余价值来源的奥秘和资本主义的分配规则。三是初步探索了未来新社会两个不同阶段的分配模式，即按劳分配和按需分配。在1875年的《哥达纲领批判》一文中，马克思第一次明确区分了共产主义第一阶段和高级阶段，并提出了第一阶段即社会主义社会实行按劳分配原则，高级阶段实行按需分配原则。"每一个生产者，在作了各项扣除以后，从社会领回的，正好是他给予社会的。他给予社会的，就是他个人的劳动量。……他从社会领得一张凭证，证明他提供了多少劳动（扣除他为社会基金而进行的劳动），他根据这张凭证从社会储存中领得一份耗费同等劳动量的消费资料。"由此可见，在理论上，生产结构决定了分配结构，而要素参与分配尤其是资本和劳动参与分配的结构，也将影响国民经济循环的整体运行。

在社会主义建设实践中，我们逐渐形成和完善了社会主义最基本分配制度理论。改革开放以前，分配在经济实践中表现为平均主义"大锅饭"，严重限制了社会生产力发展。改革开放后，首先肯定物质利益原则，提出切实贯彻按劳分配原则，随着经济市场化进程的推进，除按劳分配外，其他生产要素越来越多地参与到收入分配中来，逐渐形成了社会主义基本分配制度理论。在理论界广泛讨论的基础上，1987年党的十三大正式提出了"实行以按劳分配为主、其他分配方式为补充"，并对多种形式的非劳动收入加以肯定。党的十四届三中全会首次提出"允许属于个人的资本等生产要素参与收益分配"，并将原来的"以按劳分配为主、其他分配方式为补充"改为了"以按劳分配为主体、多种分配方式并存"。党的十五大、党的十六大、党的十七大进一步完善了按劳分配为主体、多种分配方式并存的分配制度理论。

党的十八大以来，习近平总书记对收入分配提出一系列重大论断。首先是指出了当前收入分配存在的问题，"由于种种原因，目前我国收入分配中还存在一些突出的问题，主要是收入差距拉大、劳动报酬在初次分配中的比重较低、居民收入在国民收入分配中的比重偏低。"① 其次是指出了完善收入分配制度的方向，"必须完善收入分配制度，坚持按劳分配为主体、多种分配方式并存的制度，把按劳分配和按生产要素分配结合起来，处理好政府、企业、居民三者分配关系""要坚持按劳分配为主体，提高劳动报酬在初次分配中的比重，完善按要素分配政策"。在正确处理劳动和资本的分配关系上，"要注重经济发展的普惠性和初次分配的公平性，既注重保障资本参与社会分配获得增殖和发展，更注重维护按劳分配的主体地位，坚持发展为了人民、发展依靠人民、发展成果由人民共享，坚定不移走全体人民共同富裕的道路"。可见，如何处理劳动报酬和其他要素报酬、居民收入和政府及企业收入、资本增殖发展和按劳分配主体地位的关系，是调整初次分配结构、推动共同富裕过程中需要重点处理的三对关系。

由此可见，在理论和实践层面，优化收入分配结构，完善收入分配制度，是实现共同富裕的重要制度保障。而分配结构、产业结构、需求结构又相互联系、相互作用，优化分配结构需要供给和需求协同联动。产业结构变动能引起劳动者报酬占比发生变化。一般来说，第一、第三产业劳动者报酬占比较高，第二产业劳动者报酬占比较低。三大产业就业结构与增加值结构失衡是我国居民收入差距形成的重要原因。产业结构演进中，随着第一产业产值份额下降和第二产业产值份额上升，劳动者报酬份额相应下降，当第三产业在经济中占据主导地位时，劳动者报酬份额大幅上升。作为正处在工业化加速和现代化结构转型的发展中国家，我国产业结构深刻演进过程中行业之间收入增长的不平均，导致了行业之间劳动者报酬差别扩大，从而影响初次分配格局。因此，产业结构对国民收入初次分配结构的影响是多重因素综合作用的结果。尽管最终分配结果还受政府二次分配的影响，但在我国现行分配制度下，初次分配很大程度上决定了劳动者、资本所有者和政府获取的收入

---

① 2015年11月23日，习近平在十八届中央政治局第二十八次集体学习时的讲话。

份额,并直接影响到居民消费、企业投资和政府消费投资行为,对需求结构产生实质性影响。

与此同时,产业结构也受需求结构变化的影响,需求结构对收入分配的影响是通过产业结构传导的。由于投资和出口主要拉动第二产业尤其是工业,工业的资本有机构成高,就业效应和收入效应较低,而随着居民消费升级中服务消费占比不断提高,消费对就业和收入效应大的第三产业拉动作用就更为明显,因此需求结构变化必然带来收入分配结构变化。消费倾向的提高,能够推动劳动力和资本从低报酬率产业向高报酬率产业转移,从而调整各产业的劳动报酬系数、营业盈余系数、固定资产折旧系数和生产税净额系数不断调整,优化收入分配格局和产业格局。当然,在产业转型升级中,随着第三产业投资占比提高,投资的就业效应和收入效应也可能提高;随着出口产品附加值提高,出口对劳动者报酬的拉动作用也不断提高。需求结构随着发展阶段变化而呈现出明显的规律和特征,在由工业化初期、工业化中期和后工业化阶段构成的完整的经济发展阶段,投资率和消费率分别呈现出"U"型曲线和倒"U"型曲线,净出口率则与一个国家和地区的发展战略导向和对外政策密切相关,从而决定了由投资、消费和出口构成的需求结构在不同发展阶段会对收入分配结构产生不同的影响。

三、我国产业结构和需求结构演进对初次分配的影响

在投入产出表中,增加值的要素报酬被分解为劳动者报酬、生产税净额、固定资产折旧、营业盈余等四部分,劳动者报酬就是增加值按劳分配的部分,固定资产折旧和营业盈余加起来是企业收入,生产税净额是政府通过税收获取的收入。本文利用国家统计局发布的历年投入产出表,计算2002年、2005年、2010年、2015年、2018年我国要素初次分配结构的产业特征和需求特征。

为了方便研究,我们按照行业特性将投入产出表中的行业归并为十类:农业,轻工业(包括食品制造及烟草加工业、纺织业、服装皮革羽绒及其制品业、木材加工及家具制造业、造纸印刷及文教用品制造业),重化工业(包括采掘业、石油加工、炼焦及核燃料加工业、化学工业、非金属矿物制品业、金属冶炼及压延加工业、金属制品业),机械和电子工业(包括通用

专用设备制造业、交通运输设备制造业、电气机械及器材制造业、通信设备计算机及其他电子设备制造业、仪器仪表及文化办公用机械制造业)、建筑业，传统服务业(包括水电燃气、批发零售、交通运输仓储、住宿餐饮)，信息服务业，金融业，房地产业，以及技能服务业(包括研究、技术服务、商业服务、教育、医疗、公共管理、文化娱乐)。服务业主要根据产业特性来划分，传统服务业依赖和服务物质生产部门，金融和房地产主要是资本密集型行业，技能服务业主要依赖专业技能，信息服务业既依赖资本又依赖技术因而单列。

(一) 从产业结构演进看，初次分配结构尚有很大改善空间

从历史演进看，服务业成为劳动者报酬的主要来源。根据历年的国家投入产出表数据，整体看，劳动者报酬来源从农业、制造业为主转向技能服务业为主，从2002年到2018年，农业对劳动者报酬贡献下降了8.6个百分点，制造业的贡献下降了8.3个百分点，而建筑业、传统服务业、信息技术服务业、金融业对劳动者报酬贡献均有小幅上升，技能服务业对劳动者报酬的贡献则提高了6.9个百分点。尤其是2010年以来服务业比重迅速上升，技能型服务业对劳动者报酬的贡献从2010年的22.5%快速提高到2018年的27.2%。2018年，农业对劳动者报酬的贡献为14.0%，轻工业的贡献为5.1%，重化工业的贡献为9.5%，机电工业的贡献6.9%，建筑业的贡献8.9%，以上行业合计贡献44.5%。而传统服务业、技能型服务业、信息技术服务业分别贡献了17.1%、27.2%、2.8%，金融业贡献6.0%，房地产贡献2.5%，以上服务业合计贡献55.5%。可见，服务业已经成为当前劳动者报酬的来源主体(见图1)。

从行业对比看，要素参与分配具有鲜明的行业特征。根据国家统计局的2018年中国投入产出表，农业增加值中劳动者报酬占比高达98%，生产税净额为-5%，表明废除农业税以后农业整体处于补贴状态。轻工业和机械工业劳动者报酬占比在42%~43%，高于重化工业32%的水平，这主要是由于轻工业中的纺织服装业和机械工业中的电子制造业都是劳动密集型产业。而重化工业的企业收入和生产税净额占比都较高，重化工业对税收的贡献份额超过其在国民经济中的比重。建筑业的劳动者报酬占比也高达65%，系工业化

城镇化进程中大量劳动力从农业涌入建筑业所致。在服务业中，传统服务业劳动者报酬和企业报酬占比基本持平，房地产业的企业收入占比高达66%，技能服务业的劳动者报酬占比也达到75%的较高水平。信息技术服务业的企业收入和劳动者报酬占比分别为59%和38%，表现出企业收入份额较高、劳动者报酬份额较低的特征。从收入分配角度看，房地产和信息技术服务业表现出明显的资本密集型特征（见图2）。

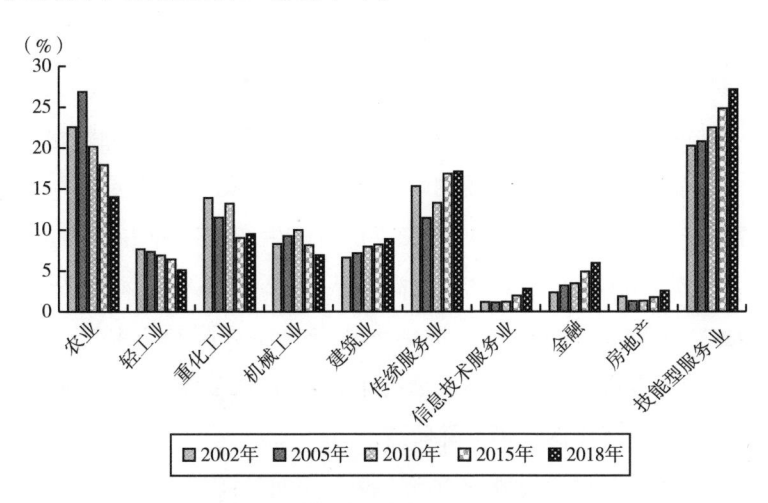

图1　我国劳动者报酬的行业构成

资料来源：国家统计局，历年投入产出表。

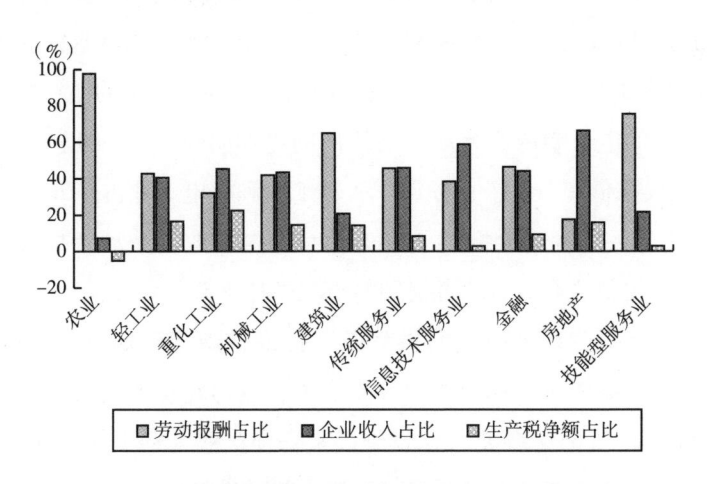

图2　要素参与行业分配状况（2018年）

资料来源：国家统计局，2018年投入产出表。

(二)劳动者报酬来源变化是产业结构调整和部门要素分配格局变化的结果

劳动者报酬从主要来源于农业、制造业转向主要依靠服务业,既与产业结构朝着服务业化方向调整有关,也与相关部门内部劳动者报酬份额变化有关,后者由劳动者在相关行业参与要素分配中的位势和能力决定。根据历年投入产出表的分析数据,可以得到以下结论。

一是农业对劳动者报酬的贡献下降,与农业占国民经济比例大幅下降有关。这一期间统计口径发生重大变化,农业部门的劳动者报酬既包括农户的纯收入,也包括国有和集体农场的营业盈余,换言之,农业部门所有收入都被计为劳动收入。2005年全面取消农业税后,生产税净额占比从3.3%下降到-5%,劳动者报酬占比进一步提高,从2002年的80.1%提高到2018年98%,但这一时期农业占国民经济比重从13.6%下降到7.4%。也就是说,在农业内部劳动者报酬占比提高的情况下,农业对劳动者报酬的贡献下降主要是农业占国民经济比例大幅下降所致。

二是制造业对劳动者报酬的贡献下降,与重化工业和轻工业占国民经济比重变化及其内部劳动者报酬占比变化有关。2002~2018年,重化工业的劳动者报酬占比从41.2%下降到32.1%,轻工业和机械电子工业的劳动者报酬占比则分别从38.3%、39.2%提高到42.8%、42.0%。出现这一结果,是由于21世纪以来重化工业资本密集度明显提高,而轻工业中的纺织服装业和机械电子工业中的电子制造业劳动密集特征则更加明显。这一期间,重化工业占GDP比例仅降低了1.1个百分点,而轻工业和机电工业占GDP比例下降了5.3个百分点,一定程度上抵消了轻工业和机电工业的劳动者报酬占比提高效应,从而导致制造业对劳动者报酬的贡献整体下降。

三是建筑业对劳动者报酬的贡献不断提高,既与建筑业占GDP比例从2002年的5.4%提高到2018年的7.1%有关,也与建筑业的劳动者报酬占比从51%大幅提高到65%有关。21世纪以来房地产业带动下建筑业快速发展,吸纳了大量农业转移劳动力,对国民经济中劳动份额提高作出了重要贡献。

四是服务业对劳动者报酬的贡献大幅提高,既与服务业占国民经济比例提高有关，还与除房地产外的其他服务业劳动者报酬份额上升有关。2002~2018年，服务业占国民经济比例从42.2%提高到53.3%，同时服务业各细分行业劳动者报酬占增加值比例均在提高，其中传统服务业从38.4%提高到45.6%，技能服务业从67.2%提高到75.4%，信息技术服务业从22.1%提高到38.4%。可以看出，无论是吸纳简单劳动力的传统服务业，还是吸纳技能型、知识型人才的技能服务业和信息技术服务业的劳动者报酬占比都在提高。

（三）从需求结构演进看，初次分配也有很大改善空间

2011年消费率开始趋势性回升，2012年投资率开始趋势性下降，消费对经济增长的基础性作用在不断增强，投资对经济增长的支撑性作用稳固，三大需求拉动经济增长的协同性提高，通过产业结构对收入分配结构的改善效应也在增强。我们进一步利用历年投入产出表分析单位消费、投资、出口可以拉动的劳动者报酬、企业收入和生产税净额，研究发现：

三大需求拉动的劳动者报酬都呈现上升趋势，单位消费拉动的劳动者报酬最高，单位投资拉动的企业收入和政府收入最高。单位消费拉动的劳动者报酬从2005年的0.398稳步提升到了2018年的0.513，单位投资拉动的劳动者报酬从0.279提高到了0.417，单位出口拉动的劳动者报酬从0.229提高到了0.370。从历史趋势看，2002~2007年，单位消费、投资、出口拉动的劳动者报酬均出现下降，与这一时期汽车、住房占居民消费比重大幅提高且汽车、住房消费主要拉动制造业、重化工业和建筑业，投资和出口也主要拉动工业有关；而2007~2018年，单位消费、投资、出口拉动的劳动者报酬开始上升，既与这一时期居民消费升级、投资和出口结构优化导致对服务业的消费、投资和出口均在增加，产业结构服务化趋势明显，从而带动更多就业、带来更多劳动者报酬有关，也与劳动力成本上升以后劳动者报酬整体水平提升有关。

消费需求拉动的企业收入在波动中提高，投资和出口拉动的企业收入呈现上升趋势，投资拉动的企业收入最高。单位消费拉动的企业收入从2002年的0.317波动中小幅提高到2018年的0.329，单位投资拉动的企业收入从0.306提高到0.343，单位出口拉动的企业收入从0.277提高到了0.328。近

年来，消费升级带动服务业发展，而服务业税收低于制造业，因此消费需求对企业收入的影响不大。投资和出口主要拉动重化工业、制造业等税率高的部门，拉动的企业收入总体上呈上升趋势。

三大需求拉动的生产税净额都在下降，投资拉动的生产税净额最高。单位消费拉动的生产税净额从2002年的0.113下降到2018年的0.075，单位投资拉动的生产税净额从0.117下降到0.113，单位出口拉动的生产税净额从0.125下降到0.089。消费、投资和出口对政府税收拉动作用减弱，与近年来我国对实体经济大幅度减税降费有很大关系（见表1）。

表1　　　　　单位消费、投资、出口拉动的要素报酬

项目	2002年	2005年	2007年	2010年	2012年	2015年	2017年	2018年
单位消费拉动的劳动者报酬	**0.461**	**0.398**	**0.413**	**0.464**	**0.488**	**0.506**	**0.515**	**0.513**
单位消费拉动的生产税净额	0.113	0.098	0.102	0.105	0.095	0.086	0.085	0.075
单位消费拉动的企业收入	0.317	0.347	0.353	0.296	0.297	0.292	0.316	0.329
单位投资拉动的劳动者报酬	**0.359**	**0.279**	**0.274**	**0.327**	**0.355**	**0.393**	**0.411**	**0.417**
单位投资拉动的生产税净额	0.117	0.113	0.128	0.133	0.128	0.118	0.123	0.113
单位投资拉动的企业收入	0.306	0.354	0.366	0.321	0.318	0.323	0.341	0.343
单位出口拉动的劳动者报酬	**0.305**	**0.229**	**0.241**	**0.304**	**0.307**	**0.363**	**0.376**	**0.370**
单位出口拉动的生产税净额	0.125	0.103	0.115	0.120	0.117	0.108	0.098	0.089
单位出口拉动的企业收入	0.277	0.322	0.317	0.283	0.284	0.293	0.316	0.328

资料来源：国家统计局，历年投入产出表，笔者计算。

从需求结构调整趋势看，劳动者报酬占比还有较大上升空间。受发展阶段、历史文化传统等因素影响，我国消费率和投资率都大幅偏离国际平均水

平。根据世界银行数据，2020年我国消费率为54.7%，分别比世界平均水平、中高收入国家和高收入国家低18.3个、8.3个、22.1个百分点；投资率为43.5%，分别比世界平均水平、中高收入国家和高收入国家高出17.9个、10.6个、21.2个百分点。就消费需求而言，当前居民消费结构正在加速从商品消费为主向服务消费为主升级，根据国家统计局数据，2021年服务消费占居民消费比重达到44.2%，距发达国家60%的水平还有较大提升空间。随着经济发展进入后工业化时期，投资需求将逐渐减少，消费需求尤其是服务消费将大幅上升，根据我们预测，2025年、2035年我国居民服务消费支出规模将分别达到18.3万亿元、25万亿元。需求结构优化过程中，消费需求尤其是服务消费将带动服务业发展，进而带动更多就业和收入，因此最终需求服务化的过程也将是劳动者报酬占比不断上升和初次分配结构改善的过程。根据我们的研究，2025年、2035年消费率分别可达到57.5%、62%，参考历史数据，按照单位消费拉动0.50的劳动者报酬计算，则到2025年、2035年居民消费支出增加将带来初次分配中劳动者报酬占比分别提高1.7个、3.0个百分点，其中服务消费将带动劳动者报酬占比提高0.9个、1.8个百分点。

四、初次分配结构的国际比较

利用OECD发布的国际投入产出表数据，以美国、日本、英国、法国、德国为研究对象，同样按照十大行业分类，分析这些国家与我国劳动参与分配的行业差异，从而分析我国初次分配产业结构存在的问题。

（一）从国际比较看，部分行业初次分配结构偏离一般规律

研究发现，我国制造业增加值中劳动者报酬占比偏低，信息技术服务业、金融业劳动者报酬占比明显偏低，信息技术服务业和金融业的企业收入占比远高于美、日、德等国家的平均水平。信息技术服务业的劳动者报酬和企业收入比重分别为38%和59%，而美国分别为79%和20%，相比之下，我国劳动者报酬占比明显偏低。

从各个行业对劳动者报酬的贡献看，我国农业的贡献占比仍然高达14%，发达国家商业服务、公共管理、教育和医疗等技能型服务业对劳动者

报酬的贡献高达42.2%,而我国技能型服务业对劳动者报酬的贡献仅为27.2%,不符合后工业化时代技能型服务业成为劳动者报酬主要来源的一般特征。值得注意的是,我国轻工业、重化工业对劳动者报酬的贡献高于美日德,但机械工业的贡献仅为6.9%,明显低于发达国家10.3%的平均水平,这表明后工业化时代高技能要求的机械工业仍然是劳动者报酬的主要来源。发达国家房地产业的企业收入占比尽管较高,但主要是后工业化时代大量建筑需要维护、固定资产折旧较高导致的,仅考察营业盈余则中国要高于美日德(见表2和表3)。

表2 劳动者报酬的行业来源 单位:%

项目	农业	轻工业	重化工业	机械工业	建筑业	传统服务业	信息技术服务业	金融业	房地产业	技能型服务业
中国	14.0	5.1	9.5	6.9	8.9	17.1	2.8	6.0	2.5	27.2
美日德平均	0.5	2.9	6.5	10.3	6.9	21.2	3.3	4.9	1.3	42.2

资料来源:中国数据采用国家统计局2018年投入产出表。美国、日本、德国数据采用OECD国际投入产出表,表3、图3、图4同。

表3 企业收入的行业来源 单位:%

项目	农业	轻工业	重化工业	机械工业	建筑业	传统服务业	信息技术服务业	金融业	房地产业	技能型服务业
中国	1.4	6.6	18.2	9.7	3.9	23.3	5.8	7.7	12.9	10.6
美日德平均	1.5	2.8	7.8	8.5	3.3	24.5	1.6	5.6	22.3	22.1

(二)劳动者报酬行业来源的国际比较分析

一是我国劳动者报酬来自农业部分的比例仍然偏高。我国劳动者报酬来自农业部门高达14.0%,而发达国家平均仅为0.5%,农业对劳动者报酬的贡献仍然偏高。这既与统计中将农业部门所有收入都计为劳动收入有关,也与我国农业占GDP比重仍然较高有关。

二是劳动者报酬来源于技能服务业的比例偏低。以商业服务、公共管理、教育和医疗等为代表的技能服务业是农业和制造业劳动者报酬占比下降后劳动者报酬的重要来源，这些行业劳动者报酬占比大幅上升是后工业化时代要素分配的重要特征。当前，我国劳动者报酬中的技能服务业占比为27.2%，而发达国家平均高达42.2%，相比之下，明显偏低。出现这一问题，既与一些技能型服务业如教育、医疗等仍存在准入限制有关，也与技能型人才不足有关。

三是劳动者报酬来源于机电工业的比例明显较低。后工业化时代，要求高技能劳动力参与的机电工业等技能型制造业仍然是劳动者报酬的重要来源，德国机电工业对劳动者报酬的贡献高达14.1%，日本为11.8%，而处于工业化中后期的我国却仅为6.9%。出现这一问题，既与机电制造业占比近年来下降过快有关，也与缺乏技术工人有关。就要素参与机电工业分配而言，我国劳动者报酬占比为47.8%，而发达国家平均为59.1%，我国机电工业技能劳动收入占比明显偏低。

四是信息技术服务业的劳动者报酬占比偏低。信息技术服务业是后工业化时代劳动者报酬的主要来源，美国信息技术服务业中劳动者报酬占比为79%，英法德日平均为68%，而我国仅为38%。出现这一问题，与该行业垄断性较强、企业垄断收益较高、大量人力资本尚不能获取较高的回报有关（见图3）。

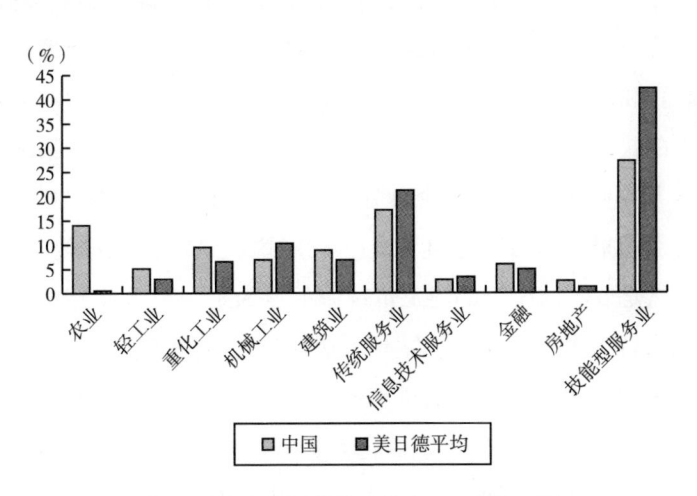

图3 劳动者报酬的行业构成——国际对比

(三) 我国劳动参与初次分配存在的主要问题

生产要素由市场评价贡献、按贡献决定报酬是初次分配合理化的基本要求，但与国际规律和要素参与初次分配的趋势相比，从产业结构看，当前我国还存在制约要素由市场评价贡献并按贡献参与初次分配的问题。根据国家统计局的中国投入产出表和 OECD 的各国投入产出表数据，我们得到如下结论。

一是部分服务业中劳动者报酬被资本收入挤压。与其他国家相比，我国信息技术服务业、金融业的企业收入过高，信息技术服务业增加值中企业收入占比高达 71.6%，金融业企业收入占比达 68.1%，而以上行业中发达国家平均仅 27.8%、45.9%，我国资本依靠垄断和准入限制获取了过高的报酬。如果采用资本报酬占资本存量之比来表示资本平均回报率，则我国制造业资本平均回报率为 19.6%，远低于发达国家 27.2% 的平均水平，原因在于我国制造业增加值率较低，而我国信息技术服务业的资本回报率高达 37.9%，远高于发达国家 25.1% 的平均水平。

二是农业劳动者报酬下降后技能服务业没有完全填补。无论是从历史演进还是从国际经验看，未来农业对劳动者报酬的贡献都将大幅下降，而后工业化时代制造业、传统服务业吸纳劳动力的容量非常有限，以商业服务、公共管理、教育和医疗等为代表的技能密集型服务业，将成为劳动者报酬的来源主体。当前我国技能型服务业没有获得充分发展，对劳动者报酬的贡献比美日德等国家的平均水平低 15 个百分点，影响到劳动者报酬份额持续提升。

三是劳动者报酬来源与企业收入、政府税收来源出现错位。我国企业、政府收入仍然是以物质生产部门及传统服务业为主，2018 年传统服务业对企业收入的贡献高达 23.6% 左右，重化工业贡献达到 20% 左右，房地产业上升到 12.9%，机电工业和轻工业的贡献分别为 9.7% 和 6.6%，以上几个行业对企业收入的贡献高达 73%。2018 年重化工业对生产税净额的贡献为 33.0%，传统服务业和房地产的贡献分别为 15.8% 和 11.3%，轻工业、机电工业、建筑业的贡献分别为 9.8%、11.9%、9.7%，以上行业对政府收入的贡献高达 91.5%。劳动者报酬收入来源与企业收入、政府税收来源出现错位，导致地方政府和企业倾向于发展重化工业、房地产等税收和盈利能力强的产业，而劳动者报酬占比高的服务业发展乏力。相比之下，发达经济体绝大多数行业劳动者报酬、企业收入和生产税净额构成基本一致，劳动报酬的增加值占比均在50%~60%之间，只有房地产业和技能服务业例外，前者是典型的资本密集型行业，后者是典型的高技能劳动密集型行业（见图4）。①

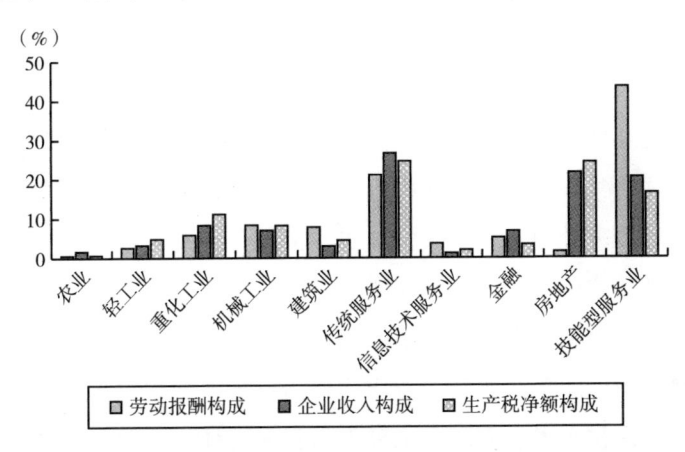

图4 主要经济体要素参与分配的行业分布（美日德平均水平）

五、优化初次分配结构推动共同富裕的政策建议

按照供需联动、协同发力的思路，调整优化产业结构和需求结构，发挥需求结构优化对供给结构的牵引作用、产业结构升级对需求结构优化的支撑作用和对就业的吸纳作用，形成以需求结构与产业结构在更高水平上实现动态均衡来促进初次分配结构改善的格局。

一是限制资本在部分服务部门无序扩张。限制资本在信息技术服务业、金融业、房地产业过度扩张，避免教育、医疗、文化、住房等公共服务领域过度资本化和商业化，引导资本更多地参与制造业转型升级和服务业提质增效。打击平台垄断，提高垄断处罚金额，征收垄断收益税，加快健全市场准

---

① 美国房地产业对劳动者报酬贡献仅占1.04%，技能服务业对劳动者报酬贡献高达49.3%，但房地产业对企业收入和生产税净额贡献分别高达26.1%和36.4%，技能服务业对企业收入和生产税净额贡献则仅为19.1%和17.9%，日本、英国、法国、德国情况相似。

入制度、公平竞争审查机制、数字经济公平竞争监管制度、预防和制止滥用行政权力排除限制竞争制度等，促进公平竞争。

二是大力发展技能密集型制造业。大力发展机械、电子信息技能密集型制造业，推动传统制造业转型升级赋能、延伸产业链条，开发更多技能型就业岗位。发展服务型制造新模式，做大做强新兴产业链，打造更多制造业就业增长点。

三是大力发展技能型服务业。进一步放宽研究、技术服务、教育、医疗、文化娱乐等行业的市场准入，加快扩大开放，保障民办与公办机构公平发展，促进知识技术密集、就业容量和收入效应大的技能服务业加快发展。支持生产性服务业和服务外包创新发展，加快生活服务业高品质和多样化升级，鼓励商贸流通和消费服务业态与模式创新。

四是深入挖掘新业态新模式中的就业创业和收入潜力。加快发展数字经济，催生更多新产业新业态新商业模式，培育多元化多层次就业需求。支持大学毕业生、退役军人、下岗职工等重点就业群体通过灵活就业、共享用工以及"互联网+"等方式就业创业。支持互联网企业、共享经济平台建立各类共享用工平台、灵活就业保障平台，带动更多劳动者依托平台就业创业。

五是推进需求结构的服务化转型。加大对养老托幼、健康休闲、教育培训、现代物流等现代服务业投资，加大促进城乡居民消费的城市更新、老旧小区改造、公租房建设等领域的投资，加大县城服务功能提升型投资，推动更多资金投向供需共同受益且具有乘数效应的领域。提质发展衣食住行等传统消费，积极发展文化旅游、冰雪运动、医疗健康、家政服务等服务消费，加快培育在线教育、在线文娱、智慧旅游新型消费，加快提供多元化、高品质商品和服务供给。调整优化出口结构，大力发展高质量、高技术、高附加值产品贸易，不断提高出口劳动密集型产品的档次和附加值；持续推进服务贸易改革创新试点，推进文化、数字服务等领域特色服务贸易发展。

参考文献：

[1] 习近平：《习近平谈治国理政》（第四卷），外文出版社2022年版。

[2] 刘灿：《中国特色社会主义收入分配理论》，《政治经济学评论》

2022 年第 4 期。

　　[3] 罗娟、彭伟辉：《共同富裕目标下我国收入分配结构优化路径》，《经济体制改革》2022 年第 1 期。

　　[4] 习近平：《论把握新发展阶段、贯彻新发展理念、构建新发展格局》，中央文献出版社 2021 年版。

　　[5] 范德成、王宏宇、刘刊：《消费倾向变动对初次收入分配结构的调整机制》，《哈尔滨工程大学学报》2019 年第 2 期。

　　[6] 习近平：《习近平谈治国理政》（第二卷），外文出版社 2017 年版。

　　[7] 刘伟、蔡志洲：《完善国民收入分配结构与深化供给侧结构性改革》，《经济研究》2017 年第 8 期。

　　[8] 刘伟：《产业结构失衡与初次分配扭曲》，《上海行政学院学报》2013 年第 5 期。

　　[9] 马克思、恩格斯：《马克思恩格斯选集》（第 3 卷），人民出版社 2012 年版。

　　[10] 马克思、恩格斯：《马克思恩格斯文集》（第 8 卷），人民出版社 2009 年版。

我国国民收入分配格局研究*

摘　要：近年来，中国要素收入分配格局逐渐优化，国民收入分配格局呈现出"优中有忧"的态势，"优"主要表现在初次分配逐渐向居民部门倾斜、再分配力度不断加强，而"忧"则突出表现为金融机构在国民收入分配格局中占比增长过快。与发达国家相似发展阶段和现阶段主要国家比较发现，中国要素分配格局中劳动报酬占比并不低。结合当前经济发展条件和未来走势，"十四五"时期中国居民部门在国民收入分配中的比重有所提升，金融部门占比增速进一步提高，数据等生产要素参与收入分配的权属问题对于国民收入分配格局将会产生重要影响。为此，应健全初次分配机制，加大对收入分配调节力度，多渠道增加居民可支配收入，逐步提高居民部门在国民收入分配中的比重。切实降低实体企业融资成本。加快地方产业结构调整，建立健全地方税体系，促进地方政府形成可持续的收入增长机制。应尽快明确数据要素在参与收入分配时的权属问题，形成一套较为完善的分配方案。

关键词：要素分配　初次分配　再分配

收入分配格局优化调整是促进经济社会高质量发展和加快建设现代化经济体系的内在要求，是全面实现现代化的应有之义。"十四五"是开启我国全面建设社会主义现代化强国新征程的起步阶段，准确分析判断"十四五"时期国民收入分配格局变化趋势对于更好地把握调整优化收入分配格局的重点方向与任务、为实现现代化打好基础具有重要意义。

---

* 作者姜雪，本文原载于《宏观经济研究》2020年第12期。

一、当前我国国民收入分配格局演变的基本特征

当前我国处于收入分配改革的关键期，国民收入分配格局呈现出一些新的特征：要素分配逐渐向劳动倾斜，居民部门占比仍然相对偏低，金融机构占比增长过快。

（一）要素分配逐渐向劳动者倾斜

从近30年的数据可以观察到，我国要素分配格局中劳动者报酬占比呈现"U"型变化趋势。近几年劳动者报酬占比不断增加，尤其是自2012年以来，劳动者报酬占比止跌回升，较2011年提高0.65个百分点，此后虽然个别年份有所下降，但上升趋势没有改变。2017年增加到47.5%，较2012年提高1.9个百分点。

近年来，我国要素分配格局持续优化与产业结构升级和劳动力市场环境改善息息相关。一般来说，第一产业劳动者报酬占比最高，第三产业次之，而资本密集型工业或制造业占比最低。产业结构的工业化必然引致我国整体劳动收入份额的下降。2012年以来，我国第一产业占GDP的比重逐渐稳定，第三产业占比开始超过工业部门，形成"三二一"的产业结构格局。并且有研究表明近年来我国第三产业的技术进步呈现出劳动偏向型。因此，受益于产业结构的优化升级和劳动偏向型技术进步，我国劳动报酬占比开始提升。2008年的《中华人民共和国劳动合同法》实施以来，劳动力市场对普通劳动者的保障越来越规范和健全，就业保障水平明显提高，单位为劳动者缴纳的社会保险费等不断增加，从而扩展了劳动报酬的来源。

（二）国民收入在部门间的分配格局"优中有忧"

近年来，国民收入在政府、企业和居民部门之间的分配呈现出一些新的趋势和特点。初次分配格局不断优化，突出表现在初次分配逐渐向居民部门倾斜，再分配力度也在不断加强。但金融机构在国民收入分配中的比重增长过快，"脱实向虚"的现象并未得到根本改善，需要引起重视。

1. 金融危机后初次分配逐渐向居民部门倾斜

1992年以来，中国国民收入初次分配格局经历了向企业倾斜→向政府和

企业倾斜→向居民倾斜的过程。特别地，2009年至今，随着国民收入分配政策的调整①和对民生投入的加大，居民部门收入占比逐渐回升，政府部门收入比重略有上升，而企业收入比重则略有下降。到2023年，政府、企业和居民三部门收入比重分别为11.3%、25.9%和62.8%、14.03%、25.4%和60.56%，与2008年相比，政府部门收入占比下降3个百分点，企业部门收入比重下降0.7个百分点，居民部门收入比重则扭转了多年下降的态势，上升了4.1个百分点。

2. 再分配力度不断加大

从再分配格局看，2009年以后居民部门占比上升趋势更加明显，2017年居民部门收入占国民收入再分配的比重较2008年提高了2.56个百分点，上升幅度较初次分配提高0.66个百分点。再分配后，个别年份政府部门的比重甚至超过企业部门，且与企业部门比重的差距大大缩小。

从再分配过程看，企业部门一直是收入的净转出方，政府部门是收入的净转入方，2002年至2010年期间，居民部门也是收入的净转出方。但是2011年以来，居民部门再次成为收入的净转入方，且转入的力度在不断加大，到2016年居民部门收入占再分配收入比重较初次分配比重提高0.82个百分点。这充分说明我国再分配力度在不断强化。

3. 金融机构在国民收入分配中占比增长过快

1992年以来，我国三部门初次分配收入都取得了明显的增长。2017年相较于1992年，居民部门名义收入增长了28.5倍，政府部门增幅为27.8倍。企业部门增幅达到41倍，其中金融机构增长66倍，非金融企业增长37倍。从可支配收入看，可支配收入总体增幅为30倍，其中居民部门增幅为27倍，政府部门增幅为29倍，非金融企业部门增幅为42倍，金融机构的增幅达到127倍，远超其他部门。

无论是初次分配还是再分配，金融机构占比均增长较快已是不争的事实。尤其是2004年以来，初次分配金融机构占比由2004年的1.9%增加至2023年的4.0%，增长了2.1个百分点，而非金融企业出现了下降的趋势。再分

---

① 党的十七大首次提出要逐步提高居民收入在国民收入分配中的比重，提高劳动报酬在初次分配中的比重，创造条件让更多的群众拥有财产性收入。

配中，非金融企业占比由 2004 年的 20.6% 下降到 2023 年的 19.2%，下降了 1.4 个百分点。

(三) 各部门初次分配收入来源变化呈现新特征

初次分配中，居民部门收入主要来源于劳动报酬、净财产收入和营业盈余，企业部门收入主要来源于营业盈余和净财产收入，政府部门的收入主要包括生产税净额、净财产收入和营业盈余。金融危机以来，三部门初次分配收入来源呈现出一些新的特征，主要表现在以下几个方面：

居民部门的劳动收入主体地位不断增强。我国居民部门初次分配中，劳动报酬占比平均超过 80%，营业盈余和净财产收入占比不足 20%。2008 年以来这种变化趋势更为明显，相较于 2008 年，2023 年居民部门的劳动者报酬、净财产收入和营业盈余分别增长 2.8 倍、2.39 倍和 1.98 倍。这说明金融危机以来居民收入的增长主要源于劳动报酬，劳动收入的主体地位不断增强。

营业盈余对企业部门收入贡献有所下降。一直以来，企业都是财产收入的净支出方，营业盈余是企业部门收入的最主要来源，其占企业部门初次分配收入比重超过 100%。1992 年以来，其对企业部门初次分配收入的贡献呈现出先下降后上升的趋势，但是 2014 年以来又出现下降的势头。这可能与我国非金融企业经营成本高，企业经营融资难、融资贵有关系。

政府部门税收收入的主体地位有所弱化。近年来生产税净额占政府部门收入比重不断下降，2023 年占比为 71.3%，较最高时（1999 年）低 30 个百分点。而净财产收入占比在不断提高，尤其是 2005 年以来净财产收入占比由负转正，2015 年时最高为 15.3%。政府部门实现净财产收入的快速增长以及税收收入主体地位的弱化与城镇化快速推进和房地产快速发展密切相关。

二、国民收入分配格局的国际比较

选取发达国家相似发展阶段和主要国家现阶段进行比较，以期发现宏观收入分配格局演变的一般性规律和同一国际背景下我国与其他国家的差异，为研判"十四五"时期国民收入分配格局发展趋势奠定基础。

（一）与发达国家相似发展阶段的比较

考虑到数据可得性的限制及与我国经济结构变化趋势和文化的异同，选取美国和日本进行比较，时间段为：美国 1970~1990 年（人均 GDP 为 5000~24000 美元），日本 1975~1990 年（人均 GDP 为 5000~25000 美元）。与美、日相似发展阶段比较，我国国民收入分配格局主要存在以下几方面特点。

要素分配格局变化趋势与美、日一致，劳动报酬占比低于美国但略高于日本。在人均 GDP 1 万美元左右时，美国和日本的劳动报酬占比均呈现出略有上升的趋势，我国要素分配格局与美、日相似发展阶段变化趋势较为一致。2023 年，我国劳动者报酬占比为 51.6%，较美国低近 5 个百分点，较日本高 0.7 个百分点。营业盈余与美国类似，比日本高约 8 个百分点。生产税净额占比高于美国和日本平均约 5 个百分点。

初次分配中我国居民部门占比严重偏低。我国初次分配结构变化趋势与美国和日本相似发展阶段较为一致，均呈现出居民部门占比提升的趋势。但是与美国和日本相比，我国居民部门占比相对较低。初次分配中我国居民部门占比不足 63%，较美国和日本平均低 20 个百分点。而企业部门占比相对偏高，较美国和日本分别高 12 个和 15 个百分点。政府部门占比相对偏高，较美日两国分别高近 8 个和 9 个百分点。

我国居民部门初次分配营业盈余和净财产收入占比较低。相较于美国和日本，我国居民部门初次分配过多地依赖于劳动者报酬，占比超过 80%，远高于美国和日本的水平。相反，营业盈余和净财产收入占比则相对较低，2023 年我国居民部门净财产收入占比相对较低，较美国和日本类似发展阶段低近 5~6 个百分点。

我国金融机构占国民收入比重增长过快。与美国和日本相似发展阶段相比，近年来我国金融机构占比增长过快，2023 年初次分配中金融机构占比已经接近 5%，远超美、日相似发展阶段的平均水平。再分配中我国金融机构占比也相对较高，较美国和日本相似发展阶段高近 3 个百分点。

我国再分配力度有待加强。从再分配力度看，美国和日本相似发展阶段再分配与初次分配相比，各部门总体变化分别为 9.3% 和 14.16%，而我国不足 5%。从再分配方向看，美国和日本的企业部门和居民部门均为收入的净转出方，且居民部门转出力度最大，政府部门为收入的净转入方，但我国的居民部门和政府部门均为收入的净转入方，仅企业部门为收入的净转出方。

（二）与主要国家现阶段的比较

基于经济体量、文化差异、发展阶段以及数据可得性的考虑，与主要国家现阶段的比较选取 13 个 OECD 国家以及 3 个与我国发展水平相似的发展中国家[①]金融危机以来的数据。通过与主要国家现阶段的比较发现：

要素分配格局中，我国劳动者报酬占比并不低。与主要国家相比，我国劳动者报酬占比略高于其平均水平，营业盈余占比略低于其平均水平，生产税净额占比与其他国家较为类似。金融危机后，部分国家出现劳动报酬占比下降的趋势，我国却呈现出上升的趋势。

我国居民部门收入占国民收入比重偏低。无论是初次分配还是再分配，我国居民部门占比均低于主要国家平均水平。初次分配中，我国居民部门占比低于主要国家平均水平约 11 个百分点，大部分国家居民部门占比为 70% 左右，我国不足 61%。企业部门占比远高于主要国家平均水平，高约 10 个百分点，政府部门占比低于主要国家平均水平 1 个百分点左右。再分配中，我国三部门收入分配结构有所优化，但仍与主要国家存在差距。居民部门占比低于主要国家平均水平约 6 个百分点，企业部门占比与主要国家平均水平相比高 7 个百分点左右，政府部门占比与主要国家平均水平类似。这充分说明我国居民部门占比还有较大提升空间。

我国居民部门初次分配收入来源较多地依赖于劳动收入。近年来，大部分国家劳动者报酬占居民部门初次分配收入比重为 60%～70%，平均为 64.79%，我国超过 80%，营业盈余和净财产性收入占比则在不断下降，平均不足 20%。这反映出我国居民收入过高地依赖于劳务报酬所得，其他方面对居民增收作用较为有限。

我国再分配力度还有较大提升空间。发达国家再分配力度普遍较强，如

---

① 这些国家主要包括美国、日本、奥地利、比利时、德国、法国、加拿大、捷克、葡萄牙、西班牙、希腊、意大利、英国、巴西、墨西哥和智利。

比利时，再分配后政府部门占比较初次分配高14个百分点。再分配过程中，大部分国家企业部门和居民部门均为收入净转出方，我国居民部门虽然为收入的净转入方，但是转入力度相对较小。

三、国民收入分配格局影响因素及"十四五"时期趋势预测

国民收入分配格局受多种因素和条件的影响，会随经济发展阶段转变而发生规律性变化，也会随要素条件和要素在生产过程中的重要性而发生变化。

（一）国民收入分配格局核心影响因素分析

经济发展阶段转变有利于提高劳动者报酬和居民收入占比。一国劳动者报酬占比与经济发展水平之间往往存在倒"U"型的关系。在经济发展初期，经济发展主要依赖于廉价劳动力红利，劳动者报酬占比相对较高。随着经济发展水平的提升，劳动者报酬占比将会不断下降。到一定阶段之后，劳动力素质不断提升，高端劳动力比重不断提高，劳动者报酬占比将会提高。经济发展阶段的转变也伴随着城镇化水平的提升，城镇化水平的提升往往伴随着更多的农村劳动力转移到城市，收入水平将会明显改善，有利于促进居民部门占比提升。从"十四五"我国经济发展趋势看，城镇化率将会进一步提高，劳动报酬占比和居民收入份额也将会进一步提高。

产业结构演进有利于提高劳动者报酬和居民收入占比。产业结构变动能引起劳动者报酬占比发生变化。一般而言，第一、第三产业劳动者报酬占比较高，第二产业劳动者报酬占比较低。目前我国产业结构已经稳定在"三二一"的格局，第三产业经济明显占主导地位，劳动者报酬占比将会不断上升，预计"十四五"时期，我国"三二一"的产业结构将会进一步巩固，第三产业占比继续上升，第一产业占比较为稳定，第二产业占比继续下降。因而从这方面看，劳动者报酬占比将会进一步提升，居民收入占比也会随之提高。

全球化水平的提高有利于提高劳动者报酬占比。已有就全球化水平的提高对要素分配影响的研究分歧较大，传统贸易理论认为充裕要素将会从全球化中获益，而新政治经济学则认为由于资本可以自由流动而劳动力难以自由

流动，全球化将提高资本的议价能力和话语权，进而在全球化中受益。但从我国实际情况看，劳动力一直是我国的比较优势，且近几年随着我国全球化水平的提升，劳动报酬占比也一直在提升。虽然近期出现逆全球化趋势使得全球化放缓，但预计"十四五"时期我国全球化水平将较"十三五"时期提高，有利于劳动者报酬占比的提升。

要素条件及要素在生产过程中的重要性变化影响要素分配格局。生产要素及其在生产过程中的重要性不是固定不变的，而是随着社会生产力发展和生产社会化程度的提高不断变化，因此不同要素所得报酬也会发生变化。如农耕时代，生产要素主要包括劳动和土地；工业社会初期形成了劳动+土地+资本的生产要素组合；现在的信息化时代，技术、知识、信息、数据等又成了生产要素组合中的新成员。各类要素在生产过程中的重要性程度影响着其在分配格局中的地位，要素对生产的贡献越高，所得报酬越高。"十四五"时期，我国劳动年龄人口占比及总数将呈现"双降"趋势，技术进步更多偏向于技能型劳动力，数据作为生产要素，其作用越来越重要。因此，要素分配格局将会变得更为复杂。

（二）"十四五"时期我国国民收入分配格局变化趋势判断

结合国民收入分配格局演变的一般规律、影响因素及变化趋势，对"十四五"时期国民收入分配格局变化情况进行分析。认为"十四五"时期，我国劳动者报酬和居民部门占比将会略有提高，但增幅不大。收入分配中需要加大对居民部门的倾斜力度。

"十四五"时期劳动报酬占比略有提高，但增幅不大。参考国内外相关研究，确定分析人均GDP、服务业增加值占GDP比重、农业就业人口占总就业人口的比重、商品和服务出口占GDP比重以及FDI净流入占GDP比重等5个因素对劳动者报酬占比的影响。经过检验构建了个体固定效应面板数据模型，我们发现：

——劳动者报酬占比与人均GDP正相关。跨国数据统计分析表明，劳动者报酬与人均GDP正相关。这说明随着居民收入水平的提高，劳动者报酬有可能上升。

——劳动者报酬占比与FDI占GDP比重正相关。跨国数据统计分析表明，劳动者报酬占比与FDI占GDP比重正相关。这说明随着一国FDI的引入，劳动者报酬占比可能会上升。这一点与商品和服务出口占GDP比重类似，其比重提高意味着一国参与全球化分工的程度在不断加深，对本国劳动者收入存在正向溢出效应。

——劳动者报酬占比与服务业增加值占GDP比重正相关。跨国数据统计分析表明，服务增加值占GDP比重与劳动者报酬占比存在正向相关关系。这说明随着一国服务业比例提高，劳动者报酬占比很有可能会上升。

——劳动者报酬占比与农业从业人员占总就业人员比重负相关。一般而言，农业从业人员劳动报酬相对较低，其占就业人员比重升高，则意味着全体居民劳动报酬占比的下降。

"十四五"时期，影响我国劳动者报酬占比的几个因素变化趋势如下。

（1）人均GDP预测。依据人均GDP增长率预测对人均GDP进行测算，依据已有研究成果，对"十四五"时期我国经济潜在增长率进行了预测。潜在经济增速变化是受供给因素、外需因素和资源约束等因素综合作用的结果。在当前阶段，经济增长受技术水平变化等因素影响较大。在全要素生产率保持当前增速的情况下，预计"十四五"时期GDP增速平均为5%。人口增长预测采用了联合国发布的有关预测数据，预计"十四五"时期我国人口平均增长率为0.28%。在此基础上，推算出"十四五"时期人均GDP增长率平均为5.17%。根据现有人均GDP水平和GDP增长率，测算出"十四五"时期人均GDP水平。

（2）服务业增加值占GDP比重预测。动态CGE模拟结果显示，"十四五"时期，我国服务业增加值占GDP比重将呈现出略有下降的趋势，预计"十四五"时期，我国服务业增加值占GDP比重平均为44.96%。

（3）商品和服务出口占GDP比重预测。根据近些年我国商品和服务出口占GDP比重的发展趋势，考虑到未来国际竞争加剧和国际分工体系可能变化会对我国出口造成一定压力，预计"十四五"时期将继续下降，平均约为17.76%。

（4）FDI占GDP比重。从现有数据看，FDI占GDP比重在不断下降，人口抚养比。预计"十四五"时期这一比重还会继续下降,平均约为0.76%。

(5) 农业从业人员占总就业人员比重。随着我国城镇化和乡村振兴战略的推进,农业技术水平也将不断提升,将会释放更多农村劳动力,农业从业人员占总就业人员的比重将会进一步下降。根据国际劳工组织数据,2018年我国农业从业人员占总就业人员比重为26.1%,"十四五"时期按照每年下降1个百分点计算,预计"十四五"时期平均为21.9%。

根据劳动者报酬占国民收入的比重,可以预测出"十四五"时期国民收入总值。通过趋势预测法预测政府部门生产税净额,预计"十四五"时期政府部门生产税净额平均为121927亿元。

"十四五"时期居民部门在初次分配中占比将略有上升。如前所述,由于营业盈余影响因素更为复杂,较难预测,因此,对按部门国民收入分配格局的预测只能采用趋势分析法,结合未来我国收入分配政策走势,"十四五"时期,居民部门收入分配占比有进一步上升的趋势,而企业部门和政府部门则有可能进一步下降。

"十四五"时期再分配格局中居民部门占比进一步提升,政府部门和企业部门占比下降。结合当前我国将会加大对居民部门转移力度的政策走向和趋势分析法,对国民收入再分配格局进行预测。预计"十四五"时期,居民部门收入分配占比有进一步上升的趋势,而企业部门和政府部门则有可能进一步下降。

四、优化我国国民收入分配格局的政策建议

针对"十四五"时期我国国民收入分配格局优化面临的主要挑战,需要从以下几方面着手。

一是要健全初次分配机制,逐步提高居民初次分配收入占国民收入比重。我国初次分配中居民部门占比过低,企业部门占比过高的问题是阻碍收入分配格局优化调整的一个重要问题。因此,应健全初次分配机制,保障劳动、资本、土地、知识、技术、管理和数据等要素按市场评价贡献参与分配。大力发展和完善各类要素市场,促进各类生产要素的自由流动和公平竞争,提高要素市场化配置效率。打破部门和地方对要素自由流动的各种限制。尤其

是要保障劳动力流动、职称评价等机制，深化事业单位工资改革，健全科学合理的工资水平决定机制、正常增长机制、支付保障机制。实行以增加知识价值为导向的分配政策，完善技术工人激励政策，增加农民收入，坚持在经济增长的同时实现居民收入同步增长、在劳动生产率提高的同时实现劳动报酬同步提高。同时，应通过基本公共服务均等化提升社会成员参与社会竞争的能力，保障社会成员在能力培育与获得方面具有平等的权利。

二是要加大对收入再分配的调节力度，努力提高居民可支配收入占国民可支配收入比重。在收入再分配环节，加快构建以税收、转移支付、社会保障为主要手段的再分配调节机制。加大对收入再分配的调节力度，促进社会公平，努力提高居民可支配收入占国民可支配收入比重。首先要改革和完善税制，建立调节存量财富的税收机制。应着眼于整个税制体系的建设，从消费支出、收入流量和收入存量等各方面调节高收入阶层的收入。逐步提高直接税比重，健全房地产税等财产税制度，研究开征遗产税和赠与税。推进个人所得税按综合和分类相结合的征收模式，综合部分按照家庭和年度以超额累进税率征收，建立免征额和专项扣除标准随经济发展和通胀自动调整机制。及时调整消费税征收环节和范围，增强消费税的收入调节作用。其次要进一步调整优化财政支出结构，继续加大财政资金用于促进就业、社会保障、教育、公共医疗卫生、保障性住房等民生领域的投入力度，提高民生支出比重。改革和完善转移支付制度，促进基本公共服务均等化。最后建立健全社会保障体系，尽快建立全国统一的社会保障账户，消除跨区域、跨城乡转移、结算等限制。健全动态调整的社会保障兜底机制。充分利用大数据等新技术手段提高社会救助精准性和有效性。

三是要多渠道增加居民可支配收入。一方面要着力增加居民工资性收入，这就需要进一步拓宽居民就业渠道，短期内要适应疫情防控常态化形势，促进以高校毕业生和农民工为重点的群体就业，通过职业技能培训，以训稳岗。长期看要切实提高就业群体技能水平，推动就业结构调整与产业结构调整有机结合，促进就业和产业发展良性互动。另一方面要拓宽居民财产性收入增收渠道。通过深化金融改革，促进多层次资本市场平稳健康发展。完善上市公司分红制度，强化细化上市公司现金分红信息披露，逐步形成真正鼓励长期投资的环境，保护投资者合法权益。改善金融服务，向居民提供多元化的理财产品。推进重要领域企业混合所有制改革，推进员工持股试点。深化土地制度改革，提高农民在土地增值收益中的分配比例。

四是要切实解决金融部门收入占比增长过快的问题，降低实体企业融资成本。应进一步加大金融机构产品创新力度，提升金融服务水平，多元化企业融资渠道。做好对金融创新业务的"疏堵结合"，对于符合实体经济需求但风险较大的创新业务，可试点成熟后推广，对于风险可控但与实体经济需求联系不密切的创新业务，要加强政策引导，对于既不符合实体经济需求风险又较大的创新业务应坚决禁止。加强金融领域监管力度，防范化解金融风险，清理不必要的资金"通道"和"过桥"环节，优化金融服务实体经济环境。加大金融供给，降低金融服务的边际成本，提高金融服务的覆盖率。引导开发性、政策性金融机构积极发挥作用，为中小微企业经济发展提供低成本资金。

五是要加快产业结构调整，建立健全地方税体系，摆脱地方政府对土地财政的依赖，促进地方政府形成可持续的收入增长机制。各地应因地制宜，为本地优势产业、特色产业、绿色产业和新兴产业等提供优先发展条件，形成特色优势产业集群，提高经济发展效益。要进一步提高土地使用效率，规范土地出让行为，强化对土地财政的审计监督。同时要加快建立健全地方税体系，加快推进房产税立法过程，赋予地方政府在房产税征收方面更大的自主权。在促进消费税划归地方，征收环节后移的同时，也要促进地方政府增强商业服务意识，提高商业繁荣，从而促进提高地方政府收入的可持续性。

六是要明确数据要素参与收入分配的权属和保护问题。由于掌握数据内容、数据采集、数据分析等各环节的参与者不相同，数据要素参与收入分配问题时需要兼顾各方利益，特别是数据采集者、加工者与内容所有者的产权确认。在加强数据共享利用的同时，要注重数据所有权的保护问题。以市场化机制确定数据要素价格，形成一套较为完善的分配方案，有效促进数据生产要素的高效利用。

参考文献：

[1] 余玲铮、魏下海、吴春秀：《机器人对劳动收入份额的影响研究——来自企业调查的微观证据》,《中国人口科学》, 2019 年第 8 期。

[2] 曹清峰：《房价高企、经济"脱实向虚"与劳动收入份额》,《财经科学》, 2018 年第 11 期。

[3] 龚敏、辛明辉：《产业结构与劳动份额的统一性研究——基于要素替代弹性视角的理论模型解释》,《吉林大学社会科学学报》, 2018 年第 1 期。

[4] 白重恩、钱震杰：《劳动收入份额决定因素：来自中国省际面板数据的证据》, 世界经济, 2010 年第 12 期。

[5] 龚刚、杨光：《从功能性收入看中国收入分配的不平等》,《中国社会科学》, 2010 年第 3 期。

[6] 李稻葵、刘霖林、王红领：《GDP 中劳动份额演变的 U 型规律》,《经济研究》, 2009 年第 1 期。

[7] 罗长远、张军：《劳动收入占比下降的经济学解释》,《管理世界》, 2009 年第 5 期。

[8] 白重恩、钱震杰、武康平：《中国工业部门要素分配份额决定因素研究》,《经济研究》2008 年第 12 期。

[9] Autor D, Dorn D, Katz L F, Patterson C, Reenen J V. The fall of the labor share and the rise of superstar firms. *The Quarterly Journal of Economics*, Vol 135, No. 2, 2020.

[10] Acemoglu D. The race between man and machine: Implications of technology for growth, factor shares, and employment. *American Economic Review*, Vol. 108, No. 6, 2018.

[11] Abdih Y, Danninger D. What explains the decline of the US labor share of income? An analysis of state and industry level data. IMF Working Paper, No. 167, 2017.

[12] Cho T, Hwang S, Schreyer P. Has the labour share declined? It depends. OECD Statistics Working Papers, No. 77, 2017.

[13] Atkinson A, Piketty T, Saez, E. Top Incomes in the long run of histo-

ry. *Journal of Economic Literature*, Vol. 49, No. 1, 2011.

[14] Bental B, Demougin D. Declining labor shares and bargaining power: An institutional explanation. *Journal of Macroeconomics*, Vol. 32, No. 1, 2010.

[15] Caselli F. Accounting for cross-country income differences. Handbook of Economic Growth. *Amsterdam: North Holland*, Vol. 1, Part A, 2005.

[16] Acemoglu D. Labor-and capital-augmenting technical change. *Journal of the European Economic Association*, Vol. 1, No. 1, 2003.

[17] Bentolila S, Saint-Paul G. Explaining movements in the labor share, The B. E. *Journal of Macroeconomics*, Vol. 3, No. 1, 2003.

[18] Hoffman K, Centeno M A. The lopsided continent: Inequality in Latin America. *Annual Review of Sociology*, Vol. 29, NO. 1, 2003.

[19] Stockhammer S. Rising inequality as a cause of the present crisis. *Cambridge Journal of Economics*, Vol 39, No. 3, 2003.

[20] Gollin D. Getting income shares right. *Journal of Political Economy*, Vol. 110, No. 2, 2002.

[21] Blanchard O J. The medium run. *Brookings Papers on Economic Activity*. No. 2, 1997.

新发展阶段扩大内需的现实逻辑、战略导向和实践重点*

摘　要：当前，我国的发展环境和发展条件都已发生深刻变化，未来一个时期扩大内需既是推动高质量发展的必然要求、落实新发展理念的必然选择、构建新发展格局的重要基础，更是基本实现社会主义现代化的必由之路。新发展阶段扩大内需需要更加注重质量提升、更加注重消费带动、更加注重供需连接、更加注重内外联动、更加注重制度建设。需要围绕生活品质化、新型城镇化、区域协调化、深度工业化、绿色低碳化、分配合理化，健全以扩大内需为导向的战略体系，形成以内需为主导、消费为主体的比较均衡稳定的格局，增强发展内生动力，推动实现高质量发展，为基本实现社会主义现代化创造有力的需求支撑。

关键词：扩大内需　高质量发展　社会主义现代化　战略任务

扩大内需战略是充分发挥我国超大规模经济体优势，应对外部冲击、稳定经济运行、提升经济发展自主性的有效途径。1998年，为应对亚洲金融危机的冲击，我国提出"立足扩大国内需求，加强基础设施建设"，实施了扩大内需的系列政策措施，稳定了经济增长。2008年，针对国际金融危机的冲击，我国提出"把扩大内需作为保增长的根本途径"，使经济迅速实现了触底反弹。2020年，新冠疫情暴发与全球大流行对我国及世界经济造成巨大冲击。2020年4月17日，习近平总书记在中央政治局会议上明确提出，要坚

---

* 作者郭春丽、易信，本文原载于《经济纵横》2023年第7期。

定实施扩大内需战略，维护经济发展和社会稳定大局。党的二十大报告提出，把实施扩大内需战略同深化供给侧结构性改革有机结合起来，增强国内大循环内生动力和可靠性。深刻理解新时代新阶段我国扩大内需的现实逻辑、战略导向和实践重点，对于加快构建新发展格局、推动高质量发展、全面建设社会主义现代化国家，推动经济行稳致远、迈上新的台阶都具有十分重要的理论和实践意义。

一、扩大内需的现实逻辑

近年来，世界百年未有之大变局叠加世纪疫情，国际形势深刻演变，不稳定性不确定性明显增强。国内环境也经历着深刻变化，我国总供给和总需求的平衡性匹配性出现了新变化。扩大内需既是推动高质量发展的必然要求、落实新发展理念的必然选择、构建新发展格局的重要基础，更是基本实现社会主义现代化的必由之路。

（一）推动高质量发展的必然要求

高质量发展是能更好满足人民日益增长的美好生活需要的发展，也是体现新发展理念的发展，还是从"有没有"转向"好不好"的发展。过去一个时期，我国依靠市场和资源"两头在外"参与国际大循环，资源倾向于向出口部门配置，一定程度上造成了供需不匹配，在一般工业品严重过剩的同时，满足城乡居民消费升级的高质量、高性价比产品供给却长期不足，尤其是一些产业发展和国家安全的关键领域核心技术受制于人的局面没有根本改变，经济发展质量和发展效益提升受到制约。推动高质量发展，要求把实施扩大内需战略同深化供给侧结构性改革有机结合起来，加快建设现代化产业体系，更加注重需求侧管理，加快培育完整内需体系，打通生产、分配、流通和消费各环节的堵点，畅通生产与消费的连接，形成需求牵引供给、供给创造需求的更高水平动态平衡，更好满足人民日益增长的美好生活需要。

（二）落实新发展理念的必然选择

新发展理念是实现更高质量、更有效率、更加公平、更可持续、更为安全发展的必由之路,是经济社会发展必须长期坚持的重要遵循。完整、准确、全面贯彻新发展理念,离不开国内有效需求的支撑。突出发展的创新性,瞄准世界科技前沿,强化基础研究和应用基础研究,实现前瞻性基础研究、引领性创新成果重大突破,需要扩大国内需求,充分挖掘强大国内市场的规模优势,创造有利于新技术快速大规模应用和迭代升级的需求条件。突出发展的协调性,努力解决城乡、地区、群体之间发展不平衡问题,需要优化城乡、地区、群体之间的消费和投资结构,建立更加有效的协调发展新机制。突出发展的可持续性,建立健全绿色低碳循环发展的经济体系,实现经济建设与环境保护、人与自然和谐共生,有赖于绿色生产、绿色消费、绿色投资的支撑。突出发展的内外联动性,最大限度地实现我国与外部世界的联动发展、合作发展、互利发展和共赢发展,需要扩大内需,畅通国内大循环及其与国际大循环的相互促进。突出发展的包容性、普惠性,让广大人民群众切实感受并共同享有现代化建设成果,需要建立扩大内需的有效制度,妥善解决财富分配、收入差距、公共服务等领域的现实问题。

(三)构建新发展格局的重要基础

世纪疫情给世界经济带来巨大创伤,各国内顾发展倾向明显增强,国际经济交流合作进入低迷期,也强化了全球经济低速增长甚至长期停滞趋势,市场和资源两头在外的国际大循环动能减弱。我国人均 GDP 已经超过 1.2 万美元,正从中等收入国家迈向高收入国家。尤其是随着新型工业化、信息化、城镇化、农业现代化快速推进,居民消费需求正从注重数量逐渐向追求质量转变,多样化、定制化、个性化消费需求特征逐渐显现,规模广阔、潜力巨大、需求多样的内需市场加快形成。构建新发展格局的关键在于经济循环的畅通无阻,动力是以国内大循环为主的创新驱动。在新的国内外形势下,以扩大内需为战略基点构建新发展格局,增强基于国内大市场的高水平自立自强和自主创新,充分挖掘超大规模国内市场潜力,加快培育完整内需体系,最大限度激活内生动力和发展活力,形成国内大循环的良性循环,使生产、分配、流通、消费更多依托国内市场,减少外部环境不确定性不稳定性的影响,保障经济持续稳定增长基础。同时,持续推进超大规模市场建设,扩大国内需求，也会使我国成为吸引国际商品和要素资源的巨大引力场，集聚更多的全球高端资源和要素，推动国内国际双循环相互促进。

（四）基本实现社会主义现代化的必由之路

我国已经开启全面建设社会主义现代化国家新征程。中国特色社会主义现代化是经济、政治、文化、社会、生态文明全面发展的现代化，其中经济现代化是政治、文化、社会、生态文明现代化的基础。推进经济现代化需要保持必要的经济增长速度，确保到2035年实现人均国内生产总值达到中等发达国家水平。当前，制约我国经济持续稳定增长和国民经济循环畅通的因素主要是有效需求不足，根本原因在于供给满足不了需求。需要加快培育完整内需体系，促进消费升级和扩大有效投资。同时，需要协调推进需求侧改革和供给侧结构性改革，构建持续扩大内需的有效制度，提升供给体系的质量，满足国内需求，不断筑牢2035年达到中等发达国家发展水平的供需基础。

二、扩大内需的战略导向

按照国民账户体系的基本原则，内需包括最终消费支出和资本形成总额，即消费和投资两大部分，扩大内需主要就是扩大消费需求和投资需求。当前，我国发展环境和发展条件都已发生深刻变化。不同于我国历次实施的扩大内需战略，新发展阶段扩大内需具有新的深刻内涵和战略方向。

（一）更加注重质量提升

我国人均GDP已经超过1.2万美元，经济发展已经进入高质量发展阶段。与经济高质量发展相匹配的是高质量的供给体系和高质量的需求体系，而规模与质量并重的内需体系则是高质量需求体系的重要要求。新发展阶段实施的扩大内需战略，是以质量提升为重点、以规模扩大和速度提高为支撑的，需要增强内需体系的完整性，更加注重内需的有效性、平衡性和可持续性。为此，需要促进居民消费升级，推动食品消费比重下降和非食品消费比重提高，强化消费对投资的引领作用，加大满足居民消费升级方向和补短板领域的有效投资，提高投资的质量和效率。需要增强内需结构的均衡性，优化城乡、区域、群体之间消费和投资的公平性，降低收入不平等和消费不平等。需要增强消费和投资的可持续性，构建持续扩大内需的机制，优化跨周期、跨时期的消费和投资安排，充分挖掘强大国内市场优势，释放消费和有效投资潜力，持续提高内需率及内需对经济增长的贡献率。

（二）更加注重消费带动

消费既是国民经济循环的终点也是新的起点，是加快释放内需潜力、增强经济发展动力的主要着力点。城乡居民消费结构升级，是人民对美好生活向往和追求的重要内容，是我国进入高质量发展阶段的重要标志。随着我国发展阶段和需求结构的变化，居民消费需求已逐步从注重数量转向追求质量、从生存型消费转向发展型和享受型消费、从商品消费为主转向服务消费为主，制约消费潜力释放和消费结构升级的主要矛盾也已经转向供给端的生产，而投资是优化供给结构的关键力量。新发展阶段扩大内需，需要顺应消费升级的趋势，寻求投资与消费的结合点，以消费需求为潮流和方向确定投资的重点领域，改善生产结构，实现投资与消费的良性互动，增强消费对经济发展的基础性作用和投资优化供给结构的关键性作用。

（三）更加注重供需连接

世纪疫情加速外部环境深刻变化，世界进入新的动荡变革期，全球经济复苏不稳定不平衡，国内经济恢复基础仍不牢固，有效需求不足问题更加显现。同时，供给结构不能适应需求结构变化，产品和服务的质量、品质难以满足多层次、多样化、个性化市场需求的问题长期存在，供需难以实现有效连接制约内需的持续扩大和经济的持续健康发展。充分发挥强大国内市场优势，培育完整内需体系，最大限度地释放内需潜力，需要将扩大内需战略同深化供给侧结构性改革有机结合，以创新驱动引领供给与需求，在不断提升供给体系对国内需求适配性的同时，持续提升产业链、供应链、创新链的整体性、联动性、互补性，加强供给和需求的连接，努力实现需求牵引供给、供给创造需求的高水平动态平衡。特别是，仅扩大总需求（$AD_0 \rightarrow AD_1$）而不提升总供给（AS_0）的扩大内需方式，将导致低效的供需均衡水平（O_{00}，

较小产出 Y_{10} 和较高价格水平 P_{10}），而注重供需联动（$AD_0 \rightarrow AD_1$ 和 $AS_0 \rightarrow AS_1$）的扩大内需方式，则将带来更高效的供需均衡水平（O_{11}，较大产出 Y_{11} 和较低价格水平 P_{11}），如图 1 所示。

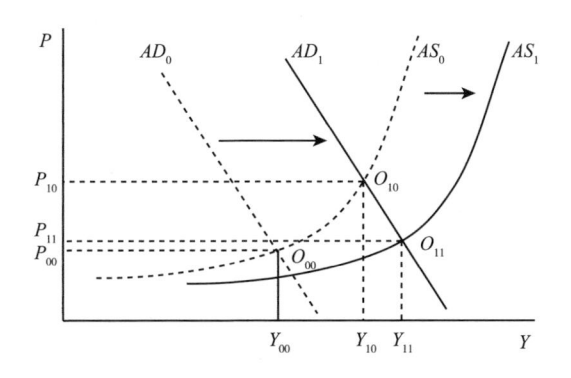

图 1 中长期内总需求与总供给的动态均衡

（四）更加注重内外联动

我国经济发展已深度融入全球经济体系，并已形成统一的国内国际大市场，我国构建的也是以国内大循环为主体、国内国际双循环相互促进的新发展格局。这意味着既强调培育完整内需体系以畅通国内大循环，也强调内外需求的联动；既要通过内需循环加速外需循环，也要通过外需循环提升内需循环。尤其是以内需循环中催生的更加优质和更高科技含量的新兴产业产品稳定现有外需并开拓新的外需市场，同时以内需循环吸收更大规模与多样化的国外产品，提高内需的质量并加大国内市场对外需的吸引力，通过内外需的统一、联动来扩大国内需求。特别是，通过供需联动扩大国内需求可实现高效的国内均衡，还将带动进口供给增加和出口需求提升，并实现更高效的国外均衡，进一步为国内总供给和国内总需求再次扩大创造条件，实现更高水平供需动态均衡的螺旋式上升。

（五）更加注重制度建设

世界百年未有之大变局与世纪疫情叠加，国内外环境发生了深刻改变，有效需求特别是居民消费需求不足的矛盾显现，而且这种变化不是暂时性的，而是趋势性的，是结构性、体制性因素叠加作用的结果。新发展阶段实施扩大内需战略，培育完整内需体系，稳定和扩大国内需求，立足短期政策调节并重视中长期制度建设，已经不再是简单的凯恩斯"总需求管理政策"，而是中长期的改革政策和短期的宏观调控政策的结合。通过货币政策、财政政策等总量需求政策扩大总需求（$AD_0 \rightarrow AD_1$）的同时，更加注重以深化改革增强内生动力，通过产业政策、投资政策、改革政策等结构性政策提高产出潜力和提升产出质量进而扩大总供给（$AS_0 \rightarrow AS_1$）。需要针对制约国内需求潜力释放的结构性体制性问题，协同推进供给侧结构性改革和需求侧改革，在提高供给对需求的适配性及合理引导消费、储蓄、投资等方面进行有效制度安排，建立扩大内需的有效制度体系，形成释放内需潜力的可持续动力。

三、扩大内需的实践重点

我国在居民消费升级、产业转型升级、城乡区域协调发展、新型基础设施建设、绿色低碳发展等重点领域形成了巨大的内需潜力和空间，需要立足新发展阶段、贯彻新发展理念、构建新发展格局、推动高质量发展，处理好供给与需求、投资与消费、内需与外需、政府与市场等重大关系，把实施扩大内需战略同深化供给侧结构性改革、推动高质量发展有机结合起来，围绕生活品质化、新型城镇化、区域协调化、深度工业化、绿色低碳化、分配合理化，加快构建供需双向匹配、城乡有机协调、区域密切配合、发展导向目的相得益彰的内需体系，促进内需规模持续扩大、内需空间有效拓展和内需潜力充分释放。

（一）以生活品质化为目的促进内需持久发展

提高城乡居民生活品质是扩大内需的根本目的。要促进居民消费优化升级同现代科技和生产方式相结合，加快多元化、高品质商品和服务供给，在顺应城乡居民消费升级和生活方式变革中为扩大内需提供持久动力。一是提质发展传统消费。围绕居民生活品质提升，以增加种类、提高品质为重点，提升吃穿用等基本消费品质。鼓励企业加快发展超高清视频、虚拟现实、可穿戴设备等新型信息化、智能化产品，引导城乡居民加大对智能家居、虚拟现实等电子产品的消费。完善智慧交通系统，加强配套设施建设，推动汽车由购买管理向使用管理转变，释放出行消费潜力。加快建立多主体供给、多渠道保障、租购并举的住房制度，支持居民的合理自住需求，扩大保障性租赁性住房供给，因地制宜发展共有产权住房，为低收入困难群体、新市民等提供多层次、可负担的保障性住房，制定公共服务同权的长租房政策，促进房地产消费健康发展。加大国产品牌培育，增加中高端消费品国内供应，满足中高端消费品需求。二是积极发展服务消费。加强文化产业和文化市场体系建设，增加高品质文化产品供给，扩大文化旅游消费。建设居家社区机构相协调、医养康养相结合的养老服务体系，培育一批方便可及、价格可接受、质量有保障的托育服务机构，扩大养老育幼服务消费。深化医药卫生体制改革，鼓励社会力量提供多层次多样化医疗服务，激发医疗健康服务消费。完善普惠性学前教育和特殊教育、专门教育保障机制，完善职业教育和培训体系，规范发展民办教育，释放教育服务消费。提升体育赛事活动质量，发展在线健身、线上赛事等新业态，促进群众体育消费。引导家政服务业向专业化、规模化、网络化、规模化发展，鼓励发展家庭管家等高端家政服务。三是加快培育新型消费。支持互联网平台企业依法向线下拓展，加快传统线下业态数字化改造，推动线上线下商品消费融合发展。培育壮大"互联网＋服务"新模式，有序发展在线教育、在线健康医疗服务、在线文娱、智慧旅游等。推动互联网和各类消费业态紧密融合，鼓励直播带货、反向定制、预约经济、无接触配送等新业态新模式发展。鼓励共享出行、共享住宿、共享旅游等领域产品的智能化升级和商业模式创新，大力发展共享经济。支持微商电商、网络直播等新模式，有序发展短视频平台，鼓励微创新、微应用、微产品、微电影等新业态。

（二）以新型城镇化为抓手促进内需潜力释放

新型城镇化是扩大内需的重要载体。要以新型城镇化为核心，以促进农业转移人口市民化、培育都市圈、推进以县城为载体的城镇化、推进城市设施建设和城市更新，催生有效投资和消费，在城乡协调发展中释放内需潜力。一是以农业转移人口市民化释放内需潜力。深化户籍制度改革，推动超大、特大城市完善积分落户政策，放开放宽除个别超大城市外的城市落户限制，逐步试行并推广以经常居住地登记户口制度。建立健全财政转移支付、基础设施投资补助、保障性住房规模与吸纳农业转移人口落户数量挂钩机制，完善基本公共服务覆盖常住人口制度，保证落户人口享有与户籍居民同等的基本公共服务。依法保障进城落户农民农村土地承包权、宅基地使用权、集体收益分配权，健全"三权"市场化退出机制，增强落户人口在城镇生存发展和生活方式变革能力。二是以现代化都市圈培育打造内需新引擎。以轨道交通建设为重点推动干线铁路、城际铁路、市域（郊）铁路、城市轨道交通"四网融合"发展，加强城际公路联系，提升都市圈的连接性、贯通性，构建一小时通勤圈。打造核心竞争力突出的专业化小镇，培育都市圈一体化发展的新载体。瞄准城市居民消费升级和生活方式变革，更大范围整合周边地区自然山水林草资源，增加旅游休闲、健康养生、运动体育、文化娱乐等设施供给，提升都市圈的生态环境品质。三是以县城补短板强弱项开拓内需空间。聚焦公共服务、环境卫生、市政公用、产业培育等领域，以县域为重点加大投资补短板力度。加快推进县城、重点镇新型基础设施建设，提升县城承载能力。以提升县域经济和人口承载力为目标，加快推进县城、重点镇新型基础设施建设，完善公共服务体系，吸纳更多农业转移人口落户。四是推进城市设施建设和城市更新。引导各类城市因地制宜、有序推进城市更新建设，加强保障性安居工程、城镇公共设施、城市排水防涝设施建设，推进"最后一公里"水电气路邮建设，有条件的城镇老旧小区可加装电梯、配建停车设施以促进消费。

（三）以区域协调化为载体促进内需空间拓展

地区发展不平衡不充分是未来一个时期扩大内需的重要背景。围绕实现基本公共服务均等化、基础设施通达程度比较均衡、人民基本生活保障水平大体相当的目标，加快完善区域协调协同发展新机制，在地区协调发展中拓展内需空间。一是依托区域重大战略打造内需新增长极。深入推进京津冀协同发展、长江经济带、粤港澳大湾区、长三角区域一体化、黄河流域生态保护和高质量发展战略，加快启动一批对重大战略有重要支撑作用的基础设施项目，支持经济发展优势区域增强对高端要素的承载力，培育壮大新增长极。充分发挥各地区比较优势，统筹推进西部大开发、东北全面振兴、中部地区崛起、东部率先发展，支持欠发达地区、革命老区、民族地区等与全国同步基本实现社会主义现代化，释放区域协同发展的内需潜力。二是推动东部地区中心城市供需协同发展。发挥消费升级的强大动力，引领供给侧结构优化和技术进步，支持技术创新和商业模式创新，培育若干消费中心城市，打造中国制造、中国品牌、中国服务、中国文化名片，带动形成区域消费大市场，持续扩大健康消费、信息消费、体验消费、高端消费等新需求。研究制定与生活成本相匹配的地区差异化个税制度，减轻大城市居民个税负担，加强培育中等收入群体，释放东部沿海地区的消费潜力。三是释放中西部地区中心城市的内需潜力。依托交通条件改善契机，增强中西部地区中心城市要素集聚和配置能力。积极融入"一带一路"，加快国际运输走廊和国际航空枢纽建设，优化航权开放、口岸开放布局，发挥通道对经济发展的带动作用。加快培育发展枢纽经济，增强对中西部内陆腹地的带动能力。以集聚人流、物流、资金流、信息流、技术流促进产业加快转型升级，推动中西部中心城市新能源汽车、新一代电子信息、生物医药等产业发展，释放内需巨大潜力。四是发挥潜在增长地区和欠发达地区的市场潜力。发挥部分省域副中心城市、老工业基地城市、新兴工业城市的工业基础、交通区位和发展潜力，大力发展实体经济，拓展内陆腹地市场潜力。加大对欠发达地区的财政转移支付、对口支援、对口帮扶、对口协作等力度，努力提升基本公共服务水平，改善城乡居民消费预期。推进欠发达地区承接东中部地区产业转移，大力发展优势产业、适宜产业和劳动密集型产业。运用"互联网+"发展新的就业形态，多渠道增加居民就业，持续增加特殊类型地区的居民收入，提高居民的消费能力。五是完善区域协调协同发展中的内需空间。建立健全长效普惠性的扶持机制和精准有效的差别化支持机制，加快补齐欠发达地区基础设施、公共服务、生态环境、产业发展等短板。以承接产业转移示范区、跨省合作园区等为平台，支持发达地区与欠发达地区共建产业合作基地和资源深加工基地。打破行政性垄断，消除歧视性、隐蔽性的区域市场准入限制和区域市场壁垒，加快建立医疗卫生、劳动就业等基本公共服务流转衔接制度，促进劳动力、资金、创新资源在区域间自由流动。积极构建互利共赢的税收分享机制和征管协调机制，建立健全区际利益补偿和区域互助机制，在区域协调协同发展中激活有效投资和潜在消费需求。

（四）以深度工业化为途径促进内需有效扩大

工业化既是扩大内需的途径，也是扩大内需的结果。要发挥产业转型升级对投资的带动作用、对消费的引领作用和对就业的吸纳作用，以高质量供给、高水平收入支撑高品质消费，促进内需有效扩大。一是加快产业转型升级。围绕推动制造业高质量发展、建设制造强国，实施制造业竞争力提升和国产化替代工程，持续扩大对制造业重点行业、重点领域的有效投资，提升主要工业品和消费品的国产化能力和国际竞争力。聚焦"硬科技""新硬件"型技术创新，集合优势资源，加强基础研发支出，推进创新攻关的"揭榜挂帅"体制机制建设，有序突破产业发展和技术创新的关键薄弱环节。实施中间品供应安全保障行动，加快突破一批关键共性技术，加速创新突破与技术产业化，补齐关键材料和元器件、关键技术和工艺、关键软件的短板。瞄准新一代信息技术、高端装备、新材料、生物医药等重点领域，引导社会各类资源集聚，推动优势和战略性产业发展。推进先进制造业与现代服务业深度融合，大力发展服务型制造，促进新一代人工智能、生命健康、文化创意等新兴产业发展。加强关键数字技术的创新应用，推动数字产业化和产业数字化转型，培育壮大人工智能、大数据、区块链、云计算、网络安全等新兴数字产业。强化产业基础设施配套，完善多层次服务供给体系，提高现代服务业发展水平，强化对现代农业和先进制造业的全产业链支撑作用。加大农业投资力度，推动农业提质增效，促进农村一二三产业融合发展。加强工业互联网平台、公共技术服务平台等建设。二是大力发展新技术新业态新模式。充分利用新一轮科技革命和产业变革机遇，大力发展新技术新业态新模式，推动消费观念更新和消费行为形成，释放潜在需求。以技术衍生和产业融合为重点，大力开发新产品、新场景和新市场，推动数字技术加速在制造业、物流、金融、文体、养老等领域应用，生物技术在精准医疗、健康养老等领域应用，能源技术在清洁能源产业和新能源汽车等领域应用，引领消费新潮流。三是推动形成就业和收入效应大的产业结构。调整优化产业发展方式，利用"互联网+"等新技术创造新的就业创业岗位，形成以产业结构升级促进居民消费能力提升的新动力。首先，深入挖掘制造业的就业潜力，探索适应产业结构高级化方向、就业弹性大的工业发展模式，大力发展劳动密集与技术密集兼备的产业，以及技术含量高的劳动密集型产业和高新技术产业中的劳动密集型环节。其次，加快发展就业容量和收入效应大的生产性服务业。提高制造业加工度和生产迂回度，从前向、后向、旁侧多个方向带动生产性服务业发展。引导大型企业尤其是国有企业将非核心的生产性服务环节剥离为社会化专业服务。最后，依托新业态新模式不断衍生新的就业创业机会。开展数字经济新业态培育行动，实施灵活就业激励计划，降低灵活就业门槛。支持大学毕业生、退役军人、下岗职工等重点就业群体通过灵活就业、共享用工及"互联网+"等方式就业创业。支持互联网企业、共享经济平台建立各类增值应用开发平台、共享用工平台、灵活就业保障平台。四是前瞻布局支撑产业转型升级的新型基础设施。以技术和模式创新为驱动，推动以智能化、电气化、低碳化为导向的新型基础设施建设。加强信息基础设施建设，加快物联网、工业互联网、卫星互联网建设及5G网络规模化部署。加强融合型基础设施建设，推动5G、人工智能、大数据等技术与交通物流、能源、水利、公共服务等深度融合。适度超前布局建设重大科技基础设施，优化提升国家制造业创新中心、国家工程研究中心等产业创新基础设施。

（五）以绿色低碳化为导向促进内需持续扩大

实现"双碳"目标是扩大内需的重点领域。要围绕绿色低碳化，加大生态治理领域补短板投资，加强对工业的低碳化改造，大力促进绿色消费，从投资和消费两方面推动内需持续扩大。一是加快补齐生态环境治理短板。开展重点区域和重点流域水环境综合治理，因地制宜加快城镇生活污水、生活垃圾、危险废物处理设施建设。进一步加大天然林资源保护、退耕还林还草、退牧还草、重点防护林体系、水土保持等重点生态工程投资力度，推进自然保护地治理体系建设和湿地保护修复。二是推动制造业绿色低碳改造。在钢铁、有色、化工、建材、焦化等高耗能、高碳排放企业开展能源梯级综合利用、工业余压余热高效利用、原料燃料替代等低碳改造，大规模使用高能效、低排放甚至零碳技术，加快电气化升级。引导资源加工型产业补链、延链、强链，形成上下游配套、产业链互补、能源资源循环利用的发展模式。全面推进绿色制造体系建设，加快重化工业绿色化改造，大力发展再制造产业，推动大数据、人工智能、5G等新兴技术与绿色低碳产业深度融合，打造创新驱动、绿色低碳型制造集群。三是推动能源全面绿色转型。围绕提升电网安全性、清洁化、智能化水平，优化完善电力生产和输送通道布局，有序建设跨省跨区输电通道重点工程。加快对太阳能、风能、水能等清洁能源投资，构建满足风电、光伏等新能源大规模、高比例并网要求的新型电力系统。推动能源数字化和智能化发展，加快示范光储直柔、热电协同、新能源汽车与电网（V2G）能量互动等跨界融合的新能源基础设施项目建设，推进电网基础设施智能化改造和智能微电网建设。实施电气化行动，在重点工业园区、城乡供暖、交通等领域开展电能替代示范和新能源应用试点。四是大力倡导绿色消费。建立统一的绿色产品标准、认证、标识体系，完善节能家电、高效照明产品、节水器具推广机制，大力推广节能环保低碳产品。倡导生态设计和绿色消费理念，引导消费者优先采购可循环、易回收、可再生的替代产品。加快城乡充电桩、加氢站建设，鼓励新能源汽车消费。推广绿色建材、装配式建筑和钢结构住宅。完善绿色采购制度，加大政府对低碳产品的采购力度。

（六）以分配合理化为重点促进内需协调发展

合理的收入分配格局是扩大内需的根本途径。要坚持按劳分配为主体、多种分配方式并存，加快完善预分配、初次分配、再分配、三次分配协调配套的制度安排，规范分配秩序，缩小居民收入差距，在促进共同富裕中扩大消费需求，实现投资与消费的协调发展。一是完善预分配制度。加大财政资金投入，引导社会力量参与，增加支持少儿营养供给、医疗卫生条件改善、父母养育能力提升、家庭和社区环境改善等服务供给。通过制定完善标准、加大设施设备配备、加强师资培养培训等措施，提升学前教育、义务教育等基础类教育质量和均等程度。二是完善初次分配制度。健全知识、技术、管理、数据等生产要素由市场评价贡献、按贡献决定报酬的机制,扩大人力资本投入,使更多普通劳动者通过自身努力进入中等收入群体。建立充分体现劳动要素各种具体形态实际贡献的分配制度体系,形成基本生活保障功能、产出贡献激励功能、特殊劳动补偿功能相结合的薪酬制度。进一步推广工资集体协商、劳动关系三方协商等制度,健全工资决定、正常增长和支付保障机制,提高劳动报酬在初次分配中的比重。健全并落实好自主创业、灵活就业、新就业形态就业人员的相关保障制度,确保平等享有就业人员各类权益。完善股票发行、退市、信息披露和上市公司分红制度,扩大债券市场规模,丰富债券市场品种,拓宽发展基金等集合投资工具,拓宽居民投资渠道,提高居民的财产性收入。健全城乡融合发展体制机制,促进城乡生产要素平等交换、双向自由流动和公共资源合理配置。稳步推进农村集体建设用地入市等重大改革,建立兼顾国家、集体、农村的土地增值收益分配机制,提高农民的分配比例。稳慎推进宅基地使用权的流转、抵押、自愿有偿退出、有偿使用等,增加农户的财产性收入。三是完善再分配及第三次分配制度。完善个人所得税综合征收制度,根据居民收入、家庭必需开支等,按照扩大级差、降低最高边际税率的方向进行调整,以降低劳动者特别是高技能、高素质劳动者的税收负担。研究开征资本利得税、遗产与赠与税,加大对高收入群体的税收调节力度。完善社会保障制度,推进基本养老保险由制度全覆盖到法定人群全覆盖,完善基本医疗保险制度,健全灵活就业人员的社会保障制度。加强农村教育资源投入力度,促进城乡教育资源均等化,防止贫困通过教育在代际传递。推进工伤、生育保险扩面参保,为农民工、灵活就业、临时就业、新就业形态等就业人员提供参保渠道、服务和保障。制定实施对符合一定条件的捐赠给予所得税税前扣除的优惠政策,引导支持各类群体和企业参与慈善事业、民间捐赠、志愿行动等,发挥社会力量、公众主动调节收入分配的作用。四是规范收入分配秩序。在保障个人信息和财产安全的前提下,建立完善个人收入和财产信息系统,加强对高收入人群的收入监管。加强对资本无序扩张的监管,防止因行政垄断和市场垄断妨碍公平竞争秩序的行为而获得收益。深入推进国有企业薪酬制度改革,建立规范有序的收入分配秩序。

参考文献：

[1] 习近平：《高举中国特色社会主义伟大旗帜 为全面建设社会主义现代化国家而团结奋斗——在中国共产党第二十次全国代表大会上的报告》，人民出版社2022年版。

[2] 刘鹤：《把实施扩大内需战略同深化供给侧结构性改革有机结合起来》，《人民日报》2022年11月4日。

[3] 王昌林：《新发展格局》，中信出版社2021年版。

[4] 樊纲：《双循环构建"十四五"新发展格局》，中信出版社2021年版。

[5] 黄群慧：《新发展格局的理论逻辑、战略内涵与政策体系——基于经济现代化的视角》，《经济研究》2021年第4期。

[6] 周文、刘少阳：《新发展格局的政治经济学要义：理论创新与世界意义》，《经济纵横》2021年第7期。

[7] 周密、胡清元、边杨：《扩大内需战略同供给侧结构性改革有机结合的逻辑框架与实现路径》，《经济纵横》2021年第9期。

[8] 马晓河：《挖掘内需潜力畅通双循环机制》，《前线》2021年第3期。

[9] 王一鸣：《加强需求侧管理的现实逻辑与重点任务》，《开放导报》2021年第2期。

[10] 丛书编写组：《坚定实施扩大内需战略》，中国计划出版社2020年版本。

[11] 《习近平主持召开中央政治局会议 分析国内外新冠肺炎疫情防控形势 研究部署抓紧抓实抓细常态化疫情防控工作 分析研究当前经济形势和经济工作》，新华社，2020年4月17日。

中国居民实际消费水平差距问题初探*

摘　要：增设消费差距指标在技术和工作层面都具有重要意义。居民实际消费水平可从消费支出和消费效用两个视角来界定，支出视角需剔除城乡地区间价格水平差异，并加入部分公共服务支出，效用视角应构建指标体系来衡量居民生活水平。支出视角的测度可从城乡、地区和群体三大维度推进。初步测度发现，各维度消费差距均显著小于收入差距，我国城乡居民实际消费水平倍差已低于1.5，地区间实际消费水平差距也比收入差距和名义差距大幅缩小。初步分析，到基本实现共同富裕时，城乡实际消费水平倍差值可缩小至1左右，地区间实际消费水平差距最大最小倍差降至2以下、变异系数降至0.2以下。建议尽快夯实统计基础进行权威测度，将居民实际消费水平差距指标纳入共同富裕评价体系。在政策导向上，应强化公共服务支出的均衡性功能，建立健全各项制度与城乡地区物价水平和实际生活成本挂钩的机制，并加大金融普惠力度更好平滑全生命周期消费。

关键词：消费　实际消费　消费差距　消费不平等

消费差距或不平等是经济不平等的重要维度。中国在扎实推动共同富裕相关工作中已明确提出，要推动居民收入和实际消费水平差距逐步缩小，且到基本实现共同富裕时要缩小到合理区间。值得深入讨论的几个问题是：为何要在通常使用的收入差距基础上新提出消费差距？居民实际消费水平是什么？如何科学测度居民实际消费水平差距？在全体人民共同富裕基本实现时，

---

* 作者李清彬，本文原载于《宏观经济研究》2023年第4期。

消费差距缩小到何种程度才算是合理区间？现有文献围绕居民消费不平等或消费差距议题做了不少研究，但并没有较好回答上述几个关键问题，对政策设计需求的回应相对较弱。需要认识到，对上述问题要给出理论上站得住且能够应用到政策实践中的明确答案难度很大，站在不同立场、从不同视角很容易见仁见智，特别是现有统计基础也难以提供有效支持。因而，本文是在现有研究基础上的一种探索式研究讨论，以期为相关研究和政策制定提供参考。

一、如何认识新增消费差距指标的重要意义

从推动共同富裕角度看，新增消费差距相关指标既有理论基础，也有实践依据，在技术层面和工作层面都有重要意义。

（一）在技术层面，有助于更全面、准确反映分配差距状况

经济不平等的衡量维度很多，通常使用收入数据来测度，但其能够提供的信息并不全面，在调查中也产生了大量遗漏和偏差，带来较为普遍的估算不准确问题。增加消费差距指标能够补充收入差距中无法体现的一些信息，有助于更加全面、准确地刻画分配差距状况。从信息量上看，消费本身是基于当期和持久性收入流量、财富存量等作出的行为选择，不仅反映当期收入和预期收入，还反映家庭财富积累状况，相关指标体现的信息更全面；同时消费差距也能够反映出社会信贷服务、公共服务状况，反映不同主体信贷能力和享受公共服务等方面的差距。因而，消费差距能够反映收入差距所无法体现的一些信息，有助于更加真实地刻画经济不平等（李涛、么海亮，2013；揭昌亮、石峰，2015）。从数据特征看，高收入群体隐匿消费数据要比隐匿收入数据难度更大；相比收入数据易受临时性冲击而言，消费数据受刚性消费和主动平滑的影响，数据稳定性更强。[①] 从指标比较看，无论是理论推演还是经验研究，大多数认为消费差距程度小于收入差距，对我国而言，

---

① 当然，使用消费数据也存在一些问题，例如，如何将耐用品（如大型家具、汽车）消费支出更合理地分散在其使用期限内？如果不能较好处理，也会带来数据稳定性问题。

这有利于缓解人们对收入差距过大的过分担忧，推动更客观理性看待差距过大背后对应的信息。

在实践中，国际机构和许多国家也使用消费指标来测度不平等与贫困，如世界银行和联合国基于消费情况来定义贫困，巴西对贫困线的认定是基于连续5年的消费支出数据进行测度确定的（揭昌亮、石峰，2015）。中国在脱贫攻坚过程中，不仅以收入水平划定了贫困线，同时使用"两不愁三保障"标准进行精准识别，这实际上也是从消费环节来衡量福利水平（见表1）。

表1　　　　　　　　　　收入差距与消费差距的特性比较

比较维度	以收入数据衡量差距	以消费数据衡量差距
信息量特征	主要客观反映当期流量状况	基于当期和持久性收入流量、财富存量等作出的行为选择
	无法反映信贷资源获取情况	可反映信贷资源获取情况，信贷服务健全、获得信贷能力强，则更有助于实现消费平滑
	无法反映公共服务状况的影响	一定程度上体现了公共服务状况带来的影响，例如，健全的社保体系有助于提升消费倾向
数据特征	高收入群体隐匿收入，造成低估	隐匿消费状况难度更大
	受临时性冲击影响较大，数据波动性较强	受刚性消费和主动平滑的影响，数据受临时性冲击影响相对较小，数据稳定性更强

（二）在工作层面，有利于进一步体现以人民为中心的发展思想

从增进人民福祉角度看，提升收入、缩小收入和财富差距是题中之义，在各类评价考核体系中通常也会纳入相关指标。但必须认识到，福利效用是实际消费商品和服务的函数，其直接来自消费而不是收入。收入作为一种决定性因素构成了消费的约束条件，是重要的中间变量，而归根结底消费才是实现效用和福利的最终环节。大量研究表明，尽管人们的生活质量、幸福感与收入有着密切关系，但又不完全取决于收入。在收入及其他各类因素影响下所产生的消费状况，才直接反映了生活水准和福利水平。为此，相比常用的收入差距指标，以消费数据来衡量分配差距能够更直接地反映民生福祉差距状况。从对福利的影响直接性上看，消费差距过大要比收入差距过大更值

得关注和警惕。

在工作推动层面，将消费差距指标加到评价考核体系这一指挥棒上，有助于为相关决策提供更全面的依据，有利于将各地区、各部门工作导向朝着更加关注如何扩大消费、缩小消费差距和提升人民群众福利水平方面倾斜，将进一步体现和践行以人民为中心的发展思想。

二、如何界定居民实际消费水平

认识和测度居民实际消费水平差距的关键在于，界定清楚何为居民实际消费水平。从居民消费水平到居民实际消费水平，具有跨越性意义，"实际"二字内涵丰富，可据此拓展的方向和内容较多。不过正如普莱斯考特（Prescott，1997）指出的那样，并不存在实际消费的真实定义，实际消费是什么依赖于我们如何定义它。对实际消费的内涵界定是基于研究目的而定的，很难找到一个理论上完美、现实中可操作的统一定义。本文从支出和效用两种视角来界定阐释何为居民实际消费水平。

（一）支出视角：居民消费支出＋公共服务支出

与使用当期收入流量数据相对应，使用当期消费支出流量数据衡量消费水平是最直接的选择。《中国统计年鉴》本身就包括"居民消费水平"的统计指标：居民消费水平指按年中常住人口计算的人均居民消费支出。这就将居民消费水平转换为居民消费支出。具体到"实际"，一般是相对于"名义"而言的，通常指剔除价格因素后的指标值，同时"实际"还应与通过消费支出真正享受到的福利水平挂钩。本文认为，"实际"应充分体现以下两层含义。

一要扣除价格因素。包括 GDP 在内的主要经济指标，多有名义值和实际值之分。所谓实际值指的就是扣除价格因素影响后的数值，也就是剔除了通货膨胀效应而关注实际价值量。居民实际消费水平也同样如此，单纯由价格上涨带来消费支出增加的部分，并非居民消费水平的真实提高。为此，应对名义指标进行价格处理，以体现实际的消费量变化。在具体操作中，我国城乡区域发展差距明显，价格水平存在较大差异性，对城乡、地区间消费水平进行比较时，应考虑城乡、区域间价格水平差异的情况；如进行国际比较，还要考虑开放经济条件下的汇率、购买力等价格因素。总之，所谓"实际"，首先就意味着要扣除价格因素进而反映消费的实际价值量。

二要反映公共服务支出。在目前统计口径中，无论是居民消费水平指标，还是居民消费支出指标，反映的都是由居民自身直接支出（或折算为直接支出，如自有住房的租金）的部分，而并未考虑与居民日常生活紧密相关的公共服务支出。从衡量居民实际生活水准角度考虑，这些公共服务支出虽然不是由居民直接支出，但会对居民消费产生多重效应，带来的外部性和福利效用最终落在居民身上，特别是一些公共服务支出实际上节省了居民个人消费支出。单纯考虑居民自身消费支出显然无法反映居民真实生活水平，需要将公共服务支出纳入进来通盘考虑。实际上，联合国2008年国民账户体系（SNA）中有"实际最终消费"的口径，为将部分公共服务支出纳入居民实际消费支出中提供了依据。按照界定，实际最终消费是指不同消费主体最终获得、享用的货物和服务消费，分为居民实际最终消费、政府实际最终消费和为居民服务的非营利机构实际最终消费。其中，"居民实际最终消费"，等于居民自身承担的消费性货物和服务支出加上广义政府部门以实物社会转移形式向居民提供的消费性货物和服务支出。这里的"实物社会转移"是广义政府部门免费或以没有显著经济意义的价格向居民提供消费性货物和服务的支出，是政府最终消费支出中提供的个人消费部分，体现了政府用于民生的支出。因而，与最终消费支出相比，居民实际最终消费更能体现政府、为居民服务的非营利机构用于民生支出的实际状况，更加真实地反映居民消费水平。

按此界定，居民实际消费水平就从使用名义值衡量转为由剔除价格因素影响的实际量来衡量，从单一的居民消费支出转为居民个人消费和公共服务支出两个组成部分。

（二）效用视角：构建多维指标衡量居民生活水平

消费是实现效用和福利的最终环节，居民消费支出对应的成效就是居民真实享有的实际生活水平。在政策层面，中央对区域协调发展的目标要求中明确提出要实现"人民生活水平大体相当",这为从生活水平角度来衡量消费差距提供了政策依据。目前已有研究提出构建多维指标体系来衡量居民实际消费水平。例如,于光军(2021)总结认为,居民实际消费水平需要在实物消费量和价值、家庭拥有现代生活设施、消费结构三个方面构建指标体系,具体指标包括:主要消费品消费量、每百户耐用消费品拥有量、人均居住面积、燃气普及率、居民消费支出中文化生活服务支出所占比例等。本文认为,可考虑构建多维指标衡量实际生活水平,不过应尽可能与消费支出相对应来筛选成效指标,而不是全面来衡量生活水平,以针对性体现居民实际消费水平的内涵。在具体指标筛选时,还应注意主体间比较的可行性。考虑到从宏观层面设计的一些指标很难落到微观家庭上,建议以城乡地区间差距为主要考虑。初步分析,对应八大类消费支出及相关联的公共服务支出,建议考虑选择如表2所示的指标。

表2　　　　　　　　从效用视角衡量实际消费水平的备选指标

居民消费支出类别	对应成效指标
食品、烟酒	恩格尔系数(食品、烟酒支出占消费支出比重)
衣着	(暂无适宜指标)
居住	人均居住面积
生活用品及服务	平均每百户耐用消费品拥有量:空调;平均每百户耐用消费品拥有量:抽油烟机
交通和通信	平均每百户耐用消费品拥有量:家用汽车
教育、文化和娱乐	新增劳动力受教育年限;文教娱乐服务消费支出占比
医疗保健	人口平均预期寿命;健康状况类指标
其他用品及服务	(暂无适宜指标)

基于效用视角构建的多维衡量指标,货币价值量指标较少,价格因素影响不大;同时,尽管不同地区的消费偏好有一定差异,但从成效方面看表现差异不大。因而,从该视角看,并不需要对"实际"二字进行特殊界定。

综上所述,居民实际消费水平可从两种视角来界定,在使用上各有优劣。从衡量全面度上看,构建多维度指标体系更具优势,但从纳入共同富裕指标体系看,以消费支出量为输出结果更易于政策目标设定使用。

三、如何测度中国居民实际消费水平差距

对居民实际消费水平差距进行科学测度是设定指标、确定目标的重要一步。对效用视角的界定而言，构建出地区间可比的指标体系，给予适宜权重进行加总，之后在此基础上计算差距指标，其测度的重点在于筛选指标和确定权重，而在测度本身上要考虑的问题并不多。为此，本文主要基于支出视角的概念来讨论如何测度的问题。

（一）测度维度

按照当前中国推动共同富裕的主攻方向——缩小三大差距（地区差距、城乡差距、收入差距），居民实际消费水平差距可从城乡间、地区间和群体间三大维度进行测度。基于支出角度的概念界定，这里进一步细化三大维度实际消费水平差距的具体内涵：

城乡居民实际消费水平差距。比照城乡居民收入倍差的设定，城乡居民实际消费水平差距是指，城镇和乡村居民的居民消费水平加上公共服务支出，剔除城乡间价格差异因素后的倍差值。

地区间居民实际消费水平差距。比照计算各地区居民收入差距的通常做法，地区间居民实际消费水平差距是指，各地区居民消费水平加上公共服务支出，剔除地区间价格差异因素后的差距值。各地区可以是省级单元，也可落到地市级乃至县级单元。测度差距值可根据数据情况采取多种差距指标。

群体间居民实际消费水平差距。比照居民收入差距的界定，群体间居民实际消费水平差距是指，各群体居民消费水平（或人均消费支出）加上各自分摊到的公共服务支出，剔除群体间价格差异因素后的差距值。群体分组的划分多种多样，甚至可以细化到个体上，差距值也同样可采取多种差距指标来衡量，较为流行和直观的指标是基尼系数。

由此，居民实际消费水平差距就细化为三大维度的实际消费水平差距，简单以公式表达如下：

$$\text{城乡居民实际消费水平差距} = \frac{\begin{pmatrix}\text{城镇居民消费水平}\\ \text{(或人均消费支出)}\end{pmatrix} + \begin{pmatrix}\text{城镇居民人均}\\ \text{公共服务支出}\end{pmatrix}}{\begin{pmatrix}\text{农村居民消费水平}\\ \text{(或人均消费支出)}\end{pmatrix} + \begin{pmatrix}\text{农村居民人均}\\ \text{公共服务支出}\end{pmatrix}} \Big/ \text{价格因素} \quad (1)$$

$$\text{地区间居民实际消费水平差距} = D\left\{\begin{pmatrix}\text{各地区居民消费水平}\\ \text{(或人均消费支出)}\end{pmatrix} + \begin{pmatrix}\text{人均公共}\\ \text{服务支出}\end{pmatrix} \Big/ \text{价格因素}\right\} \quad (2)$$

$$\text{群体间居民实际消费水平差距} = D\left\{\begin{pmatrix}\text{各群体居民消费水平}\\ \text{(或人均消费支出)}\end{pmatrix} + \begin{pmatrix}\text{人均公共}\\ \text{服务支出}\end{pmatrix} \Big/ \text{价格因素}\right\} \quad (3)$$

注：D 表示根据实际需要选取的差距指标。

（二）指标选取

测度消费差距可选取的测度指标并没有什么特殊之处，基本上可参照测度收入差距的相关指标来定。可以使用绝对离差类指标（极差、离差、平均离差、方差、标准差）、相对离差类指标（相对平均离差、变异系数）、份额比值指标（分位数指标、库兹涅茨指标、阿鲁瓦里亚指数、帕尔玛比值），也可使用基尼系数、广义熵指数族等具有相对复杂定义的指标。测度指标各有优劣和适用范围，应基于数据特性和研究目的来选择适宜指标。可明确指出的是，绝对离差类指标不宜使用，因其随着变量的计量单位发生变化，缺乏较一致的大小标准。从政策应用角度来看，适宜采取最高最低之比、变异系数、分位数指标、基尼系数等，并根据具体情况补充使用其他指标（见表3）。

表3 测度消费差距可选指标

指标类别	具体指标	指标内涵
绝对离差类指标	极差（Range）	一个数据序列中最大最小值之差
	离差（Deviation）	样本数据值与均值之间的差
	平均离差（Mean Deviation）	样本数据与平均数距离的绝对值的平均值
	方差（Variance Deviation）	各数据与平均数之差的平方的和的平均数
	标准差（Standard Deviation）	方差的算术平方根

续表

指标类别	具体指标	指标内涵
相对离差类指标	相对平均离差（Relative Mean Deviation）	平均离差与均值之比
	变异系数（Coefficient of Variance）	标准差与均值之比
份额比值指标	分位数指标（Percentile Ratios）	选择适宜分位数点，以其比值来衡量差距，如50%分位数与10%分位数之比（P50/P10）
	库兹涅茨指标（Kuznets Measure）	最富有20%人口的收入份额。换作消费数据，即为消费最高的20%人口的消费份额。最低为0.2，指数越大表示不平等程度越高
	阿鲁瓦里亚指数（Ahluwalia Index）	收入最低40%人口的收入份额，换作消费数据，即为消费最低的40%人口的消费份额。最大值为0.4，指数越低表示不平等程度越高
	帕尔玛比值（Palma Ratio）	最富有10%人口的总收入与最贫穷40%人口的总收入之比。将收入替换为消费即可
复杂指数类指标	基尼系数（Gini coefficient）	洛伦兹曲线与45度线围成区域的面积占整个45度线下所有面积的比重。应用最广的不平等测度指标，其数值在[0 1]之间，普遍认为基尼系数高于0.4就属于差距较大
	广义熵指数族（General Entropy Measure）	在特定参数下，广义熵指数有着不同的名称，如泰尔指数取值范围在[0，+∞)，0表示绝对平等，值越大，不平等程度越高。阿特金森指数取值范围为[0，1]，0意味着绝对平等，1表示绝对不平等

（三）数据处理

从支出视角看，测度居民实际消费水平差距需要理清楚居民消费支出、选取的公共服务支出项目以及价格处理办法。

一是消费支出。当前官方有两种口径：（1）在支出法核算国内生产总值口径下最终消费支出中的居民消费支出（核算口径），指的是常住住户在一定时期内对于货物和服务的全部最终消费支出，除了直接以货币形式购买的货物和服务的消费支出外，还包括以其他方式获得的货物和服务的消费支出，也称为虚拟消费支出①。对其求得人均值后，在统计年鉴中列为"居民消费水平"指标。（2）城乡住户调查数据中的居民消费支出（住户调查口径），指居民用于满足家庭日常生活消费需要的全部支出，既包括现金消费支出，也包括实物消费支出，划分为食品烟酒、衣着、居住、生活用品及服务、交通通信、教育文化娱乐、医疗保健以及其他用品及服务八大类。两种口径下的数据有明显差异，调查口径的数据显著低于核算口径。从实际使用情况看，在各类公报和分析解读中经常使用的是住户调查口径下的居民人均消费支出数据，应根据需要合理使用两种口径。

二是公共服务支出。在国民经济核算体系（SNA）下直接使用"居民实际最终消费"指标较为适宜，不过中国现行统计并未公布该指标情况，仅在官方发布的相关分析报告中使用过相关数据，而且缺少分地区数据无法计算差距指标。②为此，需要从公共服务支出中自行筛选。如前所述，公共服务支出会对居民消费产生多重效应，在计算实际消费水平时全部纳入并不合适，应有所取舍。一些公共服务支出项目虽然会影响到居民消费，但作用比较间接，主要是提供一般性的公共产品，为居民消费打下基础，将这些支出不适合加入来反映居民消费水平。例如，为维持政府部门运行所需要的人员工资等运行性支出、为维持社会安全稳定需要的国防、公共安全等安全性支出；还有一些公共服务支出项目，实际上构成了居民的收入或收益，并已经体现在居民消费支出中，也不应再与居民消费支出相加，如财政支出中的社会保障和就业类支出等。此外，社保基金类支出虽有部分财政补贴，但主要还是

---

① 居民虚拟消费支出主要包括：单位以实物报酬及实物转移的形式提供给劳动者的货物和服务；住户生产用于自身消费的货物（如自产自用的农产品），以及纳入生产核算范围并用于自身消费的服务（如住户的自有住房服务）；银行和保险机构提供的间接计算的金融服务。

② 《经济结构不断优化 协调发展成效显著——党的十八大以来经济社会发展成就系列报告之十一》一文指出，"2013~2020年，实物社会转移占政府最终消费支出的比重年平均值为36.9%，比2012年提高2.6个百分点。由于实物社会转移逐年增加，2013~2020年，居民实际最终消费占GDP比重年平均值为43.9%，比2012年提高3.1个百分点，人民群众获得感、幸福感、安全感不断增强"。具体见：http://www.gov.cn/xinwen/2022-09/28/content_5713447.htm。

缴费—待遇的循环运转，也暂不考虑。① 综合分析，本文认为，可对照城乡住户调查划分的支出项目类别，相应选取那些影响较为直接的公共服务支出项目，加入进来反映居民实际消费水平，具体项目见表4。

表4　　　　　直接反映居民消费水平的公共服务支出项目

居民消费支出类别	加入的公共服务支出项目
教育文化娱乐类消费支出	公共财政支出中的教育支出
教育文化娱乐类消费支出	公共财政支出中的文化体育传媒支出
医疗保健类支出	公共财政支出中的医疗卫生与计划生育
居住类支出	公共财政支出中的住房保障支出

三是价格处理办法。从名义值转为实际值，在纵向比较时容易处理，即使用相应价格指数进行折算。但在进行城乡区域间横向比较时，需要妥善处理价格水平差异性，进而得到考虑不同地区生活成本差异后的真实消费水平。综合现有统计数据和研究文献，尚缺少足够的统计支撑来精准回答这一问题。已有一些研究做了探索。例如，江小涓、李辉（2005）、勃兰特和霍尔茨（Brandt and Holz，2005），余芳东（2006），吴伟（2016），宋泽、刘子兰和邹红（2020）等。特别是，来自国家统计局的研究团队"我国地区价差指数方法和应用研究"课题组（2014）在余芳东（2006）基础上进一步研究了中国地区间价格水平差异问题。总体来看，由于资料来源、对规格品同质可比原则的把握程度、测算方法各不相同，各种测算结果之间存在较大差异。归根结底，要想得到较为权威精准的价格水平差距数据，需要全面系统的统计资料，建立区分城乡和地区的差异化消费品构成，通过详细跟踪调查价格资料，进行加权计算得到真实生活成本指数，最终进行类似于购买力平价的处理。不过，该项工作统计过程和技术方法比较复杂，代表性和可比性规格品选择的难度大，采价点分布存在抽样误差，服务项目比较困难等，使得结果误差风险高。立足当前实际，从研究角度的可行办法是基于既有研究发现，特别是国家统计局研究团队的相关结论，进行价格水平差距的估算，尝试剔

---

① 其中医保支出数据虽与消费行为紧密相关，但目前缺少分地区数据从而无法计算差距类指标，较难纳入进来。

除价格差异对消费差距的影响,具体处理办法应视测度维度不同而灵活把握。但从指标设计、目标确定、评价考核乃至与资源配置等挂钩政策应用角度来看,统计基础方面的支撑是必不可少的,权威性不够的评价考核很容易引发争议,进而使得相关工作无法实质性推进。

四、如何认识中国居民实际消费水平差距状况

在前述测度考虑基础上,本部分在可行条件下对我国居民实际消费水平差距作出初步测度和分析,并对缩小到合理区间提出初步考虑。

(一) 中国居民实际消费水平分析

1. 中国居民名义消费水平逐年增长,近年有所放缓

以国民经济核算口径下的"居民消费水平"指标来衡量,2021年中国居民消费水平达到31072元,比2012年提高15486元,实现了翻番,年均增长9%。从趋势看,大体呈逐年增长特征,但近年来增速略有趋缓,2020年受疫情冲击出现负增长。从住户调查口径的居民人均消费支出指标看,2022年全国居民人均消费支出24538元,比2013年增加11317元,几近翻番,年均增长7.1%。从趋势看,除2020年受疫情冲击有所下降,大体呈逐年增长态势,但近年来增速略有趋缓,2022年增速大幅降至2%以下(见图1)。

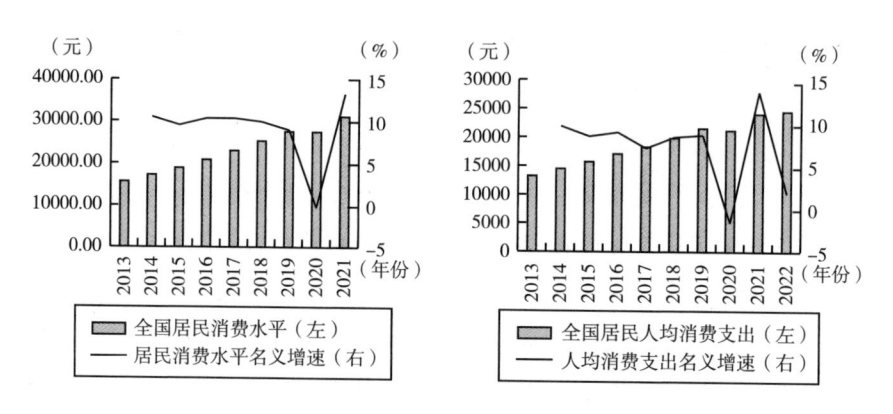

图1 中国居民消费水平及名义增速

2. 居民实际消费水平越高，受冲击时的降幅越小，且公共服务支出显著拉低消费降幅

将前述筛选出的公共服务支出项目加总后求得人均值可知，多数年份这些公共服务支出达到居民消费水平的15%~18%，达到人均消费支出的20%以上。将其加入后居民总体消费水平有了明显提升。特别需要指出的是，加入公共服务支出项目后，无论是名义值还是剔除价格因素后的实际值，2020年消费水平的降幅均有明显减小，体现出公共服务支出对消费的兜底对冲作用。以2013年为基期，使用居民消费价格指数（CPI）来剔除价格因素影响，可得到经过综合处理后的居民实际消费水平。按照国民经济核算口径，以2013年价格计算，2021年中国居民实际消费水平为30793.61元，比2013年提高了12478.84元，年均增长6.7%。按住户调查口径，以2013年价格计算，2021年中国居民实际消费水平为24807.36元，比2013年提高了8858.39元，年均增长5%。二者相比较，国民经济核算口径的居民消费水平在绝对值上和增速上均明显高于住户调查口径（见表5和图2）。

表5 加入公共服务支出项目后的居民消费水平及人均消费支出情况

年份	加入的人均公共服务支出（元）	与居民消费水平之比（%）	与居民人均消费支出之比（%）	加入公共服务支出后的居民消费水平（元）	加入公共服务支出后的人均消费支出（元）	居民实际消费水平：核算口径（元）	实际消费水平：住户调查口径（元）
2013	2728.57	17.51	20.64	18314.77	15948.97	18314.77	15948.97
2014	2975.29	17.28	20.53	20195.60	17466.69	19799.61	17124.21
2015	3404.91	18.06	21.67	22262.07	19117.31	21524.22	18483.69
2016	3675.22	17.67	21.48	24475.79	20785.92	23199.92	19702.4
2017	3896.00	16.96	21.26	26864.49	22218.00	25063.09	20728.17
2018	4136.68	16.39	20.84	29381.51	23989.81	26847.53	21920.84
2019	4393.35	15.97	20.38	31897.49	25952.35	28325.1	23045.79
2020	4739.53	17.27	22.35	32178.10	25949.40	27877.35	22481.15
2021	4792.10	15.42	19.88	35864.16	28892.20	30793.61	24807.36

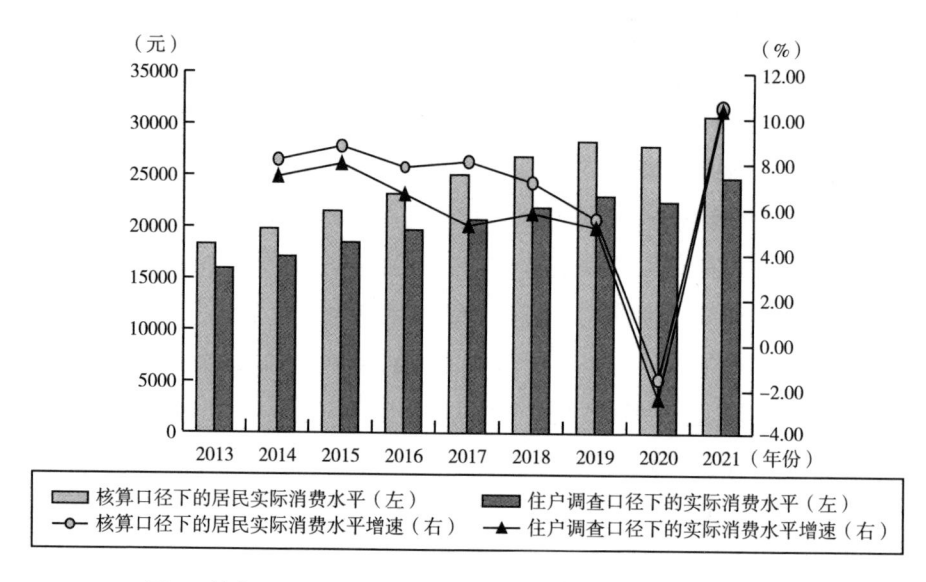

图 2　综合处理后的居民实际消费水平及增速（2013～2021 年）

（二）城乡居民实际消费水平差距状况

中国城乡二元结构特征明显，城乡收入差距较大是共识，与此相对应，城乡消费差距如何？特别是居民实际消费水平差距如何？以下进行初步测度分析。

1. 城乡居民名义消费水平倍差已降至 2 以下，显著小于收入倍差

2013 年以来，核算口径下的城乡居民消费水平倍差逐年下降，已从 2013 年的 3 降至 2021 年的 2，应该说城乡消费差距取得了实质性进展。住户调查口径下的城乡人均消费支出名义倍差表现更为突出，2020 年降至 2 以下，2022 年达到 1.83。使用住户调查口径的城乡居民可支配收入倍差进行比较分析，可以发现收入倍差的绝对水平要高出不少，2022 年仍处于 2.45 的高位。同时，消费支出倍差缩小幅度要显著大于收入倍差缩小幅度，二者从 2013 年相差 0.34 扩大到 2022 年的 0.62（见图 3）。

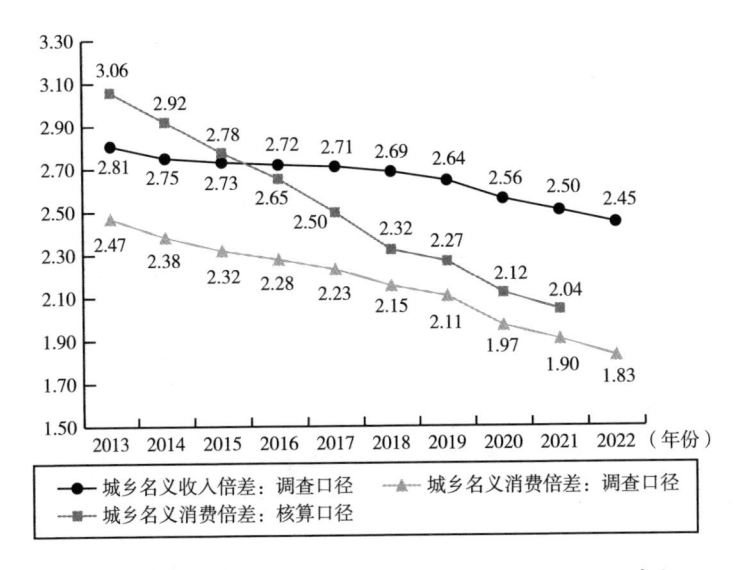

图3 城乡居民名义消费倍差与收入倍差（2013~2022年）

2. 城乡居民实际消费水平倍差已低于1.5，下降速度快于收入倍差

考虑公共服务支出缺乏划分城乡的统计口径，我们暂不加入前述公共服务支出项目，这里主要剔除城乡价格差异因素。吴伟（2016）在"我国地区价差指数方法和应用研究"课题组（2014）基础上，利用全国31个省（自治区、直辖市）的商品与服务价格和住户收支与生活状况调查数据，对中国城乡生活成本做了估算，认为2014年城乡生活成本比值为1.36。[①] 我们在此基础上，利用城乡各自的CPI指数推算得到2015~2022年的城乡生活成本比值，进而计算得到城乡实际消费水平倍差值。

结果显示，剔除价格因素影响后，城乡居民实际消费水平差距显著缩小。2014年以来，两种口径下的城乡居民实际消费水平倍差逐年降低。其中，核算口径的城乡居民实际消费水平倍差在2016年降至2以下，2021年进一步降至1.5；住户调查口径下的倍差值更低，2014年为1.75，到2022年降至1.34。当前，两种口径下的实际倍差大体都比名义倍差低了0.5左右。将住

---

① 需要说明的是，目前类似估算都会存在这样那样的问题，国家统计局研究团队通过整理各品类消费品和价格数据的估算可信度更强，为此我们在他们的结果基础上进行初步测度。

户调查口径下的城乡居民实际消费水平倍差与城乡居民实际收入倍差比较可知，2022年实际消费倍差低了0.46，且2014年以来消费差距下降速度更快，二者差距有扩大趋势（见图4）。

图4 城乡居民实际消费水平倍差与收入倍差（2013~2022年）

3. 城乡居民实际消费水平差距合理区间或可定于倍差值为1左右

推动中国城乡二元结构在体制上和特征上逐步消除，实现城乡实际生活水平大体相当，将城乡差距转为城乡差异，这是实现共同富裕的内在要求。从可能性看，在新型城镇化和乡村振兴战略两轮驱动下，城乡差距缩小趋势将持续推进。依照当前缩小速度，经过城乡生活成本折算后的城乡实际消费倍差值或可在10年内降至1左右。考虑到倍差越小则缩小难度越大，且价格差距可能也会随着流通体系健全而逐步缩小，城乡实际消费倍差缩小至1的时间或将更长。但到21世纪中叶缩小至1乃至更低的概率很大，届时对应的收入倍差应在1.5以下。综合分析，本文认为，到全体人民共同富裕基本实现时，城乡居民实际消费水平大体相当，实际消费水平倍差应保持在1左右。

综上所述，从城乡维度的实际消费水平差距看，以消费倍差来衡量的城乡差距要显著小于收入倍差，近年来中国城乡实际消费水平差距逐步缩小，缩小速度要比收入差距还快。到基本实现全体人民共同富裕时，城乡维度居民实际消费水平差距的合理水平可确定在1左右。

(三) 地区间实际消费水平差距状况

中国地区间发展不平衡由来已久，地区间消费差距也较为明显。鉴于各地区居民消费水平指标仅更新至 2017 年，本文主要使用住户调查口径下中国 31 个省级行政区间居民人均消费支出指标来测算地区间的消费差距。

1. 地区间名义消费差距低于收入差距，且呈明显下降趋势

我们首先使用核密度估计展示各地区消费和收入水平的分布情况。可以看出，2013～2021 年总体消费和收入水平提升（总体位置右移），且中低消费和收入水平的分布逐步趋于分散（分布峰值降低），初步判断地区间差距趋于降低（见图 5）。

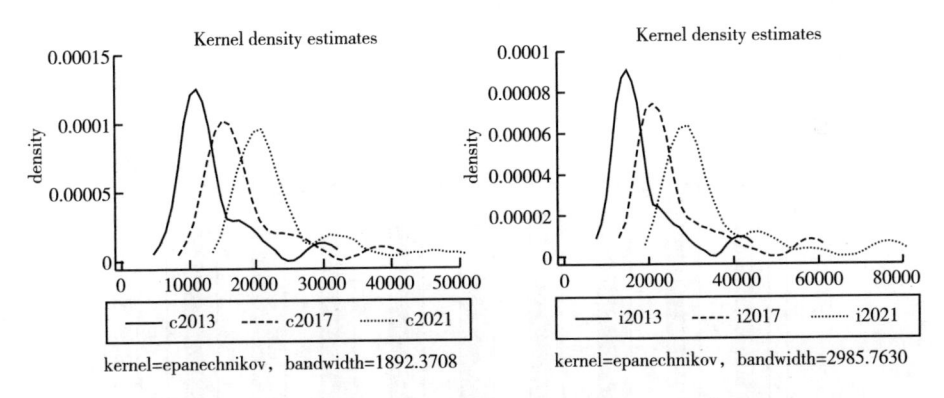

图 5 地区间名义消费与收入水平核密度估计（2013 年、2017 年、2021 年）

注：左图为 2013 年、2017 年和 2021 年名义消费水平的核密度估计图，右图为相应年份名义收入水平的核密度估计图。

分别使用人均消费支出和人均可支配收入计算各地区间差距情况。以最大最小倍差指标来衡量，2018 年之前消费差距大于收入差距，2019 年之后发生逆转；以变异系数来衡量，消费差距始终小于收入差距。各地区居民人均消费支出最大最小倍差从 2013 年的 4.82 降至 2021 年的 3.186，变异系数从 0.41 降至 0.33。从趋势看，无论是使用哪类数据和哪个差距指标，近年来地区间差距均呈逐年下降趋势（仅在 2021 年消费支出变异系数略有回弹），同时消费差距下降速度要明显大于收入差距（见表 6 和图 6）。

表 6　　　　　　　　地区间名义消费差距与收入差距

年份	人均消费支出 最大最小倍差	人均消费支出 变异系数	人均可支配收入 最大最小倍差	人均可支配收入 变异系数
2013	4.820	0.410	4.330	0.420
2014	4.519	0.401	4.284	0.414
2015	4.218	0.390	4.069	0.410
2016	4.020	0.379	3.982	0.409
2017	3.856	0.371	3.816	0.408
2018	3.763	0.363	3.713	0.407
2019	3.500	0.355	3.628	0.404
2020	3.216	0.322	3.552	0.395
2021	3.186	0.328	3.536	0.390

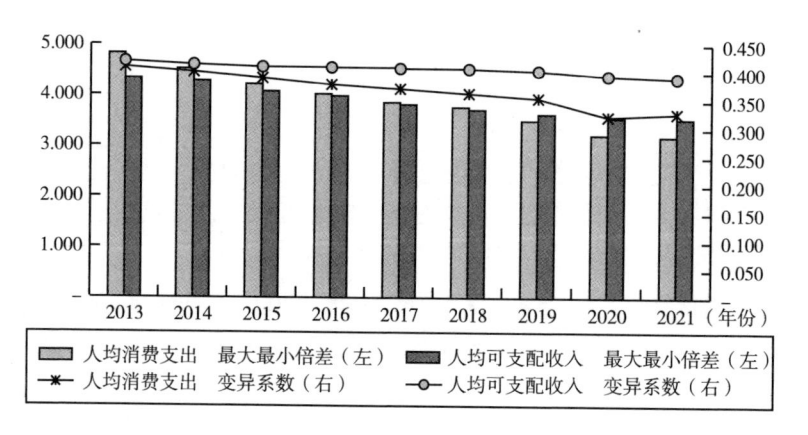

图 6　地区间名义消费差距与收入差距（2013～2021 年）

2. 加入公共服务支出后的地区间消费差距显著降低

按照前述界定，在居民人均消费支出基础上，加入各地在教育、文化体育传媒、医疗卫生和住房保障四个领域的公共服务支出，再来看地区间消费差距情况。

结果显示，加入公共服务支出后，地区间消费差距显著降低。以最大最小倍差衡量，加入公共服务支出后，2013 年最大最小倍差为 3.13，比单独居民消费大幅降低了 1.7，不过 2021 年二者差距逐步缩小到 0.49。以变异系数衡量，加入公共服务支出后，2013年地区消费变异系数为0.36，比单独居民消费的变异系数减小0.04，到2021年二者差距有所缩小（见图7）。

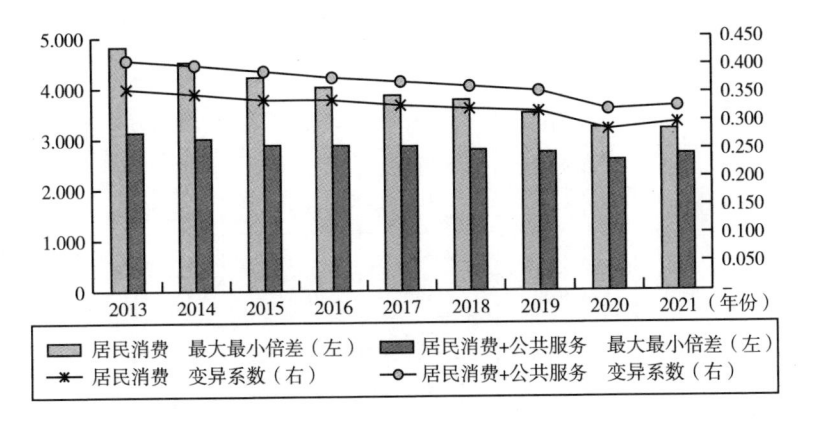

图7　加入公共服务支出后的地区间消费差距（2013～2021年）

3. 综合处理后的地区间实际消费水平差距进一步降低

尽管"我国地区价差指数方法和应用研究"课题组（2014）、吴伟（2016），尝试构建了31个省级单元间生活成本指数，但未公开完整可用的地区间生活成本指数。为此，本文将余芳东（2006）得到的2005年各地区城镇居民消费差价指数作为各地区基期价格水平，使用各地区历年CPI指数推算得到2013～2021年的地区间价格水平指数，进而对加入公共服务支出后的地区间消费水平进行价格平减，再计算得到差距指标，即地区间实际消费水平差距。

结果显示，剔除价格因素后的地区间居民实际消费水平差距进一步降低，且差距程度大体呈逐年降低态势（2020年除外）。以最大最小倍差衡量，2013年地区间实际消费水平倍差值已降至3以下，比名义水平倍差值降低了近40%，也小于加入公共服务支出后的倍差值；2013～2021年，地区间消费实际倍差值平均比名义倍差值低30%左右，也略低于加入公共服务支出后的倍差值，不过二者差距逐年缩小，2021年地区间消费实际倍差值比名义倍差值低了23%，降至2.457。以变异系数衡量，地区间实际消费水平差距比名义水平差距降低了20%以上，2021年降至0.255（见表7和图8）。

表7　　　　　　　　　地区间实际消费水平差距

年份	地区间居民名义消费水平差距 最大最小倍差	变异系数	加入公共服务支出后的消费差距 最大最小倍差	变异系数	地区间居民实际消费水平差距 最大最小倍差	变异系数
2013	4.820	0.410	3.134	0.359	2.938	0.328
2014	4.519	0.401	3.011	0.350	2.877	0.318
2015	4.218	0.390	2.881	0.340	2.795	0.305
2016	4.020	0.379	2.872	0.339	2.783	0.302
2017	3.856	0.371	2.853	0.329	2.678	0.287
2018	3.763	0.363	2.780	0.323	2.611	0.280
2019	3.500	0.355	2.730	0.319	2.617	0.275
2020	3.216	0.322	2.577	0.286	2.417	0.243
2021	3.186	0.328	2.700	0.299	2.457	0.255

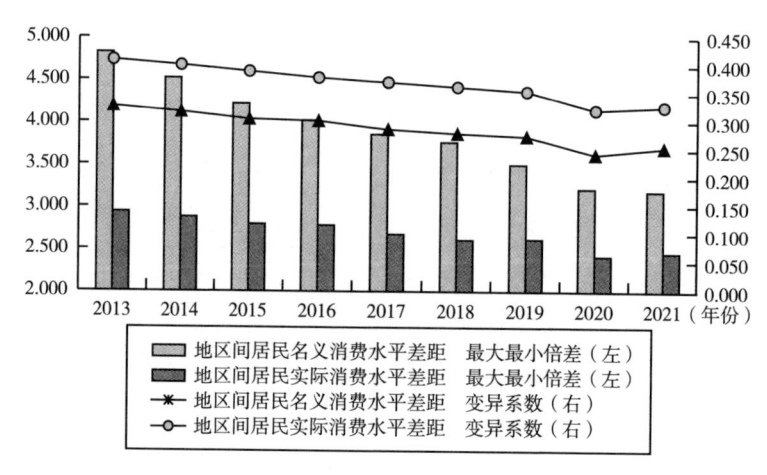

图8　综合处理后的地区间实际消费水平差距（2013～2021年）

4. 地区间实际消费水平差距合理区间可定于最大最小倍差2以下，变异系数0.2以下

随着区域协调发展战略、区域重大战略深入实施，基本公共服务均等化程度进一步提升，区域发展平衡性协调性不断增强，地区间实际消费水平差距将进一步缩小。从可能性看，依照近年来缩小速度，最大最小倍差值有望在2035年左右降至2以下，考虑有直辖市、西部省区等因素，进一步缩小的空间不太大；基于我国较强的区域异质性特点，进一步缩小难度较大，变异系数预计也将在 0.2 左右。因而，到全体人民共同富裕基本实现时，地区间居民实际消费水平最大最小值预计降至 2 以下，变异系数降至 0.2 以下。

综上所述，从地区维度的实际消费水平差距看，以消费倍差来衡量的地区差距显著小于收入倍差，加入公共服务支出和剔除价格效应后，地区间实际消费水平差距进一步缩小。到共同富裕基本实现时，地区维度居民实际消费水平差距的合理水平可定为最大最小倍差 2 以下、变异系数 0.2 以下。

（四）群体间实际消费水平差距状况

群体间消费水平差距主要依赖微观调查数据。最权威的数据就是国家统计局城乡住户调查数据，其次是学术界使用较多的几大微观数据库，如中国家庭收入调查（CHIPs）、中国健康与养老追踪调查（CHARLS）、中国家庭动态调查（CFPS）、中国家庭金融调查（CHFS）等。本文使用中国家庭动态调查（CFPS）2018 年数据作为例证，使用家庭收入和家庭消费支出的调查数据，计算了收入和消费差距指标，发现中国收入差距与消费差距均处于高位，但消费差距明显小于收入差距。其中，家庭消费支出基尼系数要比家庭收入基尼系数低 0.05 个点（见表 8）。

表 8　　　　　　　　　群体间收入和消费水平差距

差距指标	家庭纯收入	家庭消费支出
相对平均离差	0.37	0.34
变异系数	2.17	1.16
基尼系数	0.52	0.47
泰尔指数	0.61	0.41

资料来源：根据 CFPS2018 年调查数据计算。

然而，从本文关注问题看，这些数据普遍缺少更具体的微观价格水平差异数据和所享受到的公共服务数据，难以找到适宜处理办法。现有研究计算得到的不平等指标也多为名义值，未对调查数据作价格和公共服务等方面的处理。因而，本文暂不使用微观数据来测度实际消费水平差距和提出合理区间建议。

五、结论与建议

本文对居民实际消费水平差距问题做了研究讨论,得出一些初步结论,对完善相关支撑工作,明确政策方向和重点有一定启示意义。

(一)主要结论

第一,在共同富裕评价指标体系中增设消费差距方面的指标具有重要意义,有助于更全面、准确反映分配差距状况,也有利于将工作导向进一步朝着消费最终环节倾斜,更好地践行以人民为中心的发展思想。

第二,可从消费支出和消费效用等两个视角来界定居民实际消费水平。支出视角在居民消费支出之外,要注意剔除城乡地区间价格水平差异,要加入给居民带来实际消费效用的公共服务支出。效用视角则可选取与消费支出类别相对应的成效指标,形成指标体系来衡量居民生活水平。

第三,基于效用视角的测度,重点在于筛选指标和确定权重。基于支出视角则需确定好测度维度,选择适宜的差距指标,并细致处理好相关指标数据,特别是要筛选好公共服务支出项目,处理好价格水平差异问题。

第四,基于初步测度发现,各维度的消费差距均显著小于收入差距。剔除价格差异后我国城乡居民实际消费水平倍差已低于1.5,缩小速度快于收入倍差,其合理区间或可定于城乡实际消费水平倍差值1左右。加入公共服务支出和剔除价格效应后,地区间实际消费水平差距也大幅缩小,其合理水平可确定最大最小倍差2以下、变异系数0.2以下。群体间消费水平差距主要依赖于微观调查数据,目前尚难以对实际消费水平差距进行精准测度,有赖统计方面的进一步支撑。

(二)相关建议

基于上述分析讨论,本文对下一步工作机制和政策导向提出如下建议。

第一,夯实统计基础,建立常态化测度评价机制,纳入共同富裕评价体系。尽管构建城乡区域间价格水平差异指数或真实生活成本指数等难度很大,但应着手完善统计体系,开展常规性的统计调查、研究和实际测算工作,包括分析使用商业类大数据作为现有数据来源的重要补充，为取得更为全面的数据、更为准确的结果。同时，应深入研究应用联合国国民账户体系（SNA）中的"实物社会转移"和"实际最终消费"指标，更好测度政府部门免费或以没有显著经济意义的价格向居民提供消费性货物和服务的支出，充分体现发展成果由人民共享的状况，也为居民实际消费水平测度提供基础。在此基础上，将居民实际消费水平差距指标纳入共同富裕评价体系中，建立常态化评价机制，注重将评价结果合理运用，以引导工作朝着平滑居民消费、缩小居民消费差距的方向发力。

第二，政策导向上应注重增强公共服务均衡性功能，加大金融普惠力度，缩小实际消费水平差距。基于公共服务支出和价格水平对缩小居民实际消费水平差距的重要作用，建议强化公共服务支出的均衡性功能，加大消费水平较低的乡村、欠发达地区等的公共服务支出力度，在增强居民个人消费能力的同时，注重以公共服务支出有效对冲居民自身消费水平差距；基于价格水平和公共服务支出对缩小居民实际消费水平差距的重要作用，应建立健全各项制度与城乡地区物价水平和实际生活成本挂钩的机制，以充分体现城乡地区间价格水平差异；基于消费差距显著低于收入差距的特点，建议加大金融普惠力度，特别是推动消费信贷向县乡下沉，有效提升消费倾向，更好平滑居民全生命周期消费，进而缩小消费水平差距，提升人民群众生活和福利水平。

参考文献：

［1］于光军：《从缩小实际消费水平差距的视角对实现共同富裕的思考》，《北方经济》2021年第11期。

［2］宋泽、刘子兰、邹红：《空间价格差异与消费不平等》，《经济学（季刊）》2020年第2期。

［3］吴伟：《我国居民收入差距研究——基于扣除生活成本地区差异的方法》，《调研世界》2016年第7期。

［4］揭昌亮、石峰：《国内外消费不平等问题研究趋势与展望》，《江西社会科学》2015年第12期。

[5] "我国地区价差指数方法和应用研究"课题组:《我国地区间价格水平差异比较研究》,《统计研究》2014年第4期。

[6] 余芳东:《我国城镇居民消费价格和实际收入地区差距的比较研究》,《统计研究》2006年第4期。

[7] 李涛、么海亮:《消费不平等问题研究综述》,《经济社会体制比较》2013年第4期。

[8] 江小涓、李辉:《我国地区之间实际收入差距小于名义收入差距》,《经济研究》2005年第9期。

[9] Brandt L, Holz Carsten A. Spatial Price Differences in China: Estimates and Implications. *Economic Development and Cultural Change*, University of Chicago Press, Vol. 55, No. 1, 2006.

[10] Prescott Edward C. On Defining Real Consumption. *Federal Reserve Bank of St. Louis Review*, Vol. 79, No. 3, 1997.

消费倾向国际比较与促进中国消费倾向稳步提升的建议 *

摘　要：构建新发展格局要求坚定实施扩大内需，不断释放居民消费潜力。消费倾向的高低直接决定着消费潜力的释放程度。对发达国家在与中国相似发展阶段的消费倾向比较研究表明，人均处于GDP5000～20000美元期间，消费倾向变动较大，总体呈"U"型变化；之后进入相对稳定区间。中国消费倾向变化符合一般趋势，并已进入由降转升阶段，与发达国家的差距在明显缩小。消费倾向受到收入分配差距、人口抚养比、收入来源结构、社会保障以及传统文化等因素影响。综合判断，中国消费倾向将继续稳中有升，2025年有望提高至72%左右。应以制度健全和政策调整完善为着力点，从提高消费能力、扩大中等收入群体、实施分类消费促进政策和完善消费环境等方面促进消费倾向稳步提升，以有效释放消费潜力，支撑增强内生增长动力。

关键词：消费倾向　国际比较　新发展格局

立足新发展阶段，加快构建以国内大循环为主体、国内国际双循环相互促进的新发展格局，需要牢牢把握扩大内需这一战略基点，充分发挥中国超大规模市场优势，增强发展内生动力。这就要求不断激发居民消费潜力，释放消费增长的活力、增强内需增长的韧性。在后疫情时代全球经济发展不确定性明显增强的背景下，有效释放国内消费需求潜力对促进经济稳定增长，推动实现高质量发展尤为重要。居民消费倾向的高低直接决定着消费潜力的

---

* 作者王蕴、姜雪、李清彬、姚晓明，本文原载于《宏观经济研究》2022年第3期。

释放程度。平均消费倾向反映一定收入水平下一国居民整体有效消费水平，一般而言，平均消费倾向越高，表明居民消费潜力释放程度越高。通过与发达国家相似发展阶段居民消费倾向及相关影响因素的比较分析，可以更为全面、准确地认识我国居民消费倾向的现状，并更科学地判断我国居民消费倾向和消费潜力的变化趋势。在此基础上，从有效扩大居民消费和提高生活品质的角度，提出促进中国居民消费倾向稳步提升、积极释放消费潜力的有关对策建议。

一、相似发展阶段消费倾向变化的比较分析

（一）比较对象、口径和区间

比较对象和区间的确定。为更好地揭示消费倾向变化的一般趋势或特征，选取的比较对象应尽可能地具有较强代表性。在考虑地域差异性和数据可得性的基础上，分别选取大洋洲的澳大利亚、北美洲的美国、欧洲的法国和英国、亚洲的日本和韩国进行比较研究。中国人均GDP已经超过1万美元，"十四五"时期将接近高收入国家门槛，鉴于此，我们选取主要国家名义人均GDP处于5000~20000美元的时期作为相似发展阶段。具体样本和比较时期情况如下：澳大利亚1973~1995年、美国1969~1987年、法国1973~1990年、英国1977~1994年、日本1976~1987年、韩国1988~2002年。

比较口径的确定。消费倾向的计算主要包括国民经济核算口径与家庭调查口径。在国民经济核算口径下，依据资金流量表中居民部门最终消费支出与可支配收入数据计算得到消费倾向；家庭调查口径下则主要依据各国调查得到的家庭人均消费支出与人均可支配收入计算得到消费倾向（OECD，2021）。比较来看，国民经济核算口径计算的居民消费倾向更多反映了一国整体情况，或称宏观平均消费倾向，数据信息比较完整，包括货币化和非市场化非货币化的收支项目。而家庭调查口径下计算的居民消费倾向则更多反映的是微观层面情况，在消费和收入方面均会有一些信息遗漏，如居民实际享受但并未直接付费的公共服务消费等未包含在消费支出中，部分群体倾向于低报收入导致收入低估等。同时，由于各国家庭调查的居民部门消费和支出数据存在调查范围、抽样方法等方面的差异，国别数据完整性较差，国际

比较的可比性相对较弱。国民经济核算口径具有更强的整体性和统一性，数据具有更强的国别可比性。因而本文在比较各国平均消费倾向时选择国民经济核算口径下的数据。

数据来源及调整。从可选数据库的数据条件看，联合国统计数据库的数据序列比较短，难以满足对主要国家在相似发展阶段消费倾向进行比较分析的要求。基于此，我们首先考虑数据可得性要求，再按照尽量统一的标准对数据进行修正以满足数据可比性要求。澳大利亚、法国、韩国的有关数据来源于 OECD 数据库，英国数据来源于英国国家统计局，美国数据来源于美国经济分析局，日本 1980 年以前数据来源于日本国家统计局，1980 年及以后数据来源于联合国统计数据库，我国数据来源于国家统计局。在此基础上，统一比照联合国统计数据库的数据对各国数据进行必要调整。除了日本 1980 年以前的数据与联合国统计数据库的数据差异相对较大外（约为 5 个百分点），其他来源的数据差异均在 2 个百分点以内。因此，对日本 1980 年以前的数据按照此比例进行了调整。我国数据①（2002~2019 年）与联合国统计数据库的数据一致。需要说明的是，我国国家统计局近期对国民经济核算的居民最终消费支出数据进行了调整，主要是在居民实际承担的消费性货物和服务支出的基础上，增加了广义政府部门以实物社会转移形式向居民提供的消费性货物和服务支出。"实物社会转移"指的是广义政府部门免费或以没有显著经济意义的价格向居民提供消费性货物和服务的支出，调整后的居民实际最终消费最大程度地涵盖了居民消费支出，与其他国家数据的可比性进一步增强。同样，我们按照该口径对居民可支配收入作相应调整，进而得到调整后的居民消费倾向数据。

（二）我国平均消费倾向大幅低于主要国家但差距在缩小

总体来看，在人均 GDP 从 5000 美元提高到 20000 美元左右的相似发展阶段，美国、日本、澳大利亚、法国、韩国和英国等国家的平均消费倾向基本在 70%~90% 的区间内。从各国平均消费倾向水平看，存在一定差异性。

---

① 因中国资金流量表数据目前仅更新到 2019 年，宏观口径的平均消费倾向最新数据也为 2019 年。

其中，英国平均消费倾向最高，高于92%；日本、韩国和澳大利亚的平均消费倾向水平比较接近，均从71%左右提高到80%；美国与法国的平均消费倾向水平比较接近，均值差距在2个百分点以内。这些国家消费倾向的平均水平从80.5%提高到88%左右，而与之相比，中国平均消费倾向较该均值水平低20个百分点左右，存在着消费倾向偏低的情况（见表1）。

表1　　　　　各国相似发展阶段平均消费倾向比较　　　　单位:%

美国 (1969~ 1987年)	日本 (1976~ 1987年)	澳大利亚 (1973~ 1996年)	法国 (1973~ 1990年)	韩国 (1988~ 2002年)	英国 (1977~ 1994年)	中国 (2002~ 2019年)
86.76	71.80	73.40	80.66	72.54	97.86	71.96
84.88	73.20	75.73	80.27	74.23	96.31	68.78
84.21	74.20	77.05	79.50	74.44	95.22	68.28
85.28	76.80	78.57	81.87	72.48	93.74	67.35
84.25	77.19	79.32	81.77	73.55	94.43	64.91
84.50	76.34	78.22	80.18	74.56	95.50	63.95
84.35	77.58	78.69	82.29	76.77	97.20	62.90
86.30	78.07	78.80	82.99	78.80	96.15	61.94
87.18	78.16	79.53	83.33	79.40	96.71	60.87
87.04	78.60	82.01	84.06	81.25	98.16	62.41
87.41	79.35	80.04	84.80	73.05	100.51	62.46
86.49	80.90	79.42	86.12	80.33	102.05	62.62
85.60		81.83	87.02	86.09	100.51	63.48
85.00		83.74	87.78	89.36	97.33	64.83
86.81		84.41	89.23	93.48	94.77	66.02
85.51		83.22	89.22	89.92	92.94	67.44
87.31		83.34	88.91	86.70	93.58	68.25
87.59		84.43	87.66	88.16	94.86	68.33
88.60		86.12		89.33		
		86.04				
		86.10				
		86.98				
		87.05				

资料来源：美国数据来源于美国经济分析局，日本数据1955~1980年来源于日本国家统计局，1980年以后数据来源于联合国网站；澳大利亚、法国、韩国、加拿大数据来源于OECD数据库；英国数据来源于英国国家统计局；中国资金流量表数据来源于国家统计局；各国人均GDP数据来源于WDI数据库。

另外，中国平均消费倾向相对主要国家偏低的情况存在比较明显的转折性变化。以中国1992~2019年人均GDP为基准，比较中国与主要国家在相近人均GDP水平下的平均消费倾向差距的变化趋势（见图1）。从趋势线可以看出，除澳大利亚外，我国与美国、日本、英国、法国、韩国等国家相似发展阶段平均消费倾向的绝对差距在明显缩小，并且在人均GDP超过5000美元以后，差距缩小的速度有进一步加快的趋势。

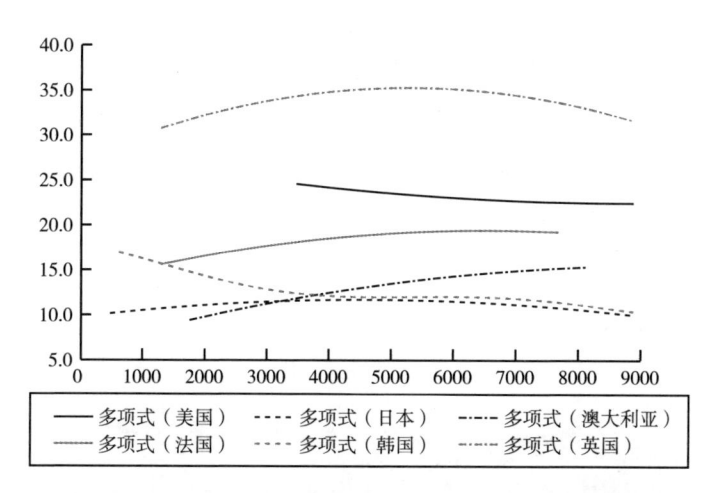

图1 中国与其他国家平均消费倾向的绝对差距的变化趋势

（三）主要国家的平均消费倾向呈现出在人均GDP 5000美元左右发生转折的"U"型变化趋势

消费倾向的变化与经济发展水平，即人均GDP的变化密切相关。从各国消费倾向与人均GDP的散点图（见图2）可以直观地看出，主要发达国家的平均消费倾向随人均GDP增长呈现出先下降后上升的"U"型变化趋势，并且由降转升的转折点出现在5000美元左右。具体而言，韩国、日本、澳大利亚和美国人均GDP未达到5000美元时，平均消费倾向表现为较快下降的态势；而当人均GDP超过5000美元后，这些国家的平均消费倾向开始以较快速度上升，此后虽在个别年份略有下降，但总体仍然保持在较高的水平。法国的平均消费倾向的转折点则发生在人均GDP 6000美元左右。英国相对比较特殊，在观察期间内，其平均消费倾向一直保持在较高水平，且波动幅度相对较小。

各国经验表明，当经济发展达到一定阶段，即人均 GDP 水平提高到一定程度后，居民消费出现较快升级态势，突出表现为从必须型消费为主向发展型、享受型消费为主转变，此时平均消费倾向会明显升高。各国消费倾向发生转变的时点略有不同，普遍来看，人均 GDP 超过 8000 美元后，平均消费倾向均有较大幅度提升；并且在人均 GDP 超过 10000 美元后，平均消费倾向开始在较高水平保持相对稳定状态。从我国的情况看，人均 GDP 与平均消费倾向也呈现出比较明显的"U"型变化特征，人均 GDP 低于 5000 美元特别是在 1000 美元至 5000 美元期间，平均消费倾向持续下降，从 68.5% 左右降至 61%，构成了"U"型曲线的左半边；当人均 GDP 超过 5000 美元时，平均消费倾向转向"U"型曲线的右半边，即进入上升区间，并且此后总体随着人均 GDP 水平的提高而逐步回升。

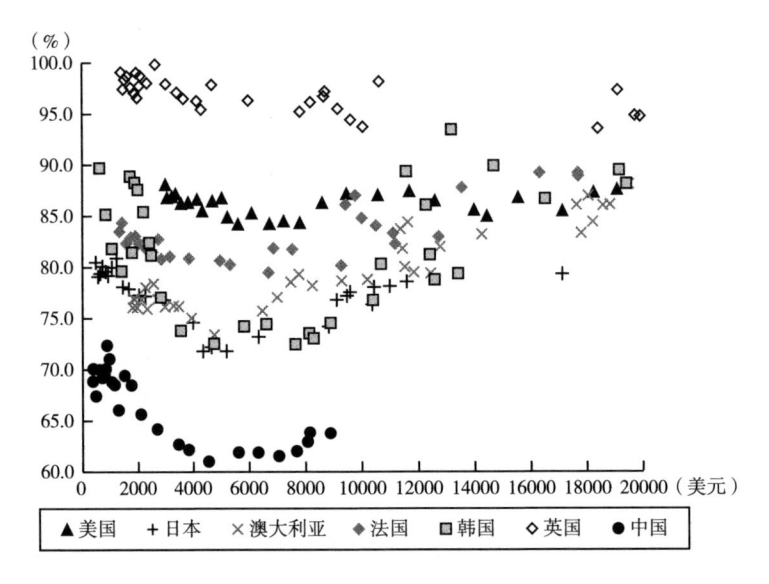

图 2　相似发展阶段各国平均消费倾向与人均 GDP 之间的关系

资料来源：根据各国基于联合国统计数据库中调整后的数据绘制。

（四）主要国家的平均消费倾向在人均 GDP 超过 20000 美元后则基本稳定

主要国家的平均消费倾向在人均 GDP 超过 5000 美元后普遍进入由降转

升通道，进一步观察，对不同国家来说，该上升通道的长度和深度都不一样。从各国相似发展阶段平均消费倾向数据的统计分析结果来看（见表2），就变化的绝对数值而言，美国的消费倾向变化幅度相对较小，最大值（88.6%）与最小值（84.21%）之间的差距仅为4.39个百分点；韩国的消费倾向变化幅度最大，最大值与最小值的差距为21个百分点；日本、法国、英国和澳大利亚的消费倾向的最大最小值之间的差距在10个百分点左右；中国自2011年人均GDP达到5000美元以来，平均消费倾向从62.4%提高到68.3%，提高了6个百分点。

表2　　　　各国相似发展阶段平均消费倾向的主要统计指标　　　　单位：%

项目	美国	日本	澳大利亚	法国	韩国	英国	中国
最大值	88.60	80.90	87.05	89.23	93.48	102.05	71.96
最小值	84.21	71.80	73.40	79.50	72.48	92.94	60.87
平均值	86.06	76.85	81.48	84.31	80.76	96.55	65.20
中位数	86.30	77.39	81.83	83.70	79.40	96.23	64.83
极差	4.39	9.10	13.65	9.73	21.00	9.11	11.09
方差	1.65	6.31	13.96	10.70	47.48	6.13	8.76
标准差	1.29	2.51	3.74	3.27	6.89	2.48	2.96
最大值与最新值*的差距（百分点）	-0.1	-10.8	-0.03	1.5	3.4	-0.4	3.95

注："最新值"指各国2017~2019年平均消费倾向数值。

与目前发展水平相比，除日本外，主要发达国家在人均GDP 5000~20000美元期间的消费倾向的最大值与更高经济发展水平下的消费倾向基本相当。具体来看，美国、澳大利亚和英国的平均消费倾向的最新值（2017~2019年的平均值）与阶段最大值之间的差距均在1个百分点以内；法国和韩国的平均消费倾向的最新值与阶段最大值之间的差距在5个百分点以内，其变化幅度均明显小于人均GDP在5000~20000美元之间时的变化幅度。这在一定程度上说明，在人均GDP 5000~20000美元期间，消费倾向数值的上下波动可能会比较明显，但经过该阶段后，一国消费倾向的稳定性将会明显增强，换言之，该阶段特别是人均 GDP 达到 20000 美元左右时，消费倾向总体进入稳定区间。受疫情冲击影响，消费活动受到较大抑制，各国消费倾向都会出现比较明显的下滑，但更多的是短期下挫，并不会改变中长期变化趋势。

二、消费倾向的主要影响因素比较分析

综合来看，一国居民消费倾向受到多种因素影响，经济发展阶段、发展模式和文化传统等结构性特征不同，居民消费倾向的水平和变化趋势也呈现出差异化特征。现有国内外研究文献较多关注于对影响消费倾向的某些因素的分析，如关注居民收入水平、收入分配差距、城镇化、公共服务和社会保障等因素（陈昌盛等，2021；易行健等，2021）。本文将基于前述对主要国家在人均GDP 5000~20000 美元阶段消费倾向变化的比较结果，从人口年龄结构、收入分配、收入来源结构、公共服务和社会保障、传统文化和统计遗漏等方面分析比较消费倾向的影响因素，并最终落脚在对我国相关特征的分析解释上。

（一）人口年龄结构因素：人口抚养比越高，平均消费倾向越高

一般而言，不同年龄阶段群体的消费倾向表现出显著差异化特征，"一老一小"的收入低、消费倾向高，而中年人口的消费倾向较低。因而，同一国家不同时期以及不同国家的人口年龄结构差异，构成居民消费倾向的基础影响因素。

以人口抚养比指标来衡量人口年龄结构特征，观察其与居民消费倾向的相关关系。从跨国比较数据看，人口抚养比与居民消费倾向呈显著正相关关系，即一国人口抚养比越高，居民平均消费倾向越高（见图3）。为更全面反映消费倾向与人口抚养比变化之间的关系，将考察我国的时间段拉长到1992~2019年。总体来看，我国居民消费倾向和人口抚养比序列高度呈正相关，相关系数达到0.8675。二者散点图也直观显示出（见图4），人口抚养比越高，居民消费倾向也越高。但需要注意的是，1992~1999年中国人口抚养比下降，而居民消费倾向上升，这可能是居民消费倾向受到其他因素影响所致，有待进一步深入分析。

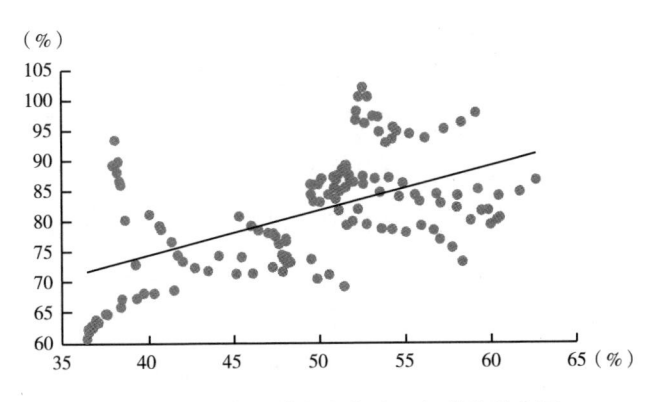

图3　各国平均消费倾向与人口抚养比散点图

资料来源：各国人口抚养比数据均来源于世界银行WDI数据库，各国平均消费倾向数据来源同表1。

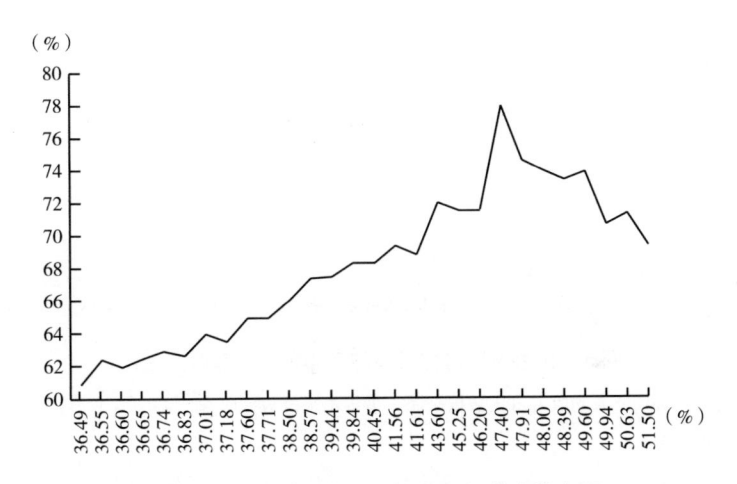

图4　中国平均消费倾向与人口抚养比散点图

资料来源：人口抚养比数据来源于国家统计局，平均消费倾向数据来源同表1。

（二）收入分配状况因素：收入差距越大，平均消费倾向相对越低

根据凯恩斯关于消费的相关理论，居民边际消费倾向随收入提升而递减。简单来说，高收入群体的消费倾向低、低收入群体的消费倾向较高。因而，在同等经济发展水平下，收入分配状况不同，也会导致居民消费倾向出现较大差异。一般而言，收入差距较大的经济体，即少部分群体的收入占总收入比重较高，居民整体消费倾向较低。

我们以最高10%收入群体的收入占总收入的比重指标衡量各国收入分配状况，并观察其与居民消费倾向的关系。从跨国比较数据看（见图5），最高10%收入群体的收入占比越高（即收入差距越大），平均消费倾向越低，也就是说，消费倾向相对较低的高收入群体占有的收入份额越大，整体收入转化为实际消费的水平相对越低。从我国情况看，近年来中国前10%群体的收入占总收入的比重呈现明显上升态势（见图6），2011年达到近43%的高点，此后小幅下降至2020年41.7%。从两个散点图可以看出（见图7），中国前10%群体收入占比越高，平均消费倾向越低，这表明，我国收入分配状况不佳对居民消费倾向产生了较明显的抑制作用。

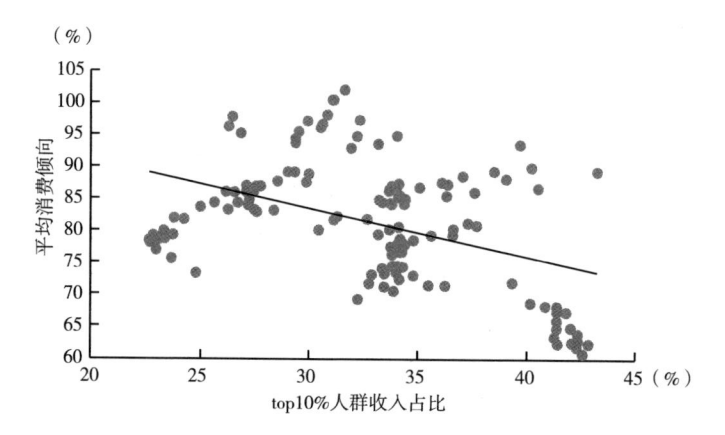

图5 各国平均消费倾向与Top10%人群收入占比

资料来源：Top10%人均收入占比数据来源于世界不平等数据库。

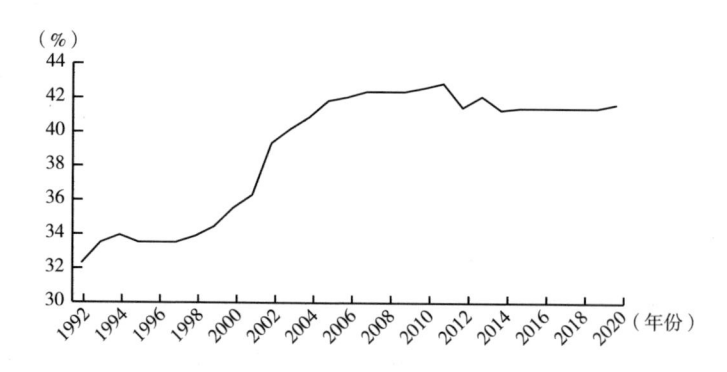

图6 中国Top10%人群收入占比变化趋势（1992～2019年）

资料来源：Top10%人均收入占比数据来源于世界不平等数据库。

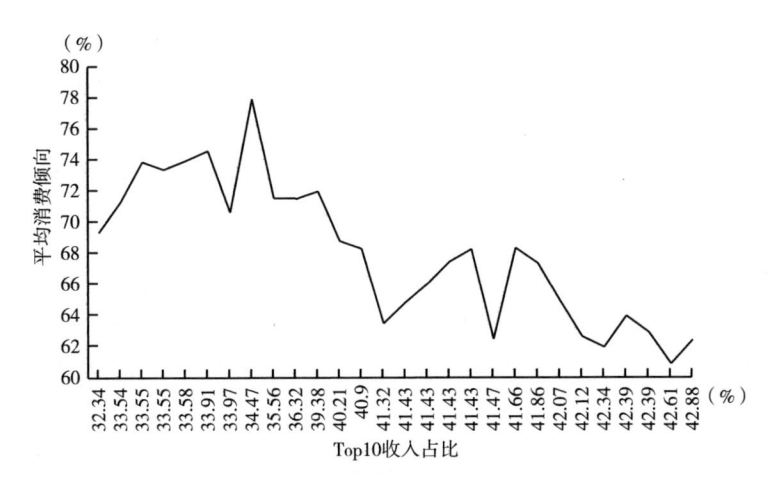

图7　中国平均消费倾向与Top10%人群收入占比

资料来源：Top10%人均收入占比数据来源于世界不平等数据库。

（三）收入来源结构因素：劳动报酬占比与消费倾向之间关系不定

一般来说，从微观层面看，不同收入来源给消费者带来的主观感受程度不同，所对应的消费弹性也不同。劳动报酬依赖于辛勤劳动，消费弹性较低；而财产性收入一定程度上属于所谓"睡后"收入，收入取得较为轻松、投入的成本较低，消费弹性较高。从微观层面进一步推升到宏观层面时，微观主体收入结构变化会带来某些类别收入总量的明显变化，可能会支撑比较显著的消费升级，由此带来消费倾向出现多重方向的变化。可以推论的是，不同国家的收入来源结构差异，会影响消费倾向水平。

我们以劳动报酬占GDP比重指标衡量一国收入来源结构，观察其与居民消费倾向的关系。从跨国比较数据看（见图8），在劳动报酬占比低于45%和高于55%的两个区间内，劳动报酬占比越高，平均消费倾向就越低，两者呈现明显负相关关系。在劳动报酬占比位于45%～55%区间时，两者似乎呈现同向变化关系。可能的解释为，劳动报酬占比从45%提高到55%，意味着其背后的主客观推动力量会导致更多普通劳动者的收入状况明显改善，由此带来消费能力提升和消费升级，进而推高有效消费水平。也就是说，消费支出可能从以基本、生存型消费为主跃升到生存型消费和发展型消费并重的阶段，进而消费支出将会以更大幅度提升，消费倾向会有较明显的提高。从数据看，比较国家的劳动报酬占比在45%~55%区间时，对应的人均GDP也正处于向10000美元攀升的阶段。

从中国情况看（见图9），目前劳动报酬占比正处于45%~55%区间内，同时，消费结构从生存型向发展型、享受型消费升级，以商品消费为主向商品与服务消费并重的升级过程正在发生，带来了消费支出水平的更快提高，因此劳动报酬占比与平均消费倾向呈正向相关关系。而未来随着我国劳动报酬比重进一步提高，在消费升级速度趋缓的情况下，平均消费倾向可能会由升趋稳。

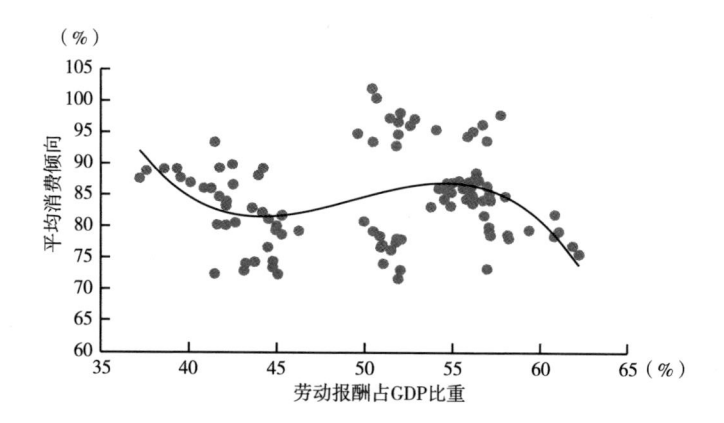

图8　各国平均消费倾向与劳动报酬占比散点图

资料来源：根据OECD数据库相关数据计算得到。

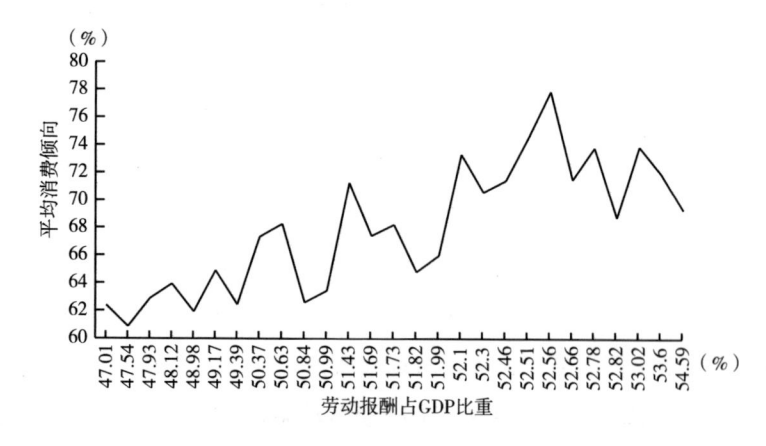

图9　中国平均消费倾向与劳动报酬占比散点图

资料来源：根据国家统计局相关数据计算得到。

（四）公共服务和社会保障水平因素：保障水平越高，消费倾向越高

从国际比较视角看，一个国家的公共服务体系和社会保障体系越健全、水平越高，居民的预防性储蓄就越少，消费倾向也就越高。从发展历程看，主要国家在20世纪50~70年代普遍经历了公共服务体系和社会保障体系加快健全完善的过程，人民生存和发展的基本保障水平显著提升，这都有利于降低预防性储蓄倾向，尽管数据显示这一阶段主要国家消费倾向呈下降态势，但这很大可能是受到其他因素影响所致。从我国情况看，转轨加新兴的发展特点导致在一段时期出现某种程度上的社会保障"真空期"，计划体制下国家提供的保障快速减少，市场化推进下个人需要承担的保障压力剧增，导致预防性储蓄倾向较高。我国基本按照广覆盖、保基本的理念建立社会保障体系和推进基本公共服务均等化，实际保障水平与居民期望水平之间还有比较明显的差距，如与不少发达国家相比，我国公共服务和社会保障水平相对较低，2018年我国政府医疗、教育和社会保障支出占GDP的比重仅为8.6%，低于美国、法国、英国、日本和澳大利亚等国5~6个百分点。因而，在抚幼、住房、教育、医疗、养老等多重"后顾之忧"压力下，我国居民预防性储蓄倾向十分明显，对消费产生较大的挤出效应。

（五）中国居民消费理念、消费习惯与经济发展速度变化不同步抑制了消费倾向提高

消费是一个慢变量，更多体现为由多种因素决定的消费理念和消费习惯等变化是一个相对长期的过程。经济发展速度较快的国家，消费理念和消费习惯的改变滞后于经济发展的情况比较突出，并且在所观察发展阶段（人均GDP 5000~20000美元），消费倾向前后差距较大，变化幅度更大。就我国而言，在经济高速增长带来收入较快提高的背景下，居民消费习惯和消费理念"来不及"进行调适变化，这在目前构成消费主力群体的消费者中体现得非常明显。比如我国目前群体规模最大的"60后"消费者约有2.39亿人，很多人的收入可能已经达到发达国家的水平，但仍然习惯于低消费、单一化消

费，这必然导致消费支出跟不上收入增长，消费倾向受到消费习惯的抑制。同时，与其他国家相比，我国勤俭节约、为子女及未来储蓄等"以备不时之需"的文化特征更为突出；与日本和韩国等国家不同，我国传统文化更加独立，具有更强韧性和影响力，对消费行为、消费习惯的影响更深入、更长久。我们预判，即使在其他因素条件保持一致的情况下，我国的消费倾向仍将因文化传统因素而维持在相对较低的均衡水平上。

（六）居民消费支出统计不完全对消费倾向产生统计漏出影响

由于消费统计体系不完善，居民消费支出统计不完全造成的统计漏出，也是导致我国居民消费倾向偏低的重要因素。其主要表现在三个方面。

一是消费外流造成"显性"消费漏出。中国人到境外旅游的同时购买当地商品是一种传统文化或消费习惯。同时，由于进口环节税率较高、奢侈品差异化定价策略等导致在国内购买国外中高档消费品的价格偏高等，带来了每年7000亿~10000亿元的消费外流。这部分消费支出没有统计在我国宏观核算口径下的居民消费中，也就没能体现在我国居民平均消费倾向中。

二是部分高收入群体的个人消费支出被转移或混入企业支出中，导致了"隐性"消费漏出。以票据报销为主的企业成本支出方式给私营业主等高收入群体转移个人支出提供了空间，为了避税，高收入群体有动力将个人日常消费列入企业支出，由此带来居民消费支出的漏统和居民消费倾向的低估。

三是由于统计核算方法不完善，居民住房消费支出一般被认为存在统计被低估的统计漏出。在统计居民住房消费支出时，对自有住房一般按照虚拟租金计入，而虚拟租金往往较大幅度低于市场租金水平，住房消费支出被低估。同时，居民收入中也存在因自有住房折算收入统计低估的问题。中国居民家庭住房自有率高达89%，较大部分发达国家的住房自有率高出近30个百分点。这就决定了自有住房在消费和收入两端的统计低估可能导致消费倾向被低估。

总体而言，从国际比较视角看，消费倾向受到发展阶段、社会结构、制度体系等综合因素影响，很难找到一个具有普适性的经验标准，即合理的消费倾向水平。从根本上讲，判断消费倾向是高还是低，应以能够促进国民经济有效循环为基本标准。

三、促进中国消费倾向稳步提升的对策建议

(一) 中长期我国消费倾向有望继续稳中有升态势

从与主要发达国家相似发展阶段平均消费倾向的比较来看,中国平均消费倾向的变化趋势与其他国家基本一致,已经进入由降转升的"U"型曲线的右半边,但绝对水平确实明显偏低。从相关影响因素的比较分析来看,我国消费倾向及其变化表现出的一系列特征,既有发展阶段的必然性,也与我国相关制度尚未健全、文化传统等独特性因素有关。"十四五"时期,中国将继续向高收入国家门槛水平迈进,人均 GDP 将进一步增长至 14000 美元左右;按照一般趋势并考虑新冠疫情的短期冲击影响,平均消费倾向将会呈现稳中有升的变化趋势,宏观核算口径的平均消费倾向有望从 2019 年的 68.33% 提高到 2025 年的 72% 左右。

在此背景下,应准确把握消费倾向发展变化的总体态势,以相关制度健全和政策调整完善为主要着力点,从提高消费能力、扩大中等收入群体、实施分类消费促进政策和完善消费环境等方面进一步促进居民消费倾向稳步提升,从而确保实现扩大消费与提高人民生活品质相结合、相促进,实现扩大消费与增强内生增长动力相匹配。

(二) 促进居民收入同步增长和优化收入结构

消费倾向的稳步提升最重要的基础是可支配收入的稳步增长,一方面,要保持居民收入增长与经济增长基本同步,保障居民同步分享经济增长成果;另一方面,要推动居民收入结构不断优化,使得人民创造的财富能够更多转化为实实在在的收入,并用于满足美好生活的需要。

一是积极促进稳定和高质量就业。应坚持实施就业优先战略,落实就业优先政策,扩大就业容量,提升就业质量,促进实现充分就业。保持必要的经济增速,提高经济发展的就业吸纳能力。健全就业影响评估机制,提升重大政策规划、重大工程项目、重大生产力布局对就业的促进作用。进一步完

善减免税费、增设公益性岗位、开发临时性岗位、加大培训力度、发放技术技能提升补贴等政策，促进以高校毕业生为重点的青年、农村转移劳动力、城镇困难人员、退役军人等群体就业，积极保障关键群体稳岗增收。完善促进创业带动就业、多渠道灵活就业的保障制度，支持和规范发展新就业形态。进一步优化创业环境，降低创业成本，促进创业资源开放共享，鼓励引导更多群体自主创业。将零工就业平台纳入就业补贴政策范畴，以提供基本保障为主调整灵活就业人员社会保险参保门槛、支付标准，明确平台企业劳动保护责任。

二是建立健全科学合理的薪酬福利制度。建立健全反映人力资源市场供求关系和经营主体经济效益的工资决定及正常增长机制。对高度市场化的非公有制部门，应充分尊重其自主性，积极推行工资集体协商和行业性、区域性工资集体协商。对机关事业单位、国企等部门，要健全科学的薪酬福利水平决定机制、正常增长机制、支付保障机制。进一步完善公务员职务与职级并行制度。对科研机构和高校等公益性事业单位，应明确取消绩效工资总额管理，使自主来源收入能有效转化为实际收入。鼓励企事业单位对紧缺急需的高层次、高技能人才实行协议工资、项目工资等。加强对垄断行业收入水平的宏观指导，督促企业内部完善分配机制，科学确定国有企业负责人薪酬福利水平，推动形成企业负责人和企业职工之间的合理分配关系。

三是完善技术成果收入转化的市场化机制。建立主要由市场决定技术创新项目和经费分配、评价成果的机制。深化科技成果使用权、处置权和收益权改革，健全职务科技成果产权制度，鼓励创新产权激励新模式。健全技术创新激励机制，完善有利于科技成果转移转化的分配政策，鼓励各类单位自主制定科研成果收益权分配办法，切实保障技术成果在分配中的应得份额。强化知识产权保护，大力发展技术交易市场，健全技术要素定价和转移机制。

四是健全多层次、多渠道的财产性收入通道。拓宽城乡居民依靠合法动产和不动产获得收益的渠道。加快健全资本市场制度，促进各类型资本公平竞争、促进资本收益公平共享。推动资本市场规范健康发展，改革完善股票发行、交易、退市、信息披露等制度，强化上市公司分红制度，稳定资本市场财产性收入预期，增强资本市场监管的全面性、一致性、科学性和有效性。

鼓励金融机构创新更多适应家庭财富管理需求的金融产品，适度扩大国债、地方政府债券面向个人投资者的发行额度，提升投资收益获取的可及性。推动住房投资证券化，发展住房类信托投资基金（REITs），提供更多住房投资收益机会。积极稳妥实施农村集体经营性建设用地入市制度，探索农村宅基地"三权分置"，合理提高农民在土地增值收益中的分配比例。

（三）加快实施中等收入群体固基扩容工程

中等收入群体固基扩容就是要稳存量和提增量并举来扩大中等收入群体规模。一方面，要通过改善收入分配结构，有效缩小居民收入差距，提高中等收入群体的获得感和认同感；另一方面，要积极畅通来源渠道，可持续培育新中产。

一是努力缩小居民收入差距，改善收入分配结构。健全以税收、社会保障、转移支付等为主要手段的再分配调节机制，加大调节力度和精准性，合理调节城乡、区域、不同群体间分配关系。进一步优化个人所得税税率结构，减少税率档次，拉大3%～25%等中低档级距，减轻中等收入群体负担。探索降低创新型劳动所得税税率，保护创新型人才劳动积极性。合理提高个人所得税基本减除费用标准，适当增加专项附加扣除，逐步建立综合和分类相结合的个人所得税制度。建立基本减除费用标准、专项扣除、专项附加扣除等与物价指数、平均工资水平上升挂钩的动态调整机制。另外，健全慈善政策、社会帮扶政策体系，有效发挥第三次分配作用。充分发挥民间机构在调节分配中的独特优势，积极培育公益慈善组织。落实并完善慈善捐赠税收优惠政策。研究建立个人捐赠个人所得税优惠政策长效机制。对企业公益性捐赠支出超过年度利润总额12%的部分，允许结转扣除。加强规范化管理，支持基于互联网平台的慈善捐赠事业健康发展。

二是畅通低收入群体向上流动渠道，加快培育新中产。推进就业、教育、医疗等领域改革，减少人口在地区间、阶层间流动的制度障碍。促进就业创业公平，破除劳动力、人才市场壁垒和歧视性政策规定。"十四五"期末实现社保全覆盖、可携带，逐步缩小不同群体间社保缴费和保障水平差距。将新型农民和新落户农民工作为扩大中等收入群体的新来源。深化农村集体产权制度改革，探索委托专业管理机构管理集体资产，推动农村居民以股权形式分享集体产权经营的长期收益，使其充分分享集体经济收益。加快建立健全基础权利平等享有、基本公共服务全国统一、更高水平公共服务差异化待遇的制度体系。完善相关制度，保障新落户和持有居住证的人口享有基本公共服务的权利得以落实，不稳定的劳动力城镇化向稳定的以家庭为单位、以消费者为主体的城镇化转变，使更多家庭进入中等收入群体行列。

（四）分类实施面向不同收入群体的消费促进政策

在准确识别高中低收入群体消费潜力释放面临的突出制约因素的基础上，探索分层施策，实施不同类型的消费促进政策。

多措并举刺激高收入群体提高消费意愿。一方面，通过有效增加国内高端消费品和服务供给，积极引导部分高端消费回流。近两年，受新冠疫情影响，部分中高端消费由境外转向境内，要持续巩固这一势头。需要研究进一步放宽高端服务消费的准入门槛和外资投入限制，可在海南自贸港、自贸试验区先行试点，将高端医疗、高端教育、高端文化等消费留在国内。积极推进国际消费中心城市建设，加快推进产品品类、价格与服务标准等与国际接轨，提供国际一流消费环境。另一方面，通过税收调节等手段，引导高收入群体更多释放消费潜力。研究适时、适度降低个税最高边际税率，推动劳动所得、资本所得与经营所得的税率相衔接。研究开征遗产赠与税。加强国际税收协调，限制高净值人群以避税为目的进行资产转移。

以加强保障为重点减轻中等收入群体的消费后顾之忧。研究确定合理的社保综合缴费费率，设计渐进调降方案。尽快制定差异化的国有资本收益分享制度，提升国有金融资本持有主体的收益上缴比例，更多用于减轻个人缴费负担。逐步调整社保筹资结构，缓解工薪阶层缴费负担明显较其他群体重的状况。增加财政对社保支出的补贴，以开征房产税、遗产税、资本利得税等增加的税收收入，补充财政支出负担能力。积极发展普惠托育服务体系，在强化服务质量监管的前提下，吸引社会资本进入，鼓励增加普惠托育服务供给，缓解入园难、入托难、入园贵等问题。扩大普惠性养老服务供给，加快健全养老服务支出分担机制，全面建立长期护理险制度，降低家庭养老负担比例。

以加强托底保障为重点提高低收入群体基本消费能力。要健全针对困难弱势群体的动态社会保障兜底机制，促使低收入群体的实际消费能力获得提高，能够将潜在消费转变为有效需求。要进一步扩大社会保障范围，完善社会救助体系，应用大数据分析等新技术手段，不断提升社会救助精准性和执行效率。提高优抚对象抚恤补助标准，建立健全高龄、独居、失能等老年人补贴制度，完善孤儿基本生活保障制度，建立其他困境儿童生活救助制度，建立困难残疾人生活补贴和重度残疾人护理补贴制度。鼓励地方建立低收入群体基本生活现金救助、实物救助和救助服务相结合的社会救助方式，按满足基本生活需求来核定救助标准，并根据价格水平动态调整。

（五）为消费潜力释放创造有利条件

一是准确把握向消费型社会转型的趋势，研究完善消费型社会治理机制。国际经验表明，从工业社会向后工业社会发展的过程必然由生产型社会转向消费型社会，消费在社会制度安排中处于优先地位。从需求结构、产业结构、中等收入群体规模等方面看，中国正处于由生产型社会向消费型社会转型的阶段，应尽快研究完善消费型社会治理机制。一方面，要树立消费者优先的发展意识。以消费者需求为中心，建立消费友好型发展环境。以保护消费者权益为核心，统筹推进体制机制设计和政策安排。建立国家级消费者权益保护基金，加大消费者司法救济。强化消费者保护社会共治。推进产品质量安全和服务自律承诺。支持建设区域性消费中心和国际消费中心城市，践行消费者优先理念。另一方面，在社会治理中应增强消费者责任意识。提高消费者在社会治理中的参与度，以消费活动的可持续来推动社会可持续发展。增强消费者可持续消费的意识和社会责任意识，在全社会形成适度、理性、科学的消费氛围，鼓励和支持资源节约型和环境友好型消费活动。

二是要持续优化消费环境，促进消费提质扩容。加快消费领域信用体系建设，加强线上线下一体化监管，建立集风险监测、网上抽查、源头追溯、属地查处、信用管理于一体的电子商务产品质量监督管理制度。建立消费者保护型消费政策和消费者互动型监管体制，建立政府、消费者、企业和中介机构等多方参与的消费共治体系，完善消费者和社会监督评价机制。强化企业信用分类监管，加大对诚信守法企业的支持和服务力度，强化经营者保护消费者权益的自觉性。建立网络和实体消费领域的打假合作机制，建立健全商品、服务全链路溯源查询系统，建设快速维权渠道。按照普遍惠及、安全可信的发展定位，推动形成分层次、差异化、多元化的消费金融供给体系，提供更加便利的消费工具。

参考文献：

[1] 傅联英、吕重阳：《大变局下的消费升级：经济政策不确定性对消费结构的影响研究》，《消费经济》2022年第1期。

[2] 陈昌盛、许伟、兰宗敏、李承健：《我国消费倾向的基本特征、发展态势与提升策略》，《管理世界》2021年第8期。

[3] 方福前：《中国居民消费潜力及增长点分析——基于2035年基本实现社会主义现代化的目标》，《经济学动态》2021年第2期。

[4] 姜雪、王蕴、李清彬、姚晓明：《提升经济增长的居民收入获得感研究》，《中国经贸导刊》2021年第5期。

[5] 王亚杰、张铜芮：《我国居民消费倾向实证分析——基于1990－2019年相关数据》，《中国集体经济》2021年第5期。

[6] 荣雅楠、徐哲根：《我国城乡消费者不同来源收入的边际消费倾向探析》，《商业经济研究》2021年第15期。

[7] 宋平平、孙皓：《我国居民边际消费倾向的动态变化及消费效应研究》，《商业经济研究》2020年第8期。

[8] 易行健、周利、张浩：《城镇化为何没有推动居民消费倾向的提升？——基于半城镇化率视角的解释》，《经济学动态》2020年第8期。

[9] 臧旭恒、陈浩、宋明月：《习惯形成对我国城镇居民消费的动态影响机制研究》，《南方经济》2020年第1期。

[10] 菅倩倩、席悦欣：《人口老龄化与居民平均消费倾向实证检验》，《合作经济与科技》2019年第17期。

[11] 王蕴：《新形势下如何进一步促进消费潜力释放》，《人民论坛·学

术前沿》2019 年第 1 期。

[12] 陈宗胜、吴志强:《我国城乡平均消费倾向与消费差别变动趋势——基于城乡平均消费倾向差异视角的研究》,《经济学动态》2017 年第 8 期。

[13] Zwijnenburg J, et al. (2021), Distribution of household income, consumption and saving in line with national accounts: Methodology and results from the 2020 collection round, OECD Statistics Working Papers, No. 2021/01, OECD Publishing, Paris, https://doi.org/10.1787/615c9eec-en.

[14] P Arestis, G. Hadjimatheou. The demterminants of the average propensity to consume in the UK, *Applied Economics*, Vol. 14, 1982, pp. 111 – 123.

我国中长期固定资产投资变动趋势、问题及建议*

摘　要：从中长期来看，我国固定资产投资将呈现低速常态化、消费引领化、结构高质化、空间均衡化、绿色低碳化等趋势特征，并在民生服务、产业转型升级、新型基础设施建设、新型城镇化建设、能源转型及去碳化改造等重点领域形成巨大的投资潜力和需求空间。但有效投资潜力释放和空间扩大仍面临投资渠道不畅、融资渠道不足、投资能力不强、投资环境不优等关键问题和制约因素。应顺应投资变动趋势，抢抓重点领域投资需求潜力大空间足的机遇，聚焦投资渠道不畅、融资渠道不足、投资能力不强、投资环境不优等薄弱环节，完善投资全链条的体制机制，充分挖掘投资潜力，增强有效投资对构建新发展格局和建设社会主义现代化的支撑作用。

关键词：固定资产投资　中长期　变动趋势　重点领域　薄弱环节

固定资产投资是我国内需的主要组成部分，对保障过去近40年高速经济增长发挥了重要作用，但同时也使得我国经济增长呈现出明显的投资驱动型特征（肖宏伟、牛犁，2021）。随着我国经济由高速增长阶段转向高质量发展阶段，并开启全面建设社会主义现代化国家新征程，加快构建以国内大循环为主体、国内国际双循环相互促进的新发展格局，需要进一步优化投资结构、拓展投资空间、挖掘投资潜力，发挥投资对优化供给结构的关键性作用，以及对构建新发展格局和建设社会主义现代化的支撑作用。

---

*　作者易信，本文原载于《经济纵横》2022年第7期。

一、中长期我国投资变动趋势及特征

从中长期来看，我国进入从 1 万美元向 2 万美元跃进的阶段，伴随人口老龄化加速、工业化进入后期、城镇化进入下半程等，固定资产投资总量和结构将出现系列趋势性变化。同时，随着我国开启全面建设社会主义现代化国家新征程，立足新发展阶段、贯彻新发展理念、构建新发展格局，投资要符合高质量发展要求，投资方向更加倾向于解决经济发展不平衡不充分的突出问题，"补短型"与"升级型"投资潜力和空间还很大（黄群慧，2021）。

（一）低速常态化：增速降低并对经济增长拉动作用下降

随着满足重大需求的基础设施逐步完备、房地产市场供需转变，近年来，我国固定资产投资增速已出现趋势性放缓（刘立峰，2019），已经从"十二五"时期的年均 17.6% 降至"十三五"时期的年均 5.7%，进入了个位数增长阶段。国际经验表明，在工业化和城镇化驱动下，投资率呈倒"U"型曲线变化趋势。典型的如日本、韩国、新加坡等国以及中国香港等地区成功迈入高收入行列的经济体，在经济追赶阶段普遍保持了持续较高的投资率，但随着城镇化工业化的逐步完成，投资率会逐步下降或在较低水平上维持基本不变。我国投资率在 2011 年左右已经跨过了先升后降的倒"U"型曲线变化态势的拐点，并进入了下行阶段，从"十二五"时期的年均 45.6% 降至了"十三五"时期的年均 43.2%。同期，除了 2020 年因受疫情冲击影响而相对被提高外，投资对经济增长的贡献率在 2013 年达到峰值后趋于波动下降。从长期来看，投资主要受国民储蓄、工业化、城镇化等因素影响，随着我国人口老龄化提速推动储蓄率降低、工业化进入尾声、城镇化进入下半程，投资增速将进入低速增长阶段，投资率持续下降但速度放缓，投资对经济增长的拉动作用进一步降低。预计投资增速将从"十三五"时期的年均 5.7% 降至 2021~2025 年的年均 5% 左右、2026~2035 年的 3% 左右，投资率从 2020 年的 42.9% 调整为 2025 年的 42% 左右、2035 年的 37% 左右，总体呈现"前稳后降"的趋势，投资增速降低成为常态（见表 1 和图 1）。

表1　　　　　　东亚主要经济体在经济追赶阶段的投资率　　　　　单位:%

项目	最高投资率及所在年份	最低投资率及所在年份	年均值
日本（1970~2015年）	40.9（1970）	21.3（2010）	29.6
韩国（1961~2016年）	41.4（1991）	12.7（1961）	30.4
新加坡（1961~2016年）	47（1984）	11.5（1961）	31.9
中国香港（1962~2016年）	36.2（1964）	16.4（1969）	26
中国（1961~2016年）	47.0（2011）	15.3（1962）	36.1

资料来源：世界银行数据库。

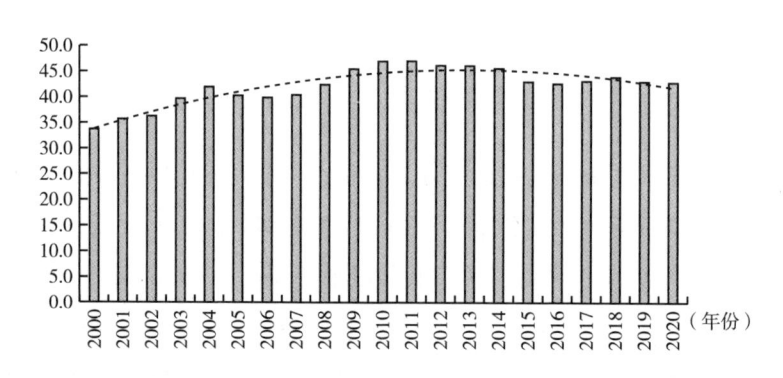

图1　投资率变化趋势

资料来源：国家统计局。

一是人口老龄化提速推动投资增速下行和投资率下降。资本形成取决于国民储蓄，而储蓄率则主要受人口年龄结构的影响。从生命周期理论及国际经验来看，劳动年龄人口比重（15~64岁年龄人口占总人口比重）越高，储蓄率也越高。我国劳动年龄人口比重与储蓄率总体保持相似变动趋势，2010年我国劳动年龄人口比重达到峰值后储蓄率也呈下降趋势。当前及未来一段时期，我国人口老龄化和少子化趋势难以逆转，尤其是人口老龄化还有加快趋势，劳动年龄人口比重仍将持续下降。根据联合国人口署的预测，我国劳动年龄人口比重将从2020年的70.3%降至2025年的69.1%、2035年的64.7%，人口抚养比从42.2%升至2025年的44.7%、2035年的54.6%。从历史经验来看，我国人口抚养比每上升1个百分点，储蓄率将下降约0.8个百分点。2020~2035年，人口老龄化将带动我国储蓄率下降约9.9个百分点。储蓄率下行将是长期趋势，还将进一步带动投资增速下行、投资率下降（见图2）。

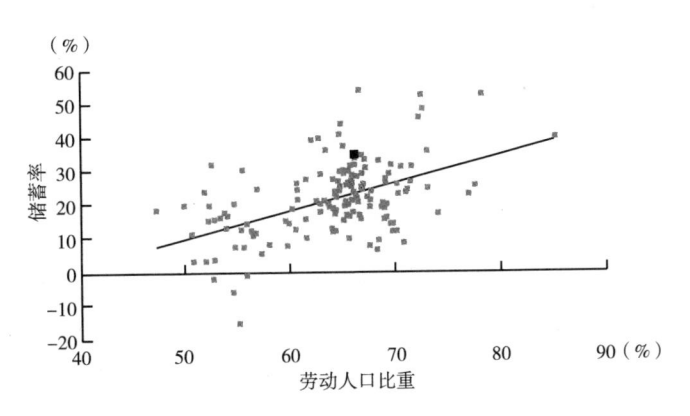

图2 劳动年龄人口比重与储蓄率的关系

资料来源：世界银行数据库。

二是工业化进入尾声带动投资增速下行和投资率下降。从国际经验来看，在快速工业化时期，随着重化工业加快发展对投资形成大量需求，投资普遍保持较高的增长速度，投资率通常会保持较高水平。当前，我国已经基本完成工业化，总体上进入了工业化后期，尤其是经济增长由高速增长转向中高速增长、产业结构由重工业主导转向服务业及技术密集型产业主导，工业增加值占GDP比重已经跨过峰值。预计工业增加值占GDP比重将从2020年的30.9%调整为2025年的32.5%、2035年的30.1%。从中长期来看，我国工业化还将继续深化，制造业投资领域仍具有较强吸引力，但基础设施、房地产扩张已进入阶段性拐点，尤其是随着高技术制造业和现代服务业的发展，投资强度将明显低于重化工业时期，投资增速和投资率趋稳甚至缓慢下降。

三是城镇化进入下半程带动投资增速下行和投资率下降。国际经验表明，在城镇化快速发展阶段，随着人口从农村向城市流动，将带动市政基础设施建设、基本公共服务等领域的投资需求，投资增速往往快于消费，投资率趋于上升，但随着城镇化进程放缓，投资增速也会明显放缓、投资率也会趋于下降。当前，我国城镇化率已经超过60%，已进入缓慢提高阶段，同时随着纵深推进以人为核心的新型城镇化战略，城镇化质量将加快上升，总体呈现减速提质的趋势。预计常住人口城镇化率从 2020 年的 60.6% 提高为 2025 年的 65%、2035 年的 75% 左右。随着我国城镇化进入速度放缓而质量提升的新阶段，意味着未来一个时期，城市规模快速扩张已基本结束，进入以城市群都市圈为形态的存量城镇化阶段，重点领域基础设施和基本公共服务领域补短板仍将继续加强，但投资增速和投资率下降趋势会放缓。

（二）消费引领化：消费潮流和升级方向牵引投资动向

从国际经验来看，人均 GDP 超过 1 万美元后，居民服务性消费需求快速增长，以发展、享乐为主的教育、娱乐、旅游等服务消费的占比持续提高，而食品、服装等生存型消费支出占比则趋于下降。随着我国人均国内生产总值超过 1 万美元后，在 2025 年左右进入高收入国家行列，并到 2035 年达到中等发达国家水平、人均 GDP 超过 2 万美元，服务消费将成为居民消费需求增长的主要增长点，居民消费从物质型消费为主向服务型消费为主升级的趋势也将更加突出。同时，随着新技术、新模式、新业态蓬勃发展，物质型消费服务化趋势明显，在物质型产品中融入大量增值服务，也成为传统消费向新型服务消费升级的突出特点。而且，随着居民收入水平提升和城乡基本公共服务均等化加快实现，数字经济加快发展，城乡居民服务型消费需求潜力将快速释放，预计服务性消费支出占比将从 2020 年的 42.6% 升至 2025 年 52%、2035 年的 60% 左右。而当前我国医疗健康、养老、旅游、文化等领域服务供给不足和质量不高，满足不了需求，供给体系还不能有效适应消费升级，制约居民消费升级，尤其是服务消费需求的有序扩大。特别是，我国医疗可及性及质量、人均文化设施、世界排名前 500 高校数量、人均体育场地面积、每千名老人养老床位数等与美国、日本、德国等发达国家仍然有较大差距，医疗卫生、教育培训、文化创意、旅游休闲、健康养老、家政服务、托育托幼等民生服务型消费供给不足、质量不高问题突出，制约居民消费升级和规模持续扩大。从中长期来看，为满足居民消费升级需求，解决供给不足、质量不高的问题，推动相关领域消费活动的设施条件和环境更加便捷、更加高效、更高质量，教育培训、文化体育、旅游休闲、健康养老、家政服务、托育托幼等符合消费潮流方向的民生领域投资需求将快速增加，形成年均数万亿元级的投资潜力（见表2）。

表2　　　　　2018年中国与主要发达国家公共服务比较

项目	指标	中国	美国	日本	英国	法国	德国
医疗卫生	每千人床位数（张）	4.3	2.8	13.1	2.5	5	8
	每千人医生数（人）	2	2.6	2.4	2.9	3.4	4.3
	每千人护士数（人）	2.7	11.7	11.3	7.8	10.8	12.9
	医疗可及性及质量指数	78	89	94	90	92	92
文化	人均博物馆数量（个/百万人）	3.8	92.3	10.2	37.6	18.3	75.4
	人均公共图书馆数量（个/百万人）	2.3	27.7	26.1	62.3	—	76.1
教育	25岁以上人口平均受教育年限（年）	7.9	13.4	12.8	13.0	11.4	14.1
	学龄儿童平均预期受教育年限（年）	13.9	16.3	12.5	17.4	15.5	17.1
	高等院校数量（所）	2956	7236	1112	162	233	429
	QS世界排名前500高校数量（所）	24	89	41	50	17	29
	高等教育毛入学率（%）	51	88.2	63.2	60	65.6	70.2
体育	人均体育场地面积（平方米）	1.9	16	19	—	—	—
养老	每千名老人养老床位数（张）	29.1	34.8	30.9	42.8	49.9	—

资料来源：世界银行、国际货币基金组织等。

（三）结构高质化：产业投资动能转变加快、基建投资补短板和铸长板提速、房地产投资见顶降至低速

从国际经验来看，随着经济发展水平提升，受工业化城镇化驱动，投资结构出现向内涵型优化转变，服务业投资比重不断提升，而基础设施、制造业投资比重则相对下降，但其中满足公共服务的公共基础设施建设投资比重会显著提高，而制造业投资比重则与各经济体的产业内部结构有很大关系而出现差异化变化趋势。特别是，当人均GDP超过1万美元后，典型如美国的基建投资比重和制造业投资比重明显降低，日本的制造业投资比重也明显下降、公共基础设施投资比重明显提高，韩国的知识产权投资比重明显提高。而且，随着各国认三次产业结构调整为主进入一二三产业内部结构优化调整为主的发展阶段，各产业内部细分行业的投资结构优化调整加速，推动投资加快由外延型扩张向内涵型增长转变。当前我国人均GDP已经超过1万美元，投资结构也进入了向内涵型优化转变的高质化阶段，尤其是表现在制造业投资结构调整加快、基建投资补短板和铸长板提速、房地产投资占比有望降低（见图3、图4和图5）。

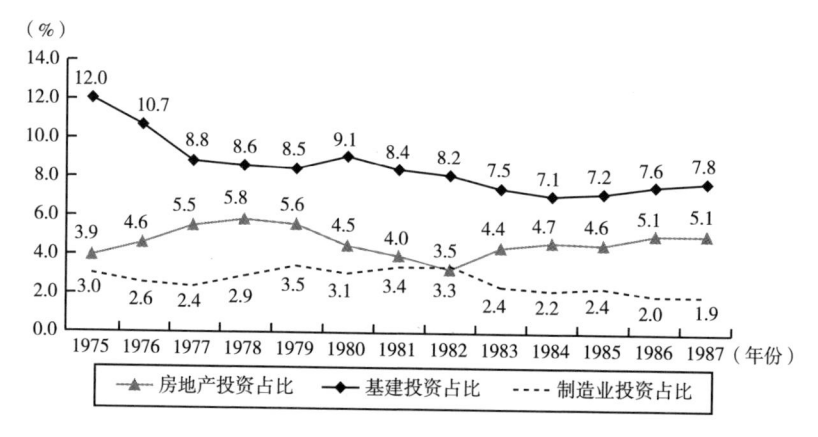

图3 人均GDP 1万至2万美元阶段美国固定资产投资结构变动趋势

资料来源：美国经济分析局。

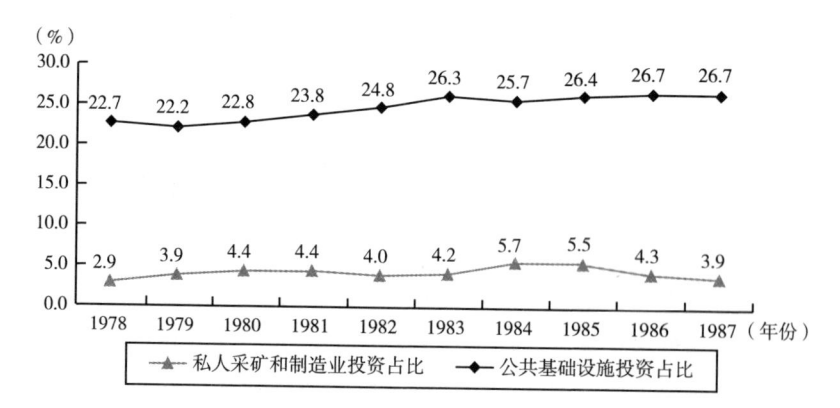

图4 人均GDP 1万至2万美元阶段日本固定资产投资结构变动趋势

资料来源：日本统计局。

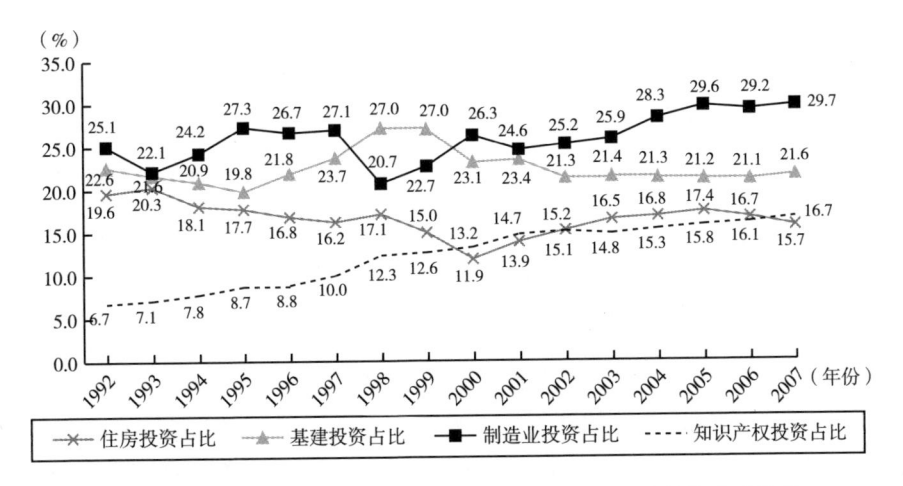

图5 人均GDP 1万至2万美元阶段韩国固定资产投资结构变动趋势

资料来源：韩国统计局。

1. 顺应科技发展趋势，产业投资动能转变加快

以信息化、数字化、智能化为主要特征的新一轮科技革命和产业变革加快发展，全球技术创新呈现出新的发展态势，催生大量新技术、新模式、新产业和新业态。我国在关键核心技术仍然存在短板，重点行业、重点领域、重点环节投资需求增大，高技术制造业、高端服务业等领域投资需求增长强劲，投资增长动力正在发生转变，投资结构正向高端化、绿色化、智能化、现代化转变。

一是产业改造升级投资持续扩大。随着我国经济发展水平的提升，工业化城镇化的推进，工业投资占全社会固定资产投资的比重呈现出先升后降再升再降的"马鞍形"变化趋势，近年来稳定在40%左右，工业投资占GDP比重的29%左右。技术改造投资对于优化工业结构、提升工业产品档次和促进工业向价值链中高端迈进具有重要作用。从国际经验来看，发达国家在完成工业化前后，技改投资占工业投资比重达到50%~60%，美国则达到69%。近年来，我国技改投资增长速度一直显著高于工业投资增速，占工业投资的比重提高到了2020年的47.1%，与发达国家仍然有一定差距。未来一段时期，随着我国工业化深入发展，特别是为加强产业安全、保障制造业比重相对稳定，工业投资占全社会固定资产投资比重有望保持相对稳定。另外，随着深入实施创新驱动发展战略，不断加大对企业技改的经费投入，提高对中小微企业的技术改造扶持力度，技术改造投资仍将是未来一段时期优化工业投资结构的重点，占工业投资比重也还将有望稳步上升。预计从中长期来看，技改投资增速将高于工业投资增长，到2025年技改投资占工业投资的比重提高到55%左右、到2035年进一步提升到65%左右。

二是高技术产业投资是主要增长点。从国际经验来看，高技术产业是保障国家战略安全和竞争力的重要力量，美欧等发达国家普遍将高技术产业视为发展的命脉，努力构建和维持竞争优势，特别是新冠疫情暴发后更加明显。近年来，我国高技术产业快速发展，高技术产业占规模以上工业增加值比重持续提高，2020年升至15.1%。但与美国、日本、德国等制造业大国相比，我国高技术产业规模仍然较小、质量不高，仍有5个百分点以上的发展差距。为推动我国高技术产业加快发展，高技术产业投资占全社会固定资产投资比重不断提高，从2009年时的低点2.2%提高到了2019年的6.5%，呈现出较快的提高速度。从中长期来看，以信息化、数字化、智能化为主要特征的新一轮科技革命和产业变革加快发展，新的技术发展及其广泛应用将带动工业和制造业转型升级，劳动密集型产业将出现产业外迁和转移，资本密集型产业和技术密集型产业将加快发展，带动高技术产业投资快速增长。同时，进入新发展阶段，实现高水平自立自强是我国构建新发展格局的本质特征，加大重点技术、重点产业等领域的投入，高技术产业和战略性新兴产业将成为工业领域投资的重点和热点。从中长期来看，高技术产业投资增速将远高于全部固定资产投资增长，到2025年全社会固定资产投资比重提高到11%左右，到2035年进一步提高到20%左右。

2. 满足经济社会发展需要，基建投资补短板和铸长板提速

基础设施建设仍然是现阶段我国国民经济发展中的薄弱环节，农林水利、交通通信、城市基础设施、战略性物资储备等传统基础设施领域仍有巨大的补短板投资空间和潜力，同时顺应新一轮科技革命和产业变革、加快建设现代化产业体系需要，5G、物联网、人工智能、工业互联网等新型基础设施领域也创造了巨大投资需求。

一是传统基础设施补短板、提质量投资需求还将持续扩大。我国人均基础设施还只有前沿发达国家的20%~30%，与快速的经济社会发展需要相比仍然有差距。从中长期来看，为满足推进能源革命、建设交通强国、提高水利安全等需要，还需继续加强能源、交通、水利等重大基础设施建设，补足短板、提升质量。具体来看，随着能源革命全面推进，需要加快完善能源供储销体系、加强国际国内勘探开发、加快油气储备设施和全国干线油气管道建设、大力推进智慧能源系统建设等，将带来能源基础设施投资增加；随着交通强国战略全面实施，需要加快完善运输大通道、综合交通枢纽和物流网络、加快健全都市圈轨道交通网络，以及提高农村和边境地区交通通达度等，将形成巨量交通基础设施投资需求；加强水利安全水平，需要提高农田水利设施水平、提升水资源优化配置和水旱灾害防御能力等，也将带来水利基础设施投资需求。然而，受传统基础设施边际效应递减、地方政府债务约束加强影响，主要由政府主导的传统基础设施投资的增速，将有较大幅度下降，预计将降至年均3%左右的较低水平。

二是新型基础设施投资需求增长十分快速。新型基础设施主要包括数字基础设施（数字产业化）和产业数字化两个方面，前者包括5G网络、数据中心、计算中心、工业互联网、信息网络安全、重大研发机构和基地，后者包括利用数字技术提升已有基础设施效能、新兴产业的基础设施、传统产业数字化转型、城市公用基础设施（李晓华，2020）。综合来看，新型基础设施是提供数字转型、智能升级、融合创新等服务的基础设施体系，主要由信息基础设施、融合基础设施、创新基础设施三大类构成。与传统基础设施建设基本上由政府主导不同，新型基础设施与新产业、新业态、新商业模式以及新产品、新服务联系紧密，直接作用于、服务于工业、农业、交通、能源等垂直行业应用，以市场化、企业化运作为主，投资主体、投资模式呈现更加多元化特征。从中长期来看，顺应以信息化、数字化、智能化为特征的新一轮科技革命和产业变革加快发展，以5G、人工智能、工业互联网、物联网、数据中心等为重点的新型基础设施建设需求将加快增加，形成增长迅速、规模巨大的投资需求。预计新型基础设施建设投资规模将从2020年的1.7万亿元扩大到2025年的4.2万亿元，到2035年进一步扩大到近10万亿元。

3. 适应市场供需结构转变，房地产投资见顶降至低速增长

1998年城镇住房制度改革以来，我国住房建设总体保持较快增长，城镇人均住房建筑面积已经由1998年的18.7平方米增加至2021年的约42平方米。2018年以来我国商品住宅销售面积已经连续四年年增幅在2%左右，销售规模连续保持在大约15亿平方米的水平，商品住宅销售面积逐渐接近峰值，房地产市场供需结构已经在发生显著的变化。而且，构成25~44岁主力购房群体数量在2020年后已经开始出现趋势性减少，由人口年龄结构决定的住房内生需求已经增长动力不足。同时，我国城镇化率在超过60%后，提高速度已经在逐步降低，年农业转移人口数量在不断下降，由城镇人口增加带来的住房刚需也在降低。综合来看，我国城镇住房新增需求已经接近峰值，从中长期来看将趋于下行，预计将从目前的15亿平方米左右降至2025年的13亿平方米、2035年的12亿平方米左右。随着城镇新增住房需求的减少，房地产开发投资增速也将长期维持在较低水平。近年来我国房地产开发投资增速已出现断崖式下降，从2010年时的峰值33.2%波动降至了2021年的6%的低速。再叠加房地产企业普遍债务率较高的约束，从中长期来看，房地产开发投资高增长趋势难以再现，预计降至年均3%左右，甚至还将进一步下滑，投资空间趋于缩小，总体进入投资见顶降至低速增长的阶段（见图6）。

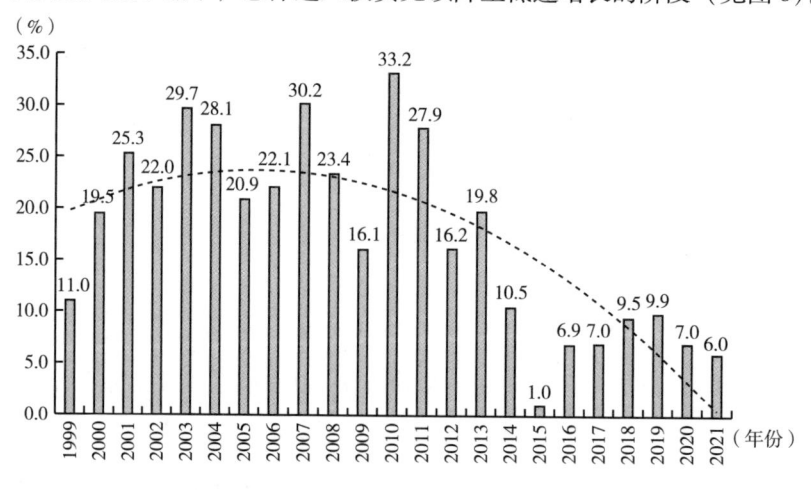

图6 我国房地产开发投资变动趋势

资料来源：国家统计局。

（四）空间均衡化：区域投资更趋协调、城乡投资更趋高效

我国城乡间、区域间经济社会发展不平衡不充分问题突出，伴随城乡经济发展、东中西经济发展阶段和实际需要，全面推进新型城镇化建设、乡村振兴和区域协调发展，扩大消费需求和优化投资空间布局的潜力和空间还很大。

一是区域协调高质量发展推动中西部地区内需加快成长。长期以来，区域差异大、发展不平衡是我国基本国情，中西部地区资源富集、人口较多、发展水平相对较低，经济社会发展补短板投资需求大；东部沿海省份和经济发达地区，产业发展层次较高，部分城市人均收入已经步入发达国家标准，经济社会发展锻长板投资需求大（汪红驹，2019）。从中长期来看，随着区域协调发展战略的深入推进，带动各地区尤其是中西部地区投资潜力加快释放和空间加快扩大，有效投资增长空间布局将更趋协调，东部地区投资需求占全国比重有望降低，而中西部地区将上升，到2025年东部地区投资占全国比重将降至38.9%，而中西部地区将升至52.3%，之后保持相对稳定。

二是新型城镇化高质量发展带动城镇投资需求加快扩容。近年来，我国常住人口城镇化率持续提高但速度已趋于放缓，城镇化已进入"速减质增"的新阶段，农业转移人口融入城市并带动家属进城加快，中心城市及都市圈对优质生产要素和人口吸纳能力进一步增强，城市大规模向外扩展的趋势得到遏制并逐步演化到"存量更新"的阶段，同时城乡融合加速深化、城镇品质加快提升。特别是，农业转移人口市民化将带动教育、医疗、养老等公共服务投资需求增加，中心城市及都市圈建设将带动城市群、都市圈之间及城市群、都市圈内部不同城市之间的城际轨道交通基础设施建设投资加大，城市更新改造直接带动老旧小区、老旧厂区、老旧街区、城中村等"三区一村"改造投资增加，带来年均新增数千亿元投资需求。考虑到各地区推进农业转移人口落户自由化和公共服务均等化，2020~2035年将累计增加农业转移人口约1.7亿人、年均约1100万人，将累计带动固定资产投资增加约85万亿元、年均约5.7万亿元。

三是乡村振兴全面推进助力农村投资需求提质扩容。我国已进入全面推

进乡村振兴、加快农业农村现代化的新发展阶段，但农村基础设施建设仍然滞后、农村环境和生态问题仍然比较突出、农村民生领域欠账仍然较多、城乡基本公共服务和收入水平差距仍然较大，发展不平衡不充分问题十分突出。从中长期来看，随着我国持续巩固拓展脱贫攻坚成果、推动实施乡村建设行动、加快发展农村社会事业、加强和改进乡村治理等，将会推进公共资源、治理资源向乡村配置，改善农村生产生活生态环境，带来农村投资提质扩容。尤其是，随着推进农村人居环境整治提升改造、因地制宜建设污水处理设施、健全农村生活垃圾收运处置体系、提升农村公共服务覆盖面和水平等将带来年均新增千亿元级补短板投资需求。

（五）绿色低碳化：能源转型及去碳化投资呈现高增长

我国能源消费结构以化石能源为主，2020年化石能源消费占比达84.2%，能源消耗是二氧化碳排放的主要来源。为实现碳达峰碳中和目标，能源体系绿色低碳转型投资，交通、建筑和工业的大规模去碳化投资将大幅增加。一是电力低碳化、清洁化投资需求加快增加。燃煤发电是我国碳排放的最大来源，电力行业碳排放占全国碳排放总量的50%左右。电力系统需深度脱碳，光伏、风电、核能和绿色氢能等非化石能源投资和生产将比以往更快速度增长。二是交通电动化、绿色化投资需求持续扩大。交通运输行业是我国碳排放的重要源头，2019年交通运输行业碳排放总量占全国碳排放总量的10%左右。需要推进车辆的电动化和电气化，优化交通运输行业用能结构，推进交通基础设施绿色低碳化改造。三是建筑低碳化甚至零碳化建设带来巨量投资需求。我国建筑碳排放总量总体呈持续增长趋势，2019年达到21亿吨、占全国碳排放总量的21%。需要加大既有建筑节能改造力度，加强零碳建筑技术研发和推广应用，提高建筑用能电气化率，推广节能和智能化高效用能的产品和设施等。四是工业提能效、降排放改造投资需求快速增加。工业（不包括电力和热力行业）是我国碳排放的重点领域，约占全国碳排放总量的30%以上，是我国除电力热力外第二大温室气体排放源。需要加强工业技术的研发创新，开发新的节能降碳工艺，大规模使用高能效、低排放甚至零碳技术，提高工业电气化率。从中长期来看，我国实现碳达峰碳中和所需投资的规模年均占 GDP 比重将达到 2% 左右，到 2025 年、2035 年将分别增加到约 2.8 万亿元、4.4 万亿元。

二、制约有效投资扩大的关键问题和矛盾

从中长期来看，我国有效投资潜力和空间仍然很大，但受投资渠道不畅、融资渠道不足、投资能力不强、投资环境不优等多重因素影响，民间投资不愿投、不敢投、不能投交织，政府投资也存在不会投、低效投、不能投等突出问题，有效投资空间未能充分挖掘和投资潜力未能有效释放。

（一）投资渠道有待畅通

一是民间投资仍缺乏公平的市场准入机制。"玻璃门""弹簧门""旋转门"等"三重门"依然存在，部分垄断性行业的竞争性环节尚未市场化，行业垄断和其他歧视性的准入政策还没有完全消除，民企进入金融、保险、证券、邮政、通信、石化、电力等行业难度较大，导致民间资本融资门槛高、中标难、投资渠道不顺畅。即便很多行业已对外开放，但仍然有准入的隐形门槛或者障碍，在实际操作中多数民企仍然会因"高标准"的准入条件限制而难以进入，同时也存在"准入不准营"难题，尤其是部分行业或者领域的准入前置条件是为国有企业量身定制，如对参与竞标的机构设置高额保证金、资质等级等明显偏高的不合理条件。

二是合作企业的经营机制、投资回报机制、投资退出机制不完善。即便民间资本可以通过政府与社会资本合作（PPP）等渠道进入环保、交通能源、社会事业等服务业领域，但在具体经营过程中仍然缺乏话语权，而且在进入项目后的定价机制、利益分配机制等也不明确，民间投资权益缺乏保障，同时缺乏高效的交易平台，民间投资资金的退出渠道比较单一，使得民营投资面临较大风险，不利于激活民间投资动力。

（二）融资渠道有待拓展

一是企业融资难持续存在。我国企业融资渠道比较少且不畅通，银行等间接融资仍占主导地位，受对投资项目的投资效益要求、信息披露要求和市

场监管要求等限制，占据主导地位的大银行在提供信贷服务时仍然存在"规模歧视""所有制歧视"等现象，广大中小企业、民营企业的融资需求难以得到满足。尤其是，对于缺乏足够抵押物、抗风险能力弱、财务核算不规范、企业主个人信息不透明等特征的小微企业，在担保体系建设滞后、社会信用体系不完善的环境下，银行不愿贷款的倾向更强，面临的"融资难、融资贵"问题也更加突出。加之，近年来我国实体经济下行压力大、盈利能力不高，大量可贷资金涌入房地产、金融等虚拟经济部门，导致各类资产价格急剧上升，而资产增值又进一步推动虚拟经济吸收更多可贷资金，削弱金融体系对实业投资和实体经济发展的支持力度。同时，资本市场等直接融资发育相对滞后，股票市场制度尚不完善、债券市场产品种类不齐全，普惠金融、科创金融、绿色金融等还不能满足企业融资需要。

二是政府融资渠道有限。我国地方债务融资的规范机制尚未建立，融资渠道较窄、融资能力有限，长期过度依赖政府融资平台模式，《国务院关于加强地方政府性债务管理的意见（国发〔2014〕43号）》等文件的发布实施则加强了地方政府债务从严管理，取缔了融资平台公司为地方政府举债融资的职能。随着地方政府融资渠道受到更为严格的限制，地方政府债券已成为地方政府最主要的融资模式，到2020年末余额已达到25.5万亿元，但随着地方政府债券规模扩大，加之长期积累的约15万亿元隐性债务需要稳妥化解，对后期扩大债务融资规模形成刚性约束。同时，近年来快速发展的政府与社会资本合作（PPP），也已成为地方政府融资的重要模式，截至2020年12月，财政部PPP在库项目总计13298项、总投资额达19.2万亿元，但因相关配套措施和规范性文件不完善，PPP市场发展不规范积累的隐性债务风险，也对扩大融资带来约束。

（三）投资能力有待增强

一是企业经营成本高企挤压盈利空间。2013年以来我国劳动力规模已经开始收缩，劳动力成本经过轮番上涨之后，劳动力成本低的比较优势已经消失，"招工难""用工荒""用工贵"问题不断凸显，在2020年疫情暴发后进一步发酵。城镇化发展加剧土地供需矛盾，传统低价供地模式已经不可持续，土地要素成本大幅上涨势头并未遏制。金融资本脱实向虚，中小企业"融资难""融资贵"问题长期存在，加之企业尤其是中小企业应收账款会积压降低资金流动性，推动企业资金成本上升。同时，2021年以来，原油、铁矿石、有色金属等大宗商品价格持续高位运行，能源价格冲击或将继续，能源和原材料成本高企且难以下降。劳动、土地、资金、能源、原材料等综合成本过快上升压缩了企业利润空间，降低了企业投资意愿和投资能力。

二是政府投融资能力受到多重因素制约。由于部分地方专项债额度不足、分散化使用、缺乏滚动支持等，专项债券对基建投资的撬动作用难以充分发挥。近年来，土地出让收入在地方政府性基金预算中的比重很大且逐年上升，部分地区甚至已经高达90%以上，但2021年以来，随着房地产市场降温，土地整体流拍撤牌率高企，地方政府土地出让收入锐减，对地方基础设施建设资金来源形成很大制约。同时，近年来在遏制地方隐性债务的政策导向下，城投公司面临的融资约束明显加强，尤其是《银行保险机构进一步做好地方政府隐性债务风险防范化解工作的指导意见》的发布实施，城投公司融资成本和空间受到极大挤压，弱区域、弱资质平台公司面临的流动性压力更大，城投公司参与基础设施建设能力越来越弱。

（四）投资环境有待优化

"放管服"改革仍然不到位，特别是受"官本位"思想、行政壁垒等影响，部分部门、部分地区权力意识和条块分割仍然较为明显，部分干部主动担当作为意识和业务能力仍然不强，主动为经营主体考虑和服务的意识还比较欠缺。部分领域仍然存在审批环节多、时间长、手续繁杂、不同共享等问题，制约了投资环境的持续优化。加之，审批权取消或下放是一项系统工程，各部门行政权力之间互为前置条件，而各部门放权不同步，取消或下放的也不是全部权力，应配套的法律法规未及时修订、应配套的人财物资源未相应调整等系统性不足问题，导致基层接不好权、用不好权，出现改革"最后一公里"卡壳。政府服务需求表达机制不畅、绩效评估机制缺失等也未完全改变，公共服务薄弱的局面没有根本转变，服务碎片化、差异化、属地化、低水平、低效率等问题依然存在。而且，司法领域执行保障工作机制、公共法律服务保障体系还不完善，法治建设水平仍有待提升。"新官不理旧账"、推诿扯皮、不按时兑现承诺现象仍然时有发生，经营主体信用水平有待提高，社会信用体系建设也不够健全。加之，受新冠疫情演进仍具有很大不确定性，国内外形势复杂依然严峻，面临诸多难以预料的影响因素，经济下行压力增大，经营主体扩大投资的市场环境也不优，也降低了经营主体对投资环境优化的感受度。

三、挖掘投资潜力、扩大投资空间的建议

要顺应投资变动趋势，抢抓重点领域投资需求潜力大空间足的机遇，聚焦投资渠道不畅、融资渠道不足、投资能力不强、投资环境不优等薄弱环节，坚持辩证思维、系统思维和战略思维，加快完善投资全链条的体制机制，激发民间投资积极性，提升政府投资效率效益，充分拓展投资空间、挖掘投资潜力，加快扩大有效投资。

（一）实施投资渠道疏浚工程，畅通投资渠道

以降低门槛、放宽市场准入为重点，破除行政性、行业性和地区性壁垒，进一步放开能源、电信、市政等领域的市场准入，有序推进垄断行业上、中、下游全链条准入放宽，拓宽民间投资领域。鼓励和引导民间资本进入法律法规未明确禁止的行业和领域，支持民营企业参与盘活政府性存量资产，鼓励民营企业通过资本联合、产业协同、模式创新等参与国有企业重大投资项目、成果转化项目和资产整合项目。对国有企业设立"正面清单"和"项目指导目录"。加强政府投资的战略性引导，适应经济高质量发展及碳达峰碳中和工作需要，加强新型基础设施、战略性新兴产业等升级和更新改造领域投资，加强公共安全、公共卫生、物资储备、防灾减灾、民生服务、公立教育等补短板投资，加大生态环保、可再生能源、节能降碳、碳捕集利用和封存等绿色低碳投资。

（二）实施融资渠道扩容工程，拓宽融资渠道

适度调整监管机构对商业银行的业绩考核要求，进一步下放授信审批权

限，赋予贴近企业的基层金融机构合理信贷权。引导金融机构加大绿色金融、供应链金融、动产抵押和贸易融资等金融产品创新。健全政策性融资担保和增信体系，建立贷款风险补偿机制、民企信贷专项风险补偿基金，建立小微企业信用保证基金，大力发展与企业规模结构相匹配的中小微金融机构。构建多层次股权投资体系，积极发展私募债、公司债、可转债、绿色债、中期票据等融资工具，拓宽中小微企业应用债权股权融资渠道。进一步完善政府和社会资本合作模式，做强政府产业基金，发挥财政资金"酵母"和"杠杆"作用，建立完善重大产业、重大项目和重点企业的产融对接机制。加大国家融资担保基金对省级再担保公司股权投资力度，壮大担保机构的风险抵御能力。推进基础设施领域不动产投资信托基金（REITs）健康发展，引入社会资本盘活基础设施存量资产。抓住全球低长期利率融资环境机遇，加快扩大一般债发行规模，放宽专项债发行领域、创设新品种，鼓励有实力的政府背景企业发行永续债，拓展地方政府债务融资渠道。加快地方政府融资平台市场化转型。

（三）实施企业降本增效行动，提升投资能力

加快推进土地、劳动力、资本、技术、数据等要素市场化配置体制机制改革，持续推动减税降费，进一步提高小规模纳税人增值税起征点，继续实施小微企业所得税优惠政策，进一步清理规范政府定价经营服务性收费，降低一般工商业平均用能用电价格，降低企业综合经营成本。鼓励企业参与组建多种形式的产业联盟，以资本为纽带、以项目为载体、以技术为平台、以上下游企业为链条，加强资源整合与创新协同，提升整体的投资能力。加大对企业家的关怀和保护，营造激励企业家干事创业的浓厚氛围，增强企业家投资创业信心，稳定民间投资预期。

（四）实施营商环境提升行动，优化投资环境

对标国际先进水平，继续深化"放管服"改革，减少行政审批事项、简化审批环节，着力提升政务服务能力，为各类经营主体投资兴业营造市场化法治化国际化营商环境。以深化企业投资项目"最多跑一次"改革为统领，

进一步深化行政审批制改革，持续优化开办企业、工程建设项目审批、跨境投资和贸易、注册商标等事项的办理环节，提升企业全生命周期服务质量和效率。加快推进行政审批事项目录清单、行政权力清单、政府责任清单制度建设，明确政商交往"正面清单"和"负面清单"。进一步简化投资项目审批流程，整合建设项目并联审批系统资源，建设"横向到边、纵向到底"的审批管理系统，协同推进环境评价、用地审批、工程方案审核等，实现统一受理、并联审批、实时流转、跟踪督办、信息共享。强化社会信用体系建设，加快推进政务诚信、商务诚信、社会诚信、司法诚信等重点领域制度化建设。

参考文献：

[1] 肖宏伟、牛犁：《我国经济发展动力结构特征与变革方向》，《经济纵横》2021 年第 5 期。

[2] 黄群慧：《论构建新发展格局的有效投资》，《中共中央党校（国家行政学院）学报》2021 年第 3 期。

[3] 李晓华：《面向智慧社会的"新基建"及其政策取向》，《改革》2020 年第 5 期。

[4] 刘立峰：《未来的投资趋势与特征》，《宏观经济管理》2019 年第 10 期。

[5] 汪红驹：《当前增加有效投资的重点是补短板》，《中国发展观察》2018 年第 17 期。

财税金融篇

健全国家发展规划对财政政策的战略导向作用*

摘　要：新中国成立至今，国家发展规划（计划）与财政政策的关系经历了按照指令性计划配给财政资源、计划管理体制松动后的财政独立性灵活性增强再到国家发展规划约束性指标引导下的财政履行政府公共职能等阶段。不同阶段规划与财政政策关系的演变，既反映了中央对政府与市场关系理解的加深，也体现了对宏观经济治理体制与宏观调控体系关系认识的逐步深入。结合财政政策在匹配国家发展规划中的一系列问题，本文从提升规划统筹层级、增强专项规划编制质量、健全中期财政规划与三年投资计划、深化财政体制改革等角度提供了一系列针对性思考和建议。

关键词：国家发展规划　中期财政规划　三年投资计划　年度财政预算

国民经济和社会发展五年规划（以下统称"国家发展规划"）是国家战略在规划期内的阶段性部署和安排。新中国成立70多年来，国家发展规划对我国实现快速赶超和推进现代化发挥了重要历史性作用。历经多年发展，国家发展规划已经从单纯的经济计划转型为公共事务治理规划，涵盖经济社会运行的多个领域。作为治理工具（许晓龙，2017）和作为一种国家目标治理体制（鄢一龙，2019），规划与市场手段已经成为公共治理体系中相辅相成的核心政策工具（胡鞍钢，2013）。党的十八届三中全会《中共中央关于全面深化改革若干重大问题的决定》、党的十九大报告，党的十九届四中全会

---

*　作者申现杰，本文原载于《宏观经济研究》2021年第2期。

《中共中央关于坚持和完善中国特色社会主义制度推进国家治理体系和治理能力现代化若干重大问题的决定》，党中央、国务院《关于新时代加快完善社会主义市场经济体制的意见》等文件均提出要健全以国家发展规划为战略导向，以财政政策和货币政策为主要手段，就业、产业、投资、消费、区域等政策协同发力的宏观调控制度体系。财政作为国家治理的基础和重要支柱，是发挥国家发展规划战略引导作用的核心支撑。国家规划体系与包含财政政策在内的宏观调控政策体系、规划实施保障机制的有效衔接，彼此嵌入、融合互动，共同推进国家发展战略的落实。新时代更好地发挥国家发展规划对财政的战略导向作用，已经成为完善国家规划制度、更好发挥国家规划战略导向的题中之义，也是推进国家治理体系和治理能力现代化的重要选择。

一、文献综述

关于国家发展规划与财政政策的关系问题的文献，主要集中在党的十八届三中全会之后，中共中央《关于全面深化改革若干重大问题的决定》（以下简称《决定》）开启了我国国家治理体系和治理能力现代化的进程，也推动政学各界开始从制度视角来审视中长期规划与国家宏观调控制度体系、财政体制等方面的关系。从近年来的学术文献来看，学术界对国家发展规划与财政政策关系的探讨主要集中在以下几个方面。

一是财政政策作为推进规划实施的一个政策手段。鄢一龙等（2014）认为政府通过财政补贴、税收减免、政府采购等为企业提供经济激励，通过重点项目的方式动员和配置资源，从而激励地方政府和企业积极执行和响应国家目标，促进国家五年规划提出的公共事务治理目标的实现。姜佳莹等（2017）将国家发展规划实施机制归纳为规划、行政、经济、法律四大手段。其中，经济手段主要指财税、投资等方面的引导性政策。此类文献将财政政策作为实现规划的工具，在研究中一是并未对财政政策在保障规划实施中的效果、问题等进行系统性分析。二是国家发展规划（计划）有利于弥补单一财政政策的不足。陈龙、李雨阳（2019）认为财政政策效果主要体现在解决短期经济问题为主，对于长期的结构性问题往往有心无力。郑新立（1995）指出经济总量平衡包括财政平衡、信贷平衡、国际收支平衡，以及投资和消费之间的平衡，这些关系只有通过计划才能放在一起进行测算和平衡。尽管计划不能取代财政、银行的作用，但在互相协调和密切配合中处理好计划、银行、财政三者之间的关系，有利于发挥好各自的功能。鉴于中国宏观调控权力冲突日益部门化、显性化和博弈化，需要对宏观调控下的部门冲突进行调解（黄亮，2013）。国家发展规划的编制起草过程本身就是一个听取、汇总、综合各部门意见的过程，能够有效凝聚部门共识、综合各部门职能利益，形成部门之间的合力。三是国家发展规划与财政政策相互衔接中存在的问题。国家发展规划中重大项目与重大任务的实施需要政府财力的保障，白景明和王思轩（2019）认为政府投资规划和政府投资预算"两张皮"是中国财政制度安排中的一个顽疾，造成了政府投资统筹管理能力不足等问题。唐金倍和苏志诚（2016）认为受政府部门利益相对固化下的财政资源分配体制僵化等影响，财政资源难以匹配国家发展规划。也有学者认为是部门中长期发展规划编制质量不高、与财政中期规划对接不够等影响了中期财政规划对接国家发展规划的质量（白彦锋，2015；赵新海、曹铂和吕强，2015；刘晓嵘，2018）。也有研究从国家发展规划角度出发，认为国家发展规划的内容宽泛宏观、无法将财政资金进行详细匡算、无年度具体指标和公共事项具体安排，及两者目标不一定一致等，导致中期财政规划难以与国家发展规划有效衔接（全国预算与会计研究会总课题组，2016；安徽省财政科学研究所课题组，2016）。笔者认为，与议会制国家的强财政部门不同，议行合一体制下的中国国家发展规划的顺利实施，需要部门之间的专业分工与相互制约，也需要增强部门之间的综合协调，关键是如何打破部门利益固化格局并在推动国家发展规划实施上形成合力。国家发展规划是党和政府战略意志的体现，本身就要具有宏观性，财政是政府履责与实现国家战略的一种手段，研究中不能为了单纯对接财力的需要，将国家发展规划弱化为一个具体的公共支出类年度规划或政府投资类年度规划，国家发展规划与财政政策之间的有效衔接问题可通过完善国家中长期规划体系来解决。

在国家发展规划与财政关系研究的过程中，有学者对规划体系实施机制、中期财政规划完善机制研究比较多，但对国家发展规划如何对财政政策进行战略性引导的体制机制等问题研究得比较少。完善国家发展规划对财政政策的战略导向作用,离不开分析国家中长期经济社会发展规划制度与国家财政制度两者之间的关系,而上述关系又始终处于不断改革深化之中。因此,正确理解当前国家发展规划与财政政策的关系,需要回溯其历史的演进过程,以便能更好地洞悉当前的一系列问题和未来的演进方向。为此,本文从国家发展规划与财政关系演进的历程出发,首先分析新中国成立 70 多年来的各个历史阶段国家发展规划(计划)引导财政政策的演进逻辑,在此基础上总结分析当前完善国家中长期经济社会规划制度、国家宏观调控制度体系、财政体制改革背景下财政政策与国家发展规划衔接存在的问题,然后结合国家发展的现实需要和党的十九届四中全会《决定》等文件精神,提出更好发挥国家发展规划对财政政策引导作用的策略选择。

二、国家发展规划(计划)与财政政策关系的历史演进

新中国成立 70 多年来,国家发展规划(计划)对财政政策的关系,经历了按照指令性计划配给财政资源,计划管理体制松动后的财政独立性灵活性增强时期,再到国家发展规划约束性指标引导下的财政履行政府公共职能等阶段。不同阶段规划计划与财政政策关系的演变,既反映了对政府与市场关系理解的加深,也体现了对宏观经济治理体制与宏观调控体系关系认识的逐步深入。

(一)计划管理体制主导时期:财政政策是国家计划的附属

新中国成立初期,基于在当时资源短缺、农业剩余有限、国际封锁和优先发展重工业并保证高积累下社会稳定的需要,中国学习苏联建立了高度集中的计划经济体制。在这种体制之下,国民经济发展以指令性计划为手段,确定基本建设的投资规模和项目,进而决定有限资源的分配与流向。国家通过计划对国民经济综合平衡实施管理,凡需要全国统一平衡的各项重要指标,由国家计委综合平衡,并报国务院批准后列入国家计划,由国务院统一下达(刘国光,2006)。财政平衡是计划综合平衡的一部分,财政预算编制、执行必须服从国民经济计划的需要。财政部门根据国家计划中的各项指标和各项事业发展计划进行逐项核算后提出预算方案,自上而下地把中央政府的投资

额分配给中央各部,并确定各部的基本建设控制数字。因此,整个计划经济时期,财政在国家计划规划体制下发挥的作用主要是执行计划,财政政策在国家调控体系中的独立性和灵活性不强。

(二)"六五"至"八五"时期:计划松动与财政灵活性增强

党的十一届三中全会后,我国开启了经济管理体制改革的进程。开始将一部分指令性计划改为指导性计划,进而逐步改变计划经济运行机制下的税收、物价、信贷等体制,以引导企业符合国家发展计划的要求。从计划的实施来看,这一时期计划对财政政策的引导主要通过压缩财政基本建设规模、调整各类产品税率、变统收统支的大锅饭体制为分灶吃饭模式、实施"拨改贷"与开展企业债券试点等方式。"六五"至"八五"期间,面对经济过热问题,按照中长期计划对国民经济调整的要求,缩小基本建设规模成为财政配合计划指令进行宏观调控的主要措施。例如,国家"六五"计划规定,包括预算在内的拨款、自筹资金和银行贷款,及基本建设项目都必须由计委综合平衡后统一纳入国家计划,并按照国家计划的总体要求对财政政策进行调整。总体来看,尽管这一时期的计划管理体制有所放松,财政政策的灵活性和自主性也有增强,但以计划为主的传统管理模式依然处于主导地位,财政依旧附属于计划管理之下。

(三)"九五"至"十五"时期:计划对财政引导能力大幅减弱

党的十四大之后,伴随以计划部门为核心、专业部门配合执行的国家计划管理体系的解体,财政政策的独立性日渐提升。刘尚希(2018)将具有现代意义的财政宏观调控开始的年份定为1993年。"九五"计划仅提出了非强制性的预测性和指导性指标,没有再附带政府投资项目明细表。"十五"计划将指令性计划全部退场。相对独立的财政政策专注于宏观总量调控,而与国家计划重点目标任务对接不足,财政资源在地方竞争模式下更多用于经济增长,忽视了环境、节能、结构、公平等方面的财政投入,导致"九五""十五"计划提出的"两个根本性转变"、协调性指标、可持续性指标等没有按期完成的重要原因之一。反思"九五""十五"两个计划的实施效果,主

259

要原因是计划管理体制解体之后并未及时建立起与市场经济相结合的宏观经济治理体系。单凭财政宏观调控，难以解决政治、社会、生态等领域的深层结构性问题，财政宏观调控替代宏观管理的"小马拉大车"无法解决现实中诸多宏观管理问题（陈龙，2018），需要发挥计划的综合平衡作用。鉴于计划指令性、约束性指标的缺失，计划的"综合协调"和促进"总量平衡"职能缺乏有力支撑，因此提升中长期规划计划约束力成为健全国家发展规划引导能力的新方向。

（四）"十一五"至"十二五"时期：以目标责任制等保障规划高效实施

党的十六届三中全会以后，国家开始对经济、社会、科技和环境的发展进行长远协调，强调"五个统筹"下的政府责任，认为城乡之间、地区之间、社会和经济、人和环境以及国内国际之间发展的不平衡，不应寄托于市场的自发演化过程，并将其列入2003年出台的《中共中央关于完善社会主义市场经济体制若干问题的决定》，作为一个时期的政策导向。因此，该届政府主导的"十一五"规划开始吸收"九五""十五"时期的发展教训，将"计划"更改为"规划"，开创性地将规划指标分为预期性和约束性两大类，并着手界定政府与市场的边界与功能，将预期性指标依靠经营主体自主行为来实现，国家发展规划主要发挥引导作用。国家"十一五""十二五"规划颁布之后，国务院随之下发了落实"十一五""十二五"规划主要目标任务分工的通知，规划目标责任制与干部考核制的有机结合，重塑了国家发展规划的地位，提升了财政匹配国家发展规划的能力。但在具体实施过程中，依旧存在国家发展规划与财政预算脱节、财政政策缺乏长远考虑等问题。如何将"十一五""十二五"时期探索形成的国家发展规划实施机制予以制度化及在规划与财政关系上寻求突破，成为下一个时期探索的重点领域。

（五）"十三五"时期：探索规划引导财政政策的制度化机制

党的十八届三中全会将完善和发展中国特色社会主义制度，推进国家治理体系和治理能力现代化作为全面深化改革的总目标。健全以国家发展规划为导向的宏观调控制度体系与完善中长期经济社会规划制度开始成为国家完善宏观经济治理体制的重要内容。在国家发展规划与财政政策的关系上，2016年10月中办国办印发了《关于建立健全国家"十三五"规划纲要实施机制的意见》，要求中期财政规划和年度预算要结合财力可能，统筹安排《纲要》中重大工程项目所需财政支出。2018年11月，中共中央办公厅印发了《中共中央 国务院关于统一规划体系更好发挥国家发展规划战略导向作用的意见》（中发〔2018〕44号文），提出"国务院财政部门要编制与国家发展规划相匹配的财政规划，更好服务国家发展规划确定的战略目标和任务要求。加强财政预算与规划实施的衔接协调，统筹财力可能合理安排财政支出规模和结构。中央财政性资金优先投向国家发展规划确定的重大任务和重大工程项目"。以五年发展规划为依据，财政部与国家发展改革委从2016年起开始分别编制三年滚动中期财政规划与三年滚动投资计划，分别建立财政项目库与投资项目库，集中预算财力并引导社会资金对国家发展规划确定的重大项目与重点工程予以优先保障。这既为国家发展规划的重大工程与重点项目落实资金来源，保障了项目顺利实施，又对年度预算编制和年度计划制定起到了较好的引导、约束作用，增强了规划实施责任主体履行职责能力。"十三五"时期的一系列制度创新，健全了国家发展规划对政策的引导机制，也强化了规划实施财力保障水平。

三、财政政策匹配国家发展规划中的主要问题

多年以来，受制于部门分割的影响，财政政策与中长期国家发展规划的衔接并不是一项容易的工作，往往是多种权力组织架构、运行体制与专业协同等方面深层次矛盾的综合体现。中国现行的年度预算体制难以在"规划—政策—预算"之间建立直接的有效联系（白景明和王思轩，2019），导致国家发展规划在实施中普遍存在财政预算和规划脱节、规划重大工程项目缺乏持续稳定的资金支撑、规划实施缺乏足够的财力支持等问题，在一定程度上限制了国家发展规划对财政政策的战略引导作用，大量政府公共资源难以被优先配置到国家战略所指向的重点领域，也削弱了政府履行行政职能与发挥财政政策作用的效能。

（一）规划确定的一些工程项目缺乏持续性和稳定性资金支持

国家发展规划确定的重大工程项目需要政府统筹财力予以保障。由于政府性基金、预算内基本建设资金、预算内部分专项资金、国有资本经营性资金、地方政府债务等分属不同管理部门，相互之间缺乏有机衔接，部门利益的差别化使得资本性支出难以统筹整合。财政部门按照经常性预算的管理办法对资本性支出进行管理，与重大工程项目资本性支出的要求不相匹配，年度财政预算无法与国家发展规划中的跨年度重大工程项目匹配衔接，由此容易导致项目建设资金来源的碎片化、短期化和不稳定。在"规划实施需要多少钱""五年财政收支能支持多少"等问题上，财政与发展改革等预算、准预算部门目前均难以形成匹配国家发展规划的全数目字化管理，从而也限制了对专项债券发行种类、规模及偿还计划的确定。范必（2017）认为中国对使用政府财力进行固定资产投资和偿付投资债务缺少有效的计划和预算管理，导致政府投资总量不清、进度不明、分散融资、碎片化使用、债务风险累积等问题，也削弱了积极财政政策的效能。

（二）中期财政规划与国家发展规划的衔接能力有待提升

中共中央办公厅、国务院办公厅印发的《关于建立健全国家"十三五"规划纲要实施机制的意见》指出，"中期财政规划与年度预算要结合财力可能，统筹安排规划重大工程项目所需财政支出"。但在实际运行中，受中央地方纵向财力分配制度化弱、部门横向预算资源分配体制固化、转移支付不确定因素较多、地方债务管理机制不健全、部分部门预算编制质量不高、中期财政规划编制缺乏更为健全的部门统筹协调机制等多种因素综合影响，无论是中期财政规划还是三年投资计划，在匹配国家发展规划中均存在一些问题。中期财政规划与国家发展规划全面有效衔接能力有待提升。中期财政规划编制采取三年滚动方式，由财政部门在汇总各部门三年支出需求的基础上进行综合平衡优化而成。受职能部门对国家发展规划解读能力、专项规划衔接能力的影响，部门专项规划存在着编制迟缓、项目依据性不足、分年度滚动实施计划和分解目标落实不够具体、缺乏长远谋划，滚动项目不完整、支出项目库建设不健全等问题，影响了中期财政规划的编制质量，进而导致其与国家发展规划难以匹配。年度财政预算与中期财政规划衔接能力需要增强。中期财政规划与财政五年规划属于专项规划，对年度预算缺乏约束效力，中期财政规划在国家预算报告形式上并未与年度预算有机衔接，年度预算既不是建立在中期规划的基础上，也不是对三年中期财政规划的年度滚动。三年投资计划资金统筹能力有限。发改部门负责编制三年投资计划，项目投资资金来源并非仅限于由发改部门掌控的政府预算内基本建设资金，项目实施中需要与财政、工信、其他部门、地方政府等在资金来源上进行统筹协调。例如，根据《国家发改委关于加强政府投资项目储备编制三年滚动投资计划的通知》（发改投资〔2015〕2463号）文件，三年投资计划的最终审核日期为当年11月。而三年财政规划①一般是当年8月要求各部门将支出规划报财政部门，时间与项目库上存在差异，且各部门将项目既要纳入中期财政规划，又要纳入三年投资计划，交易协调成本相对较高。中期财政规划与三年投资计划无法满足国家发展规划重大项目的资金匹配要求。重大工程项目建设周期长，很多需要跨越两个规划周期，以三年滚动方式编制的中期财政规划与政府投资计划，受短期因素影响较大，难以适应和保障长期融资需求。

（三）年度预算衔接与国家发展规划缺乏常态化机制

在中国"两上两下"的部门预算编制过程中，财政部门、支出部门与准预算部门往往存在较大的分歧与博弈，预算过程往往成为政府部门之间制约与平衡的手段。部门博弈导致年度预算资金碎片化，与国家发展规划对接困难。各部门支出预算在按照国家发展规划、部门专项规划、政府工作报告和年度发展计划编列中，一方面支出部门采取"狮子大开口"等策略方式推动部门利益最大化（於莉，2010），另一方面财政部门策略性对支出部门申请资金进行压缩，博弈的结果往往削减了财政预算与国家发展规划的匹配性。从规划层面看，现行国家发展规划没有分年度资金支出计划，从而难以促使

---

① 《财政部关于编制中央部门2019~2021年支出规划和2019年部门预算的通知》（财预〔2018〕96号）要求在2018年8月24日前，中央部门将本部门基础信息数据库、项目库、2019~2021年支出规划建议和编报说明等材料报财政部。

年度所需财政资金直接落实到中期财政规划或年度预算之中，很容易导致规划既定实施进程因主要领导干预而改变既有资金配给。

（四）专项规划细化落实不足加剧了财政政策匹配的难度

国家发展规划作为国家治理体系重要方面，涵盖国家经济和社会发展的各个方面，范围较广，内容较多且具有宏观性，需要专项规划细化落实。同时，由于国家发展规划目标与重大任务的实施方式和实现路径在国家发展规划中难以具体体现，国家发展规划也难以在每一个领域中对政府与市场的边界进行界定，且很多领域需要发挥政府与市场的共同作用，政府多个部门公共物品与市场多元主体部门的相互交叉，导致部门与地方推进国家规划实施中很难实现精准把握并予以数目字管理，技术上不能将每一领域都进行数目字管理。在部门利益分割、权力分割与部门分解细化国家发展规划能力有限的条件下，依据国家发展规划来编制财政规划和预算存在较大技术性操作难题，从而引发规划与预算"两层皮"的问题。无论是在约束性指标还是预期性指标的实现上，在专业部门或倾向于由财政全额出资，或寄望于通过减免税费、增加补助等方式引导市场解决的可能性因素下，多个专项规划形成的较大公共资源需求使有限的财政资源难以全面匹配，进而影响了财政政策匹配国家发展规划的效果。

四、更好地发挥国家发展规划对财政政策战略引导的相关思考

党的十九大开启了全面建设社会主义现代化国家新征程，按照推进国家治理体系和治理能力现代化、新时代加快完善社会主义市场经济体制的总体要求，一是沿着提高宏观经济治理能力的方向，着力构建有效协调的宏观调控新机制，增强国家发展规划引导财政政策的能力，实现国家发展规划借助财政政策工具将经营主体自主自发引导到国家发展规划的战略方向上来。二是沿着构建政府职责明确、依法行政的政府治理体系的方向，健全国家发展规划实施的政府职责体系和部门协调配合机制，进一步完善规划制度与预算制度体系，增强财政专项规划、中期财政规划、年度预算与国家发展规划的匹配能力，提升国家发展规划对政府履行公共职责的约束能力。

（一）提升规划统筹推进层级，增强对财政政策的引导能力

提升国家发展规划重大发展改革事项的统筹推进层级。贯彻落实党中央关于财经工作的方针政策和决策部署是财政部的重要职责，将国家发展规划提出的重大发展改革事项与中央深改、财经等小组年度工作要点、总理政府工作报告进行对接，在更高层级统筹推进机制下，增强国家发展规划重大发展改革事项对财政年度预算、中期财政规划的引领能力。实施与国家发展规划五年相匹配的周期性零基预算模式。着眼打破上一个五年发展周期所形成的基数概念和支出固化格局，根据新的五年国家发展规划内容，每五年编制一次零基预算，确定新的"基数+增长"模式，并依照国家发展规划与年度计划对年度额外新增项目严格实施零基预算管理，全力增强对未来五年重点领域与重大战略任务支出的保障能力，避免因过分强调财政短期项目而可能忽视的长远效益。扩展国民经济和社会发展年度计划财政资金支持类内容。国民经济和社会发展年度计划是贯彻国家发展规划的年度安排，重点体现当年发展目标、宏观调控政策取向和主要任务，由全国人大审议表决后具有法定性和权威性。在编制和实施年度计划中，将以财政资金为来源的规划重点工程项目纳入年度计划予以呈现，依托部际联席会议机制等推进年度发展计划与年度财政预算的全面对接，在项目建设、宏观调控两个领域强化对财政的引导作用。

（二）提升专项规划编制质量，增强对接中期财政规划的能力

部门专项发展规划肩负细化落实国家发展规划的重要使命，也是部门自身中期财政规划、三年投资计划编制的基础，事关财政中期规划编制的质量。提前专项规划编制的时间。改变国家发展规划出台后再编制出台专项规划的传统模式，在编制过程中发挥编制部门的统筹协调作用，与国家发展规划同步编制完成各主要专项规划，为中期财政规划留足时间。增强专项规划的政策指导性。以国家战略发展规划为依据，细化落实规划中的部门职责，制定相关公共政策，具有可能导致财政减收或增支的财税优惠政策进行测算预估，为中期财政规划做好支撑。完善专项规划项目生成机制。落实国家发展规划，

增加规划重大项目资金配套支持,并对项目进行优先排序,为项目纳入三年投资计划与三年财政规划打好基础。

(三)健全协调机制,增强中期财政规划与三年投资计划匹配国家发展规划的能力

建立中期财政规划的部门协调机制。在中期财政规划编制阶段,建立由国务院领导主持、以财政和发改部门为常设成员、有关部门参加的横向联席会商论证制度,以就规划期公共资源配置进行充分的酝酿、沟通、论证并达成基本共识。在全国人大确立中期财政规划的法律地位之前,应通过中央或国务院发文的形式强化中期财政规划的权威性、稳定性和约束性。推进三年投资计划在编制时间、项目生成上与中期财政规划的衔接。与中期财政规划同步编制三年投资计划,明确三年投资计划期内项目资金来源和财政资金需求,为衔接年度预算、财政中期规划和合理安排政府专项债务融资提供依据。依托部际联席会议机制,将三年滚动投资计划中的中央预算内基本建设项目直接纳入三年滚动财政规划。扩展三年滚动投资计划为十年滚动投资计划。适应跨多个规划周期的重大工程项目资金持续保障需求,将三年滚动投资计划扩展至十年滚动投资计划,推动已开工、周期相对较长的重大工程项目优先纳入财政项目库和投资项目库,也作为年度中央预算内资金数额确定或政府专项债券发行的项目基础,为财政资源跨期配置提供支撑。

(四)深化财政体制机制改革,提升财政保障国家发展规划的能力

健全国家发展规划、财政中期规划与年度预算的匹配机制。国家发展规划为中期财政规划的制定确立基本方向,中期财政规划从预算视角对国家发展规划中的重大项目进行综合平衡与分年排序并通过年度预算加以落实,同时也为跨年度预算调整提供指导。年度预算对年度政府工作报告与国民经济和社会发展年度计划进行对接,增加对规划重大工程项目资金安排的内容。将政府性债务收支纳入年度财政预算与中期财政规划。结合投资计划所形成的政府投资需求,综合未来财力发展规模,设立单独的政府债务预算,将政府债务纳入年度预算体系与中期财政规划框架,依据国家发展规划、三年投

资计划财政资金需求合理确定债务发行规模和发行周期，推动全口径预算管理。对接国家发展规划与投资计划资金需求，清理规范重点支出与整合预算资金二次分配权，提升财政资源统筹能力。按照国家发展规划重点任务、重大工程等资金需求，清理规范重点支出同财政支出增幅或生产总值挂钩事项，改变既有的挂钩方式，同时逐步将分散于各个部门的预算资金纳入财政部门统一分配。对重点支出，不再采取先确定支出总额再安排具体项目的办法，而是在国家发展规划统领下，按照投资计划与中期财政规划中的项目进行资金配套。增强财税政策引导社会资本自主自发匹配规划战略方向的能力。对接国家发展规划战略导向，优化财税收支结构与财税政策，发挥各种财政政策工具作用，健全政府性资金引导机制，推动 PPP 等公私合营机制，提升财政税收对企业投资、产品结构的引领作用，引导经营主体自主自发依据国家发展规划配置自身资源。增强财政政策引导区域对接国家发展规划的能力。按照国家发展规划的要求，适应国家主体功能区战略与重大区域发展战略需要，逐步健全与城乡区域流动、区域主体功能、区域发展战略相适应的财政支撑体系。

参考文献：

[1] 白景明、王思轩：《规划和预算：如何有效衔接》，《中国投资》2019 年第 11 期。

[2] 陈升、李兆洋、王英杰：《省级五年发展规划实施与绩效："十二五"为例》，《科研管理》2019 年第 4 期。

[3] 陈龙、李雨阳：《创新经济治理方式：走向"财政宏观管理"》，《地方财政研究》2019 年第 8 期。

[4] 鄢一龙：《五年规划：一种国家目标治理体制》，《文化纵横》2019 年第 6 期。

[5] 杨伟民等：《新中国发展规划 70 年》，人民出版社 2019 年版。

[6] 王秀芝：《中国预算管理制度改革》，经济科学出版社 2018 年版。

[7] 杨志勇：《财税现代化：大国之路》，上海人民出版社 2018 年版。

[8] 张韬：《规划项目预算制度——中国预算管理改革的新途径》，《财

经论丛》2018年第4期。

［9］刘尚希、傅志华等：《中国改革开放的财政逻辑》，人民出版社2018年版。

［10］刘晓嵘：《我国中期财政规划实施情况、困境及对策》，《地方财政研究》2018年第7期。

［11］张韬：《构建中期预算与年度预算联动机制的思考》，《中央财经大学学报》2017年第4期。

［12］姜佳莹、胡鞍钢、鄢一龙：《国家五年规划的实施机制研究：实施路径、困境及其破解》，《西北师范大学学报》2017年第5期。

［13］范必：《滚动编制政府投资规划和资本预算，增强积极财政政策实施力度》，《宏观经济管理》2017年第12期。

［14］许晓龙：《作为治理工具的规划：内涵、缘起与路径》，《东南学术》2017年第2期。

［15］孙开、沈昱池：《跨年度预算平衡：范式升级、运行机理与架构设计》，《财政科学》2016年第8期。

［16］全国预算与会计研究会总课题组：《建立中期财政规划和滚动预算制度难点问题研究主报告（上）》，《预算管理与会计》2016年第2期。

［17］全国预算与会计研究会总课题组：《建立中期财政规划和滚动预算制度难点问题研究主报告（中）》，《预算管理与会计》2016年第3期。

［18］全国预算与会计研究会总课题组：《建立中期财政规划和滚动预算制度难点问题研究主报告（下）》，《预算管理与会计》2016年第4期。

［19］唐金倍、苏志诚：《中期财政规划的难点问题研究》，《财政科学》，2016年第5期。

［20］吴汉宝：《我国财政年度预算和中期规划编制的体制机制探讨》，《财政科学》2016年第1期。

［21］安徽省财政科学研究所课题组：《推行中期财政规划管理研究》，《公共财政研究》2016年第3期。

［22］安徽省财政科学研究所课题组：《建立中期财政规划和滚动预算制度难点问题研究》，《财政科学》2016年第5期。

［23］白彦锋：《中期预算改革与我国现代财政制度构建》，中国财政经济出版社 2015 年版。

［24］赵新海、曹铂、吕强：《建立中期财政规划和滚动预算制度的难点与对策思考》，《预算管理与会计》2015 年第 11 期。

［25］国家发展改革委经济研究所课题组：《宏观调控目标和政策手段机制化研究》，《经济研究参考》2014 年第 7 期。

［26］鄢一龙、胡鞍钢、吕捷：《整体知识与公共事务治理：理解市场经济条件下的五年规划》，《管理世界》2014 年第 12 期。

［27］韩博天、奥利佛·麦尔顿：《规划：中国政策过程的核心机制》，《开放时代》2013 年第 6 期。

［28］黄亮：《论我国宏观调控领域的权力冲突及消解路径》，《新疆社会科学》2013 年第 2 期。

［29］胡鞍钢：《中国独特的五年计划转型》，《开放时代》2013 年第 6 期。

［30］於莉：《省会城市预算过程的政治——基于中国三个省会城市的研究》，中央编译出版社 2010 年版。

［31］王蕴、王元：《建立与经济周期相适应、与中长期规划相衔接的国家中长期预算框架》，《经济研究参考》2009 年第 27 期。

［32］李燕、白彦锋、王淑杰：《中期预算：理念变革与实践》，《财贸经济》2009 年第 8 期。

［33］刘国光：《中国十个五年计划研究报告》，人民出版社 2006 年版。

［34］杨庆育：《关于五年规划实施机制的探讨》，《宏观经济研究》2006 年第 8 期。

［35］郑新立：《建立新型计划体制》，《求知》1994 年第 1 期。

中国基础货币投放的宏观经济效应变化*

摘　要：中国基础货币投放经历了从被动投放到主动投放的转型，对基础货币投放机制的研究紧随政策实践变化。基础货币投放是宏观调控政策的重要一环，一直以来是货币金融政策研究的重要部分。本文建立时变参数向量自回归模型（TVP-VAR），分析基础货币投放、经济增长与物价水平之间的动态时变关系。研究结果表明：（1）基础货币投放与经济增长之间存在明显的动态关系，基础货币被动投放对经济增长的中长期效应要大于短期效应，但基础货币主动投放的中短期效应要大于长期效应。这既体现出中国货币政策精准投放效果显著，也反映出基础货币投放对经济的长期支撑效果有待提高。（2）基础货币投放对物价水平中长期影响均大于短期影响，而且中长期影响更加稳定。（3）不同基础货币投放阶段，被动投放和主动投放对经济增长和物价水平的影响时滞较为一致，但程度略有不同。本文认为应在优化基础货币投放工具的同时，拓宽基础货币投放渠道，从短中长期有针对性地制订政策计划。

关键词：基础货币　TVP-VAR　经济增长　物价水平

一、引言

基础货币也称"货币基础"或"高能货币"，是现代银行体系创造货币的来源，同时也是中央银行供应货币的基础（廖群，1987）。现代信用货币

---

* 作者丁尚宇，本文原载于《宏观经济研究》2023年第11期。

制度下，中央银行通过资产扩张发行基础货币，商业银行通过资产扩张创造广义货币，总体上形成广义货币以基础货币为备付金实现派生的货币供给体系。20世纪60年代后，随着货币供给问题成为西方货币经济学研究的重点，基础货币也受到理论界的广泛关注。伴随货币学派的兴起，基础货币的理论研究逐步完善。基础货币与货币乘数一起构成货币供给量，根据货币学派的货币供应理论，货币当局通过控制基础货币来控制货币供给量，进而影响实体经济变量。即基础货币是货币当局的负债和其直接控制的货币供应变量，基础货币投放是中央银行货币政策调控的重要组成部分，对于金融市场和信贷市场起着重要的作用。

当今世界百年未有之大变局加速演进。从国际形势来看，后疫情叠加地缘政治冲突，全球货币政策调整面临着新的挑战；从国内形势来看，随着疫情影响逐渐消退，经济复苏有待加力。2015年以来，中国基础货币投放由被动投放向主动投放转变，2020年以来为了应对新冠疫情冲击，货币政策、财政政策均有所创新，推动基础货币投放的新实践。当前中国正处于疫情转段、经济复苏基础偏弱、潜在国际金融风险激增的新形势下，从维护经济金融安全大局出发，优化基础货币投放机制，探索基础货币投放新方向，对应对"三重压力"、推动经济政策重回稳定区间以及适应经济发展新格局、推动经济高质量发展具有重要意义。

基于此，本文运用1998年第四季度至2022年第四季度相关数据，构建包含基础货币投放、GDP增长率和消费者物价指数的TVP-VAR模型，并进一步将基础货币投放分为主动投放和被动投放两种方式，利用等间隔脉冲响应与时点脉冲响应函数，考察两种基础货币投放方式对经济增长和物价水平的动态影响，为进一步优化中国基础货币投放提供决策参考。

本文主要贡献如下：第一，从时变角度分析了基础货币投放对经济增长和物价水平的影响。以往研究多分析两个变量之间的关系，而且多为静态分析，虽然一些学者也从时变的角度进行分析，但此类文献依旧较少。第二，更加全面地分析了不同阶段基础货币投放模式的影响效果，同时考虑了疫情的冲击带来的变化。中国基础货币投放机制经历了较大的变化，从再贷款和财政透支过渡到外汇占款为主的被动投放模式，又经历了外汇占款模式到借贷便利工具投放模式的转变，为应对2020年疫情冲击，中国又设立了一系列创新性再贷款工具，货币政策工具更加趋于多样化。考虑到货币政策工具在中国宏观调控中的重要作用以及经济系统的时变特征，分析基础货币投放对经济增长和物价水平的动态时变影响就显得尤为重要。

二、文献综述

中国基础货币投放机制经历了由被动到主动，由大水漫灌到精准点滴的演变。总体来看，1984~1993年，中国基础货币以再贷款和财政透支为主。1994年后逐步过渡到外汇占款模式，到2014年中国外汇占款规模达到峰值，这期间基础货币投放模式为以外汇占款为主的被动投放模式。2015年后，央行强化了再贷款、再贴现、逆回购以及四种创新型货币政策工具（SLF、MLF、TMLF、PSL）的使用。2020年以来，为应对疫情，央行设立多种创新型再贷款工具，2022年为了应对"三重压力"加大，还动用了特殊投放工具。近年来，传统货币政策调控工具有效性逐渐减弱，但宏观经济调控对稳定经济增长的作用更加突出，基础货币投放作为实现货币政策目标的重要手段，深入研究当前基础货币投放的宏观经济效应，探索通过基础货币投放渠道增强货币政策调控有效性正当其时。

2015年以前，中国基础货币投放是以外汇占款为主的被动投放模式，一些学者从外汇占款的角度分析其对经济和货币政策的影响。池启水（2008）实证检验了外汇储备对基础货币投放的影响程度，结果表明随着外汇储备对实际基础货币的影响增强，基础货币更多地通过外汇占款投放，导致外汇占款的影响过于集中，增强了基础货币的内生性，增加了货币当局的货币调控难度。牛晓健和陶川（2011）利用SVAR模型实证分析了外汇占款对货币政策调控的影响，结果表明外汇占款的增加在长期内对基础货币、广义货币和金融机构贷款有扩张效应，在实施货币政策的时候要充分考虑到外汇占款的影响。

随着央行创新基础货币投放方式，各种创新投放方式对实现货币政策目标的有效性成为研究热点。2013年中国央行创新推出流动性便利工具，部分学者通过理论和实证分析验证了结构性货币政策的有效性。马理和刘艺（2014）根据统计数据对我国常备借贷便利的效果进行了定性分析，对2013

年6月至8月中国常备借贷便利余额与央票交易余额、银行间同业拆借余额，以及常备借贷便利余额与商业银行资金来源规模的相对比例进行了研究分析，发现中国常备借贷便利（SLF）的货币政策工具在熨平经济的不正常波动中发挥了一定的作用。常备借贷便利有平稳经济波动的作用，因此可以按需向银行体系提供流动性，与此同时中央银行应当通过常备借贷便利稳定货币市场利率，发挥"自动稳定器"的作用（孙国峰和蔡春春，2014）。

进一步，一些学者发现，货币政策会对经济增长产生一定影响。胡育蓉和范从来（2017）发现，结构性货币政策能够通过信号渠道、价格渠道、导流渠道、截流渠道等影响经营主体和相关决策，通过对中介目标的定向调控效应，如促进产业结构调整、降低资产价格波动、稳定市场利率水平等，最终促进经济增长。孙少岩和刘芮嘉（2019）将结构性货币政策分为数量型及利率导向型两类，利用 VAR 模型分析其对经济发展、利率水平、财富总量以及物价变动的影响程度及作用效果，结果发现两类政策作用力度存在区别，应根据具体背景和政策目标进行选择。货币政策可以通过对中介目标的定向调控，比如降低资产价格流动等，最终促进经济增长（哈尼施和马克斯，2017）。何剑、祝林和郑智勇（2022）也发现，从长期来看，结构性货币政策可以通过调控金融杠杆促进经济平稳增长。

从货币理论来看，货币供应量的变动会导致物价水平的改变，当发行的货币多于经济体系中所需要的货币，物价水平就会上升。邹至庄、格雷戈里等（2004）研究表明，货币供应量是解释中国通货膨胀的重要变量。张鹏和柳欣（2009）实证研究了中国外汇储备变动对通货膨胀的影响，发现2000年以后，外汇储备的迅速增加导致大量基础货币进入经济体系，这些基础货币受到货币乘数效应被放大，进一步使得货币供给超过了货币需求，进而产生了通货膨胀效应。有专家指出，外汇占款对通货膨胀具有显著的正向影响（Gu and Zhang，2006）。中国的货币存量与价格水平之间的长期关系和动态关系，中国的货币供应量会影响价格水平，货币数量论思想可以作为解释中国价格水平和通货膨胀的一个理论框架，中长期来看，货币是推动物价上涨的重要因素（赵留彦和王一鸣，2005；闫力、刘克宫和张次兰，2009；徐鹏，2021）。赵昕和刘玉峰（2013）讨论了货币冲击对真实产量和价格水平的影响，发现中国货币存在较为明显的内生的特点，而且货币在短期内对产出和物价水平均存在影响，但是在长期只对物价水平有影响，不仅如此，货币供应量对价格水平的影响还存在一定的滞后性。

关于货币供应量如何影响经济增长和物价水平，已经有一些研究进行了较为深入的分析，但现有文献更多侧重于研究双变量之间的关系，将三者纳入一个研究框架中进行分析的研究依旧较少。刘姗和余升国（2017）从中央银行资产负债表出发，利用TVP-VAR模型检验了基础货币投放与经济增长、物价水平之间的内在联系。马义华（2019）通过构建VEC模型，实证分析了货币供应、经济增长与物价水平三者间的关系，结果表明长期看三者之间存在协整关系，但是从短期来看货币供应量和物价水平对经济增长的影响并不一致，此外经济增长和物价上涨对货币供应量的影响方向相反，经济增长会促进货币供应量增加，但是物价上涨会抑制货币供应量。总的来说，货币供应量作为货币中介目标，对经济增长和物价水平依然有效（田光宁、廖镇宇和韩中睿，2013；范从来和张宏亮，2022）。基于上述研究，考虑到中国基础货币投放方式有着明显的转变，2020年新冠疫情暴发后，中国在2021年又开启了以创新再贷款为主的基础货币投放阶段，还未有文献对基础货币投放方式的不同阶段进行较为详细的分析。在经济系统时变的特征下，探讨货币政策的动态有效性十分必要，因此，本文选用带有时变参数的向量自回归模型，系统考察基础货币投放、经济增长和物价水平三者间的动态时变关系，以期对现有研究进行补充。

三、研究设计

（一）指标选取

参考刘姗和余升国（2017），考虑到央行债券的发行与到期回收的主要目标是对冲外汇占款的过快增长与快速下降，本文将扣除央行债券的外汇占款作为基础货币的被动投放代理指标，将对其他存款性公司债权[①]作为基础

[①] 该指标统计中国人民银行对其他存款性公司的再贷款、再贴现、逆回购以及常备借贷便利（SLF）、中期借贷便利（MLF）、短期流动性调节工具（SLO）、临时流动性便利（TLF）等一系列货币政策工具。

货币的主动投放代理指标，并分别根据其余额计算增长率。在宏观经济变量方面，国内生产总值增长率和消费者物价指数能较好地反映中国经济增长状况和物价变动趋势，是中央银行进行经济形势分析、制定和执行货币政策的主要依据。本文选择中国基础货币主动投放（ACTIVE）和被动投放（PASSIVE）、国内生产总值实际增速（GDP）和消费者物价指数同比（CPI）作为研究变量，样本区间为1998年第四季度至2022年第四季度。变量的描述性统计如表1所示。

表1　　　　　　　　　　　描述性统计

变量	GDP	CPI	ACTIVE	PASSIVE
平均值	2.0061	8.4271	2.9096	2.7823
中位数	1.9569	8.0500	2.0979	0.7710
最大值	7.7855	18.7000	14.7142	58.1292
最小值	－2.8015	－6.9000	－4.4479	－48.5746
标准差	2.1924	3.1939	4.1528	16.8730
偏度	0.3405	－0.7422	0.7422	0.4277
峰度	3.1105	8.2925	3.0191	6.3456
J－B统计量	1.9039	120.8561	8.8148	47.6992
P值	0.3860	0.0000	0.0122	0.0000
样本量	96	96	96	96

（二）模型设定及说明

TVP-VAR模型是在VAR模型的基础上扩展而来的，其最大的改进在于假定系数矩阵和协方差矩阵都是时变的，因此有利于刻画变量之间的联立关系的非线性特征。故其优点即为可以运用变参数计算所有时点上各变量在不同滞后期的脉冲响应图，分析各变量之间关系的时变特征，并分析不同状态下各变量之间的关系是否存在结构性突变。为了研究变量之间的时变关系，本文选用TVP-VAR模型进行分析。

由于宏观经济变量可能是非平稳序列，为了避免构建模型过程中出现"伪回归"现象，因此本文首先对所选变量进行ADF检验，结果如表2所示。根据表2可知，变量均为平稳序列。综合AIC、SC、HQ、FRE等准则，选取最优滞后阶数为 2 阶。

表 2　　　　　　　　　　　平稳性检验

变量	1%临界值	5%临界值	10%临界值	ADF 值	P 值	平稳性
GDP	-2.5830	-2.8919	-3.4999	-4.1705	0.0012***	平稳
CPI	-3.5007	-2.8922	-2.5832	-4.2033	0.0011***	平稳
ACTIVE	-4.0575	-3.4578	-3.1549	-9.4679	0.0000***	平稳
PASSIVE	-4.0575	-3.4578	-3.1549	-5.0597	0.0004***	平稳

注：*** 表示在 1% 的水平下显著。

基本模型为：

$$y_t = X_t \beta_t + A_t^{-1} \sum_t \varepsilon_t \tag{1}$$

其中，$t = s+1, \cdots, n$，系数 β_t 和参数 A_t、$\sum_t$ 都是随时间变化的。

设定模型中所有参数均服从随机游走，即：

$$\begin{cases} \beta_{t+1} = \beta_t + \mu_{\beta t} \\ \alpha_{t+1} = \alpha_t + \mu_{\alpha t} \\ h_{t+1} = h_t + \mu_{h t} \end{cases}, \begin{bmatrix} \varepsilon_t \\ \mu_{\beta t} \\ \mu_{\alpha t} \\ \mu_{h t} \end{bmatrix} \sim N \left(0, \begin{bmatrix} 1 & 0 & 0 & 0 \\ 0 & \sum_\beta & 0 & 0 \\ 0 & 0 & \sum_\alpha & 0 \\ 0 & 0 & 0 & \sum_h \end{bmatrix} \right) \tag{2}$$

其中，$\beta_{s+1} \sim N(\mu_{\beta 0}, \sum_{\beta 0})$，$\alpha_{s+1} \sim N(\mu_{\alpha 0}, \sum_{\alpha 0})$，$h_{s+1} \sim N(\mu_{h 0}, \sum_{h 0})$。$\sum_{\beta 0}$、$\sum_{\alpha 0}$、$\sum_{h 0}$ 均为对角矩阵。

本文使用马尔科夫蒙特卡罗模拟（MCMC）方法对模型模拟抽样进行参数估计。假设本文构建的 TVP-VAR 模型中的参数 β、α 和 h 的先验分布均为正态分布，首先设定模型的参数初始值：$\mu_{\beta 0} = \mu_{\alpha 0} = \mu_{h 0} = 0$，$\sum_{\beta 0} = \sum_{\alpha 0} = 10I$，$\sum_{h 0} = 100I$。假设 $\sum_\beta$ 是对角矩阵，且服从以下伽马分布：$(\sum_\beta)_i^{-2} \sim Gamma(40, 0.02)$，$(\sum_\alpha)_i^{-2} \sim Gamma(4, 0.02)$，$(\sum_h)_i^{-2} \sim Gamma(4, 0.02)$。

四、实证结果分析

本部分主要从动态视角,实证分析基础货币被动投放、主动投放对经济增长和物价水平的时变影响。

(一)模拟及参数估计结果

本文使用 MCMC 方法进行模拟抽样,模型抽样次数均设定为 10000 次,考虑到前期迭代具有不稳定性,同时去掉初始抽样的 5000 个样本。表3 给出了 TVP-VAR 模型参数后验诊断结果,显示了待估参数后验分布的均值、标准差、95% 的置信区间及收敛统计量。

表3 参数估计结果

参数值	均值	标准差	95%上限	95%下限	Geweke	无效因子
$(\sum_\beta)_1$	0.0023	0.0003	0.0018	0.0028	0.608	4.44
$(\sum_\beta)_2$	0.0023	0.0003	0.0018	0.0028	0.407	6.67
$(\sum_\alpha)_1$	0.0057	0.0017	0.0034	0.0099	0.076	37.09
$(\sum_\alpha)_2$	0.0055	0.0015	0.0034	0.0094	0.453	30.97
$(\sum_h)_1$	0.7367	0.1527	0.4827	1.0680	0.164	26.83
$(\sum_h)_2$	0.0055	0.0016	0.0033	0.0096	0.928	20.41

根据表3 的结果可知,模型相应的 Geweke 收敛诊断值均小于 5% 水平上临界值 1.96,未通过 5% 水平上的显著性检验,表明参数收敛于后验分布。此外,无效因子从模拟中得到的不相关样本的数量来反映模拟的优劣,无效因子越小说明得到的不相关样本的数量越多,模拟结果越有效。表3 中模型无效因子均较小,模型无效因子的最大值为 37.09,远小于抽样次数 10000 次。根据模拟抽样次数,模型至少可分别获得约 270 个不相关样本(10000/37 约等于 270),说明模型的参数估计结果稳健。模型估计及诊断结果表明,本文所建 TVP-VAR 模型可有效测定基础货币投放对经济增长和物价水平的影响。

(二)不同时期下的脉冲响应分析

图1 和图2 分别为基础货币被动投放和基础货币主动投放对经济增长

（GDP）和物价水平（CPI）的等间隔脉冲响应图。等间隔脉冲响应函数是指不同时间范围（滞后期）冲击所引起变量的脉冲响应函数，将样本区间缩短到每期，可以更加准确鲜明地刻画各变量在不同时期内的动态冲击效应。本文选择滞后4、8、12期分别代表短、中、长期，横轴表示时间节点，纵轴表示脉冲响应强度。

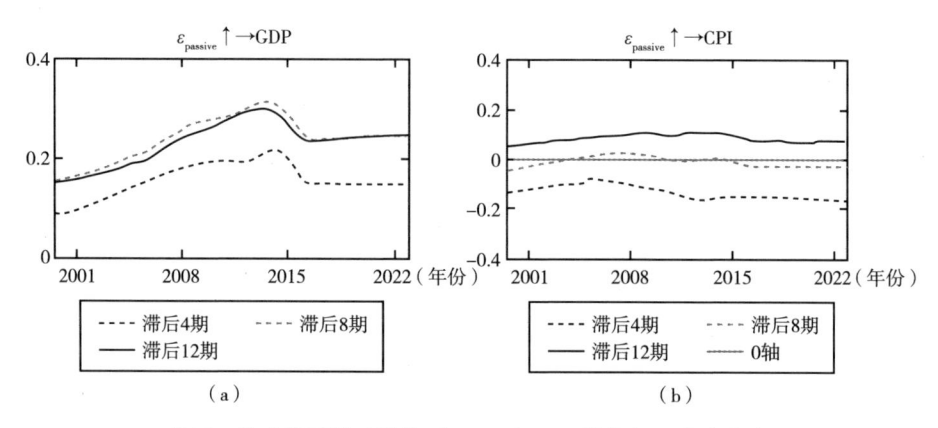

图1 基础货币被动投放对GDP和CPI的等间隔脉冲响应

图1（a）表示不同时期下受到一个标准差的基础货币被动投放冲击后经济增长的脉冲响应图。可以看出，基础货币被动投放对经济增长的影响呈现稳定的正效应，说明基础货币被动投放增加会推动经济增长。冲击效应在2014年左右出现了一个小峰值，其原因在于2004~2014年，外汇占款取代再贷款成为央行投放基础货币的主要渠道，在此期间，受到人民币升值预期的影响，外汇占款投放了大量的基础货币。2015年以后，基础货币被动投放对经济增长的影响出现阶段性减弱，其可能的原因是中国基础货币投放方式在这一时间发生了转变。2014年以来，中国国际收支更加趋于平衡，人民银行主要通过中期借贷便利（MLF）、定向中期借贷便利（TMLF）、抵押补充贷款（PSL）等中长期货币投放工具向市场投放基础货币，即主动投放的方式，因此基础货币被动投放对经济的冲击作用有所减弱。

通过对比不同滞后期的脉冲响应结果可以发现，不同滞后期的脉冲响应函数曲线的走势较为一致，且基础货币被动投放对经济增长的中长期的影响显著大于短期影响。这说明基础货币被动投放对经济增长持续发挥推进作用，并且在中、长期影响更加明显，其原因在于资金从银行部门向居民部门以及企业的传导需要一定周期，因而该冲击效应存在一定的时滞性。

图 1（b）表示不同时期下受到一个标准差的基础货币被动投放冲击后物价水平的脉冲响应图。可以看出，基础货币被动投放对物价水平的影响同样在 2014 年左右出现峰值。通过对比不同滞后期的脉冲响应结果可以发现，在短、中、长期基础货币被动投放对物价水平的影响较为不同，短期影响为负，中期影响较为微弱，几乎为零，长期转为正向影响。随着外汇占款的增加，中国并没有出现物价快速上涨的现象，结合我国的实际情况，可能的原因在于中央银行通过一系列反向操作抵消了外汇储备增长对增加货币投放的压力，比如减少对金融机构、政府及非金融机构的债权以及发行中央银行票据回笼货币等。这一结论和范德胜（2012）的结论基本一致。但是长期来看，基础货币被动投放的增加依旧会推动物价上涨。

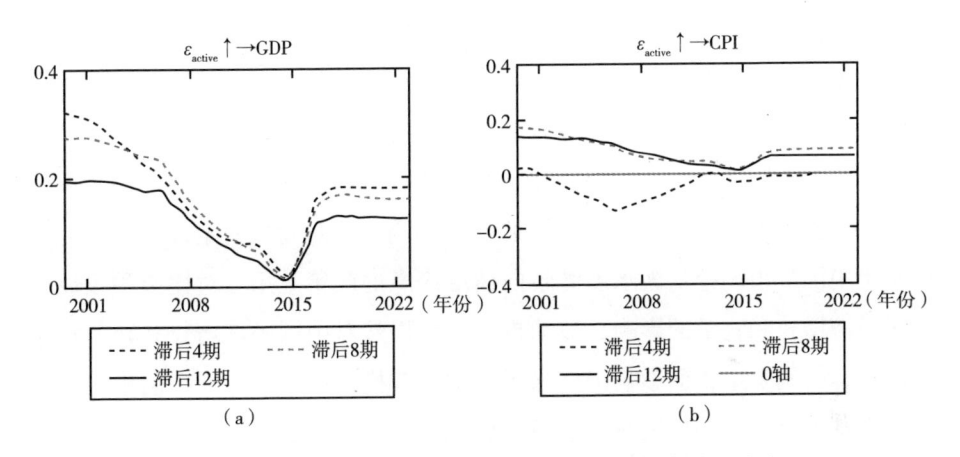

图 2　基础货币主动投放对 GDP 和 GPI 的等间隔脉冲响应

图 2（a）表示不同时期下受到一个标准差的基础货币主动投放冲击后经济增长的脉冲响应图。可以看出，基础货币主动投放对经济增长的影响呈现稳定的正效应，说明基础货币主动投放增加会推动经济增长。从时变趋势看，对基础货币主动投放施加一个标准差的正向冲击引起经济增长的水平在 2001～2014 年呈下降趋势，2015 年为低点，随后开始逐渐增强。到 2016 年左右达到高点，最后趋于稳定。这一结果和基础货币被动投放对经济增长的影响结果恰好相反，同样符合我国基础货币投放方式的转变实践。

通过对比不同滞后期的脉冲响应结果可以发现，不同滞后期的脉冲响应函数曲线的走势较为一致，说明了模型的稳定性。2015年以前，基础货币主动投放对经济增长的中短期影响略大于长期影响；随着基础货币投放方式的转变，在2015年前后，基础货币主动投放对经济增长的影响在短、中、长期基本相同；此后，基础货币主动投放对经济增长的影响短期效应更加突出。基础货币主动投放短期会显著推动经济增长，但长期增长效应相对较弱。

图2（b）表示不同时期下受到一个标准差的基础货币主动投放冲击后物价的脉冲响应图。可以看出，基础货币主动投放对物价水平的影响在短、中、长期较为不同，短期效应为负并呈现明显的动态时变特征，中、长期效应为正，且与短期效应相比更加稳定。短期来看，基础货币主动投放在2007年前后对物价水平起到了较为显著的负向冲击作用，这可能和金融危机存在一定的关系。2015年以后，基础货币主动投放对物价的冲击显著降低，说明中国基础货币主动投放在短期能够较好地维持物价稳定的政策目标。总体而言，基础货币主动投放会在长期推动物价水平上涨，并具有一定的持续性，短期影响较小，但较长时间后会逐步显现。

总体看，2015年以后，随着中国货币投放机制由被动投放向主动投放转变，主动投放能够较快形成对经济的正向影响，并对物价稳定冲击较小。这反映出中国货币调控从大水漫灌转向精准滴灌的政策效果。对比两种投放方式对经济增长和物价的影响，被动投放模式仍然对中国经济增长和物价稳定的影响，特别是中长期影响仍然强于主动投放模式，这一点与当前中国外汇占款占基础货币比例接近60%的现实情况相符合。

（三）不同时点下的脉冲响应分析

根据上述等间隔脉冲响应图可以看出，基础货币投放与经济增长（GDP）和物价水平（CPI）存在一定的时变关系。为进一步探究不同时点下变量间的关系，本文按照基础货币投放渠道的变化历程和重要经济时间节点，选择2004年第三季度、2014年第三季度、2018年第四季度和2021年第一季度，分别作为外汇占款逐步重要阶段、外汇占款主要投放阶段、借贷便利工具投放阶段和创新再贷款投放阶段的代表时点，捕捉和分析两种投放方式的宏观经济效应，脉冲响应结果如图3和图4所示。

中国基础货币投放的宏观经济效应变化

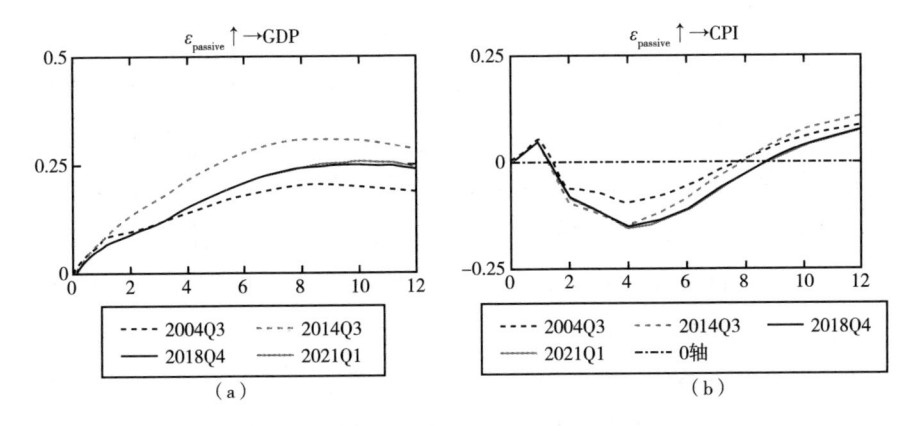

图3 基础货币被动投放对GDP和CPI的时点脉冲响应

图3（a）和（b）分别表示不同时点下基础货币被动投放对经济增长和物价水平的脉冲响应图。从图3可以看出，四个代表性时点的脉冲响应函数曲线走势几乎一致，基础货币被动投放对经济增长的冲击呈现显著上升的趋势，而对物价水平的冲击表现出先下降后上升的趋势。这说明不同基础货币投放阶段，被动投放对经济增长和物价水平的影响时滞较为一致，但程度略有不同。具体而言，当基础货币被动投放受到一个标准差的正向冲击时，经济增长的响应系数为正，表明基础货币被动投放会推动经济增长且长期影响会更大。物价水平在2~8期内均呈现负向效应，长期来看又呈现明显的正向效应，表明基础货币被动投放虽然在短期内会引起物价水平的下降，但长期来看依旧起到了推动物价上涨的效果。

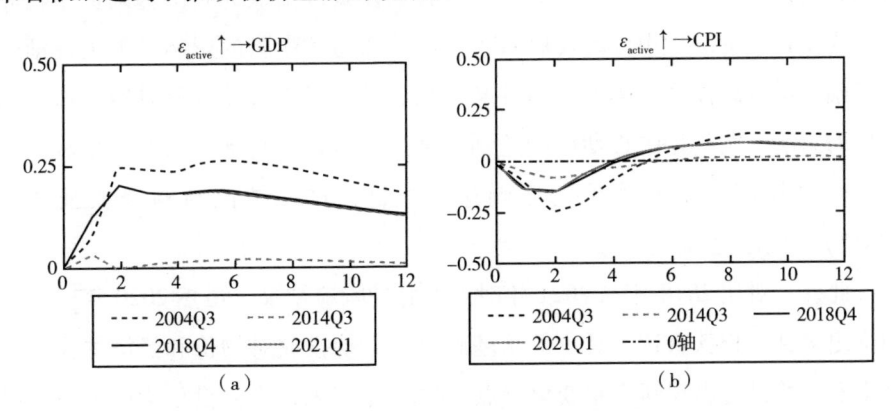

图4 基础货币主动投放对GDP和CPI的时点脉冲响应

图 4（a）和（b）分别表示不同时点下基础货币主动投放对经济增长和物价水平的脉冲响应图。从图 4 可以看出，基础货币被动投放对经济增长的脉冲响应函数在除了 2014 年第三季度外，其他三个代表性时点的曲线走势基本一致，呈现先上升再缓慢下降的趋势。而对物价水平的冲击表现出先下降后上升的趋势。这一结果与基础货币被动投放对经济增长和物价水平影响的结果较为相似，同样说明不同基础货币投放阶段，主动投放对经济增长和物价水平的影响时滞较为一致，但程度略有不同。具体而言，当基础货币主动投放受到一个标准差的正向冲击时，经济增长的响应系数为正，在第 2 期达到最大后缓慢回落。表明基础货币主动投放会推动经济增长，但长期影响会减弱。物价水平的响应系数在滞后 0～4 期均呈现负效应，随后转为正效应，且从数值上看，长期正效应要小于短期负效应。这表明虽然基础货币主动投放在短期内会引起物价水平的下降，但长期会推动物价水平的上涨，这与等间隔脉冲响应得到的结果是一致的。上述结果表明，短期来看，基础货币主动投放的增加不会引起物价迅速上升，但从长期来看，依旧会推高物价。从不同代表性时点对比来看，2004 年第三季度经济增长和物价水平对主动投放的响应值最大，2014 年第三季度无论是经济增长还是物价水平对主动投放的响应值都非常微弱。

进一步分析 2004 年与 2014 年代表时段的脉冲响应结果。从基础货币被动投放和主动投放的单位冲击对经济增长和物价水平的影响强度和影响时滞可以看出，2004 年以来，随着外汇占款投放模式逐渐成为我国基础货币投放的主要模式，基础货币被动投放对经济增长和通货膨胀的影响显著也逐渐强于基础货币主动投放的影响。2014 年前后，基础货币被动投放对经济增长和物价的影响，尤其是中长期影响达到最强。相应地，基础货币被动投放在这一时期对经济增长和物价的影响达到最低。这一结论与刘姗和余升国（2017）的结论也较为一致。

此外，对比 2018 年与 2021 年时点的脉冲响应结果，虽然 2020 年以来中国推出多种再贷款直达工具，但从基础货币主动投放对物价和经济的作用机制来看，并没有出现新机制变化特点。2021 年以来，主动投放货币渠道对经济的拉动作用仍然是能较快拉动经济，但长期效应有限；并且短期不会导致物价上升，但中长期会引起物价温和上涨。机制未见明显变化的原因，一方面，可能是 2021 年样本时点，各类直达工具总规模有限，未形成显著的机制变化；另一方面，也可能是各类创新直达工具与此前主动投放方式没有明显区别，因而对经济和物价的影响没有新的变化。

五、结论和政策建议

本文基于中国 1998 年第四季度至 2022 年第四季度相关数据，构建含有时变参数的向量自回归模型，分析基础货币投放与经济增长和物价水平之间的动态时变关系。主要结论与建议如下。

（一）主要研究结论

第一，基础货币投放与经济增长和物价水平之间存在明显的动态关系，基础货币投放会在很大程度上影响经济增长和物价水平。从对经济增长的影响来看，基础货币被动投放对经济增长的中长期效应要大于短期效应，但基础货币主动投放的影响则相反，中短期效应要大于长期效应。从对物价水平的影响来看，基础货币投放的中长期影响均大于短期影响，而且中长期影响更加稳定。第二，不同基础货币投放阶段，被动投放和主动投放对经济增长和物价水平的影响时滞较为一致，但程度略有不同。对比来看，2004 年以来，随着外汇占款逐渐成为主要基础货币投放方式，被动投放方式对经济政策和物价水平的影响较主动投放方式更强。从 2020 年新冠疫情以来，虽然中国推出多种再贷款直达工具，但从基础货币主动投放对物价和经济的作用机制来看，并没有出现新机制变化特点。

当前中国基础货币投放机制尚处在主要投放渠道转化过程中，对经济的总体拉动效应有所下降，主动投放方式有进一步优化空间，同时被动投放方式冲击效应仍应高度重视。虽然中国基础货币投放方式已经从以外汇占款为主的被动投放逐步转变包含借贷便利工具的中央银行再贷款的主动投放转变，但是根据本文实证研究结果，基础货币被动投放方式依旧能够对经济增长和物价水平产生显著的影响。这种影响，可能是外汇储备增加对经济的正向冲击，也可能是外汇储备减少对经济的负向影响。因此，虽然再贷款等结构性货币政策工具有激励相容、精准滴灌的特点，但依旧不能忽视以外汇占款为代表的基础货币被动投放对经济的冲击。特别是2021年以来，随着出口贸易繁荣，中国连续两年增加外汇占款。与此同时，主动投放对经济的拉动作用有待提升。2014年以来，中国基础货币投放强化了再贷款、再贴现、逆回购以及四种创新型货币政策工具（SLF、MLF、TMLF、PSL）的使用，可以增强货币政策的自主性，基础货币主动投放一定程度上弥补了外汇占款的被动减少问题。但从对经济的拉动效果来看，基础货币主动投放对经济增长的影响在短期和中期效应较强，虽然二者在全样本周期存在变动，但均显著高于长期效应。这既体现出中国货币政策精准投放效果显著，也反映出基础货币投放对经济的长期支撑效果有待提高。这种经济长期增长驱动力减弱的现象，在一定程度上说明了过去一段时间，中国使用货币政策短期工具支持长期结构变化的效果是有限的。

（二）政策建议

基于本文实证结果以及当前中国基础货币投放存在的问题，本文认为要在优化基础货币投放的工具的同时，拓宽基础货币投放渠道，最终逐步构建以国家主权信用为核心的基础货币投放机制，具体建议如下。

第一，优化基础货币投放工具。疏通货币政策传导机制，在运用好总量工具的同时，持续创新性地运用结构型工具，以弥补总量工具的不足，更好地发挥货币政策支持和服务实体经济、推动经济高质量发展的功能。适度扩大基础货币投放规模，利用好各类再贷款工具，向重点领域和关键环节定向投放基础货币。增加支农支小再贷款规模，延续保交楼、设备更新、科技创新、普惠养老再贷款等新设直达工具，必要时通过窗口指导提高基础货币投放效率。此外，中央银行应提高识别融资主体经济效率的能力，稳慎增设新型再贷款工具，把握好结构性货币工具投放流动性总量，尊重市场规律，把融资主体的经济效率作为发放再贷款的重要依据，切实提高基础货币投放对经济增长的驱动作用。考虑到结构性货币政策工具短期效果更好，对于支持长期的经济增长等存在一定难度，外汇占款对经济增长的长期影响更加显著，还应研究探索外汇占款模式投放基础货币的政策储备，平衡长期和短期对经济增长的推动效果。

第二，拓宽基础货币投放渠道。利率市场化改革后，为发挥中期借贷便利（MLF）作为新基准利率的作用，中央银行逐步实现每月一次、月中操作的 MLF 操作机制，为 LPR 报价提供基础，同时对冲月中税收缴纳的流动性紧缩风险。而再贷款、再贴现对"三农"、扶贫等领域起到一定支撑作用，但操作量较低。针对基础货币投放总量不足的问题，可以考虑继续探索 MLF 抵押品扩容，拓展基础货币投放空间。从国债的角度看，可以增加以国债为代表的合格抵押品规模，扩大基础货币投放基础。在当前央行合格抵押品框架内，增加国债、政策债等合格抵押品规模和品种，充实金融机构持有合格抵押品规模，匹配人民银行的短、中、长期基础货币发行需求。在保持政府总体杠杆率基本稳定的前提下，优化政府债券结构，适度扩大国债发行规模，提供合格抵押品的同时，还有益于支持中央对地方转移支付，化解地方债务风险，助力基于债务可持续、宏观调控和货币增长"三位一体"国债管理和增长框架搭建。

第三，逐步构建以国家主权信用为核心的基础货币投放机制。短期来看，可以配合新一轮增发特别国债，央行继续二级市场购买国债，逐步增加央行资产负债表中国债的占比，适度降低外汇储备占比，以进一步提高我国基础货币投放主动性。中期来看，需进一步协调国债和地方债发展，将国债扩张放在优先位置，进一步优化中国宏观杠杆结构。虽然地方债也被人民银行纳入了合格抵押品范围，但地方债体现的是非国家信用，基于非国家信用的储备货币创设规模的过度扩张，或将损坏信用货币体系根基。需逐步优化财政体制改革"事权下放、债务下放、财权上收"的思路，按照资源配置功能、收入分配功能和经济稳定功能，重新分配中央和地方的事权，据此确立中央和地方的支出责任以及对应的收入划分。长期来看，应探索建立国债为锚定资产的主权信用货币投放机制。主权信用模式意味着央行对中央政府债权即国债应该成为央行最重要的资产，从而成为基础货币最主要的投放渠道。最终形成央行和财政部形成稳定协调合作机制，共同依法管理中央政府债务。要打通债券市场、银行信贷市场，在各市场间真正实现"互联互通"。在此基础上，完善货币市场体系，建立市场化的基准利率形成机制，并建立有效的利率体系，为完善债务管理提供基础，逐步构建以无风险资产（国债）为中心的流动性对冲和管理机制。

参考文献：

[1] 范从来、张宏亮：《货币供应量作为货币政策中介目标的有效性研究》，《金融论坛》2022 年第 3 期。

[2] 何剑、祝林、郑智勇：《结构性货币政策、金融杠杆与经济增长》，《经济体制改革》2022 年第 5 期。

[3] 胡育蓉、范从来：《结构性货币政策的运用机理研究》，《中国经济问题》2017 年第 5 期。

[4] 徐鹏：《从结构视角看货币供应量与物价的变动关系》，《宏观经济研究》2021 年第 12 期。

[5] 马义华：《我国货币供应、经济增长与物价水平关系的实证分析》，《统计与决策》2019 年第 19 期。

[6] 孙少岩、刘芮嘉：《我国结构性货币政策执行效果的检验》，《商业研究》2019 年第 10 期。

[7] 刘姗、余升国：《基础货币投放结构的宏观经济效应》，《商业研究》2017 年第 12 期。

[8] 孙国峰、蔡春春：《货币市场利率、流动性供求与中央银行流动性管理——对货币市场利率波动的新分析框架》，《经济研究》2014 年第 12 期。

[9] 马理、刘艺：《借贷便利类货币政策工具的传导机制与文献述评》，《世界经济研究》2014 年第 9 期。

[10] 赵昕、刘玉峰：《中国货币供应量、GDP 和价格水平关系的再检验》，《统计与决策》2013 年第 3 期。

[11] 田光宁、廖镇宇、韩中睿：《货币政策中介指标的有效性：2002－2012 年中国的经验》，《中央财经大学学报》2013 年第 7 期。

[12] 范德胜：《我国巨额外汇储备对货币供应量和物价的影响研究》，《南京社会科学》2012 年第 7 期。

[13] 牛晓健、陶川：《外汇占款对我国货币政策调控影响的实证研究》，

《统计研究》2011 年第 4 期。

[14] 张鹏、柳欣:《我国外汇储备变动对通货膨胀的影响》,《世界经济研究》2009 年第 2 期。

[15] 闫力、刘克官、张次兰:《货币政策有效性问题研究——基于 1998~2009 年月度数据的分析》,《金融研究》2009 年第 12 期。

[16] 池启水:《外汇储备增加对基础货币投放的影响——基于协整方法与 VAR 模型的实证检验》,《数理统计与管理》2008 年第 4 期。

[17] 赵留彦、王一鸣:《货币存量与价格水平:中国的经验证据》,《经济科学》2005 年第 2 期。

[18] 廖群:《我国基础货币、货币乘数及其变化规律研究》,《金融研究》1987 年第 6 期。

[19] Hanisch M. The Effectiveness of Conventional and Unconventional Monetary Policy: Evidence from a Structural Dynamic Factor Model for Japan. *Journal of International Money and Finance*, Vol. 70, issue C, 2017.

[20] Gu X, Zhang L. Effectiveness of China's Monetary Policy and Reform of Its Foreign Exchange System. *China & World Economy*, Vol. 14, No. 5, 2006.

[21] Chow G, Shen Y. Money, Price Level and Output in the Chinese Macro Economy. *Asia Pacific Journal of Accounting and Economics*, Vol. 12, No. 2, 2005.

金融发展有利于中国生产技术效率的提升吗?*

摘　要：利用中国 1990~2012 年 30 个省份的面板数据，本文采用随机前沿分析方法，对金融发展与中国生产技术效率的关系进行了检验，结果发现：尽管总信贷规模对生产技术效率的作用并不明显，但私人部门信贷对技术效率的改善发挥了显著的促进作用，而国有部门信贷则施加了不利影响。在此基础上，本文通过基于"向前看"和"向后看"两种方法，进一步测算了私人信贷和国有信贷对中国技术效率的贡献大小：从区域角度看，相对于东部地区，私人信贷对中部和西部地区技术效率的促进作用更大，与此相对应的，国有信贷对中部和西部的负面作用也要大于东部；从时间角度看，私人信贷对技术效率的促进作用在 2008 年国际金融危机后逐渐上升，而国有部门信贷的负面作用也在危机后趋于扩大。

关键词：金融发展　生产效率　随机前沿分析

一、引言

金融发展与经济增长的关系一直是学术界关注的焦点。近年来，对金融部门与实体经济关系的研究，正逐渐由强调金融体系在促进投资中的作用，转变为对提升经济增长效率的作用上。张军和金煜（2005）、赵勇和雷达（2010）、陈启斐和吴建军（2013）等，都从全要素生产率（Total Factor Pro-

---

*　作者盛雯雯，本文原载于《中央财经大学学报》2017 年第 12 期。

ductivity，TFP）角度出发，对金融发展与中国经济增长效率之间的关系进行了考察。然而，经济增长效率的改善不仅体现在生产技术水平的提高（生产前沿函数，即生产可能性曲线向上移动），还表现为生产技术效率的提升（由偏离向生产前沿函数移动）（Aigner and Chu，1968；Aiger et al.，1977）。对此，耶日马诺夫斯基（2007）的实证研究发现，约占69%的国家间人均收入的差距可以由TFP的差距所解释，而在TFP所占的69%中，技术水平的差距仅解释了26%，高达43%的TFP差异是由技术效率差距所导致的，并且这一比率随着时间的推移还在不断上升。由此可见，对生产率水平较低的发展中国家而言，相对于生产技术进步，生产技术效率的作用更为关键。而从中国经济新常态的现实角度出发，当前中国正面临着经济增长方式由投资拉动型向全要素生产率驱动型转变的挑战，在此背景下，对金融体系如何促进实体经济生产效率提升的研究具有重要的现实意义。

利用中国1990~2012年30个省（区、市）的面板数据，本文采用随机前沿分析方法，实证检验了金融发展与中国生产技术效率二者之间的关系，结果发现，尽管从整体来看，总信贷规模对中国生产技术效率的作用并不明显，但私人部门信贷增长下显著地促进了技术效率的改善，国有部门信贷增长则具有负面影响。在此基础上，我们选用了两种方法测算了私人信贷和国有信贷对生产技术效率的贡献率：从区域角度看，相对于东部，私人信贷对中部和西部地区技术效率的促进作用更大；相对应地，国有部门信贷对中部和西部的不利影响也要大于东部。从时间角度看，私人信贷对生产技术效率的促进作用在2008年国际金融危机后逐步上升，而国有信贷的负面作用也在2008年后趋于扩大。

本文的创新点及贡献性在于：第一，我们将对金融发展促进经济增长的研究拓展到对改善技术效率的作用上，从而深化了对金融部门与实体经济关系的认识，具有研究视角上的创新；第二，从研究方法看，本文引入了经济增长核算分析中的随机前沿分析方法来研究金融发展与生产效率的关系，弥补了索洛余项法和数据包络分析方法的缺陷，结论更为稳健可靠；第三，本文不仅定性分析了国有信贷与私人信贷对生产技术效率的异质性作用，还创新性地运用了两种测算方法，定量地核算了二者对技术效率的贡献率大小。

本文余下部分的结构安排如下：第二部分对现有的相关文献进行了梳理和总结；第三部分是对模型设定和变量数据来源的介绍；第四部分为实证分析以及对回归结果的解释；第五部分运用两种方法，对金融发展贡献率进行测算；第六部分是主要结论与政策建议。

二、文献综述

根据新古典经济增长理论，产出增长来自两个源泉：一是增加资源、劳动和资本等要素投入，即外延式增长；二是提高生产效率，即内涵式增长方式。早期对金融发展作用的研究集中在对金融发展促进储蓄转化为投资，即资本要素投入的作用上。例如，戈德史密斯（1969）指出金融通过为投资融资和提升投资收益诱发经济增长。麦金农（1973）和肖（1973）的"金融深化"理论，阐述了金融深化对经济增长的储蓄效应、投资效应、就业效应和收入效应。以金和莱文（1993）、莱文（1997，2005）为代表的学者则对金融发展与经济增长二者的关系进行了大量经验性研究。国内很多学者也从中国现实出发，分析了金融深化对中国经济发展的独特作用，如韩廷春（2001）、赵志君（2001）、周立和王子明（2002）、沈坤荣和张成（2004）、卢峰和姚洋（2004）、王晋斌（2007）、武志（2010）、梁琪和腾建州（2006）、张军等（2012）等。上述文献从金融结构或金融总量角度对金融发展进行了刻画，但是对经济增长的分析则停留在总量层面，即 GDP 增长率。学者们普遍认为金融深化通过为投资提供融资支持，有利于中国经济增长。

随着研究的深入，近年来学者们的焦点逐渐由金融对 GDP 增长率的作用，转变为对经济增长效率，主要是全要素生产率作用的研究上。德米尔居克-昆特和莱文（2008）认为，金融中介与市场具有风险分散与流动性供给，降低事前及事后的信息不对称和道德风险的功能，通过上述功能可以促进生产要素和最终产品在社会范围内有效流动、合理配置，有助于经济增长效率的改善。然而，从中国现实出发，当前国内学术界对此问题的研究还相对有限，且结论存在较大分歧：一些学者发现金融深化确实促进了中国经济增长效率的提升（张军和金煜，2005；赵勇和雷达，2010；许文彬和张丰，2014）；另一派学者则认为中国金融系统的发展并没有对中国生产率增长施加显著的正面影响（陈刚等，2009），甚至产生了负面作用（鲁晓东，2008；陈启斐和吴建军，2013）。通过总结，我们发现实证研究的结果随着金融发展衡量口径的不同而不同：认为金融发展有利于生产率提升的研究多采用私人部门信贷作为金融深化的度量，而持否定观点的研究则是通过全社会信贷总量，或国有部门信贷作为金融发展的衡量指标。

对金融发展与经济增长效率研究的另一个关键，在于如何合理地衡量经济增长效率，对此存在三种方法。方法一是在 Cobb-Douglas 生产函数的设定基础上，从产出增长中剔除要素投入增长的贡献后，剩余部分即为生产率增长的贡献，即索洛余项法（solow residual accounting）。张军和金煜（2005）、许文彬和张丰（2014）、陈启斐和吴建军（2013）等都是采用索洛余项法来分析中国金融发展对生产率的影响。索洛余项法的优势在于计算简单，经济意义易于解释，但是其隐含的关键假设——不存在生产无效率，即所有生产者都能在最优的生产可能性曲线上生产，在现实中往往难以达到。事实上，很多发展中国家并不具备完全效率条件：这是由于发展中国家的市场具有不完全性，信息存在不对称，制度等非价格因素造成的生产效率损失普遍存在，因此厂商并没有在最佳前沿技术水平上从事生产活动（周晓燕和韩朝华，2009）。此外，索洛余项法设定的新古典假设即完全竞争、规模效益不变和希克斯中性技术进步在现实中也很难满足（姚战琪，2009）。

对此，艾格纳和朱（1968）提出了前沿生产函数模型，将 TFP 增长的来源分解为两个：一是生产技术前沿（technological frontier）的上移，即技术进步（technical change）；二是由偏离到向生产技术前沿靠近，即技术效率（technical efficiency）改善。如图 1 所示，$f_t(x)$ 和 $f_{t+1}(x)$ 分别表示 t 时期和 $t+1$ 时期的两个生产前沿函数（生产可能性曲线）；A、B、C、D 为四种不同的生产投入组合；t 到 $t+1$ 时期，生产前沿函数的上移体现了前沿生产技术进步。事实上，由于各种随机效应的存在，在给定的生产技术水平下，很多情况下生产者其实是在偏离生产前沿的点上进行生产，即存在技术无效率，如 A 点相对于 B 点，C 点相对于 D 点。因此，在给定的前沿生产函数下，A 点向 B 点的移动，以及 C 点向 D 点的移动，则体现了技术效率的改善。对此，耶日马诺夫斯基（2007）的实证研究发现，国家间收入差距很大程度上正是由于发展中国家技术效率水平低，资源配置和使用效率低下，因此并没有充分利用生产技术，在偏离生产技术可能性曲线下生产所导致的。

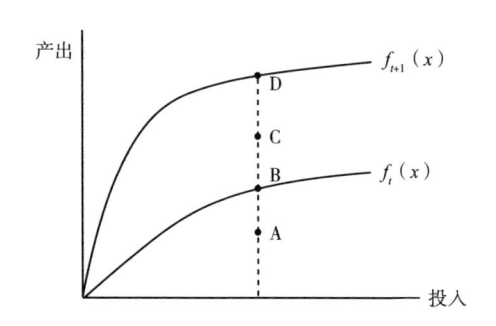

图1　全要素生产率分解示意图

因此，近年来一些学者转而利用前沿生产模型方法，来研究金融发展对中国生产技术效率的作用。而前沿分析又分为确定性前沿分析—数据包络分析法（data envelopment analysis，DEA）和随机前沿生产函数法（stochastic frontier approach，SFA）两种。其中，DEA 是非参数确定性前沿分析方法，不考虑随机误差的影响。而 SFA 的前沿生产函数则是随机的，各生产单元不需共用一个前沿面，通过引入随机误差项，SFA 对误差项中的低效率值与随机误差项进行了明确区分，从而能更准确地反映实际的技术效率水平（Coelli et al.，1998）。对此，傅晓霞和吴利学（2007）比较了 DEA 和 SFA 在中国全要素生产率核算中的适用性，结果发现 DEA 的估计结果对奇异值非常敏感，而 SFA 的结果则具有良好的稳健性，因而在中国更为适用。然而，现有文献如陈刚等（2009）、赵勇和雷达（2010）都是利用基于 DEA 对金融发展与中国经济增长效率的关系进行探讨。而尽管一些学者用 SFA 对中国经济增长进行了核算（王志刚等，2006；周晓艳和韩朝华，2009；姚战琪，2009），他们的研究重点在于对中国经济增长效率来源的分解，而并非着眼于金融部门的作用。利用 SFA 对中国金融发展与技术效率的严谨系统性研究还十分有限。

回顾上述学者们的文献，我们认为当前对金融发展与经济增长效率的研究存在以下遗憾之处：第一，从研究对象看，现有文献对金融发展是否有助于提高经济增长效率，尤其是改善技术效率的研究还远远不够，结论也存在较大分歧；第二，从研究方法看，尽管 SFA 更加适用于中国现实，但当前实证研究仍以索洛余项法和 DEA 为主,鲜见利用 SFA 对金融发展与生产效率进行系统性分析的研究;第三,在定性分析的基础上,现有文献尚缺乏对金融发展贡献程度的定量测算,从而无法准确把握金融发展作用的时间演进和在地区间的差异;第四,从数据的覆盖程度来看,现有实证研究所用数据多止步于 2008 年国际金融危机前,因此也就无力追踪经济新常态下经济增长效率的最新情况。本文试图从以上方面出发对现有文献进行完善。

三、模型设定与数据来源

(一) SFA 的基本原理

本文对中国省市层面的经济增长效率的分析建立在艾格纳 (1997) 的随机前沿模型基础上。SFA 方法的基本思想是在一定的生产要素投入下,估计经济体的最大化产出水平,而最大化产出与实际产出之间的差异则被定义为生产的技术无效率。

前沿生产函数的基本形式如下:

$$Y_{it} = X_{it}\beta \cdot \exp(v_{it} - u_{it}) \tag{1}$$

这里,下标 i 和 t 分别代表省市和年份;Y 为实际产出水平;X 是生产要素投入组合,β 表示其相应的系数。这里的误差项由两部分构成:随机误差项 v_{it} 和技术无效率项 u_{it},二者相互独立。假设随机误差项 v_{it} 服从 $N(0, \sigma_v^2)$ 标准正态分布;并且假设技术无效率项 u_{it} 服从均值为 μ 且方差为 σ_u^2 的非负断尾正态分布。技术无效率的均值可以通过一系列变量的线性组合形式来表示:

$$\mu_{it} = Z_{it}\delta = \delta_0 + \sum_{m=1}^{M} \delta_m Z_m \tag{2}$$

这里 $Z = [Z_1, \cdots, Z_M]$ 是包括 M 个技术无效率决定因素的组合。对此,库布哈卡尔、高希和麦古金 (Kumbhakar, Ghosh and McGuckin, 1991) 提出用一阶段极大似然估计的方法来对式 (1) 和式 (2) 同时加以估计。巴特斯和科埃利 (Battese and Coelli, 1995) 将该方法拓展到用面板数据估计经济体的生产前沿函数以及实际生产偏离最佳前沿函数的程度。利用该方法,生产技术效率（technical efficiency，TE）被定义为实际产出与潜在最大化产出的比率，可以通过下式计算得到：

$$TE = E[\exp(-u_{it}) | v_{it} - u_{it}] \tag{3}$$

式（3）中生产技术效率 TE 的取值为 [0，1]。TE 的取值越接近1，代表生产技术效率越高，反之则越低。TE 等于1则意味着产出水平在最优的生产前沿面上，不存在生产无效率。

（二）经验模型的设定

1. 超越对数生产函数

我们将等式（1）的生产函数转换为超越对数函数（translog function）形式，原因主要是超越对数形式不需要以不变替代弹性为前提假设，因此相较 Cobb-Douglas 生产函数而言更具有一般性（Kumbhakar and Wang，2005）。对数线性化形式的超越对数生产函数为：

$$\begin{aligned}\ln Y_{it} = &\beta_0 + \beta_K \ln K_{it} + \beta_L \ln L_{it} + \frac{1}{2}\beta_{KK}(\ln K_{it})^2 + \frac{1}{2}\beta_{LL}(\ln L_{it})^2 \\ &+ \beta_{KL}(\ln K_{it} \times \ln L_{it}) + \beta_{KT}(\ln K_{it} \times T) + \beta_{LT}(\ln L_{it} \times T) + \beta_T T \\ &+ \frac{1}{2}\beta_{TS} T^2 + (v_{it} - u_{it})\end{aligned} \tag{4}$$

这里下标 i 表示省市；下标 t 表示年份。K 和 L 分别为资本要素和劳动力要素投入；T 为年份时间趋势变量，考虑到技术的非单调改变，还包含年份的二次项形式；加入时间与生产要素投入的交互项则是出于非中性技术进步的考虑。

2. 技术无效率函数

技术无效率函数的设定是本文模型设定中的重点。参考现有文献，我们选取对外开放度、金融发展水平、教育水平、政府支出、基础设施及1990年各省的初始人均 GDP 水平，作为技术无效率函数中的因变量。技术无效率函数的估计如下式所示：

$$\begin{aligned}\mu_{it} = Z_{it}\delta = \delta_0 + \sum_{m=1}^{M}\delta_m z_{m,it} = &\delta_0 + \delta_1 \ln FD_{it} + \delta_2 OPEN_{it} + \delta_3 GOV_{it} \\ &+ \delta_4 \ln INFRA_{it} + \delta_5 \ln GDPINN_{it} + \delta_6 EAST + \delta_7 WEST + \delta_8 CRISIS\end{aligned}$$

$$\tag{5}$$

这里 FD_{it} 为金融发展指标，取对数形式；$OPEN_{it}$ 代表对外开放度；GOV_{it} 为政府支出；$INFRA_{it}$ 为基础设施水平，取对数形式；最后，$GDPINN_{it}$ 为 1990 年各省的初始人均 GDP 水平，同样经过对数转换。此外，我们还加入了表征东部和西部的区域虚拟变量 EAST 和 WEST，以及 2008 年国际金融危机的时间虚拟变量 CRISIS。

(三) 变量的选择与衡量

1. 产出、劳动力与资本存量

在本文用 2000 年不变价格折算的各省市实际国内生产总值 (GDP) 作为产出水平 Y 的衡量指标；对于每年各省市的实际资本存量，采用已有文献中被学者广泛采用的永续盘存法进行测算，参考张军等 (2004) 的研究，将折旧率取为 9.6%；对于有效劳动力，参考通用的做法 (盛斌和毛其淋，2011)，用劳动力数量与人力资本水平的乘积衡量，其中劳动力为实际从业人员数，而人力资本水平则由受教育水平占劳动力数量的比重估算得到。

2. 金融发展

从金融中介的功能出发，现有文献最常用的衡量金融发展的指标是信贷与 GDP 之比 (Demirgüç-Kunt and Levine，2001；卢峰和姚洋，2004；张军和金煜，2005)[①]。考虑到我国金融系统的政府主导特征，不同地区、不同所有制企业在获得信贷上不均衡的现状，我们进一步将总信贷区分为国有部门信贷与私人部门信贷。其中，由于国有部门信贷所占的比重无法直接获取，本文借鉴张军和金煜 (2005) 的方法，用国有企业员工数与从业人员数量之比作为国有部门信贷比重的近似估计，然后用该比率与总信贷规模的乘积作为国有部门信贷的最终衡量方法；总信贷在扣除国有部门信贷后则为私人部门信贷。

3. 其他控制变量

对外开放、政府支出、基础设施以及初始经济发展水平等控制变量，分

[①] 本文对金融发展的讨论主要集中在金融中介部门，主要是考虑到中国是以银行为主的金融体系，以银行信贷为代表的间接融资在中国的全社会融资中总占主导地位，而股票市场、企业债券市场等直接融资的规模相对较小。银行信贷投放反映了金融系统为经济提供资金的能力，即金融发展程度。

别用外商投资总额/GDP 与进出口总额/GDP 之和、财政支出占 GDP 比例、每平方公里面积拥有的公路公里数，以及 1990 年实际人均 GDP 衡量。

各指标的主要数据均来自中国数据在线（China Data Online）。最终形成了涵盖全国 30 个省区市（不包括西藏），时间跨度为 1990~2012 年的面板数据（见表1）。

表 1　　　　　　　　　　　主要变量的统计

变量标识	变量含义	观测量	均值	标准误	最小值	最大值
lnGDP	实际国内生产总值	660	21.696	1.086	18.655	24.291
lnK	资本	655	25.433	1.357	21.595	28.704
lnL	有效劳动力	660	8.905	6.078	1.243	24.348
lnFDTL	总信贷/GDP	660	4.562	0.430	3.431	5.913
lnFDPR	私人部门信贷/GDP	660	4.375	0.469	3.215	5.870
lnFDST	国有部门信贷/GDP	660	2.584	0.633	1.345	4.386
OPEN	FDI/GDP + 进出口额/GDP（%）	659	34.751	49.568	2.068	520.275
GOV	政府支出/GDP（%）	660	14.739	6.244	3.289	42.578
lnINFRA	每平方公里面积的高速公路公里数	660	0.336	0.233	0.021	1.102
lnGDPINN	1990 年人均 GDP	660	3.549	0.555	2.753	5.289

四、估计结果

（一）金融发展与经济增长效率：基本估计结果

在对模型参数进行估计前，首先应确定前沿生产函数模型形式是否成立，我们构造统计量 $\lambda = -2[L(H_0) - L(H_1)]$，其中 $L(H_0)$ 和 $L(H_1)$ 分别为零假设和备择假设下的对数似然函数值；备择假设 H_1 为原始模型形式。如果零假设 H_0 成立，则检验统计量 λ 服从自由度为受约束变量个数的渐进 χ^2 分布。我们进行了四个似然比检验：第一，检验 Cobb-Douglas 函数的设定是否优于超越对数函数形式，此时原假设为生产函数中所有二次项系数均为零；第二，检验技术进步是否为希克斯中性，此时原假设为生产函数中所有时间变量 T 与其他变量交互项的系数均为零；第三，检验生产的技术无效率是否存在，如果存在生产的无效率，则极大似然估计要优于 OLS 估计，此时原假设为不存在生产的无效率，无效率函数中所有变量的系数，以及 $\gamma = \sigma_u^2/(\sigma_u^2 + \sigma_v^2)$ 为零，即 $\gamma = \delta_0 = \delta_1 = \cdots = \delta_8 = 0$；第四，为了验证生产无效率解释变量的选择是合理的，我们还检验各个解释变量估计系数是否联合为零，此时原假设为 $\delta_1 = \cdots = \delta_8 = 0$。这四类检验结果如表 2 所示，结果表明，在 1% 的置信水平下，应当拒绝上述四个原假设，这表明本文的超越对数生产模型设定和极大似然估计方法是合理的，如果忽略金融深化等因素对技术效率的影响则不能反映中国经济运行的实际情况。

表 2　　模型设定的 LR 检验

LR 统计量	（1）总信贷	（2）私人部门信贷	（3）公共部门信贷
H_0：C-D 生产函数设定	336.96	351.45	360.85
H_0：中性技术进步	153.36	151.34	173.77
H_0：$\gamma = \delta_0 = \cdots = \delta_8 = 0$	331.76	345.64	350.85
H_0：$\delta_1 = \cdots = \delta_8 = 0$	121.59	122.76	164.41

表 3 的列（1）至列（3）分别为用总信贷、私人部门信贷和国有部门信贷衡量金融发展情况下，中国经济增长的超越对数和生产无效率估计结果。其中，（a）部分为生产函数的估计结果，（b）部分为生产无效率函数的估计结果。对此需要特别注意的是，这里的被解释变量是生产的无效率水平，估计系数为负表示技术无效率下降，即技术效率水平提高，因此各系数符号应进行逆解读。

首先，表 3 中生产无效率函数各列的 γ 值表明，1990~2012 年期间中国产出变动中高达 85% 以上的部分可以由生产技术效率的改变所解释。技术无效率函数估计结果显示，当金融发展用不同的口径衡量时，其估计系数结果是明显不同的。其次，无效率函数中总信贷水平的系数为正但并不显著，说明用总信贷规模衡量的金融发展并没有对中国生产技术效率的改善施加显著影响。而私人部门信贷的系数在 5% 的置信水平下显著为负，则意味着私人信贷规模的提高有助于技术效率的改善。具体而言，当其他条件保持不变时，私人信贷每增加 1%，将提高 0.543% 的技术效率。而相反地，国有部门信贷的系数在1%的置信水平下显著为正,则说明国有部门信贷的提升会进一步恶化中国产出中的技术无效率现象,具体来说,1%的国有信贷增加将降低0.401%的技术效率。

表3　　　　超越对数生产函数和生产无效率函数的估计结果

变量	(1) 总信贷 系数	标准误	(2) 私人部门信贷 系数	标准误	(3) 国有部门信贷 系数	标准误
(a) 生产前沿函数						
lnK	3.137***	(0.575)	3.474***	(0.585)	2.948***	(0.533)
lnL	2.730***	(0.541)	2.872***	(0.546)	2.641***	(0.519)
$(lnK)^2$	-0.0513***	(0.012)	-0.057***	(0.012)	-0.048***	(0.011)
$(lnL)^2$	-0.006	(0.001)	-0.010	(0.011)	-0.004*	(0.010)
lnK × lnL	-0.121***	(0.022)	-0.125***	(0.022)	-0.113***	(0.021)
T	-1.155***	(0.095)	-1.212***	(0.097)	-1.181***	(0.085)
T^2	-0.006***	(0.001)	-0.006***	(0.001)	-0.007***	(0.001)
lnK × T	0.047***	(0.004)	0.049***	(0.004)	0.049***	(0.004)
lnL × T	-0.023	(0.005)	0.020***	0.005	0.021***	(0.004)
常数项	-24.394***	(6.858)	-28.668***	(7.023)	-21.261***	(6.342)
(b) 生产无效率函数						
lnFD	0.155	(0.147)	-0.543**	(0.244)	0.401***	(0.068)
OPEN	-0.013***	(0.005)	-0.010*	(0.005)	-0.010***	(0.003)
GOV	-0.047***	(0.017)	-0.022*	(0.013)	-0.037***	(0.008)
lnINFRA	-1.323**	(0.548)	-0.673*	(0.418)	-0.130	(0.194)
lnGDPINN	0.238***	(0.097)	0.271**	(0.111)	0.005***	(0.052)
EAST	-0.323*	(0.193)	-0.218	(0.174)	-0.127	(0.093)
WEST	0.597***	(0.197)	0.671***	(0.212)	0.524***	(0.101)
CRISIS	0.711***	(0.286)	0.913*	(0.346)	0.37**	(0.128)
常数项	-1.022	(0.708)	-1.187*	(0.625)	-1.244***	(0.338)
Log Likelihood	75.089		80.171		138.887	
γ	0.902		0.905		0.874	
观测数	654		654		654	

注：***、**、*分别表示在1%、5%、10%置信区间下显著。

对此，卢峰和姚洋（2004）认为由于中国的金融部门存在"漏损效应"——即金融资源从享有特权的国有部门流向受到信贷歧视的私人部门的过程，金融资源整体而非所有制决定了金融发展的作用。然而，我们的研究结果却显示，尽管以国有信贷和私人信贷为形式的金融深化均可以有效促进投资，但二者对经济增长效率的作用却是截然不同的：私人信贷有助于提升生产技术效率，相反，国有信贷则会恶化技术效率；二者的反向作用最终导致了总信贷规模对中国生产技术效率的影响是不确定的。事实上，本文的结论与另一些学者的研究不谋而合。例如，鲁晓东（2008）认为中国金融资源存在的错配现象——信贷投放向国有企业倾斜，导致中国的金融深化并不利于生产率的提高。王晋斌（2007）发现在金融控制强的区域，金融发展对经济增长有不利影响，而在金融控制弱的区域二者则表现出一种"中性"关系。李青原等（2013）也发现，尽管金融发展有利于中国实体经济资本配置效率的提高，但地方政府的干预却会妨碍金融系统对资本配置效率改善的有效发挥。本文从私人信贷和国有信贷对技术效率的异质性作用角度出发，验证了上述学者的论断。

除金融发展外，生产无效率函数中的其他控制变量也都在10%的置信水平上对技术效率产生了显著影响，其中对外开放、政府支出和基础设施建设的系数符号为负，说明这些变量的提升有利于中国生产效率的改善，对中国技术效率有促进作用。而初始人均GDP的系数符号显著大于零，则说明经济基础越高的省份的平均技术效率越低。上述控制变量的符号与颜鹏飞和王兵（2004）、邱斌等（2008）、傅元海等（2010）、张军和金煜（2005）的实证研究结果相类似。

（二）1990～2012年中国各省的生产技术效率水平

在表3的基础上，我们分别计算了中国东中西部地区在1990～1994年、1995～1999年、2000～2004年、2005～2009年、2010～2012年的生产技术效率情况，结果如表4所示。从整体来看，在1990～2012年，中国各省的平均技术效率为0.808。而通过进一步观察，可以发现中国的生产技术效率具有明显的时间和区域特点。

表 4　　　　中国生产技术效率的演进：1990~2012 年

项目	1990~1994 年	1995~1999 年	2000~2004 年	2005~2009 年	2010~2012 年	1990~2012 年
全国						
实际效率	0.735 (0.192)	0.779 (0.107)	0.878 (0.076)	0.849 (0.102)	0.776 (0.138)	0.808 (0.138)
最有效	广东 0.900	广东 0.901	广东 0.956	广东 0.959	北京 0.960	广东 0.93
最无效	宁夏 0.445	新疆 0.539	新疆 0.694	内蒙古 0.571	内蒙古 0.486	新疆 0.628
东部						
实际效率	0.807 (0.157)	0.854 (0.047)	0.918 (0.034)	0.906 (0.061)	0.857 (0.091)	0.841 (0.128)
最有效	广东 0.900	广东 0.901	广东 0.956	广东 0.959	北京 0.960	广东 0.93
最无效	海南 0.511	天津 0.626	天津 0.860	辽宁 0.808	天津 0.703	天津 0.711
中部						
实际效率	0.760 (0.177)	0.774 (0.111)	0.908 (0.023)	0.843 (0.098)	0.753 (0.111)	0.837 (0.108)
最有效	湖北 0.899	湖南 0.8901	湖南 0.933	湖北 0.908	湖北 0.873	湖南 0.885
最无效	山西 0.689	山西 0.718	江西 0.898	吉林 0.680	吉林 0.576	吉林 0.777
西部						
实际效率	0.650 (0.205)	0.729 (0.105)	0.808 (0.082)	0.795 (0.108)	0.673 (0.145)	0.742 (0.145)
最有效	四川 0.804	甘肃 0.872	广西 0.914	四川 0.904	重庆 0.779	四川 0.832
最无效	宁夏 0.445	新疆 0.539	新疆 0.694	内蒙古 0.571	内蒙古 0.486	新疆 0.628

金融发展有利于中国生产技术效率的提升吗？

从时间角度来看，中国的生产技术效率在1990~2012年经历了先上升后下降的过程：首先，1990~2004年，中国的技术效率不断改善，从1990~1994年的0.735，提高至1995~1999年和2000~2004年的0.779和0.878；然而，受到2008年国际金融危机的负面冲击，中国的平均技术效率在2005~2009年下滑到0.849，并在2010~2012年继续恶化到0.776。而另一方面，从区域角度来看，中国的技术效率在东中西部之间存在着巨大差异：在各个时期中，东部都是技术效率最高的地区，中部次之，而西部的技术效率水平则最为落后；其中，广东在整个时期内具有最高的平均技术效率，为0.93，而新疆的平均技术效率水平最低，仅为0.628。更进一步地，我们发现这种区域差距在近年来有进一步恶化的趋势：具体而言，2000~2004年，东部的技术效率仅比中部及西部地区分别高出0.01和0.10，2005~2009年，该差距扩大至0.063和0.111，而到了2010~2012年，东部与中部和西部之间的技术效率差距已扩大到0.104和0.184。

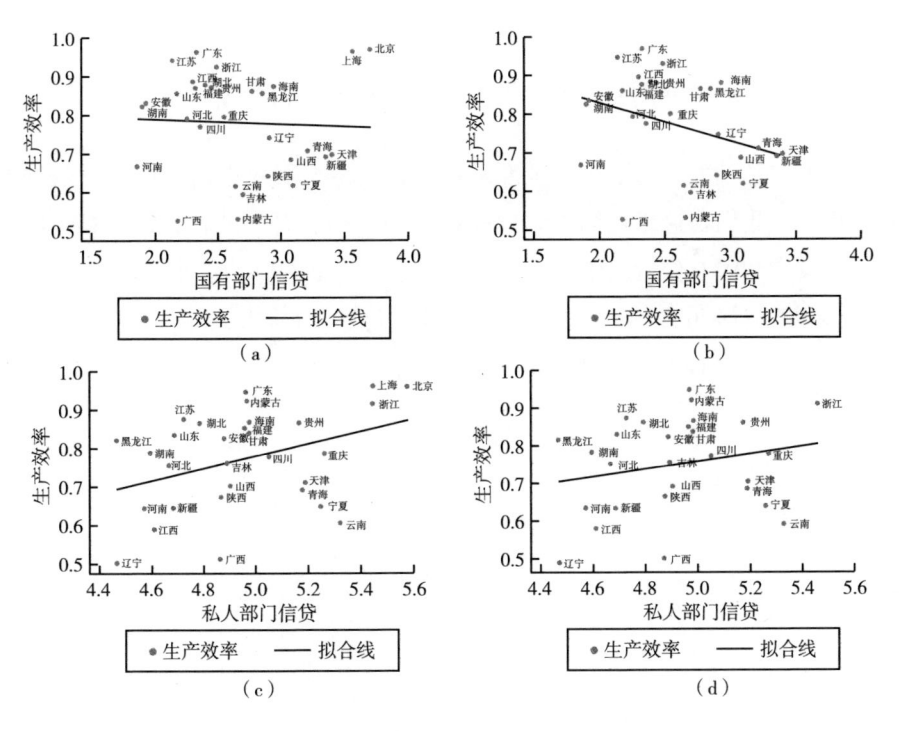

图2 中国各省的金融发展水平与生产技术效率

为了更加直观地把握中国各省生产效率与该省金融发展水平二者之间的关系,我们还分别将各省技术效率与私人部门信贷,以及技术效率与国有部门信贷的关系绘制了拟合散点图,如图2所示。由于北京和上海无论是私人信贷还是国有信贷水平均远远超过其他各省份,因此我们同时提供了包括北京和上海在内(见图2(a)和图2(c)),以及将北京和上海剔除后样本的拟合散点图(见图2(b)和图2(d))。

其中,图2(a)与图2(b)中的生产效率是根据表3中列(3),将国有信贷作为金融发展衡量指标的估计结果得到;图2(c)与图2(d)中的生产效率则根据表3中列(2),将私人信贷作为金融发展衡量指标。图2(a)表明生产效率与私人部门信贷呈正相关关系,这种正相关关系在剔除北京和上海外的图2(b)中依然成立;图2(c)则表明生产效率与国有部门呈负相关关系,这种负相关的关系在剔除北京和上海后表现得更为明显。可见,散点图以一种非常直观的方式呈现了上文中所得到的结论:私人部门信贷是提升中国生产技术效率的重要推动力,而国有部门信贷则阻碍了中国技术效率的改善。

五、金融发展对中国生产技术效率贡献的测算

在上文基础上,为了进一步准确地量化金融发展对中国生产技术效率的影响程度,我们在这里选取了"向前看"和"向后看"两种方法,具体测算了私人信贷和国有信贷对中国生产技术效率的贡献率。

借鉴巴特斯和科埃利(1995)和科埃利等(Coelli et al.,1999)的研究,技术效率(TE)的计算公式为:

$$TE_{it} = E[\exp(-u_{it}) \mid \varepsilon_{it}]$$
$$= \left[\exp\left(-\mu_{it} + \frac{1}{2}\sigma_*^2\right)\right]$$
$$\times \left\{\left[1 - \Phi\left(\sigma_* - \frac{\mu_{it}}{\sigma_*}\right)\right] \Big/ \left[1 - \Phi\left(-\frac{\mu_{it}}{\sigma_*}\right)\right]\right\}$$

(6)

$$\mu_{it} = (1-\gamma)\left(\delta_0 + \sum_{n=1}^{m} \delta_n Z_{n,it}\right) - \gamma\varepsilon_{it}$$

(7)

$$\sigma_*^2 = \gamma(1-\gamma)\sigma^2$$
$$\gamma = \sigma_u^2/(\sigma_u^2 + \sigma_v^2) \tag{8}$$

这里，式（6）中的 $\Phi(\cdot)$ 表示标准正态分布变量的累积分布函数；式（7）中的 $[Z_1,\cdots,Z_m]=[\ln FD_{it}, OPEN_{it}, GOV_{it}, \ln INFRA_{it}, \ln GDPIN_{it}, EAST, WEST, CRISIS]$。

（一）方法一：基于"向后看"原则的测算方法

第一种测算贡献率的方法是基于亨利等（Henry et al.，2009）的"向后看"（backward）的思路：在扣除了私人信贷和国有信贷以外所有其他变量的作用后，得到的技术效率（TE_b），与实际技术效率（TE_a）二者之间的差异（TE_b-TE_a）/ TE_a 即为金融发展的贡献。具体而言，假设其他因素对技术效率的促进作用最大时，即式（7）中的 $\delta_0 + \sum_{n=2}^{8}\delta_n Z_{n,it}$ 取 $\min(\delta_0 + \sum_{n=2}^{8}\delta_n Z_{n,it})$ 时，金融发展的贡献最小；而当其他因素对技术效率的促进作用最小时，即 $\delta_0 + \sum_{n=2}^{8}\delta_n Z_{n,it}$ 取 $\max(\delta_0 + \sum_{n=2}^{8}\delta_n Z_{n,it})$ 时[1]，金融发展的贡献最大；最后，我们定义贡献最小值与最大值的平均值则为金融发展的平均贡献。按照方法一得到的贡献率情况如表5所示。

表5　　　　　金融发展对中国技术效率的贡献率　　　　　单位:%

(a) 私人部门信贷的贡献率

全国						
平均	14.572	17.884	13.841	14.597	16.668	14.301
最小值	8.199	11.271	7.623	5.145	8.609	4.541
最大值	20.945	24.497	20.059	24.049	24.724	24.061

---

[1] 回忆生产无效率函数的估计系数为负，意味着降低技术无效率，即提高技术效率，因此当 $(\delta_0 + \sum_{n=2}^{8}\delta_n Z_{n,it})$ 取最小化时，其他因素的促进作用最大化，金融发展的（正面）贡献最小；同理，当 $(\delta_0 + \sum_{n=2}^{8}\delta_n Z_{n,it})$ 取最大化时，金融发展的（正面）贡献最大。

续表

(a) 私人部门信贷的贡献率							
东部							
平均	11.963	15.669	9.813	11.283	14.213	12.042
最小值	8.478	12.387	7.104	5.493	8.873	5.495
最大值	15.447	18.952	12.521	17.074	19.553	18.588
中部							
平均	13.036	15.969	11.507	15.702	19.984	14.137
最小值	11.506	14.509	10.057	10.922	17.911	9.526
最大值	14.566	17.429	12.956	20.482	21.837	19.748
西部							
平均	17.748	20.472	19.279	14.419	21.818	13.86
最小值	14.786	17.514	16.16	4.039	19.781	3.261
最大值	20.709	23.43	22.399	24.8	23.855	24.46
(b) 国有部门信贷的贡献率							
全国							
平均	-11.703	-13.987	-8.504	-9.391	-12.532	-13.588
最小值	-18.296	-20.706	-12.589	-16.572	-20.536	-24.261
最大值	-5.11	-7.269	-4.419	-2.209	-4.527	-2.916
东部							
平均	-11.323	-13.648	-5.027	-5.003	-7.857	-10.083
最小值	-15.157	-17.886	-6.761	-7.426	-11.398	-15.961
最大值	-7.488	-9.411	-3.293	-2.581	-4.316	-4.205
中部							
平均	-8.249	-10.444	-5.207	-6.977	-10.451	-8.081
最小值	-9.396	-11.772	-5.774	-9.069	-12.603	-10.587
最大值	-7.102	-9.116	-4.641	-4.885	-8.299	-5.575
西部							
平均	-11.877	-14.071	-12.038	-15.079	-14.215	-21.198
最小值	-15.221	-16.734	-15.425	-24.813	-18.907	-36.166
最大值	-8.534	-11.407	-8.651	-5.345	-9.523	-6.23

表5的（a）栏显示了私人信贷对生产效率提升的贡献率：1990~2012年，私人部门信贷对中国各地区生产效率的平均贡献率为14.301%。在不同地区中，私人部门信贷对中部地区的生产技术效率的贡献率最高，为

14.137%，其次为西部地区，贡献率为13.86%，而私人部门信贷对东部地区生产效率的贡献率最低，为12.042%。这说明相较于东部地区，对经济基础较弱，资金来源相对有限的中西部地区而言，私人部门信贷对生产效率的改善发挥着更加重要的作用。此外，从时间演进来看，私人部门信贷对技术效率的贡献率在1995~1999年达到最高，而在2000~2004年出现了下降，在2005~2009年后又逐渐提升。由此可见，私人部门信贷对中国经济增长效率的促进作用具有逆周期性：在经济上行周期，私人信贷对技术效率的贡献较低；而在经济下行周期，私人部门信贷对提升技术效率乃至经济增长动力的转换起着至关重要的作用。

表5的（b）栏报告了国有部门信贷对生产效率的贡献率。显而易见，对全部地区和全部时期，国有部门信贷对生产效率的贡献都是负的。平均而言，1990~2012年，国有部门信贷对中国各地区生产效率的贡献率为 -13.588%。从区域角度看，国有部门信贷的不利影响对西部地区而言最为明显，为 -21.198%，东部地区次之，为 -10.083%；而中部地区受到国有部门信贷的不利影响程度最小，为 -8.081%。从时间角度看，国有部门信贷的不利影响在2000~2004年最小，但是在2008年国际金融危机后再度恶化。2008年后，国有部门信贷对全国技术效率的贡献率由2000~2004年的 -8.504% 下滑至2005~2009年的 -9.391%，并进一步恶化到2010~2012年的 -12.532%。2008年国际金融危机以来，政府曾出台了以国有部门信贷为导向的大规模经济刺激政策，对此，本文结果表明尽管国有信贷在短期内有利于缓解危机时期外需下降带来的负面冲击，但是却进一步恶化了生产技术效率水平。

（二）方法二：基于"向前看"原则的测算方法

不同于亨利等（2009）"向后看"的思路，科埃利等（1999）提出了"向前看"（forward）的估算方法。按照科埃利等（1999）的思路，假设各省的私人信贷和国有信贷处于完全相同且最高水平时，即当式（7）中的 $\delta_1 FD_{it}$ 取最小值 $\min(\delta_1 FD_{it})$（金融发展用私人信贷衡量），以及取最大值 $\max(\delta_1 FD_{it})$（金融发展用国有信贷衡量）时，分别计算得到的技术效率（TEc）为潜在技术效率。而潜在技术效率与实际技术效率的比率 TEc/TEa 则是金融发展对技术效率的潜在贡献，该比率越高，意味着金融发展的贡献越大。按照方法二得到的潜在技术效率（TEc）与效率比率（TEc/TEa）情况如表6所示。

表6的（a）栏为私人部门信贷最大化水平下，潜在生产效率及其与实际生产效率的比率。以全国为例，从整个时期来看，当私人部门信贷处于最优水平时，中国各地区的平均潜在技术效率将提升至0.841，与该时期实际技术效率之比为1.046。在三大区域中，西部地区在整个时期具有最高的潜在效率比率，为1.057，这意味着如果西部地区处于最优的私人信贷规模水平，其技术效率将得到最大程度的改善。东部地区在整个时期的潜在效率比率为1.024，说明私人信贷规模对东部地区的贡献程度要低于西部地区。中部地区的潜在效率比率为1.026，居于东部和西部地区中间。

表6的（b）栏是假设各省份的国有部门信贷规模处于最大化水平下，潜在的生产效率与效率比率情况。（b）栏中的潜在效率比率均小于1，意味着当国有部门信贷规模最大化时，对应的潜在技术效率低于实际技术效率，即国有部门信贷的提升对中国各地区生产技术效率具有负面影响。具体而言，当国有部门信贷最大化时，1990~2012年整个时期全国以及东中西部地区的潜在技术效率与实际效率的比率分别为0.933、0.948、0.931和0.920。由于潜在效率比率越低，说明信贷对技术效率的不利影响越大，可见国有部门信贷扩张对西部的负面作用最大，对中部地区次之，对东部地区的负面影响则相对较小。

表6　　　　　　　　中国潜在技术效率与潜在技术效率比率

项目	1990~1994年	1995~1999年	2000~2004年	2005~2009年	2010~2012年	1990~2012年
（a）私人部门信贷							
全国							
潜在效率	0.749	0.799	0.892	0.867	0.800	0.841
效率比率	1.023	1.026	1.016	1.023	1.034	1.046
东部							
潜在效率	0.821	0.873	0.931	0.918	0.875	0.862

续表

项目	1990～1994年	1995～1999年	2000～2004年	2005～2009年	2010～2012年	1990～2012年
(a) 私人部门信贷						
东部						
效率比率	1.019	1.022	1.011	1.013	1.022	1.024
中部						
潜在效率	0.776	0.796	0.929	0.866	0.788	0.859
效率比率	1.024	1.03	1.012	1.028	1.047	1.026
西部						
潜在效率	0.664	0.747	0.827	0.817	0.699	0.782
效率比率	1.025	1.024	1.025	1.029	1.041	1.057
(b) 国有部门信贷						
全国						
潜在效率	0.673	0.674	0.792	0.798	0.757	0.729
效率比率	0.947	0.932	0.943	0.951	0.952	0.933
东部						
潜在效率	0.723	0.695	0.861	0.873	0.839	0.787
效率比率	0.958	0.939	0.958	0.968	0.962	0.948
中部						
潜在效率	0.749	0.753	0.844	0.783	0.723	0.769
效率比率	0.948	0.932	0.948	0.939	0.936	0.931
西部						
潜在效率	0.557	0.595	0.686	0.733	0.661	0.638
效率比率	0.934	0.925	0.923	0.941	0.948	0.920

六、结论

利用中国1990～2012年30个省（区、市）面板数据，本文采用随机前沿分析方法，实证研究了金融发展与中国生产技术效率二者之间的关系，得到了如下结论：

中国经济增长的技术效率水平偏低，存在区域差异，且近年来呈恶化趋势，成为制约经济增长效率改善的重要阻碍。对此，以信贷水平衡量的金融深化对生产技术效率起到了重要的影响作用。具体而言，尽管总信贷规模整体上对生产技术效率的作用并不明显，但私人部门信贷对技术效率的提升发挥了积极的促进作用，而国有部门信贷则施加了不利影响。在此基础上，本文通过"向前看"和"向后看"两种方法，具体测算了私人信贷和国有信贷对生产技术效率的贡献率大小，结果显示，就区域角度而言，相对于东部，私人信贷对中部和西部地区技术效率的促进作用更大；而与之相对应，国有部门信贷在中部和西部地区的不利影响也要大于东部地区；而从时间演进角度来看，私人信贷对生产效率的促进作用在2008年金融危机后逐步上升，而国有部门信贷的负面作用也在2008年后趋于扩大。

当前，中国经济进入新常态，经济增长模式亟须调整，经济增长动力转换的关键在于如何进一步提升全要素生产率在经济增长中的贡献。在此背景下，本文的实证结果具有重要的政策含义：考虑到中国不同地区、不同所有制企业在获得信贷上仍存在不均衡现象，而私人信贷而非总信贷规模才有助于中国生产技术效率的提升，因此我们认为有的放矢的结构性货币政策，而非大水漫灌的总量型货币政策，才是促进中国经济增长效率改善的解决之道。央行应继续通过定向降准、差别准备金率等结构性货币政策疏通融资渠道，引导资金流向中西部地区和私人部门尤其是小微企业，为中西部地区和小微企业的融资提供便利；同时，通过全面深化改革纠正信贷向国有部门信贷过度倾斜的金融扭曲。这将对缓解中国实体经济资源错配现象，提高经济增长效率、转变经济增长方式发挥积极的作用。

参考文献：

[1] 许文彬、张丰：《金融发展、行业特征、地区差异与全要素生产率》，《经济管理》2014年第2期。

[2] 陈启斐、吴建军：《金融发展与技术进步：一项来自中国省级数据的研究》，《经济评论》2013年第6期。

[3] 李青原、李江冰、江春等：《金融发展与地区实体经济资本配置效率——来自省级工业行业数据的证据》，《经济学（季刊）》2013年第21期。

[4] 盛斌、毛其淋：《贸易开放、国内市场一体化与中国省际经济增长：

1985-2008年》,《世界经济》2011年第11期。

[5] 武志:《金融发展与经济增长:来自中国的经验分析》,《金融研究》2010年第5期。

[6] 傅元海、唐未兵、王展祥:《FDI溢出机制、技术进步路径与经济增长绩效》,《经济研究》2010年第6期。

[7] 赵勇、雷达:《金融发展与经济增长:生产率促进抑或资本形成》,《世界经济》2010年第2期。

[8] 陈刚、李树、刘樱:《银行信贷、股市融资与中国全要素生产率动态》,《经济评论》2009年第6期。

[9] 姚战琪:《生产率增长与要素再配置效应:中国的经验研究》,《经济研究》2009年第11期。

[10] 周晓艳、韩朝华:《中国各地区生产效率和全要素生产率增长率分解(1990-2006)》,《南开经济研究》2009年第5期。

[11] 鲁晓东:《金融资源错配阻碍了中国的经济增长吗?》,《金融研究》2008年第4期。

[12] 邱斌、杨帅、辛培江:《FDI技术溢出渠道与中国制造业生产率增长研究:基于面板数据的分析》,《世界经济》2008年第8期。

[13] 傅晓霞、吴利学:《前沿分析方法在中国经济增长核算中的适用性》,《世界经济》2007年第7期。

[14] 王晋斌:《金融控制政策下的金融发展与经济增长》,《经济研究》2007年第10期。

[15] 王志刚、龚六堂、陈玉宇:《地区间生产效率与全要素生产率增长率分解:1978-2003》,《中国社会科学》2006年第2期。

[16] 张军、金煜:《中国的金融深化和生产率关系的再检测:1987-2006》,《经济研究》2005年第11期。

[17] 卢峰、姚洋:《金融压抑下的法治、金融发展和经济增长》,《中国社会科学》2004年第1期。

[18] 沈坤荣、张成:《金融发展与中国经济增长——基于跨地区动态数据的实证研究》,《管理世界》2004年第7期。

[19] 颜鹏飞、王兵:《技术效率、技术进步与生产率增长:基于 DEA 的实证分析》,《经济研究》2004 年第 12 期。

[20] 张军、吴桂英、张吉朋:《中国省际资本存量测算:1952 - 2000》,《经济研究》2004 年第 3 期。

[21] 周立、王子明:《中国各地区金融发展与经济增长实证分析:1978 - 2006》,《金融研究》2002 年第 10 期。

[22] 韩廷春:《金融发展与经济增长:基于中国的实证分析》,《经济科学》2001 年第 3 期。

[23] 赵志君:《金融资产总量、结构与经济增长》,《管理世界》2000 年第 3 期。

[24] Zhang J, Wang L, Wang S. Financial Development and Economic Growth: Recent Evidence from China. *Journal of Comparative Economics*, Vol. 30, 2012, pp. 393 - 412.

[25] Henry M, Kneller R, Milner C. Trade, Technology Transfer and National Efficiency in Developing Countries, *European Economic Review*, Vol. 53, No. 2, 2009, pp. 237 - 254.

[26] Demirgüç-Kunt A, R Levine. Finance, financial sector policies and long-run growth, World Bank Policy Research Working Paper, No. 4469, 2008.

[27] Jerzmanowski M. Total Factor Productivity Differences: Appropriate Technology vs. Efficiency. *European Economic Review*, Vol. 51, 2007, pp. 2080 - 2110.

[28] Liang Q, Teng J Z. Financial Development and Economic Growth: Evidence from China, *China Economic Review*, Vol. 17, No. 4, 2006, pp. 395 - 411.

[29] Kumbhakar S, Wang H J. Estimation of Growth Convergence Using a Stochastic Production Frontier Approach, *Economics Letters*, Vol. 88, No. 3, 2005, pp. 300 - 305.

[30] Levine R. Finance and Growth: Theory and evidence. *Handbook of Economic Growth*, Vol. 1, No. 12, 2005, pp. 865 - 934.

[31] Battese G, Coelli T. A Model for Technical Inefficiency Effects in a Stochastic Frontier Production Function for Panel Data, *Empirical Economics*,

Vol. 20, No. 2, 1995, pp. 325 – 332.

[32] Demirgüç-Kunt A, R Levine. Financial Structure and Economic Growth: Perspectives and Lessons. In A Demirgüç-Kunt and R Levine (eds.), *Financial Structure and Economic Growth*. Cambridge, MA: MIT Press, 2001.

[33] Coelli T, Perelman S, Romano E. Accounting for Environmental Influences in Stochastic Frontier Models: With Application to International Airlines, *Journal of Productivity Analysis*, Vol. 11, No. 3, 1999, pp. 251 – 273.

[34] Coelli T, Rao P, Battase E. *An Introduction To Efficiency and Productivity Analysis*. Boston: Kluwer Academic Publishers, 1998.

[35] Levine R. Financial Development and Economic Growth: Views and Agenda. *Journal of Economic Literature*, Vol. 352, No. 2, 1997, pp. 688 – 726.

[36] King R G, Levine R. Finance, Entrepreneurship, and Growth: Theory and Evidence. *Journal of Monetary Economics*, Vol. 32, No. 3, 1993, pp. 513 – 542.

[37] Kumbhakar S, Ghosh S, McGuckin T. A Generalized Production Frontier Approach for Estimating Determinants of Inefficiency in US Dairy Farms. *Journal of Business and Economic Statistics*, Vol. 9, No. 3, 1991, pp. 279 – 286.

[38] Aigner D J, Lovell C A K, Schmidt P. Formulation and Estimation of Stochastic Frontier Production Function Models. *Journal of Econometric*, Vol. 6, No. 1, 1997, pp. 21 – 37.

[39] Shaw E S. *Financial Deepening in Economic Development*. New-York: Oxford University Press, 1973.

[40] Mckinnon R I. *Money and Capital in Economic Development*. Washington DC: Brookings Institution, 1973.

[41] Goldsmith R W. *Financial Structure and Development*. Yale University Press, New Haven, CT, 1969.

[42] Aigner J, Chu S F. On Estimating the Industry Production Function. *American Economics Review*, Vol. 13, 1968, pp. 568 – 598.

改革创新篇

户籍制度改革红利释放趋势和情景预测*

摘　要：户籍制度改革通过增加劳动要素投入和提升全要素生产率等两条渠道和劳动力参与扩大、结构重配和技能提升等三种效应释放增长红利。本文构建增长核算分析框架来测算改革对经济增长的贡献，结果表明，在1979~2013年GDP年均9.8%的增长中，户籍制度改革贡献了1.42个百分点。对"十三五"时期的情景预测表明，相对于不落实党的十八届三中全会关于户籍制度改革部署，只是延续制度惯性，户籍制度改革对经济增长的贡献将下降到0.36个百分点而言，完全落实改革部署则能达到0.56个百分点，部分落实改革部署仍能达到0.46个百分点。为了更好地释放户籍制度改革的增长红利，应以剥离户籍与福利的内在联系为重点，探索新型户籍准入制度和城市福利保障获取机制，配套推进与公共服务制度、农村土地制度和财税体制的联动改革。

关键词：户籍制度改革　增长红利　增长核算

改革开放以来，适应工业化城镇化发展的需要，我国逐步放宽农村居民进入城市的限制，户籍制度改革经历了20世纪80年代的探索、90年代小城镇户籍制度改革、21世纪以来新一轮改革酝酿以及党的十八届三中全会以来深化改革等四个阶段。不断深化的户籍制度改革推动了大量农村农业剩余劳动力向城市非农产业转移，有力地支撑了改革开放以来的高速经济增长。厘清户籍制度改革影响经济增长的机理，分析户籍制度改革释放增长红利的规

---

* 作者为郭春丽、易信，本文原载于《经济纵横》2016年第9期。

律特征和变化趋势，预测其对未来经济增长的影响，并结合我国人口流动变化趋势及工业化城镇化发展的现实需要，进一步深化户籍制度改革，具有重大现实意义。

一、户籍制度改革影响经济增长的机理

改革开放以来，随着户籍制度改革不断推进，束缚在农村的富余劳动力开始从效率低的农业部门进入效率相对较高的城镇工业部门，通过劳动力参与扩大、结构重配和技能提升等三种效应，增加了实际投入经济增长中的劳动力，提高了劳动力配置效率和劳动力素质，进而促进了经济增长。

（一）劳动力参与扩大效应

户籍制度改革的劳动力参与扩大效应来自二元经济关系松动过程中实际参与经济活动的劳动力数量增加和有效劳动时间延长两方面。劳动力数量增加指的是，在农业不能提供足够就业岗位和城乡严格的人口管理制度约束下，大量农民在农村处于赋闲或隐蔽失业状态，户籍制度改革通过降低城乡劳动力流动壁垒，使得这部分农民可以直接进入城市部门就业，或者由于原来从事农业的劳动力流向城市后，这部分劳动力进入农业，从而有效利用了原来没有参加任何经济活动的农村劳动力，提高了全社会劳动参与率。有效劳动时间延长指的是，户籍制度改革之前，农业就业人员每年在农地上劳动两三个月，其他时间大多赋闲①，而户籍制度改革后，农业剩余劳动力除了农忙季节干农活，其他时间到城市部门就业，等于有效延长了这部分劳动力的劳动时间。在其他条件不变情况下，以上两种效应都可以创造出更多经济产出。

（二）结构重配效应

户籍制度改革的结构重配效应来自二元经济关系松动过程中劳动力从农村低效农业部门进入城镇高效工业部门的要素配置过程。在二元经济结构中，

---

① 当然，也有部分时间从事修渠、垒堰等农业基础设施修建工程，但大多时候处于赋闲状态。

受耕地等农业资源和农业技术限制，农业劳动力的边际生产率趋于零甚至为负。尽管城市现代部门对农村富余劳动力有需求，但户籍制度限制了劳动力在城乡之间自由流动。户籍制度改革后，一方面，农村劳动力从边际劳动生产率低的第一产业流动到边际劳动生产率高的第二、第三产业时，同样的经济活动人口能带来更多经济产出；另一方面，随着农村富余劳动力被城市吸纳，传统农业部门的劳动生产率逐渐向现代工业部门趋同，农业部门劳动生产率提高必然产生经济增长效应。

（三）技能提升效应

户籍制度改革的技能提升效应来自劳动力从农村农业进入城镇工业中的要素空间聚合、技能分工、人力资本积累等。原来分散在人口密度较低的农村农业劳动力流向人口密度较高的城市工业时，人口的空间聚合效应可以创造更多就业机会，带来规模经济和收益递增，并带来专业化分工及劳动生产率提高效应（即斯密增长）。户籍制度改革所产生的技能分工效应，还包括为知识分子、经营管理者和公务员等就业群体创造更多的职业选择空间，这部分人力资源合理利用也可以产生技能提升和专业化分工效应。更为深入推进户籍制度改革，推进农业转移人口市民化，使他们真正融入城市，有精力和财力参加继续教育，提高技能和素质，也可以提高人力资本素质和全要素生产率，从而产生经济增长效应。

户籍制度改革影响经济增长的三种效应可以归纳为要素投入增加和全要素生产率提升两条渠道：劳动力参与扩大效应主要是增加了实际投入经济增长的劳动力，结构重配和技能提升效应则提升了全要素生产率。

二、户籍制度改革释放增长红利的经验事实与典型特征

为了刻画改革开放以来不同阶段户籍制度改革通过要素投入和全要素生产率（TFP）渠道对经济增长的贡献，首先用生产函数法核算1978～2013年资本、劳动和全要素生产率对经济增长的贡献；然后，将全要素生产率分解为户籍制度改革、其他领域改革、技术创新和残差，代入户籍制度改革指数及其他控制变量，测算出户籍制度改革通过全要素生产率渠道对经济

增长的影响；与此同时，将劳动力增加的原因分解为体制改革引起的制度因素与自然趋势性的非制度因素，用比例分配法测算劳动对经济增长贡献中户籍制度改革所占的比例，得到户籍制度改革通过要素投入渠道对经济增长的贡献。

（一）增长核算模型及变量说明

1. 关于资本、劳动力和全要素生产率贡献的测算

构建柯布－道格拉斯生产函数，运用增长核算方法分解资本、劳动力和全要素生产率的贡献：

$$\ln Y_t = \ln A_t + \alpha \ln K_t + \beta \ln L_t + v_t \tag{1}$$

其中，产出 Y 采用 1978 年不变价 GDP。劳动力投入 L 采用年末就业人数。1978 年不变价资本存量 K 基于张军等（2004）、李宾（2011）等研究，采用永续盘存法计算得到。对 1978~2013 年我国经济增长源泉的核算结果表明，资本投入对经济增长贡献最大、全要素生产率贡献次之、劳动力投入贡献最小，三者平均贡献率分别为 61.1%、29.9% 和 9.0%。我们核算的分阶段全要素生产率，与已有研究较为接近（见表1）。

表1　不同阶段生产要素与全要素生产率对经济增长的贡献率　　单位：%

时段	GDP年均增速	资本投入年均增速	资本投入对经济增长的贡献率	劳动力投入年均增速	劳动力投入对经济增长的贡献率	全要素生产率年均增速	全要素生产率对经济增长的贡献率
1978~2013 年	9.8	11.3	61.1	1.9	9.0	2.9	29.9
1978~1992 年	9.4	8.9	50.1	3.6	18.2	3.0	31.7
1993~2002 年	9.8	11.7	63.0	1.0	4.9	3.2	32.0
2003~2013 年	10.2	14.0	72.6	0.4	2.1	2.6	25.3

资料来源：笔者根据增长核算模型（1）测算得到。

2. 关于户籍制度改革通过全要素生产率渠道对经济增长贡献的测算

构建下面的计量模型，核算户籍制度改革通过全要素生产率渠道对经济增长的贡献：

$$\ln A_t = C + \alpha \ln HJ_t + \beta \ln FM_t + \gamma \ln TE_t + \upsilon_t \qquad (2)$$

其中，户籍制度改革 HJ，采用户籍制度改革指数表示。控制变量财税、金融、土地、行政、国企、对外开放等六大领域改革① FM，分别采用相应领域改革指数表示；科技进步 TE，采用科技进步指数表示②。

3. 关于户籍制度改革通过劳动要素投入渠道对经济增长贡献的测算

综合考虑人口自然增长率变化趋势及户籍制度改革影响，我们将农村每年新增18周岁成年人口中参加就业的一定比例作为户籍制度改革引起的新增劳动力。

4. 关于户籍制度改革指数的测算

结合户籍制度改革的劳动力参与扩大效应、结构重配效应与技能提升效应，并充分考虑指标准确性、数据可得性，分别选取了劳动力参与率扩大、城乡劳动力再配置和农村转移劳动力素质提升等3个一级指标，以及农民工作时间净增加、农村人口就业参与率、农转非产出净增加、城乡劳动力流动性和农民工人力资本净增加等5个二级指标。采用最大最小值无量纲方法对二级指标数据进行标准化处理，得到二级指标指数，然后采用专家打分法获得二级指标指数和一级指标指数权重，最后采用线性加权方法合成得到户籍制度改革指数（见表2）。

---

① 选取与经济增长要素紧密相关的六大改革领域及科技进步作为控制变量。其中，金融体制、土地制度，分别涉及资本、土地等要素配置，国有企业改革直接影响到资源使用效率和经济增长的微观效率，财税体制涉及财政资金的收支，直接影响地方政府行为激励和其他经营主体的投资经营行为等，行政体制涉及中央和地方的经济社会管理权限尤其是资源配置主导权和投资审批权划分，以上都与经济增长直接相关；对外开放本质上也是改革，全球化背景下研究改革对经济增长的影响必须考虑对外开放体制变化；科技体制改革是影响科技进步进而决定全要素生产率的重要因素。

② 户籍制度改革指数构建见下文，其他领域改革指数及科技进步指数构建详见郭春丽等（2016）。

表2　　　　　　　　户籍制度改革指数指标体系

改革领域	一级指标	二级指标
户籍制度	劳动参与率扩大	1. 农民工作时间净增加
		2. 农村人口就业参与率
	城乡劳动力再配置	1. 农转非产出净增加
		2. 城乡劳动力流动性
	农村转移劳动力素质提升	农民工人力资本净增加

资料来源：基础数据主要来自历年《中国统计年鉴》《中国劳动统计年鉴》《中国人口和就业统计年鉴》《中国农村统计年鉴》《中国农业统计资料》等，指数合成权重根据专家打分调查表整理得到。

图1表明，改革开放初期，国家放松户籍限制尤其是1984年推出"自理口粮户口"政策，实行联产承包责任制后从农村释放出来的剩余劳动力涌入城镇，户籍制度改革指数持续快速上升，从1978年的0.00上升到1992年的0.42。20世纪90年代初期到中后期，前期改革效应衰减，但随着蓝印户口改革、小城镇户籍制度改革等加快推进，出现了新一轮城乡人口流动高潮，户籍制度改革指数从1993年的0.42下降到1995年的0.40之后持续上升，2001年达到0.75。21世纪以来，户籍制度改革进入了新一轮酝酿期，部分地区开展了多种尝试，但全局改革基本处于徘徊和摸索状态，加之前期改革效应逐渐减弱，到2006年户籍制度改革指数下降至0.71。2007年以来，随着中央要求加快推进户籍制度改革，各地开始探索以城乡公共服务均等化为核心的户籍制度改革，改革指数又从0.75上升到2013年的0.98。

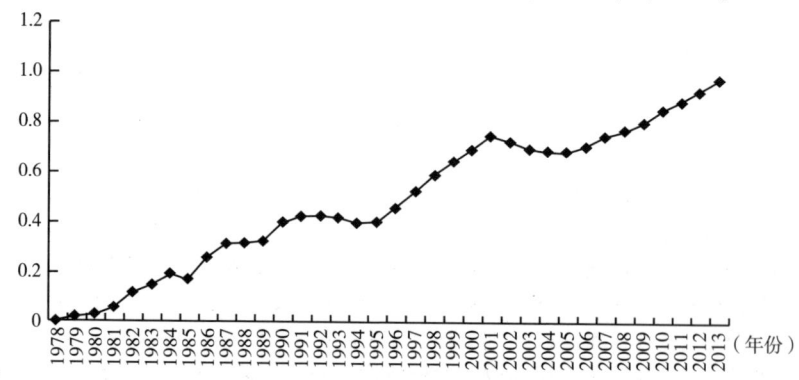

图1　户籍制度改革指数（1978~2013年）

资料来源：笔者根据基础数据及专家打分法权重测算得到。

（二）不同阶段户籍制度改革对经济增长的贡献

测算表明，1979~2013 年，在 GDP 年均 9.83% 的增长中，户籍制度改革通过全要素生产率渠道贡献了 1.20 个百分点，贡献率为 12.2%；通过劳动力投入渠道贡献了 0.22 个百分点，贡献率为 2.24%。但在不同时期，受改革力度、改革方式及相关配套条件等因素影响，户籍制度改革对经济增长的贡献也存在差异（见表 3）。

表 3　　1979~2013 年户籍制度改革对经济增长的贡献

年份	经济增长率（%）	TFP 增长率（%）	户籍制度改革对增长的贡献度（百分点） 全要素生产率	劳动力投入	合计
1979~2013	**9.83**	**2.85**	**1.20**	**0.22**	**1.42**
1979~1992	**9.53**	**2.89**	**2.26**	**0.28**	**2.54**
#1979~1984	9.58	3.25	5.24	0.18	5.42
#1985~1992	9.50	2.52	0.71	0.34	1.05
1993~2002	**9.58**	**3.08**	**0.68**	**0.19**	**0.87**
#1993~1997	11.44	4.12	0.51	0.19	0.7
#1998~2002	8.25	2.06	0.85	0.20	1.05
2003~2013	**9.95**	**2.59**	**0.33**	**0.18**	**0.51**
#2003~2004	10.06	2.73	-0.36	0.21	-0.15
#2005~2013	10.21	2.57	0.49	0.18	0.67

资料来源：笔者根据增长核算模型（1）、模型（2）测算得到。

改革开放初期（1979~1992 年）。城乡户籍管理制度开始松动，长期被束缚在农村的劳动力迅速流向城镇和非农产业，这既增加了实际投入经济增长中的劳动力数量，也提高了劳动力资源配置效率。这一时期户籍制度改革通过全要素生产率渠道对经济增长的贡献度高达 2.26 个百分点，通过劳动力投入渠道的贡献度也达到了 0.28 个百分点。

20 世纪 90 年代初期到 21 世纪初期（1993~2002 年）。随着城乡人口管理制度进一步松动，蓝印户口和不同形式的地方性户口相继推出，打工潮涌起，农村劳动力大规模流向城市，但经过前期改革和发展，人口流动使得城乡劳动生产率差距缩小，户籍制度改革的结构重配效应相应减弱。这一时期户籍制度改革通过全要素生产率渠道对经济增长的贡献度下降到0.68个百分点，通过劳动力投入渠道的贡献度也下降到0.19个百分点，都小于前一阶段。

21世纪初期以来（2003~2013年）。户籍制度改革进入新一轮酝酿期，各地不断探索和突破，2010年之后中小城市正式成为户籍改革的重点，小城市和小城镇全面放开、中等城市有序放开、特大城市加强人口管理的"分类改革"精神基本明确。这一时期户籍制度改革通过全要素生产率渠道对经济增长的贡献度达到0.33个百分点、通过劳动力投入渠道的贡献度为0.18个百分点，其中通过TFP的贡献在前半段（2003~2004年）为负、后半段（2005~2013年）转为正，与后期户籍制度改革力度加大有关。

三、"十三五"时期户籍制度改革增长红利预测

根据没有落实、部分落实和全面落实党的十八届三中全会所提出的户籍制度改革总体部署，分别设定基准、次乐观和乐观三种改革情景，预测"十三五"时期户籍制度改革对经济增长的贡献。首先，综合运用定性分析和趋势外推法，预测不同情景下2014~2020年[①]我国实际资本存量、劳动力投入、户籍制度改革指数、其他六大领域改革指数以及技术进步指数。其次，基于生产函数模型，得到不同情景下经济潜在增长率，核算户籍制度改革通过全要素生产率渠道对经济增长的贡献。最后，测算不同情景下户籍制度改革对增量劳动力的影响，得到户籍制度改革通过劳动要素投入渠道对经济增长的贡献。

（一）变量假设和预测

1. 劳动力投入

结合人口、适龄劳动力及2009年以来就业人口的变化趋势，假定2015

[①] 从保持数据的连续性出发，必须在研究2014~2020年户籍制度改革释放经济增长红利基础上，方可对"十三五"时期进行预测。

年至2020年我国就业人口增速下降到0.2%，预计到2020年就业人口总数达到7.81亿。

2. 实际资本存量

考虑到支撑资本存量高速增长的因素逐渐消失，假定乐观情景下2014～2020年实际资本存量年均增速将下降到1978～2013年10.0%的平均水平，次乐观和基准情景下分别比乐观情形下降0.5个和1个百分点。

3. 户籍制度改革指数

（1）基准情景。2014～2020年，假定户籍制度改革仍延续过去十年的改革内容、速度和力度，而不推出其他任何新的改革举措，其在数量上相当于表2中户籍制度改革二级指数的增速延续过去10年的平均值。同时，考虑到改革边际递减效应，进一步将二级指数增速按照逐年降低10%的标准进行衰减调整。（2）乐观情景。2014～2020年，如果全部落实党的十八届三中全会部署的改革措施，则假定反映劳动力参与扩大效应、结构重配效应和技能提升效应的各项二级指数在基准情景年均增长率基础之上提高1.8%。（3）次乐观情景。2014～2020年，如果部分落实党的十八届三中全会部署的各项户籍制度改革措施，假定反映劳动力参与扩大效应、结构重配效应与技能提升效应的各项二级指数在基准情景年均增长率基础之上提高0.9%。

图2画出了按照以上方法预测的户籍制度改革指数。2014～2020年，基准情景下，户籍制度改革指数从0.98提高到1.18，提高了0.20；乐观情景

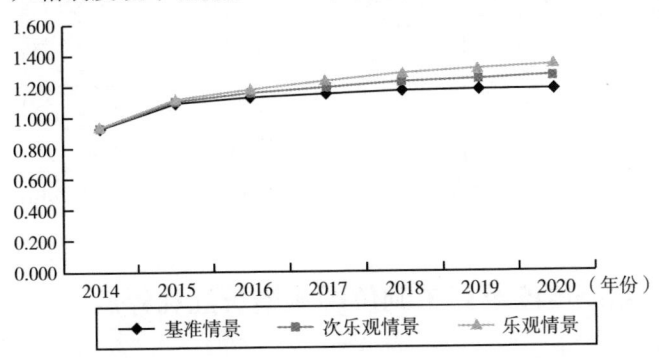

图2 不同改革情景下户籍制度改革指数（2014～2020年）

资料来源：笔者根据基础数据及专家打分法权重预测。

下，从 0.98 提高到 1.33，提高了 0.35；次乐观情景下，从 0.98 提高到 1.25，提高了 0.27。乐观情景下户籍制度改革推进速度最快、力度最大，次乐观次之，基准情景推进速度最慢、力度最弱。

（二）不同情景户籍制度改革对经济增长的贡献

2014~2020 年，户籍制度改革仍将持续释放增长红利，但不同情景下户籍制度改革对经济增长的贡献存在明显差异。基准情景下，在 GDP 年均 6.36% 的增长中，户籍制度改革通过全要素生产率渠道和劳动力投入渠道将分别贡献 0.26 个、0.10 个百分点，共 0.36 个百分点；乐观情景下，在 GDP 年均 7.89% 的增长中，户籍制度改革通过以上两条渠道分别贡献 0.44 个、0.12 个百分点，共 0.56 个百分点；次乐观情景下，在 GDP 年均 7.13% 的增长中，户籍制度改革通过这两条渠道分别贡献 0.35 个、0.11 个百分点，共 0.46 个百分点。这说明，如果完全落实党的十八届三中全会关于户籍制度改革的部署，每年将多拉动 GDP 增长 0.20 个百分点；部分落实改革部署，每年将多拉动 GDP 增长 0.10 个百分点（见表 4）。

表 4　"十三五"时期户籍制度改革增长效应预测

2014~2020 年	经济增长率（%）	TFP 增长率（%）	户籍制度改革对经济增长的贡献度（百分点）		
			全要素生产率	劳动力投入	合计
基准情景（a）	6.36	1.50	0.26	0.10	0.36
乐观情景（b）	7.89	2.50	0.44	0.12	0.56
次乐观情景（c）	7.13	2.00	0.35	0.11	0.46
b - a	1.53	1.00	0.18	0.02	0.20
c - a	0.77	0.50	0.09	0.01	0.10

资料来源：笔者根据增长核算模型（1）、模型（2）预测得到，郭春丽等（2016）。

四、户籍制度改革尚未到位影响增长红利释放

改革开放以来，虽然户籍制度改革取得了积极进展，在促进经济增长方面发挥了重要作用，但相对于劳动力自由流动的要求而言，改革仍未到位，突出表现在农业转移人口难以在城镇落户，在身份、社会地位和福利待遇上

与城市居民依然存在很大差异,对经济社会发展产生不利影响。

一是户籍制度改革不到位不利于扩大劳动力资源利用空间,影响劳动参与扩大效应释放,制约经济增长空间。城乡统一的户籍登记制度改革虽已启动,但与之配套的财税、土地、住房等制度改革却没有跟上,导致城乡分割的户籍制度没有实质性改变,进城务工的农业转移人口仍难以享受到与城镇居民同等的社会公共福利待遇,再加上城镇较高的生活成本,农业闲置人口进城务工的净收益已大幅降低,不利于全社会劳动参与率持续提高。即使已进入城镇的农业转移人口,也因社会保障不完善而不能长期在城镇工作与生活,形成了大量"两栖型"产业工人,"钟摆式""候鸟式"地往返于城乡之间,这不仅造成社会资源浪费,而且也不利于农村劳动力资源充分有效利用,制约了未来经济增长空间。

二是现行户籍制度不利于劳动力资源优化配置,影响劳动力结构重配效应释放,制约经济增长方式转变。城乡分割的户籍制度将劳动者划分为城镇就业者和农民工就业者,形成人为分割的城乡二元劳动力市场,阻碍了劳动力在城乡间、行业间、区域间自由流动,影响了市场机制在人力资源配置中有效发挥作用,不利于人力资源优化配置,并影响"干中学"效应、专业化分工及劳动力生产率提高,进而影响全要素生产率提高和经济增长方式转变。

三是现行户籍制度不利于农业转移人口技能分工提升和人力资本素质提高,制约技能提升效应释放,影响经济增长质量持续改善。由于户籍制度改革涉及教育、就业、医疗、社会保障等公共服务领域的改革,而相关公共服务领域改革滞后导致农业转移人口不能真正融入城市,不仅使得农业转移人口没有足够的精力和财力参加继续教育来提高自身的技能和素质,而且还使得农业转移人口的子女也因不能接受到与城镇居民同等的教育、医疗、就业等公共服务而阻滞了未来全社会人力资本的积累,制约了我国"人口红利"的延续,影响了全要素生产率不断提高和经济增长质量持续改善。

四是现行户籍制度制约总有效需求扩大,不利于形成经济持续稳定增长的内生机制。我国已有 2.77 亿进城务工农民,他们已经成为城市生产主体,但并没有享受到应有的福利待遇,未能同步转变消费行为和生活方式,制约了农业转移人口消费升级潜力释放和整体消费需求的持续扩大,并且"双轨运行"的城镇化推进方式还制约了城镇化发展,进一步影响城镇化过程中的消费需求和投资需求扩大。

五、进一步深化户籍制度改革、释放增长红利的建议

以剥离户籍与福利的内在联系为核心,深化户籍制度改革,建立健全"人地财"挂钩机制,配套推进公共服务、土地、财税等领域改革,在稳定和增加劳动力供给,充分发挥户籍制度改革的劳动力参与扩大效应、结构重配效应和技术提升效应的同时,挖掘农民工市民化后带来的有效需求。

建立新型户籍准入制度。近中期,除了超大城市和特大城市要以具有合法稳定就业和合法稳定住所(含租赁)、参加城镇社会保险年限、连续居住年限等为主要条件,实行差异化落户政策外,其他城市都应推进有能力在城镇稳定就业和生活的农业转移人口举家进城落户,并与城镇居民享有同等权利和义务。远期,逐步实现户籍准入一元化管理,全国除少数特大城市外,其他城市户籍管理与公共服务彻底脱钩,回归其人口信息登记的社会管理职能。

推进公共服务与户籍制度协同改革。逐步取消歧视性福利政策,实现常住人口公共服务均等化,建立适度普惠型的社会福利体系:完善"就地入学"的管理服务机制,为外来人口子女提供良好的基础教育服务,加快解决外来人口随迁子女异地中考、高考问题;扩大养老保险覆盖范围,择机将新农保与城镇职工养老保险进行对接,解决外来人口在城镇和农村双重参保的权益累加问题;将外来人口纳入城镇住房保障体系,为外来人口提供与城镇居民相同的失业、工伤、生育等保险。建立农业转移人口市民化成本由政府、企业、社会共同参与的多元化成本分担机制。

推进户籍制度与土地制度联动改革。在加快农村土地还权赋能改革,给予转户农民充分、自由的流转和处置权基础上,按照"有偿、渐进、分类"原则,建立土地及农村资产退出机制,经济发达和靠近城市地区的进城落户农民工可以通过市场流转机制退出承包地和宅基地,边远和经济落后地区可探索进城农民交出土地后国家或地方政府给予补偿。农业转移人口农村宅基地及所属住房退出的补偿金,主要应来自政府征收宅基地所占建设用地指标

转让收入，补偿后进城农民原承包地和宅基地应归还农村集体和农村社区。农村集体资产股份制改造，将农村资源资本化，鼓励农民持股进城、按股分红，增强迁移农民在城市发展能力。加快建立城镇使用建设用地的规模同户籍人口增加的规模挂钩机制，提高流入地政府推进农业转移人口市民化的积极性。

配套推进财税体制改革。加快理顺中央和地方的事权关系，建立事权和支出责任相适应的制度，完善地方税体系，完善转移支付制度，增强地方政府提供基本公共服务的能力。建立健全财政转移支付、财政性建设资金对城市基础设施补贴数额同农业转移人口市民化挂钩等激励机制，鼓励地方吸纳农业转移人口落户，延缓40岁以上劳动力返乡回流，引导农业转移人口有序落户城镇。

参考文献：

[1] 郭春丽、曾铮、王蕴：《改革影响经济增长的机理、经验事实和情景预测》，《经济学家》2016年第5期。

[2] 祝宝良、牛犁、张鹏：《我国经济增长潜力和动力》，《中国金融》2015年第6期。

[3] 陈彦斌、姚一旻：《中国经济增速放缓的原因、挑战与对策》，《中国人民大学学报》2012年第5期。

[4] 李宾：《我国资本存量估算的比较分析》，《数量经济技术经济研究》2011年第12期。

[5] 樊纲、王小鲁、朱恒鹏：《中国市场化指数：各地区市场化相对进程2011年报告》，经济科学出版社2011年版。

[6] 樊纲、王小鲁、马光荣：《中国市场化进程对经济增长的贡献》，《经济研究》2011年第9期。

[7] 李善同、侯永志、刘云中、何建武：《中国经济增长潜力与经济增长前景分析》，《管理世界》2005年第9期。

[8] 张军、吴桂英、张吉鹏：《中国省际物质资本存量估算：1952-2000》，《经济研究》2004年第10期。

土地制度改革红利释放趋势和情景预测*

摘　要：土地制度改革通过全要素生产率渠道和集约利用、结构重配、市场配置等三种效应促进经济增长。本文构建增长核算分析框架来测算改革对经济增长的影响，研究发现，在1979~2013年GDP年均9.8%的增长中，土地制度改革贡献了1.72个百分点。对"十三五"时期的情景预测表明，相对于不落实党的十八届三中全会关于土地制度改革部署，只是延续制度惯性，土地制度改革对经济增长的贡献将下降到0.22个百分点而言，完全落实改革部署能达到0.45个百分点，部分落实也能达到0.34个百分点。为了更好释放土地制度改革的增长红利，未来应加快农村土地"还权赋能"和城镇土地"内涵挖潜"，充分发挥市场在土地用途转换和出让中的决定性作用，完善农民分享城镇化工业化进程中土地增值收益的相关制度。

关键词：土地制度改革　增长红利　增长核算

土地是民生之本，发展之基，财富之源。作为稀缺的不可再生资源，土地既是人类生存的基本条件，也是推动经济增长的重要生产要素。中华人民共和国成立初期，我国建立起了城市土地属于国家、农村土地属于集体的土地所有权制度。改革开放以来，适应工业化城镇化发展需要，以市场化为方向，按照土地所有权和使用权分离的思路，开展了城乡土地使用制度改革，有力地支撑了过去30多年的高速经济增长。厘清土地制度改革影响经济增长的机理，分析土地制度改革释放增长红利的规律特征和变化趋势，并结合我国工业化城

---

* 作者郭春丽、易信，本文原载于《经济与管理研究》2017年第1期。

镇化发展的现实需要，进一步深化土地制度改革，具有重大现实意义。

一、土地制度改革影响经济增长的机理

经济增长的根本原因是制度变迁，一种提供适当个人激励的有效产权制度体系是促进经济增长的决定性因素（诺斯，1990）。土地制度改革影响经济增长，本质上是由于在不同土地产权制度安排下，土地资源配置和使用效率存在差异，进而影响了全要素生产率与经济增长。改革开放以来，我国以市场化为方向、按照土地所有权和使用权分离的思路推进城乡土地制度改革，主要通过土地集约利用、结构重配和市场配置等三种效应，提高了全要素生产率，进而促进了经济增长。

（一）集约利用效应

城乡土地制度改革均产生了集约利用效应。1978年我国实行的家庭联产承包责任制，对农地使用权和收益权在家庭和集体之间进行重新划分，发挥出产权的激励功能，提高了农民的生产积极性和农业产出效率，在改革初期取得了巨大经济绩效。但家庭联产承包责任制下土地产权权能不足的弊端很快显现出来，直接导致农村经济产出水平降低，而后推进的延长土地承包期、促进土地流转，都在一定程度上促进了土地集约利用，提高了农地产出效率，促进了农业长期持续稳定发展。

延长土地承包期是在不触动土地所有权的情况下，扩展和延长农民使用土地的期限，这有利于稳定农民预期，激发农民对土地长期投资的动力，有利于改善农业生产条件，进而提高土地产出效率。延长土地使用期限还可以通过提高土地使用权作为抵押资产的价值提高农民的贷款融资能力，为农民获得更多的生产要素提供资金支持。

促进农村承包地流转也可产生土地集约利用效应。资源流动是实现其优化配置，促进经济增长的前提。在家庭联产承包经营责任制下，农地细碎分割、经营规模小，造成生产效率低，不少地区还出现耕地抛荒弃耕现象。引导农村承包地合理流转，将分散、细碎的农地集中起来，并将撂荒土地有效利用起来，采取规模化、专业化、机械化和产业化经营，既可以产生规模经

济效应，提高农地利用效率；也有利于推广应用农业技术，最终都可以提高农业生产率和土地产出率，而农村土地实际利用数量增加和效率提升最终都能促进农业增长。

城市土地集约节约利用制度也可以产生集约利用效应。在我国严格用途管制、确保18亿亩土地红线不被突破的形势下，完善城市土地集约节约利用制度，不仅有利于增加城市建设用地数量、提高土地产出效率，而且由此带来的建设用地空间数量增加和土地产出提高，均可以产生经济增长效应。

（二）市场配置效应

随着我国沿着市场化方向推进土地制度改革，土地资源配置方式逐步从行政主导向市场主导转变，有利于增强土地资源利用效率和配置效率。

市场配置效应首先与农村土地转化为城市建设用地时的市场化程度有关。一直以来，我国的农村集体土地必须经过政府征收转化成国有土地后，才能用于城市建设。征地是政府行为，扭曲了土地资源配置，阻碍了土地资源配置效率提升。而加快建设城乡统一的用地市场，并允许农村集体建设用地直接进入市场交易，则有利于优化土地资源配置，推动全要素生产率提高和经济总产出增加。

市场配置效应还与土地出让时的市场化程度有关。20世纪90年代，我国城市土地出让有行政划拨、协议出让、"招拍挂"等三种方式，行政划拨是政府依靠行政手段配置土地资源，协议出让通常是地方政府在招商引资中以低价方式将土地出让给使用方，唯有"招拍挂"是通过市场机制公开出让土地。将行政划拨和协议出让土地改为"招拍挂"，使土地要素的价格更真实地反映其所具有的用途和价值，可以提高土地资源配置效率，进而促进经济增长。

（三）结构重配效应

土地资源在不同产业和用途间重新分配，特别是从生产率相对低的产业和用途转移到生产率相对高的产业和用途时，都能提高土地利用效率，促进经济增长。农地制度改革后，相对较少的土地就可以满足城乡居民对粮食的需求，从而使农业用地可以转为其他用途，由此可以增加对生产率高的产业的用地供给。而通过城乡土地用途转化，同样土地用于第二、第三产业获得的产出效应远远大于第一产业，必然增加经济总产出。

二、土地制度改革释放增长红利的经验事实

为了量化分析改革开放以来不同阶段土地制度改革通过全要素生产率对经济增长的影响，首先用生产函数法核算1978～2013年资本、劳动和全要素生产率对经济增长的贡献；进一步，将全要素生产率分解为土地制度改革、其他领域改革、技术创新和残差，代入土地制度改革指数及其他控制变量，测算出土地制度改革通过全要素生产率对经济增长的影响。

（一）增长核算模型及变量说明

（1）测算资本、劳动力和全要素生产率对经济增长的贡献。 为分解资本、劳动力和全要素生产率对经济增长的贡献，我们构建柯布—道格拉斯生产函数，并采用增长核算方法进行测算。

$$\ln Y_t = \ln A_t + \alpha \ln K_t + \beta \ln L_t + v_t \tag{1}$$

其中，产出 Y 采用1978年不变价GDP。劳动力投入 L 采用年末就业人数。1978年不变价资本存量 K 基于张军等（2004）、李宾（2011）等研究，采用永续盘存法计算得到。对1978～2013年我国经济增长的核算结果表明，对经济增长贡献最大的是资本投入、次之的是全要素生产率、贡献最小的是劳动力投入，三者平均贡献率分别为61.1%、29.9%和9.0%。我们核算的分阶段全要素生产率，与李善同等（2005）、樊纲等（2011）、陈彦斌和姚一旻（2012）、祝宝良等（2015）等代表性研究较为接近（见表1）。

表1　　　　　　　不同阶段的增长核算测算结果　　　　　　单位:%

时段	GDP年均增速	资本投入 年均增速	资本投入 对经济增长的贡献率	劳动力投入 年均增速	劳动力投入 对经济增长的贡献率	全要素生产率 年均增速	全要素生产率 对经济增长的贡献率
1978～2013年	9.8	11.3	61.1	1.9	9.0	2.9	29.9
1978～1992年	9.4	8.9	50.1	3.6	18.2	3.0	31.7

续表

时段	GDP年均增速	资本投入 年均增速	资本投入 对经济增长的贡献率	劳动力投入 年均增速	劳动力投入 对经济增长的贡献率	全要素生产率 年均增速	全要素生产率 对经济增长的贡献率
1993~2002年	9.8	11.7	63.0	1.0	4.9	3.2	32.0
2003~2013年	10.2	14.0	72.6	0.4	2.1	2.6	25.3

资料来源：笔者根据增长核算模型（1）测算得到。

(2) 测算土地制度改革通过全要素生产率渠道对经济增长的贡献。构建下面的计量模型，核算土地制度改革通过全要素生产率对经济增长的贡献：

$$\ln A_t = C + \alpha \ln TD_t + \beta \ln FM_t + \gamma \ln TE_t + v_t \qquad (2)$$

其中，土地制度改革 TD，采用土地制度改革指数表示；控制变量 FM，包括财税、户籍、金融、行政、国企和对外开放等六大领域改革[①]，分别采用相应领域改革指数表示；科技进步 TE，采用科技进步指数表示[②]。

(3) 构建土地制度改革指数。结合土地制度改革的集约利用、结构重配和市场配置效应等，并充分考虑指标准确性和数据可得性，我们选取了农业用电强度、农业机械化程度等7个二级指标构建土地制度改革指数（见表2）。借鉴樊纲等（2011）指数构建方法，采用最大最小值无量纲方法对二级指标数据进行标准化处理得到二级指数，并采用专家打分法获得二级指数和一级指数权重，最后采用线性加权法合成得到土地制度改革指数。

[①] 选取与经济增长要素紧密相关的六大改革领域及科技进步作为控制变量。其中，金融体制、户籍制度分别涉及资本、劳动力等要素配置；国有企业改革直接影响到资源使用效率和经济增长的微观效率；财税体制涉及财政资金的收支，直接影响地方政府行为激励和其他经营主体的投资经营行为等；行政体制涉及中央和地方的经济社会管理权限尤其是资源配置主导权和投资审批权划分。以上都与经济增长直接相关。对外开放本质上也是改革，全球化背景下研究改革对经济增长的影响必须考虑对外开放体制变化；科技体制改革是影响科技进步进而决定全要素生产率的重要因素。

[②] 土地制度改革指数构建见下文，其他指数构建详细情况可参见郭春丽等（2016）。

表2　　　　　　　　　　土地制度改革指数指标体系

改革领域	一级指标	二级指标
土地制度	集约利用效应	1. 农业用电强度
		2. 农业机械化程度
		3. 农业有效灌溉程度
		4. 农业土地生产率
		5. 非农土地生产率
	结构重配效应	农转非土地产出净增加
	市场配置效应	城镇建设用地市场化

资料来源：基础数据来自历年《中国统计年鉴》《中国农业统计资料》《中国国土资源公报》和《中国国土资源统计年鉴》等，指数合成权重根据专家打分调查表整理得到。

图1表明，20世纪80年代，实施农村土地联产承包责任制、延长土地承包期、开展农村土地流转等多项改革叠加推进，土地制度改革指数从1978年的0.00快速上升到1988年的0.11。20世纪80年代末期至21世纪初期，城镇建设用地有偿使用、市场化出让等改革举措推出，土地制度改革指数进入新一轮上升期，从1989年的0.12持续上升到2002年的0.46。之后，土地制度改革陷入停滞状态，加上前期改革效应衰减，土地制度改革指数进入波动上升期，从2003年的0.52缓慢上升到2005年的0.56。2005年以后，农村土地流转速度加快、部分省市开展农村集体建设用地直接入市试点，加之这一时期城市土地通过"招拍挂"方式出让的比例迅速上升，2013年土地制度改革指数上升到0.86。

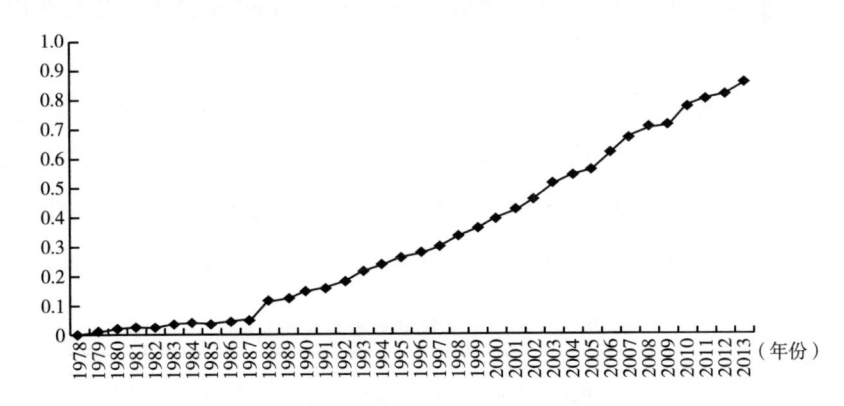

图1　土地制度改革指数（1978~2013年）

资料来源：笔者根据基础数据及专家打分法权重测算得到。

(二) 不同阶段土地制度改革对经济增长的贡献

测算表明,1979~2013 年,在 GDP 年均 9.83% 的增长中,土地制度改革贡献了 1.72 个百分点,贡献率达到 17.5%(见表 3)。但在不同时期,受改革力度、改革方式及相关配套条件等因素影响,土地制度改革对经济增长的贡献存在差异。

改革开放初期(1979~1984 年),广大农村打破计划经济时代"吃大锅饭"现象,推广家庭联产承包责任制,长期被压抑的生产力获得了极大释放,土地产出率大幅提高,土地制度改革对我国经济增长的贡献高达 3.83 个百分点。

20 世纪 80 年代中期到 90 年代初期(1985~1992 年),农村土地相继开展了延长承包期、允许流转等改革,允许农村集体建设用地在有限范围内流转,城市土地开始探索以"招拍挂"方式出让,对城镇用地收取土地使用费,城乡土地集约利用效率得以提高,土地制度改革对我国经济增长的贡献也高达 2.62 个百分点。

20 世纪 90 年代初期到 21 世纪初期(1993~2002 年),进一步延长土地承包期,规范农村土地承包经营权流转,城市土地以"招拍挂"方式出让范围扩大,开展以"占补平衡""增减挂钩"方式弥补城镇建设用地不足等改革,城乡土地结构重配和市场配置效应得以发挥,但受前期改革边际效应衰减影响,这一时期土地制度改革年均贡献下降到 1.20 个百分点。

21 世纪初期以来(2003~2013 年),除了进一步延长农村土地承包期、规范农村土地承包经营权流转、协议出让城镇土地必须引入市场竞争机制、部分地区开始探索建立城乡统一的建设用地市场等对前期修补式改革外,土地制度改革基本处于停滞状态,对经济增长的年均贡献进一步下降到 0.71 个百分点。

表 3 1979~2013 年土地制度改革的增长效应

年份	GDP 增长率(%)	TFP 增长率(%)	土地制度改革对经济增长的贡献度(百分点)
1979~2013	9.83	2.85	1.72
1979~1992	9.53	2.89	3.08

续表

年份	GDP 增长率（%）	TFP 增长率（%）	土地制度改革对经济增长的贡献度（百分点）
#1979~1984	9.58	3.25	3.83
#1985~1992	9.50	2.52	2.62
1993~2002	**9.58**	**3.08**	**1.20**
#1993~1997	11.44	4.12	1.31
#1998~2002	8.25	2.06	1.09
2003~2013	**9.95**	**2.59**	**0.71**
#2003~2004	10.06	2.73	1.01
#2005~2013	10.21	2.57	0.64

资料来源：笔者根据增长核算模型（1）、模型（2）测算得到。

三、"十三五"时期土地制度改革的增长红利预测

根据没有落实、部分落实和全面落实党的十八届三中全会关于土地制度改革的部署，分别设定基准、次乐观和乐观三种情景，预测未来土地制度改革对经济增长的贡献。首先，综合运用定性分析和趋势外推法，预测不同情景下 2014~2020 年①我国实际资本存量、劳动力投入、土地制度改革指数、其他 6 大领域改革指数以及技术进步指数。其次，基于生产函数模型，得到不同情景下经济潜在增长率，进而测算不同情景下土地制度改革对全要素生产率和经济增长的贡献。

（一）变量假设和预测

1. 劳动力投入

结合我国人口、适龄劳动力及 2009 年以来就业人口的变化趋势，并假定 2015 年至 2020 年就业人口增速下降到 0.2%，则预计到 2020 年就业人口总数将达到 7.81 亿。

---

① 从保持数据的连续性出发，必须在研究 2014~2020 年土地制度改革释放经济增长红利基础上，方可对"十三五"时期进行预测。

2. 实际资本存量

考虑到"十三五"时期支撑资本存量高速增长的因素逐步消失，假定乐观情景下2014~2020年实际资本存量年均增速下降到1978~2013年10.0%的平均水平，次乐观和基准情景下分别比乐观情形下降0.5和1个百分点。

3. 土地制度改革指数

（1）改革基准情景。2014~2020年，假定土地制度改革仍延续过去十年的改革内容、速度和力度，而不推出任何新的改革措施，其在数量上相当于表2中土地制度改革的二级指数增速延续过去10年的平均值。同时，考虑到改革边际递减效应，进一步将二级指数增速按照逐年降低10%的标准进行衰减调整。

（2）改革乐观情景。2014~2020年，如果全面落实党的十八届三中全会部署的土地制度改革措施，则假定反映城乡土地集约利用、结构重配和市场配置等效应的各项二级指数年均增速在基准情景基础上提高1.8%。

（3）改革次乐观情景。2014~2020年，如果党的十八届三中全会部署的土地制度改革措施部分落实（50%），则假定反映城乡土地集约利用、结构重配和市场配置效应的各项二级指数年均增速在基准情景基础上提高0.9%。

图2画出了按照以上方法预测的土地制度改革指数。2014~2020年，基准情景下，土地制度改革指数从0.86提高到0.98，增加了0.12；乐观情景下，从0.86提高到1.11，增加了0.25；次乐观情景下，从0.86提高到

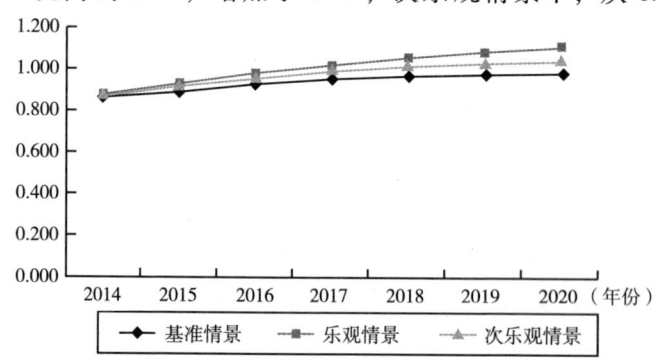

图2　不同改革情景下土地制度改革指数

资料来源：笔者根据基础数据及专家打分法权重预测。

1.04，增加了 0.18。乐观情景下土地制度改革推进速度最快、强度最大，次乐观次之，基准情景推进速度最慢、强度最弱。

（二）不同情景下土地制度改革对经济增长的贡献

2014~2020 年，土地制度改革仍将持续释放增长红利，但不同情景下对经济增长的贡献存在明显差异。**基准情景下**，在 GDP 年均 6.36% 的增长中，土地制度改革将贡献 0.22 个百分点；**乐观情景下**，在 GDP 年均 7.89% 的增长中，土地制度改革将贡献 0.45 个百分点；**次乐观情景下**，在 GDP 年均 7.13% 的增长中，土地制度改革将贡献 0.34 个百分点。这说明，如果完全落实党的十八届三中全会关于土地制度改革的部署，每年将多拉动 GDP 增长 0.23 个百分点；部分落实改革部署，每年将多拉动 GDP 增长 0.12 个百分点（见表 4）。

表 4　"十三五"时期土地制度改革的增长效应预测

2014~2020 年	GDP 增长率（%）	TFP 增长率（%）	土地制度改革对经济增长的贡献度（百分点）
基准情景（a）	6.36	1.50	0.22
乐观情景（b）	7.89	2.50	0.45
次乐观情景（c）	7.13	2.00	0.34
b－a	1.53	1.0	0.23
c－a	0.77	0.50	0.12

资料来源：笔者根据增长核算模型（1）、模型（2）预测得到，郭春丽等（2016）。

四、土地制度改革尚未到位影响增长红利释放

改革开放以来，我国城乡土地制度改革取得了积极进展，释放了较大的增长红利，有力地支撑了过去 30 多年的高速经济增长，但改革尚未到位，影响经济持续稳定发展。

一是农村土地权能不足和城乡节地制度不完善，不利于土地集约利用和土地产出率提高，影响经济持续增长。农村土地存在土地所有权主体虚置、使用权不稳、处置权残缺和收益权受限等权能不足问题，加之一些地方农村

土地承包关系不稳定,影响农民未来预期,种地不养地现象仍然存在。另外,由于土地确权不到位、政府流转服务不健全、流转市场不完善,承包地经营权流转市场化程度低、操作不规范,农民参与的积极性不高,影响土地规模化经营和农业劳动生产率提高。城乡节约用地制度不完善,城市工业和建设用地效率低下问题依然存在,导致同样土地创造的经济产出较低;农村闲置土地不能有效盘整利用,不仅影响农村经济发展,而且还影响城乡土地统筹开发利用,进而影响经济增长。

二是城乡土地市场二元分割和城市土地出让市场化程度低,不利于市场机制在土地资源配置中有效发挥作用,影响经济增长效率。农村土地必须经地方政府征收方可转化为城市建设用地,地方政府具有征收和供应的双重垄断身份,形成建设用地垄断供应的局面,不利于土地资源优化配置。当前,城镇建设用地供应实行政府划拨和有偿出让并存的双轨制,土地价格扭曲、市场价格信号失实及地下隐性土地市场难以消除,削弱了市场机制在资源配置中发挥决定性作用,影响土地资源配置效率提高。此外,我国对城市建设用地实行"批租制",地方政府在出让城市建设用地时,根据土地用途一次性收取40年、50年和70年不等①的土地出让金,一些地方为了获取短期利益,采取大量批地或人为抬高地价的行为,扭曲市场供需价格信号,削弱市场运行效率。

三是城乡土地制度制约居民消费需求扩大,不利于形成经济持续稳定增长的内生机制。农村集体土地和集体财产没有退出机制,宅基地流转范围受限,进城务工农民不能通过市场交易处置农村闲置宅基地和集体财产,也无法获得向城镇迁移落户所需要的货币资本,制约了进城务工农民定居城市及消费升级。农村集体土地只有经过政府低价征收转为国有土地后,才能作为城市建设用地,农民不能分享工业化城镇化进程中的土地增值收益,影响其收入和消费能力提高。一次性收取土地出让期内全部地租收入的方式提高了开发商的开发建设成本,一定程度上推高房价并挤压居民其他消费支出,抑制居民消费需求稳步增长。

---

① 住宅用地70年、工业用地50年、商业用地40年。

五、深化土地制度、释放增长红利的对策建议

建议按照以下思路深化土地制度改革，充分发挥土地制度改革的集约利用、结构重配和市场配置效应，为提高全要素生产率及促进经济长期持续稳定增长注入新动力。

一是围绕"还权赋能"和"内涵挖潜"，加快完善城乡土地使用制度，努力提高城乡土地集约利用水平。 加快稳定农村承包经营地的承包关系并保持长久不变，在坚持最严格的耕地保护制度前提下，赋予农民对承包地占有、使用、收益、流转及承包经营权抵押、担保权能；建立健全土地承包经营权流转市场，按照依法自愿有偿原则，允许农民以转包、出租、互换、转让、股份合作等形式流转承包经营权，提高土地产出率。要切实保障农户对宅基地的用益物权，发挥其为农村、农业和农民发展提供资金的融资担保功能；适当放宽宅基地流转范围；严格执行一户一宅政策，对超过法定面积的宅基地实行有偿使用；探索宅基地使用权退出补偿制度。同时，配套修订《土地管理法》《物权法》《担保法》中的相关条款，加快完善农村承包地、宅基地用于抵押融资时的抵押资产处置机制。加强城市土地二次开发，积极探索工业用地到期退出机制，逐步推行租赁制。建立健全节约集约用地的激励约束和监督机制。

二是充分发挥市场在土地转化用途和出让中的决定性作用，提高土地资源的配置效率。 加快建立城乡统一的建设用地市场，在符合规划和用途管制的前提下，允许农村集体经营性建设用地出让、租赁、入股，实行与国有土地同等入市、同权同价。改革国有建设用地使用制度，逐步对经营性基础设施和社会事业用地实行有偿使用，缩小划拨供地范围；工业用地应加快调整申报使用程序，真正落实"招拍挂"制度，引导与居住用地比价合理化。加快完善土地批租制，将一次性收取土地出让金改为分年度收取，促进土地市场长期稳定可持续发展。

三是改革完善征地制度，使农民分享到城镇化工业化进程中的土地增值收益。 按照公益性用地靠征用、经营性用地靠市场的思路，加快完善征地制度，严格将征地范围限制在公益性用地，加快建立对被征地农民合理、规范、

多元保障机制，对农民形成房产、留用地形式的资产安置，低保、医疗保险形式的社保安置，以及再就业扶持形式的就业安置。加快建立农村集体经营性建设用地产权流转和增值收益分配制度，合理提高个人收益比例。

参考文献：

［1］郭春丽、曾铮、王蕴：《改革影响经济增长的机理、经验事实和情景预测》，《经济学家》2016 年第 5 期。

［2］祝宝良、牛犁、张鹏：《我国经济增长潜力和动力》，《中国金融》2015 年第 6 期。

［3］陈彦斌、姚一旻：《中国经济增速放缓的原因、挑战与对策》，《中国人民大学学报》2012 年第 5 期。

［4］樊纲、王小鲁、马光荣：《中国市场化进程对经济增长的贡献》，《经济研究》2011 年第 9 期。

［5］樊纲、王小鲁、朱恒鹏：《中国市场化指数：各地区市场化相对进程 2011 年报告》，经济科学出版社 2011 年版。

［6］李宾：《我国资本存量估算的比较分析》，《数量经济技术经济研究》2011 年第 12 期。

［7］李善同、侯永志、刘云中、何建武：《中国经济增长潜力与经济增长前景分析》，《管理世界》2005 年第 9 期。

［8］张军、吴桂英、张吉鹏：《中国省际物质资本存量估算：1952－2000》，《经济研究》2004 年第 10 期。

［9］North, Douglas C. *Institutions, Institutional Change, and Economic Performance.* Cambridge University Press, 1990.

环境制度改革对经济增长的影响及政策建议*

摘　要：环境制度改革通过影响企业的生产成本、要素投入组合和创新行为从宏观上影响经济增长。本文通过构建纳入环境要素的增长核算框架，测度过去30多年环境对经济增长的影响。结果表明，在1979~2013年GDP年均9.8%的增长中，环境拉动了0.58个百分点，但目前已进入以2009年前后为拐点的增长效应递减阶段。对"十三五"时期的情景预测表明，相对于不落实党的十八届三中全会关于环境制度改革部署而只延续制度惯性的基准情景，完全落实和部分落实改革部署，将每年分别拉低经济潜在增长速度0.5个和0.25个百分点，环境因素对经济增速形成较为明显的约束。为贯彻绿色发展理念，保障经济长期持续稳定增长，应加快健全环境税收和价格体系，完善环境资源产权制度，配套推进相关法律法规修订并强化环境监管能力建设。

关键词：环境制度改革　经济增长　增长核算

生态环境既是支撑经济发展的基本条件，也是约束经济增长的重要因素。过去30多年，我国经济属于高投资、高消耗、高污染、低产出的粗放型增长。随着资源环境约束日趋紧张，20世纪90年代以来，环境保护、可持续发展分别成为我国的一项基本国策和重要发展战略，党的十七大提出建设生态文明，党的十八大提出经济建设、政治建设、文化建设、社会建设、生态

---

* 作者易信、郭春丽，本文原载于《经济与管理研究》2017年第12期。

文明建设"五位一体"的总体布局，党的十八届三中全会对生态文明制度建设进行了战略部署。习近平总书记指出："生态文明建设事关中华民族永续发展和'两个一百年'奋斗目标的实现，保护生态环境就是保护生产力，改善生态环境就是发展生产力。"[①] 生态环境对我国经济增长的影响是否已到了转折点？如何推进环境制度改革，才能更好发挥环境的生产力作用？厘清环境制度改革影响经济增长的理论机理，分析环境制度改革影响经济增长的规律特征和变化趋势，并结合我国"稳增长、调结构、促改革"的发展改革需要，进一步深化生态环境制度改革具有重大现实意义。

一、环境制度改革影响经济增长的机理

理论界常用环境库兹涅茨倒"U"型曲线来刻画环境与经济增长之间的关系，而基于我国数据的大量实证研究却并未就我国是否存在环境库兹涅茨倒"U"型曲线达成共识。即便存在环境保护的"黄金定律"，其临界点也会因环境制度不同而不同，为改革环境制度、完善环境政策提供了理论依据。政府采取行政管制、环境税、污染权市场交易等措施治理环境，但同时也会产生制度成本和激励，通过影响企业的生产成本、生产要素投入组合和创新行为，进而影响经济增长。

（一）环境制度改革对经济增长的负向"漏出效应"

完善环境制度、加强环境规制，不仅带来额外的监管费用和行政费用，也将迫使企业进行"绿色生产"，进而增加企业生产成本，降低企业的市场竞争力。短期看，这将从宏观上对经济增长产生负向"漏出效应"，降低经济增长速度。改革环境制度，企业需要调整无环境约束或弱环境约束下的利润最大化要素投入组合，为治理环境污染支付成本，挤占部分可用于生产的资源。为了治理环境污染企业必须付出的成本包括与污染减排行为有关的直接成本、引发生产要素价格提高所造成的间接成本，以及增加污染减排投资而减少其他创新项目投资所导致的机会成本。此外，生产中对资源环境消耗

---

① 2018年4月13日，习近平在庆祝海南建省办经济特区30周年大会上的讲话。

所带来的环境恶化问题，还会影响劳动者健康水平、机器使用寿命和效率等，降低有效人力资本存量与物质资本存量，这也在一定程度上降低经济增长速度。当然，生态环境的自然修复机制，可在一定程度上缓解环境破坏等对人类生活生产的约束，部分抵消生态文明制度改革对经济增长影响的负向"漏出效应"。

（二）环境制度改革对经济增长的正向"反馈效应"

合理的环境制度能激发企业的创新行为，提高生产效率、降低生产成本，抵消环境规制和创新投入带来的额外成本，并降低"绿色生产"对企业生产经营的影响，对经济增长产生正向"反馈效应"。这是由于改革环境制度，新的生态保护规则、排污制度、税收体系将提高原有生产方式的生产成本、缩小原有生产方式的生产空间，而企业为了降低生产成本、拓展发展空间，必将采用新的理念、工作方式和组织结构来优化生产要素投入组合，并通过增加创新投入来开发节约资源、保护环境的生产技术，进而提高企业经营绩效，为经济持续稳定增长提供新的支撑。企业开发保护环境技术过程中，可能导致新产业、新业态出现，为经济持续稳定增长注入新动力。

二、改革开放以来环境制度改革对经济增长的影响

为了量化分析改革开放以来不同时期环境制度改革对经济增长的影响，我们首先结合环境制度改革影响经济增长的机理，构建环境影响经济增长的理论模型，并在此基础上推导可用于定量分析的计量模型；然后，根据历史数据估计计量模型，得到环境制度改革与经济增长之间的弹性系数，进一步测算出环境制度改革对经济增长的影响。

（一）增长核算模型及估计

结合环境制度改革对经济增长影响的负向"漏出效应"与正向"反馈效应"，同时参考刘雪燕、曾铮等（2015），并借鉴其他学者将环境要素作为投入要素纳入生产函数的做法，构建如下不变规模经济产出函数和环境产出函数。

$$Y = A K_c^\alpha L_c^\beta E^{1-\alpha-\beta}$$
$$\text{s. t.}$$
$$E \leq B K_r^\theta L_r^{1-\theta} + \eta E \qquad (1)$$
$$K_c \leq K - K_r$$
$$L_c \leq L - L_r$$

其中，Y 为总产出，由外生技术进步 A、资本投入 K_c、劳动投入 L_c 与环境投入 E 生产得到，其中 α 是资本的产出弹性、β 是劳动的产出弹性、$1-\alpha-\beta$ 是环境的产出弹性。环境投入 E 的供给受到人为供给和自然供给两方面影响，一方面通过人为改进环境治理技术 B、资本 K_r 和劳动 L_r 来改善环境质量 $BK_r^\theta L_r^{1-\theta}$，其中 θ 是资本的环境改善弹性；另一方面通过自然界自我修复、资源形成等来改善环境质量 ηE，其中 η 体现了自然界环境修复和资源再生能力。不同于传统生产函数模型，以上含有环境因素的扩展型生产函数模型表明，一个国家和地区经济总产出既与投入经济活动的资本存量 $K-K_r$ 和劳动存量 $L-L_r$ 有关，也与环境总量 $B K_r^\theta L_r^{1-\theta}+\eta E$ 的约束有关，其中 K 为总资本存量、L 为总劳动存量。

为了定量分析环境约束对经济增长的影响，需要将理论模型转换为计量模型。对生产函数两边取对数，可得到如下联立方程计量模型：

$$\ln Y_t = \ln A_t + \alpha \ln K_{ct} + \beta \ln L_{ct} + (1-\alpha-\beta)\ln E_t + \varepsilon_t \qquad (2)$$

$$\ln E_t = \ln\left(\frac{B_t}{1-\eta}\right) + \theta \ln K_{rt} + (1-\theta)\ln L_{ct} + \xi_t \qquad (3)$$

在计量模型估计过程中，为了克服现有统计数据的不足，我们采用代理变量法对上述计量模型做进一步处理。一是根据环境质量与经济产出之间的倒"U"型环境库兹涅茨曲线关系（Grossman and Krueger, 1995），以及资本、劳动要素与环境质量之间的单调递增关系，采用经济产出作为资本、劳动投入的代理变量。二是根据环境投入量与环境破坏程度之间的正向关系，将温室气体 CO_2 排放量作为环境投入的代理变量。同时，采用全社会资本和劳动投入量，近似估计用于经济总产出的资本和劳动投入量。按照以上假设，得到下面可用于估计环境影响经济增长的联立方程计量模型：

$$\ln Y_t = \ln A_t + \alpha \ln K_t + \beta \ln L_t + \gamma \ln CO_{2t} + \varepsilon_t \qquad (4)$$

$$\ln CO_{2t} = \ln C_t + \delta \ln Y_t + \lambda (\ln Y_t)^2 + \xi_t \qquad (5)$$

其中，γ 表示环境投入对经济增长的产出弹性，在数量上等于 $1-\alpha-\beta$，是我们关注的关键参数。Y 采用 1978 年不变价国内生产总值，L 采用年末就业人数。资本存量 K 采用永续盘存法计算得到。二氧化碳排放量 CO_2 直接来自世界银行 WDI 数据库。

采用 1996~2013 年全国层面的时间序列数据估计上述联立方程计量模型，结果表明，环境对经济增长的产出弹性系数 γ 约为 0.1，也即二氧化碳排放量每降低 1%，国民经济增长速度将降低 0.1 个百分点。换言之，环境约束强度每增加 1%，国民经济增长速度将相应下降 0.1 个百分点。这说明环境对经济增长的贡献度与环境保护程度呈反向关系，在环境保护强度较大时期，环境对经济增长的贡献度相对较小或为负值，而在环境保护相对较松的时期，环境对经济增长的贡献度相对较大（见表 1）。

表 1　模型估计结果

项目	资本产出弹性 α	劳动产出弹性 β	环境产出弹性 γ
系数	0.7	0.2	0.1

资料来源：笔者测算。

（二）不同阶段环境制度改革对经济增长的贡献

测算结果表明，在 1979~2013 年年均 9.8% 的经济增长中，环境投入贡献了 0.58 个百分点。事实上，环境对经济增长的贡献大小，既与工业化和城市化进程有关[1]，也与环境制度有关。

改革开放初期（1979~1992 年），环境制度体系构建阶段。1979 年颁布《中华人民共和国环境保护法（试行）》，1982 年建立排污收费制度，1983 年

---

[1] 改革开放前 20 年，二氧化碳排放量仅上升 2.1 倍，平均每年以 3.8% 的速度增加，小于同期经济增长速度。从 2000 年开始，工业化与城市化进程加快，能源需求平均每年以 10.2% 的速度增长，导致二氧化碳排放量大幅上涨。近年来，随着工业化、城市化进程放慢，二氧化碳排放量增速显著下降。

将环境保护确立为基本国策，提出绝不能走发达国家"先污染、后治理"老路，实行污染者负担、强化环境管理等政策。20世纪80年代后期，环境保护制度框架基本形成，1989年确定环境影响评价、"三同时①"、排污收费、限期治理、排污许可、污染物集中控制、环境保护目标责任制、城市环境综合整治定量考核等八项具有中国特色的环境管理制度。这一时期，我国初步形成了环保制度和政策体系，但尚未构建完整的环境法律体系，实践中出现无法可依、有法不依、违法不究等问题，甚至出现污染企业与政府监管部门共谋现象。测算表明，这一时期环境制度对经济增长的约束作用不强，环境对经济增长的贡献度达到0.45个百分点。

20世纪90年代初期到21世纪初期（1993~2002年），环境制度体系完善阶段。环境制度从前期对个别环节的控制发展到包括决策在内的全过程控制，从对个别或某类对象的管理发展到对相关对象的全方位管理，同时着手推行综合决策、综合环境影响评价、环境标志、清洁生产、征收环境税费和排污许可等制度。1994年首次提出把可持续发展战略纳入国民经济社会发展中长期规划，并制定实施了《污染物排放总量控制计划》和《跨世纪绿色工程规划》。1993年开始探索清洁生产，1997年将清洁生产确定为污染物达标排放和总量控制的手段。这一时期，环境制度改革比较有效地减缓了污染特别是工业污染源污染物的排放。测算表明，环境制度对经济增长的约束作用相对前期加强，环境对经济增长的贡献度下降到0.33个百分点。

21世纪初期以来（2003~2013年），环境制度改革深化阶段。我国首次确立了主要污染物排放总量减少目标，深化排污收费制度改革，正式确立了排污权交易制度。"十一五"规划首次将能源消耗强度和主要污染排放总量减少作为约束性指标。2003年进一步完善了排污收费政策体系，2008年开始探索排污权市场交易。这一时期，环境制度不断完善，开始注重发挥市场化手段在环境治理中的作用，但由于经济处于新一轮高速增长期，各地发展经济的热情高涨，想方设法规避环境制度约束，并加大环境治理投入力度，环境尚未对经济增长形成强约束，对经济增长的贡献先升后降，2003~2004年

---

① "三同时"指"经济建设、城乡建设、环境建设同步规划、同步实施、同步发展"。

达 1.97 个百分点，2005~2013 年则下降到 0.75 个百分点。目前，环境对经济增长的影响已进入以 2009 年前后为拐点的增长效应递减阶段，未来几年环境对经济增长的约束作用将显著增强（见表 2 和图 1）。

表 2　1979~2013 年环境对我国经济增长的影响

年份	经济增长率（%）	环境对经济增长的贡献度（百分点）
1979~2013	**9.83**	**0.58**
1979~1992	**9.53**	**0.45**
#1979~1984	9.58	0.38
#1985~1992	9.50	0.51
1993~2002	**9.58**	**0.33**
#1993~1997	11.44	0.52
#1998~2002	8.25	0.13
2003~2013	**9.95**	**0.97**
#2003~2004	10.06	1.97
#2005~2013	10.21	0.75

资料来源：笔者测算。

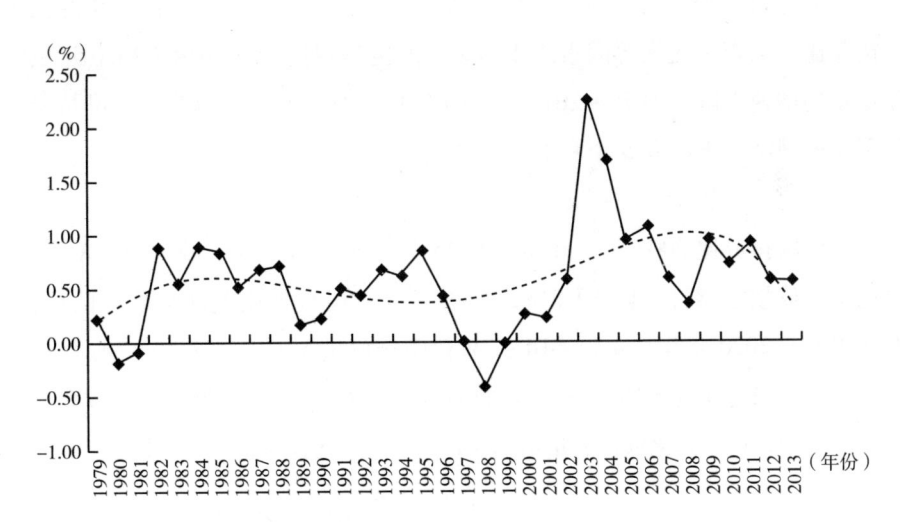

图 1　环境对经济增长的贡献度（1979~2013 年）

注：虚线为环境对经济增长贡献度的拟合线。
资料来源：笔者测算。

三、"十三五"时期环境制度改革对经济潜在增长的影响

党的十八届三中全会从推动环境保护费改税、实行生态补偿制度、改革生态环境保护管理体制等方面,对环境制度改革进行了战略部署。根据没有落实、部分落实和全面落实环境制度改革部署,分别设定基准、次乐观和乐观三种情景,预测环境制度改革对经济增长的影响程度。首先,根据环境制度改革对二氧化碳排放趋势的影响,预测不同情景下"十三五"时期①二氧化碳排放量。其次,基于生产函数模型得到不同情景下经济潜在增长率,并根据环境的产出弹性测算不同情景下环境制度改革对经济增长的贡献。

(一)变量假设和预测

劳动力投入。基于联合国等国际机构数据,结合我国劳动年龄人口变化趋势及 2009 年以来的劳动参与率变化情况,假定 2015~2020 年我国就业人口增速下降到 0.2%,则预计到 2020 年就业人口总数达到 7.81 亿。

资本存量。2008 年国际金融危机后,支撑我国资本存量高速增长的低人口抚养比、高资本流入等因素逐步消失,假定乐观情景下 2014~2020 年资本存量年均增速下降到 1978~2013 年 10.0% 的平均水平,次乐观和基准情景下分别比乐观情景下降 0.5 个和 1 个百分点。

二氧化碳排放量。按照我国向联合国的承诺,到 2020 年单位国内生产总值二氧化碳排放比 2005 年下降 40%~45%。截至 2013 年,我国单位 GDP 二氧化碳排放量已累计下降 19.2%,如果完全实现二氧化碳排放量降低目标,那么 2014~2020 年年均单位 GDP 二氧化碳排放量还需下降 5.3%。根据二氧化碳排放总量与单位 GDP 二氧化碳排放量之间的关系:二氧化碳排放总量增速 =(单位 GDP 二氧化碳排放量增速 +1)×(GDP 增速 +1) -1,并假定 2014~

---

① 从保持数据的连续性出发,必须在研究 2014~2020 年资源环境制度改革释放经济增长红利基础上,方可对"十三五"时期进行预测。

2020年GDP年均增速保持在7%左右①，那么二氧化碳排放量年均增速约为2%，也即相比近年7%的年均增速约下降5个百分点。基准情景，2014～2020年，假定环境制度改革仍延续过去几年的趋势，则二氧化碳排放按近年年均增速7%左右增长；乐观情景，如果全面落实党的十八届三中全会关于环境制度改革部署，二氧化碳排放能完全达到向联合国承诺目标，二氧化碳排放年均增速从7%左右下降到2%；次乐观情景，2014～2020年，如果部分落实十八届三中全会关于环境制度改革部署，二氧化碳排放达到向联合国承诺目标的50%，二氧化碳排放年均增速从7%左右下降到4.5%。

（二）不同情景下环境制度改革对经济增长的贡献

2014～2020年，环境对经济增长的约束作用明显提高，各情景下环境制度改革对经济增长的影响程度存在明显差异。基准情景下，环境对经济增长的贡献度将维持在0.7个百分点左右，表明环境制度改革对经济增长速度的影响为0。乐观情景下，环境对经济增长的贡献度从0.7个百分点下降到0.2个百分点，表明环境制度改革将导致年均经济增长速度下降0.5个百分点。次乐观情景下，环境对经济增长的贡献度从0.7个百分点下降到0.45个百分点，也即环境制度改革导致年均经济增长速度下降0.25个百分点（见表3）。

表3　"十三五"时期环境及环境制度改革的增长效应预测

2016～2020年	GDP增长率（%）	环境投入对经济增长的贡献度（百分点）	环境制度改革对经济增长的贡献度（百分点）
基准情景（a）	6.36	0.7	0
乐观情景（b）	7.39	0.2	-0.5
次乐观情景（c）	6.88	0.45	-0.25
b－a	1.13	-0.5	-0.5
c－a	0.52	-0.25	-0.25

资料来源：笔者预测，郭春丽、曾铮和王蕴（2016）。

---

① 即便将经济增速下调到6%，二氧化碳排放增速仍约为2%。经济增长速度不会大幅影响二氧化碳排放增速。

四、环境制度改革尚未到位影响增长红利释放

改革开放以来，尤其是 2013 年党的十八届三中全会召开以来，我国环境制度改革取得了积极进展。这在一定程度上促进了经济发展方式转变、提高了经济增长质量。但由于改革尚未到位，经济增长与环境保护仍难以有效协调，不利于经济长期持续稳定发展。

一是现行环境税收和资源价格体系不完善，难以抑制企业对环境的过度使用，制约经济高效发展。我国开征环境税处于起步摸索阶段，环境税收体系不健全、排污收费过低，排污许可证、污染物总量控制等设计不合理，造成环境成本尚未内部化，环境污染尚未科学计入企业成本核算体系，导致企业缺乏保护环境的内在动力和外在压力，制约了全社会生产效率提高、影响经济发展效率。此外，资源价格体系尚未完全建立，资源价格普遍偏低，难以遏制企业对资源过度占用和生态环境破坏。

二是现行环境保护制度执行效率不高，难以激励企业创新，制约经济持续稳定增长。尽管中央已经强调发展成果考核评价体系要加大资源消耗、环境损害、生态效益等指标的权重，但以经济增长速度评定政绩的倾向并没有根本扭转，绿色发展绩效评估和环境保护责任追究制度也远未形成，各地对经济增长数量的重视程度远远大于对生态环境保护的重视，经济增长与环境保护之间的矛盾仍然突出。同时，现行法律体系不能满足生态环境保护的需要，一些重要领域的法规缺位，地方环境立法特色不明显、可操作性不强、部门利益严重，环境民事赔偿法律制度不健全，再加上基层执法缺乏强制手段，造成环境违法成本偏低而守法成本偏高，形成了"老板发财、群众受害、政府埋单"等环境不公现象，导致企业通过创新转变生产方式的激励不足。

五、深化环境制度改革、释放增长红利的对策建议

计量分析表明，过去 30 多年环境要素投入对我国经济增长产生了较大贡献，但目前已进入以 2009 年前后为拐点的增长效应递减阶段。"十三五"时期环境保护对经济增长的约束增强，甚至要拉低潜在增速，但这是我国经济

持续稳定增长的重要前提,也是经济长期持续稳定发展必须付出的成本。必须贯彻绿色发展理念,落实"1+6"生态文明体制改革①,不断深化环境制度改革,努力改善生态环境质量,促进经济增长方式转变,为经济长期持续稳定增长注入持久动力。

一是健全环境税收和资源价格体系,发挥市场在配置环境资源中的决定性作用,提高经济发展效率。结合我国发展阶段、环境污染程度和治理难度等,确定环境税征收范围、计税依据、税率水平等,采取先易后难、分步实施、逐步推进的改革方式,避免税负增加过大引起抵触心理和推行阻力。加快建立根据市场供求和资源稀缺程度、体现自然价值和代际补偿的资源有偿使用和生态补偿制度的资源性产品价格形成机制,完善资源价格体系,解决由于价格过低导致自然资源过度开发和生态环境破坏问题。

二是完善环境资源产权制度,严格执行环境保护制度,保障经济持续稳定增长。加快构建归属清晰、公平有序和管理有效的资源产权制度、交易体系和监管体系,着力解决自然资源所有者不到位、所有权边界模糊、管理效率不高等问题,夯实资源环境保护的制度基础。以排污权有偿使用和交易试点为重点,加快完善环境产权体系和交易市场,促进环境产权交易。构建监管统一、执法严明、多方参与的环境治理体系,着力解决污染防治能力弱、监管职能交叉、权责不一致、违法成本低等问题。构建充分反映资源消耗、环境损害和生态效益的绩效考核体系和责任追究制度,着力解决生态环境绩效评价不全面、责任落实不到位、损害责任追究缺失等问题。

三是配套推进相关法律法规修订并强化环境监管能力建设,提升法律法规在环境保护中的保驾护航功能。结合落实"1+6"生态文明体制改革的新形势、新要求,加快修订《环境保护法》《大气污染防治法》等与环境保护相关的法律法规,抓紧制定土壤污染治理等法律法规。充分利用"互联网+"技

---

① 2015年7月审议通过"1+6"生态文明体制改革方案,落实《生态文明体制改革总体方案》。"1"就是《生态文明体制改革总体方案》,"6"包括《环境保护督察方案(试行)》《生态环境监测网络建设方案》《开展领导干部自然资源资产离任审计试点方案》《党政领导干部生态环境损害责任追究办法(试行)》《编制自然资源资产负债表试点方案》《生态环境损害赔偿制度改革试点方案》。

术，调动各方力量、强化环保资源整合，尤其是需充分利用和整合已建立的全国环境监测网络和数据库，形成全覆盖的协同共治互联网监测、监督系统，加强环境监管能力、提高环境保护执法效率。

参考文献：

[1] 郭春丽、曾铮、王蕴：《改革影响经济增长的机理、经验事实和情景预测》，《经济学家》2016年第5期。

[2] 刘雪燕、曾铮等：《我国潜在经济增长率研究》，经济科学出版社2015年版。

[3] 李宾：《我国资本存量估算的比较分析》，《数量经济技术经济研究》2011年第12期。

[4] 张军、吴桂英、张吉鹏：《中国省际物质资本存量估算：1952－2000》，《经济研究》2004年第10期。

[5] Grossman G, A. Krueger. Economic Growth and the Environment, *Quarterly Journal of Economics*, Vol. 110, No. 2, 1995, pp. 353–377.

制度型开放引领高质量发展*

摘　要：制度型开放是当前我国适应国际经济发展趋势、实现新发展格局下高质量发展的重要路径。其核心要求是对标国际先进规则，形成更加有利于资源配置市场化、竞争规则法治化、参与主体多元化、管理水平国际化的开放市场竞争体制。对标国际发达区域高水平开放的要求，我国在打造对标国际和本土输出并重的规则开放、体现大国主权独立和共享精神的规制开放、体现国内外多元主体规则公平的标准开放和保障相关领域制度开放稳步落地的管理开放等方面仍存在差距。着力打好规则、规制、标准和管理协同开放的组合拳，重点以加入RCEP和实施"一带一路"等重点战略为契机，以构建制度型开放重点平台为主要抓手，增强国际规制与国内经济的关联效应，提升和完善我国行业标准，形成具备阶段性、针对性和差异化的管理开放，增强制度型开放引领经济高质量发展的针对性和有效性。

关键词：制度型开放　高标准国际规则　高质量发展

习近平在党的二十大报告中明确提出："稳步扩大规则、规制、管理、标准等制度型开放。"[①] 这一科学判断既为我国高水平对外开放指明了方向，也为当前我国高质量发展提供了战略部署与根本遵循。"制度型开放"对新一轮国际经贸规则下规则、规制、管理和标准全方位开放提出了更高水平的要求，符合我国适应新国际经贸规则变化、参与全球价值链治理、引领高质量发展的

---

*　作者郭澄澄，本文原载于《理论探索》2024年第1期。
①　《习近平：高举中国特色社会主义伟大旗帜　为全面建设社会主义现代化国家而团结奋斗——在中国共产党第二十次全国代表大会上的报告》，新华网，2022年10月25日。

大势。当前我国面临的国内外形势错综复杂，在中美贸易争端频发、全球疫情反复、地缘政治冲突、国内周期性与结构性矛盾叠加等多因素影响下，以制度型开放释放内需市场发展潜力、带动国际循环质量和水平提升，对我国集聚国外优势产业和资源要素、推进现代产业体系升级、重构国际竞争比较优势具有重要意义，符合经济高质量发展和高水平安全良性互动的长远利益，也将成为新发展格局下实现改革开放纵深推进和增强经济发展内生动力的有力举措。

一、制度型开放的内涵指向和核心要求

"制度型开放"是党的二十大报告传递的中国开放政策新信号，但关于制度型开放的具体内涵指向，国内外尚未达成统一共识和精准定义。相比第一代国际经贸规则下的"流动型开放"和"边境上开放"，制度型开放可视作为规则体系的开放，即国内基本制度框架和管理体系，需与国际高标准的经济贸易规则相衔接。尤其在全球化遭遇波折、贸易保护主义加剧、国际经贸秩序面临挑战的背景下，加快推进"制度型开放"，其核心要义可以解释为，对标国际通行的先进规则，致力建立一个以公平、透明、法制清晰、规范为特征的现代开放市场经济体制。基于此，结合党的二十大报告对制度型开放的有关论述，其基本内涵和核心要求可理解如下。

（一）对标国际和本土输出并重的规则开放

规则主要指由成员共同制定、公认或统一通过的所有成员一起遵守的条例和章程。规则开放是双向的，既可以引进更严格的国际标准，也可以同时输出本国的话语权。进而可以理解为，从主动对接国际经贸规则、积极引领国际经贸规则向共建全球经济治理新规则拓展。当前世界经济已进入国际经贸规则重塑期，形成了以贸易和投资便利化、知识产权保护、政府采购、竞争中立、营商环境等为核心内容的新一轮的国际经贸规则，体现了从"边境开放"向"边境内开放"拓展、延伸和深化。传统国际经贸规则的"边境开放"措施，将会被新一轮"边境内开放"规则逐步取代。其中，"边境内开放"规则的主要内容集中体现为：

一是原产地规则。区域全面经济伙伴关系协定（RCEP）要求多数资源

密集型和高中低技能型制造产品如食品、化学工业品、光学用品、电气机械设备、易燃材料制品、木材制品、金属制品、纸制品、制鞋产品、照明设备的原产区域价值成分不少于40%，仅要求少数劳动和资源密集型产品如纺织原料及其制品、皮革制品和活体动植物的原产区域价值成分为100%。总体来看，我国等亚洲新兴发展中国家签署的RCEP协定在应对美墨加协定（USMCA）"从纱开始"的纺织服装制造业转移风险具有一定优势，但对多数高新技术制造业的保护力度仍然低于USMCA和全面与进步跨太平洋伙伴关系协定（CPTPP）针对特定商品的95%以上区域价值成分要求，未来我国仍有待扩大与区域成员国的货物价值成分互认比例。

二是竞争中性规则。RCEP规则确立了各区域成员国之间遵守市场竞争主体的信息交换、保密、技术合作、经验分享和协商解决等基本规则。在信息披露等规则标准上，USMCA和CPTPP规则提出了禁止非商业援助和必要时对国有企业三年之内取得的收入和资产状况进行披露的标准。在投资规则方面，欧洲经济伙伴关系协定（EPA）提出，不设置投资企业数量、总产量和投资方持股比例，对开展投资活动的法人组织无特定要求，针对成员国进出口和技术转让无特殊要求，投资总部设置不限指定地区等。

三是准入限制和补贴规则。各类高标准区域贸易协定基本取消了在电力、石油、铁路等公共资源和基础设施领域跨境投资的准入限制。其中CPTPP协定提出，不得提高现行关税或为保护本国市场而对成员国区域征收关税，并提出各成员国应取消针对农产品的出口补贴。在鼓励跨境电商市场准入方面，USMCA提出不得对电子方式传输的数字产品进出口征收关税和收取其他费用，对成员国数字产品生产的优惠待遇应采取统一标准。

（二）体现大国主权独立和共享精神的规制开放

规制是各主权国家、跨国公司和相关国际性组织对国际经贸活动进行联合干预、管理和协调而形成的一整套国际贸易规则和制度，也是根据主权原则合意建立、遵守和维持的一类国际贸易秩序。规制通常是指非关税壁垒等国内（边界后）供应限制，通过增加企业出口贸易成本、增加服务贸易限制和其他中间品投入成本等，对制造业生产力有一定抑制作用（Beverelli et al., 2017; Munemo, 2022）。根据世界经济论坛、世界银行发布的《有助于贸易价值增长的机会》，降低全球价值链有关环节的规制壁垒对国际贸易的影响远远超越降低关税壁垒的影响，前者对全球 GDP 增长的贡献约为后者的 6 倍以上。规制开放可有效提升国际贸易效率和经济增长效益。

新一轮国际经贸规则重构中，发达国家正在通过《欧盟－加拿大综合经济贸易协定》、USMCA、CPTPP 等自由贸易协定，形成更为严格的国际规制及相关合作条款。相较上述高标准国际经贸规则的要求，规制开放同时涉及国家治理体系的开放、市场营商环境和公共治理的现代化等。因此，一个国家（地区）的规制开放程度也就成为衡量对外开放水平和营商环境的一个重要评价标准。营商环境是指经营主体在市场准入、生产经营、市场退出等过程中涉及的政务环境、市场环境、法治环境、人文环境等外部因素的总和。营商环境的市场化和法治化水平体现了国家治理体系的现代化水平，国际化水平则体现该国参与全球治理体系的规则影响力。

（三）体现国内外多元主体规则公平的标准开放

"标准"是构成经济领域生产合理化的"第五生产要素"，对经济增长贡献巨大。数据显示，德国、奥地利、法国、英国、中国标准化对本国经济增长的贡献分别是 27%、25%、23%、12%、7.9%。标准通常是指衡量事物的准则，也可延伸理解为在一定范围内获得的最佳秩序，经协商一致制定并由公认机构批准，共同使用和重复使用的一类规范性文件。标准的制定成本比规则低，但因其对法律内容确定较晚，在行为预测或执法应用领域的成本比规则高（Kaplow, 2013）。标准开放一般是以产业标准制定为基础内容，也可认为是企业（产业）标准体系的开放。以知识产权标准开放为例，既可以通过标准创建的特定程序为技术供需双方降低交易不确定性和交易成本以鼓励竞争，也可用于提高竞争者的准入壁垒（Simcoe T., 2006）。CPTPP 等高标准区域贸易协定涉及的标准开放主要面向国企和中小企业，旨在限制成员国内部市场补贴和垄断行为。

一是对非商业援助的补贴标准进行限定。非商业援助主要包括货物贸易、服务贸易和国际投资领域，主要形式包括直接提供资金、债务免除、优惠融资、担保条件、违背投资惯例的股权投资和以优惠条件提供货物或服务等。例如 CPTPP 第 17.6 条规定的非商业援助条款，就是从 WTO 规则的反补贴标准演变和发展而来，并借鉴了 WTO《补贴与反补贴措施协定（SCMA）》中关于补贴的不利影响以及损害的认定标准，在此基础上进行了内容扩展①。

二是对非歧视义务的履行标准进行限定。根据《关税与贸易总协定》（GATT）第 17 条针对国营贸易企业的标准，要求各缔约方的国营贸易企业在"有关进口或出口的购买和销售方面，应按本协定中关于影响私商进出口货物的政府措施所规定的非歧视待遇的一般原则办理"。基于上述标准，CPTPP 进一步规定国有企业非歧视义务不再局限于最惠国待遇，还包括向外国企业或外资企业提供的货物或服务提供不劣于本国企业的待遇。

三是明确了透明度和义务履行标准。例如 CPTPP 规则第 17 章第 10 条对定期披露和按要求披露机制的相关规定，一方面旨在加强对国企的持续性监督，另一方面为了争端解决的证据问题②。此外，CPTPP 还借鉴了 WTO《关于争端解决规则与程序的谅解（DSU）》的信息披露机制，提高了透明度条款的执行力；增加例外和豁免条款，旨在平衡对保护主义的限制和对国家经济主权的维护。

（四）保障规则、规制和标准开放稳步落地的管理开放

管理是围绕高水平制度型开放所形成的一系列管理创新，也是稳步推进制度型开放的重要保障。管理开放可理解为推进和实现规则、规制和标准开放所采取的有关保障及监管措施。

根据公共选择理论，严格的监管与效率较低的市场结果有关，研究表明，

---

① CPTPP 约定的禁止非商业援助内容具体针对：（1）缔约方向其国有企业提供非商业援助从而对其他缔约方造成不利影响；（2）通过国有企业向其他国有企业提供前述非商业援助；（3）向国有的海外投资提供非商业援助从而造成其他缔约方的国内产业损害。认定程序上，CPTPP 汲取了 WTO 反补贴规则中较为成熟完备的损害结果认定规则，但是排除了关于利益授予的判断步骤，并极大简化了 SCMA 关于补贴专向性的认定。只要某项援助通常倾向于向国有企业提供，即满足专向性要件。

② 缔约方应以易于获得的方式，定期公示国企及指定垄断企业名单及其垄断领域。一方在自认为权益受损的情况下可要求另一方提供国企详细信息，包括国有股权及国有表决权比例、政府人员在企业董事会的任职情况，以及近三年的年收入及总资产情况。

用于管理的时间壁垒减少对出口商的净进入率和生存率可以产生显著积极影响（Munemo，2022）。在政府层面，首先需要制定更加与国际接轨的环境、劳动标准和知识产权保护条约。在市场层面，要建立平等竞争的市场环境，实现国有企业、民营企业、外资企业的竞争中立，构建竞争性公平的市场环境。例如对跨境主体采取更加平等的准入前国民待遇加负面清单管理制度。例如在CPTPP协定中，已取消了对再制造货物的关税和限制性措施，要求各缔约方不得对再制造货物的进口采取任何禁止或限制措施，不得对修理改制后再入境的货物征收任何关税，有效降低了成员国之间的货物贸易成本。

二、对标高标准区域经贸规则，我国制度型开放存在的短板弱项

自加入世贸组织以来，我国积极履行开放承诺、加快公平贸易法治建设，不断健全贸易促进、贸易救济法律体系及知识产权保护法律法规体系，推动了开放种类从制造业向服务业、高新技术产业拓展，开放范围从货物贸易向服务贸易的延伸，加快了从劳动密集型产业向资本密集型产业和技术密集型产业转型的升级进程。近10年我国对外实施的自贸区战略，已与国内自贸试验区、自由贸易港开放制度建设在多地积累了良性互动经验。截至2023年9月，我国已成立21个自贸试验区，签署国际区域自由贸易协定19个，全国范围的外资准入负面清单也从2018年的48条缩减至31条。伴随《外商投资准入负面清单（2021）》以及《鼓励外商投资产业指导目录》等制度型开放规则标准的逐步完善，我国制度型开放水平再次实现了较大跃升，但对标USMCA和CPTPP等高标准区域贸易协定，我国规则开放的实施范围、监管措施、标准体系和服务保障等仍有待深化细化，营造更加市场化、国际化、法治化的开放环境目前仍存在较大空间。

（一）高标准的规则体系有待进一步建立和完善

我国在全球经济贸易规则的新议题领域，在接轨国际高标准区域贸易协定知识产权保护规则、环境保护规则、数字贸易规则等方面的制度体系有待建立和进一步完善。

一是知识产权保护规则的标准有待提升。USMCA 和 CPTPP 将气味商标纳入知识产权保护范围，对著作权的保护期限不少于 70 年，地理标志可通过注册商标予以保护；RCEP 要求各缔约方加入并执行《国际植物新品种保护公约（1991 年文本）》多边贸易协定，同时对地理标志、植物新品种、域名等提出保护要求。目前我国仅加入了 1978 年版本的《国际植物新品种保护公约》，该标准在植物品种保护范围和期限要求相比 RCEP 和 CPTPP 标准低。此外，国内对著作权的保护期仍为 50 年，对过境货物的知识产权保护标准等仍相对模糊，有待进一步对标高标准区域贸易协定，提升规则开放水平。

二是环境保护规则有待进一步与国际惯例接轨。RCEP 和 CPTPP 协定要求执行世贸组织卫生与环境委员会发布的《实施卫生与植物卫生措施协定（SPS）》规则，其中包括在货物进出口测评卫生安全风险和采取应急措施等，而我国的生物安全预警机制、完备程度和透明度相比 RCEP 和 CPTPP 协定要求仍然偏低，参与国际规则制定和标准修订也相对缺乏，未来将对标高标准区域贸易协定，加强环境安全维护的规则开放。

三是数字贸易规则效力有待加强，执行标准有待进一步明确。CPTPP 协定中，电子商务条款内容涵盖数字品贸易零关税和非歧视待遇，数据跨境自由流动、取消本地化存储限制、源代码保护、个人隐私保护、在线消费者权益保护等。RCEP 提出豁免数据传输的电子关税、加强电子签名的法律效力认证和具体的线上消费者权益保护措施。我国现行的数字贸易法律文本，例如《网络安全法》《数据安全法》《个人信息保护法》，仍然强调数据本地化的要求，并且对跨境数字贸易和数字商品自由流动存在一定限制，对涉及国家安全和个人信息保护的具体范围与程度也缺乏明确界定。此外，关于电子文件和签名的法律效力认证、数字知识产权保护、个人信息保护、在线消费者权益保护的规则，相比 RCEP 和 CPTPP 协定仍存在内涵界定模糊和缺少落地措施的问题，有待进一步明确规则开放标准、加大规则开放力度。

（二）高标准的规制体系市场化、国际化程度有待提升

我国营商环境全球排名从 2013 年的第 96 位跃升至目前的第 31 位，全球创新指数排名从 2012 年的第 34 位提升到 2021 年的第 12 位，市场环境和质

量实现了明显改善。但对标高标准的国际区域贸易协定，我国营商环境的对外开放水平仍存在较大的改进空间。以服务贸易规制开放为例，2012年以来我国服务贸易进出口额年均增长6.1%，高出全球增速3.1个百分点，然而尽管服务业整体开放水平高，但内部行业对外开放程度不均衡的现象较为突出，尤其体现为金融服务、咨询服务、信息技术等高附加值现代服务业领域开放，相比发达国家仍存在较多外商准入限制，对标国际高标准规则的国际化、多样化发展水平仍有待提升。

一是现代服务领域，对标国际标准仍然存在较多限制。我国现行的《外商投资准入特别管理措施（负面清单）（2021年版）》规制，对外资在物流、医疗、教育、文化、商务、电信、数字技术和数字内容服务等服务贸易领域的准入，限制性措施仍然较多，吸引国际商品和要素集聚的人力资源环境也有待优化。以金融服务为例，仍然存在外资金融机构经营范围受限、批复周期长，资本账户开放不足，以及资金跨境支付流动等问题，政务和投资环境的规范化和国际化程度仍然不高。

二是专业服务领域，国有企业实际获得的商业援助和政府采购机会远多于外资企业。例如CPTPP协定将"公共机构"认定由政府扩大至国有企业和国有商业银行，将接受补贴主体由国有企业扩大到其海外分支机构，"公共机构"向下游企业提供货物或服务、向其他企业提供贷款或参股的行为都视为补贴。CPTPP协定提高了各成员国对国有企业补贴透明度要求，比如提高国有企业信息披露要求，包括内部重要信息和非商业援助的详细信息等。从政府采购规制看，我国《政府采购法》第二条将政府采购的主体和范围限定为"各级国家机关、事业单位和团体组织，使用财政性资金采购依法制定的集中采购目录以内的或者采购限额标准以上的货物、工程和服务的行为"。在"采购主体"的标准上，将其限定为"国家机关""事业单位""团体组织"三类，而未将相关国有企业纳入政府采购的范围，相比之下，CPTPP协定没有对采购主体的资金来源和数额进行限制。此外，CPTPP协定等提高了成员国之间对国有企业补贴透明度的要求，比如提高了国有企业信息披露要求，涵盖内部信息和非商业援助的详细信息等。

三是跨境服务领域，市场准入仍存在较高门槛。我国赋予跨境服务提供者市场准入自由和约定"每一缔约方应允许所有与跨境服务提供相关的转移和支付自由进出其领土且无迟延"等规制条款与发达经济体之间仍存在一定差距。此外,海关边境管理水平有待提升,RCEP 和 CPTPP 协定设定了更加开放的跨境市场准入规制。例如 CPTPP 协定取消了对再制造货物的关税和限制性措施,要求不得对再制造货物的进口采取任何禁止或限制措施,不得对修理改制后再入境的货物征收任何关税,从而进一步降低了成员国之间的货物贸易成本。此外,国内地方性保护主义政策和规定也成为市场准入的壁垒。对本地服务业保护导致的市场分割,较大程度阻碍了国内要素跨区域流动和整合,在较大程度上制约跨境贸易的效率提升。

(三) 现行国内标准体系有待根据改革实际情况适当调整

参照 CPTPP 等高水平协定中有关产业(企业)标准,目前我国不仅在政策标准、产业(行业)标准、企业标准等领域难以接轨,而且在市场准入、政府采购、税收补贴等方面依然存在一些非国民待遇和不公平竞争现象。比如针对国企的非商业援助比例和产业补贴政策规模居高不下,补贴长期向国有企业倾斜,除直接提供补贴、无偿拨款外,还包括低成本提供资金、土地等生产要素。由于各类专向性补贴和禁止性补贴的体量与规模过大,引发金属、钢铁、光伏等部分产能过剩和整体产业结构发展不平衡的问题。此外,国内关于中小企业的知识产权保护、国际贸易支持、公开援助信息等标准缺乏统一的制度安排,亟须对标高标准国际规则相关领域的标准予以确立和完善。从专利的成果转化率来看,外商投资企业的有效专利许可比例低于港澳台商投资企业、实用新型和外观设计许可低于内资企业(见表1),表明国内对国际合作专利的接纳程度和产业化水平仍有待进一步提升。

表1 不同登记注册类型企业的有效专利许可率 单位:%

专利类型	整体	内资企业	港澳台商投资企业	外商投资企业
发明	8.6	7.8	13.8	9.7
实用新型	5.5	5.6	5.1	3.6
外观设计	8.1	8.3	8.4	4.2
合计	6.5	6.4	7.9	5.4

资料来源:国家知识产权局《2020 年中国专利调查报告》。

（四）配套更高水平规则、规制、标准落地实施的管理措施有待跟进

在 2020 年版的《自贸试验区负面清单》中，金融业准入的负面清单已经清零，但仍存在准入不准营等问题。其中一个重要原因是，当前我国自贸区负面清单管理制度与现行的金融法律法规，以及各地制定的金融条例或对外开放的相关条款，两者依然难以衔接，也导致外资金融机构准入后的许可申请、材料报备等手续办理仍然面临国内法规的限制。此外，外资准入后还面临配套管理法规不完善的问题，与国内行政法规不协调、相关管理措施不明确、跨部门监管和改革协同性不足和信息共享平台建设滞后等，也成为制约我国实际利用外资效率提升、监管透明度提升和吸引外资政策成效提升的一个重要原因。

因此，仍需要加快管理开放和创新示范，亟须统筹制定与国际接轨的环境、劳工标准和知识产权保护条约。尤其是在 21 个自贸试验区和海南自由贸易港内，加强负面清单管理制度实施，破除各类壁垒和市场准入门槛，构建更有利于国有、民营、外资企业等不同经营主体平等参与竞争的市场环境，缩短负面清单列表，打造具有竞争力和国际一流的营商环境。

三、以制度型开放水平提升促进高质量发展的实施路径

为打造更高水平的制度型开放体系，加快适应外部环境不确定性变化，推动新格局背景下经济、产业结构升级和国际竞争优势提升，需要通过高水平的制度型开放，推动我国对外开放层次从拓展对接高标准自由贸易协定规则，向主动引领更高标准的国际经贸规则转变，形成与高标准国际规则相衔接的国内制度体系。与此同时，制度型开放涉及规则制定、治理能力、标准控制及信用评级四个方面，不仅面广量大复杂程度高，在对接和融入高水平的国际贸易规制进程中，需要循序渐进、有序推进制度型开放，先试点后覆盖。

（一）战略对接高标准国际经贸规则，稳步推进我国高水平对外开放

一是构建涵盖"边境上"领域和大多数"边境内"领域的开放型经济规则体系。分阶段推进我国主要经济体和重点产业与新经济体经贸规则的宽幅度对接与融合。例如，在全球经济治理的传统议题领域，可参照 USMCA、CPTPP 和跨大西洋贸易与投资伙伴关系协定（TTIP）等高水平自由贸易协定规则，取消或限制发达经济体之间在贸易投资领域采取特殊和差别待遇的规则，先按照 RCEP 规则的标准设置原产地规则、竞争中性规则等，再逐步对标 CPTPP 等更高水平国际区域贸易协定规则。

二是以产业跨区域转移为抓手，畅通国内市场循环机制。参照国际惯例与规则要求，深化市场机制改革，营造公平竞争体制，有序扩大公共资源和基础设施领域以及相关基础性产业的对外开放，逐步消除不正当行业垄断，在市场准入、政府采购、税收补贴等方面，与新经贸"竞争中性"规则相对接，取消补贴和进入限制，对不同国家和经营主体参与经贸投资实施无差别国民待遇和公平竞争。在推进制度型开放仍面临较多制度壁垒的情形下，构建以规则相通、市场联通和开放安全为主要特征的产业链、供应链和创新链体系，建议可运用"一带一路"峰会平台和发展契机，扩大我国中西部地区与国际市场双向开放，缩小成渝经济圈与三大经济圈发展差距，为提升国内市场循环水平和促进要素流通、产业转移和链式协同发展提供先行先试。运用规模经济市场优势，为面向国际的开放式创新提供市场基础，引导企业主动进行海外布局，借鉴日本、韩国、德国经验，掌握海外供应链主导权，向海外企业提供更高质量、更高价值、更高技术含量的材料、设备和零部件，促进全球价值链分工地位提升。

三是主动参与和对接高水平的新国际经贸规则，稳步提高知识产权、环境保护等领域的新贸易规则执行力。依据 CPTPP 和 RCEP 协定在知识产权保护规则、环境保护规则领域相关要求，以 RCEP 协定规则为重点，在加强我国生物安全预警机制基础上，稳步执行《实施卫生与植物卫生措施协定（SPS）》规则。

四是有序扩大在数字贸易等新兴产业领域的规则开放。可参照新型区域贸易规则，逐步放宽对跨境数字贸易和数字商品自由流动限制，进一步明晰对涉及国家安全和个人信息保护的具体范围与程度，积极有序推进有关豁免数据传输的电子关税、加强电子签名的法律效力认证，数字知识产权保护和在线消费者权益保护等规则，不断改进和完善营商环境。

（二）增强国际规制与国内经济的关联效应，加强规制开放和国际合作

参与国际规制开放可以有效提升对外贸易规模和质量。应准确把握当前新经贸规制演变发展的趋势和特征，有序推进我国服务业扩大开放，围绕制造业服务化和数实融合目标，稳步加大金融服务业开放力度，提高我国生产性服务业能级，引领带动生产性服务业与制造业高度融合。

一是完善国有企业信息披露和补贴标准，形成国内一体化的公共财政补贴标准。参照国际惯例和新的国际经贸协议要求，加强国企的规范化管理，进一步营造有利于各类投资主体公平竞争的营商环境。借鉴高标准区域贸易协定数据流通、竞争中性、投资和环境标准等边境内开放规则，以全方位、多领域的标准开放推进国内市场一体化改革，促进区域经济协调发展，削弱大企业垄断和地方行政保护势力，在欠发达区域通过先试点后推广的制度型开放，逐步加大改革力度，分阶段分步骤在各地复制推广，消除地区间的市场分割壁垒。

二是主动对接与本土输出并重，提升中国标准的国际影响力。一方面，适度引入高标准国际规则。密切跟踪国际经贸规则的高标准演进新趋势，根据国际规则变化和我国实际需要，对国内规制进行调整优化，系统推进与国际贸易投资规则相衔接的体制机制。重塑我国等亚洲新兴发展中国家为主体签署的RCEP协定与规则的比较优势。另一方面，积极参与国际规则制定。在国际经济规则制定及其他应对全球性问题方面，通过中国积极参与国际事务和全球治理，提高规则变革中的话语权。将符合自身发展要求的国内经验和规则上升为国际规则。在探索和稳固"一带一路"倡议实践经验的基础上，推动我国"一带一路"倡议规则与全球高标准区域规制高度接轨、促进

国内制度国际化,在全球价值链重构中提升中国规则影响力。

三是加强国际规制开放与合作。在新一轮国际经贸规则的重构和创新中,中国要准确把握国际规则合作的演变特征和发展趋势,建设更高水平的开放型经济新体制。对照世界发达区域的国际规制标准,加快推进国内市场规制改革、对接和融入,为商品(服务)和要素跨境交易创造有利条件。通过促进国内外规制在中高端制造业等领域的共建共享,推动区域供应链经贸协作,与周边国家形成新的国际区域供应链闭环,积极应对中美经贸关系调整等地缘政治冲突,做好重构全球供应链动态新平衡的中长期准备。

(三)提升和完善我国行业标准,促进中国标准从"引进来"向"走出去"转变

标准是构成经济领域生产合理化的"第五生产要素",对经济增长贡献巨大。新的国际经贸标准直接影响国家产业的竞争力。应逐步提升中国行业标准被 ISO 等组织纳为国际标准的占比,积极将国内标准推向国际。

一是统筹"流动型"和"制度型"开放,形成两者功能互补的标准开放新模式。以"一带一路"倡议的深化实施为引领,持续拓展我国与共建国家的标准开放实践场景。推广中欧班列在"一带一路"共建国家中以标准共建促进互联互通的实践成果。中欧班列开行十年至今,数量已经突破 1.6 万列,年均增速达到 80.2%,不仅高水平推动了我国和世界的"流动型开放",为全球抗疫、推动世界经济疫后复苏及稳定全球产业链供应链,提供了新的通道方式,也为我国制度型开放在标准共建领域提供了典型范本。通过构建与"一带一路"共建国家"畅通高效、多向延伸、海陆互联"的新型国际多式联运网络体系,形成中欧班列专题协调机制、中欧班列运输协调委员会和中欧班列运输联合工作组,在推动中国与共建国家在基础设施建设和铁路等物流通道的通关、监控、安全保障等标准建设上,形成交流协商、协作创新的重要机制。

二是瞄准国际标准,逐步缩小新兴产业的行业标准与发达国家之间差距。围绕高标准国际区域贸易协定中的技术合作、环境建设、竞争中性和中小企业等新议题,不断拓展标准开放领域,在国内行业标准的起草和制定过程中,

对标国际标准如《技术性贸易壁垒协定》《实施卫生与植物卫生措施协定》等，在基础设施类公益性事业和竞争性行业领域放宽对外资和民资的准入限制，分类制定行业补贴标准，有序解决竞争性国企补贴过度的问题。提升中国行业标准被 ISO 等组织纳为国际标准的占比，通过国际标准国内化和国内标准国际化，积极将国内标准推向国际，输出我国规制的话语权，形成全球经济治理新规则，引领国际经贸规则的拓展和共建，不断提高我国在全球产业链、供应链中的核心竞争力。

三是稳步提升和完善我国行业标准，加快国内标准"走出去"。在接轨 WTO 规则的基础上，起草和制定相关行业对外开放标准。以高水平区域贸易协定为参照，不断完善国内标准开放制度，逐步缩小我国新兴行业的行业标准与发达国家之间差异。例如《技术性贸易壁垒协定》《实施卫生与植物卫生措施协定》要求各国制定法规时应以国际标准为基础，我国应参照上述标准，逐步改进国内现行标准体系，并注重统筹不同区域和部门实施的差异性，确保标准实施符合地区和行业实际特征，兼顾行业和区域发展的平衡性。

四是充分发挥高水平国家战略性、功能型开放平台功能，拓展国内标准的国际覆盖面。运用"一带一路"、进博会、服贸会等战略机遇，以及我国加入 RCEP 协定的有利因素，稳步扩大成员国市场份额，提升我国参与国际区域经贸规则标准的协商的主动权。健全企业合规管理体系，增强企业在识别和防范合规风险能力。稳步提升我国与"一带一路"共建国家的贸易投资份额在对外经济交往中的比重，培育国际经济体对中国标准的"路径依赖"，为国内企业"走出去"提供重要方向，提升国内标准话语权为契机，提高我国全球价值链治理能力。

（四）做好顶层设计，形成一体化和差异化相结合的管理开放

根据我国不同区域和产业需求和发展阶段的差异，建议注重分阶段、有重点地推进实施管理开放措施。立足全面履行 WTO 承诺以及制造业开放发展的要求，从制造业服务化需求出发，运用我国加入 WTO 以来边境要素和商品交易"流动型开放"取得的积极成效，加快与国际新经贸规则、规制、管理和标准的有效对接，在若干重点区域和关键产业加快推进，有序深入推进服

务业开放与营商环境优化,在国内自贸区及海南自由贸易港形成示范效应后,加快向内陆地区拓展。

一是打造管理开放的功能性载体,营造具备一流竞争力的营商环境。政府层面,在立法上制定与国际更加接轨的环境、劳动标准和知识产权保护条约。市场层面,持续深化改革开放,建立平等竞争的市场环境,实现国有企业、民资公平竞争。以我国自贸试验区和海南自由贸易港为载体,进一步缩短负面清单列表,消除隐性壁垒,通过管理开放,打造国际一流的营商环境。具体来看,环境保护方面,稳步执行《实施卫生与植物卫生措施协定》(SPS)规则。产权认定方面,积极有序推进有关豁免数据传输的电子关税、加强电子签名的法律效力认证,对标国际数字知识产权保护和在线消费者权益保护等规则,探索管理创新举措,致力于营造国有企业、民营企业、外资企业和混合所有制企业公平竞争的市场环境。

二是形成扩大跨国产能合作和本国产业自主可控相协调的管理配套措施。一方面,推进在汽车引擎、通信技术、工程机械、航空航天、船舶和海洋工程等产业链较长的制造业领域广泛开展国际合作,带动我国关键技术、重大装备、核心零部件和重要中间品的出口,持续扩大产业内贸易,深化产业垂直分工关系,促进母国产业结构升级。另一方面,始终确保本土产业链价值链自主安全可控,对产业链供应链的薄弱环节开展持续跟踪研判,开展汽车芯片等短缺芯片技术自主攻坚,加强汽车芯片国内外供需对接。针对劳动生产率优势减弱但转移意愿不太明显的潜在回流型制造行业(如机械设备制造、电子设备制造等),尽可能鼓励企业把产业链的核心环节留在国内,同时要持续梳理和统计核心企业及其配套上下游企业名单,完善国内产业链。

三是健全规则和标准统一的市场机制,形成公平有序的市场交易秩序。推动土地和劳动力市场、资本市场、技术和数据市场、能源市场、生态环境市场要素跨区域定价和监管标准统一,规范市场投机和不正当竞争行为,以国内不同区域市场的互联互通,形成完整的产业链、供应链、创新链体系,增强跨区域商品生产(服务提供)的协作分工,实现更加多元、更高层次的本土化有效供给,促进超大规模市场内需潜力释放。通过畅通内循环市场,促进经济发展动能转换、提升经济发展活力和韧性,吸引更大规模国际要素流入和参与国内循环，不断提升内循环发展质量，形成内外循环高水平互动的发展模式。

参考文献：

[1] 董小君：《稳步扩大制度型开放 推进高水平对外开放》，《光明日报》2022年11月29日。

[2] 赵伟洪、张旭：《中国制度型开放的时代背景、历史逻辑与实践基础》，《经济学家》2022年第4期。

[3] 王晓红：《加入CPTPP：战略意义、现实差距与政策建议》，《开放导报》2022年第1期。

[4] 杨长春、张潇、何明珂：《大变局下全球中高端制造供应链重构趋势及我国对策》，《经济管理》2022年第5期。

[5] 郭澄澄：《高标准国际规制下的我国高水平制度型开放——影响机制、风险研判和应对措施》，《经济学家》2022年第12期。

[6] 卓贤：《增强韧性是保产业链供应链稳定的关键》，《经济日报》2020年10月20日。

[7] 张茉楠：《在新一轮开放中重构中国与世界关系》，《企业观察家》2019年第9期。

[8] Munemo J. Export entrepreneurship promotion: The role of regulation-induced time delays and institutions. *International Review of Economics & Finance*, Vol. 77, 2022, pp. 262~275.

[9] Beverelli C, Fiorini M, Hoekman B. Services trade policy and manufacturing productivity: The role of institutions. *Journal of International Economics*, Vol. 104, 2017, pp. 166-182.

[10] Kaplow L. *Rules versus standards: An economic analysis*. Scientific Models of Legal Reasoning. Routledge, 2013, pp. 11-84.

[11] Simcoe T. Open standards and intellectual property rights. *Open Innovation: Researching a New Paradigm*, 2006, pp. 161-183.